资　助

国家海洋局政策法规和规划司

"985工程"哲学社会科学创新基地
教育部人文社会科学重点研究基地　中国海洋大学海洋发展研究院

渤海管理立法研究

渤海管理法的体制问题研究

徐祥民　李冰强　等著

人民出版社

目　录

1

前　言

一

　　中国海洋大学无疑是中国海洋研究的最重要的学府,也是中国海洋法研究的最重要的学府或最重要的学府之一,然而,作为这个学府中的一名教授,一名学科带头人,在接到研究渤海特别法这个任务时,我却丝毫都没有接受平常一桩小案那种"驾轻就熟"的感觉。虽然我积极拥护为渤海制定特别法的倡议,是为渤海立法的主张者,但当组织力量研究渤海立法的任务摆在面前的时候,我突然感觉茫然不知所措。为什么要为渤海立法?我开始怀疑我自己的主张。是为防治渤海污染,为保护渤海生态,为渤海资源的可持续利用,还是为了所有这一切?倡议为渤海立法时或支持为渤海立法的倡议时,头脑中对为什么要为渤海立法似乎很清楚,现在又不清楚了。适用于渤海管理的法还不够多吗,有那么多适用于渤海管理的法还不够用吗,这原本是别人问过的问题,甚至就是我被问的问题,现在成了我问我自己的问题。渤海没有治理好,没有保护好,问题出在执法不力上。如果能够解决执法不严、违法不究的问题,不愁渤海环境得不到改善。这样的判断虽然难以验证其真伪,以往也没有把它们看做是"过不去的火焰山",但在承担了研究渤海立法的任务之后,它们却长时间地在我脑海里浮来漂去,使我一时难以再对为渤海立法的主张树立起曾经有的信心。

　　这些都不是迫使我放弃为渤海立法的主张的问题,但却都是值得每一个持应当为渤海立法主张的人思考回答的问题。这些问题以及其他与渤海立法相关的重大问题如果不能解决,为渤海立法的主张的合理性就要打折扣。正是出于这样的考虑,我在接受渤海立法研究任务之初既没有忙于回答渤海法的制度设计问题,也没有"先入为主"地为渤海立法的合理性、科学性找根据,更没有动手起草渤海法的条文,而是花了很大的工夫梳理渤海立法中的,或者说制定渤海法需要解决的重大问题。渤海管理法的体制就是我梳理出来的重大问题之一。

二

为什么对渤海立法要作体制的思考? 这项思考或许被认为是多余的。其实这一思考一点都不多余。我这样说绝不仅仅是因为学界和海洋管理实务界对海洋管理体制多有议论,而是因为体制问题,或者说体制问题所属的一个更具包容性的问题是立法需要解决的两项任务之一。

立法活动的主要任务概括起来有两项:一项是规范设计,包括设计行为规范、设计制度,重要的和不重要的,基本的和非基本的,调理规范体系、制度体系等。另一项是保障设计,包括执行机关设计,执行机关体系设计,执行机制设计,包括监狱等"物质附属物"和法律运行的其他物质、技术、人员条件等的设计。在大多数情况下,人们较多地关注了前一项任务,而对后一项任务却投入力量不足。

立法是怎样一项工作? 一般的回答是:创制行为规范的活动。这个回答看起来没有错,因为所有的立法毕竟都要产生用以约束或引导人们行为的规范。但这个回答又是远不全面的。当人们说法律是具有国家强制性的行为规范时,这句话透露了这样的信息,即法律这种行为规范,从而也就是立法所创制的行为规范,是一定外部条件下的规范。这种行为规范要想具有国家强制性,它要么适应已有的外部条件,要么自己创设某种外部条件。❶ 这里所说的外部条件是指那种使法律的国家强制性可以表现为直接的国家强制的条件。最常见的是负有执行所立之法的职责的国家执法机关这种条件。那些被称为"一纸空文"的法律文件之所以不是真正的法律,不是因为它们不具备法律文件的形式要件,而是因为,更准确些说,常常都是因为它们没有获得使自己成为法律的那种外部条件。立法者不能不考虑把自己所创制的文字形式的规范变成具有国家强制性特

---

❶ 当然,创制外部条件常常都需要"适应"已有的外部条件。

点的行为规范的外部条件问题。❶

渤海立法研究还不是立法活动，但却是为立法机关的立法作准备的活动，这一研究不能不考虑如何使拟议的纸上规范获得使之变成具有法律效力的法律规范的外部条件问题。

三

从操作层面来看，拟设的行为规范与使之成为法律规范的外部条件之间的关系可以概括为法律与法律的执行者之间的关系，或者说是"法与人"的关系。这种关系常常表现为一定的国家立法与一定的国家机关之间的关系。如果没有侦查、起诉、审判机关的存在，刑事法律制定得再严酷，这种形式法律也只能成为前述的"一纸空文"。如果没有负责土地管理的国家机关，没有负有管理土地职责的国家机关，土地管理法规定得再详尽也难以实现其所预期的土地管理目标。立法上的"法与人"的关系的存在提醒我们，要制定渤海立法必须先给这部法律安排执行者，而研究渤海立法必须先考虑把将要产生的法律交给谁来执行。不做这样的安排的立法是盲目的立法活动，不做这样的研究的法案设计是不负责任的闭门造车。

在我们的思考与具体的渤海立法中的"人与法"关系相遇时，我们很容易接受这样的结论，即关于体制的思考不是多余的，因为海洋管理体制，从而也就是海洋执法体制一直存在着问题，这些问题也一再被人们议论。

四

立法的保障设计层面必然涉及"人与法"的关系，而这一关系会波及已经存在的法律，从而形成"法与法"的关系。这里的"法与法"的关系是拟议立法与已经存在且正在发生效力的法律之间的关系，是新法与旧法之间的关系。

在一个非初建的国家，尤其是在法治国家，创制法律往往都是在既有法律构

---

❶ 具体的立法机关可能不考虑其所创制的行为规范的外部条件问题，但这不等于立法不需要一定的外部条件，不能说明立法不需要考虑使拟设行为规范如何取得国家强制力的支持的问题。

成的法制环境中开展的活动。这种法律创制活动中的保障设计已经不再是简单的"人与法"关系。在大多数情况下,业已成立的法制体系或法治体系已经构筑起了必要的有时甚至是强有力的执法体系等外部条件。这种外部条件的成立有时会使新的立法创制无须再考虑保障设计问题。但是,法制建设中已经建成的执法体系等外部条件即使已经十分完备,也无法彻底免除对新的立法活动进行保障设计的任务。首先,用以调整由社会发展创造的新事务的立法需要创设新的保障条件。比如,基因管理是新的管理事务,国家为这项新的管理事务制定法律时,那拟议的法律便需要有与之相应的管理机关体系,尽管在基因管理成为一项政府管理事务之前国家行政机关体系,从而也就是国家行政执法机关体系已经过了反复的调整、强化等完善过程。同样,只有不到百年历史的环境法,它的产生过程是与国家环境保护机关的建立和加强相伴随的。没有环境保护执法机关,环境保护法这个新法律部门就会沦为"一纸空文"。其次,拟议立法需要在已存的外部条件中选择哪一保障体系作为依靠,从法制体系内部来看,就是在已存的行政执法等保障条件中选择哪一个法律部门的保障体系作为自己的保障体系。比如,航空这种交通方式与公路、铁路交通相比是后起的,在国家为后起的交通形式立法时,这后立的法就存在是以交通部门为执行保障还是以国防部或其他军事机构为执行保障的选择。在存在交通法和国防法或其他军事管理法的情况下,航空交通法的创制就需要回答新的空交法与旧的交通法和国防法的关系问题。上述两种情况对拟议的法来说就是两种选择,而这也是体制问题,即新法的运行体制问题。新的立法可以选择依附于原有立法的保障体系,这种情况可以叫做附属运行;也可以选择单独创设保障体系,这种情况可以叫独立运行体系。除此之外,新的立法还可以有第三种选择,即交叉运行。所谓交叉运行是指,新法的运行既依靠原有立法的执行力量,同时也依靠新法自己创设的执行力量。❶

　　渤海立法不是对一项新的尚无法律加以规制的管理事务制定法律,它不具

---

❶　行政管理领域里的法律门类很多,这些门类的法律一般各自都有自己的执行力量。在这个意义上,它们是各自独立运行的。但是,在宪法体制下不同的行政机关系统又都统属于统一的国家行政系统,而这个系统又统一地承担了保障国家行政性或具有行政性的法律的执行的任务。在这个意义上,行政管理领域中不同门类立法的运行与统一的国家行政法(或可表现为行政法总则、行政基本法等)的运行又是相交叉的。

备不受干扰地创设保障体系的条件。但是,不具备不受干扰地创设保障体系的条件不等于不可以创设自己的保障体系。这两个判断给渤海立法提出了一项任务,一项体制选择的任务。渤海立法,不管是出于污染防治的考虑,还是出于资源保护、生态保护等的考虑,都必然涉及与已经存在的污染防治法、资源法、生态法等的关系问题。这也是渤海立法工作中的一项任务,一项体制选择的任务。

五

在法治国家,法律家族增加新成员不仅会引起新法与旧法的关系,而且还可能带来政治国家的不同部门、不同地方之间关系的变化。能源法无疑与矿产管理部门有关,在存在水电资源的国家,自然会发生与水利部门的关系;在存在海洋潮汐能资源的国家,与海洋管理部门也难以"断绝"联系。在没有能源法时,矿产资源管理部门、水利部门、海洋管理部门各干各的事,按照国家管理体系内的分工各司其职,而国家一旦制定能源法,这几个部门之间的关系就必然会受到影响。不管它们各自的分工最终是否需要改变,立法者都需要对它们之间的分工、合作、协调等等加以考虑。制定新的立法需要考虑其与国家机关体系、职权分工之间的关系,这一层关系可以概括为"法与政府格局"的关系。新的立法对"法与政府格局"关系的考虑,从而在既有"格局"中选择或重新建构一种支持体系,这也是个体制问题。

渤海管理法的制定无法回避"法与政府格局"关系。"五龙闹海"的提法说明现行制度存在着权力交叉或重叠的现象。在这个已经出现权力重叠的领域内制定新法,这个新法即使不再创设新的执行机关,也需要在重叠的权力中或者作出选择,选择某一种执行机关作为自己的执行者;或者对重叠的权力加以整合,用整合后的权力来支持其运行。拟议中的渤海法是创设新的执行力量,还是选择现有的执行力量中的一种力量,抑或是整合现有的执行力量?不管是哪种选择,这项立法都必须先行解决其与现有"政府格局"之间的关系。

六

制定渤海法必然会遇到"法与人"的关系、"法与法"的关系、"法与政府格局"的关系。立法机关无法回避这些问题,立法的研究者不能回避这些问题。为了解决这些问题,或者说是尝试解决这些问题,我们实施了这一项研究,即关于"渤海管理法的体制问题"的研究。我们希望这项研究能先解开我们自己心中的谜团,让我们对制定一部怎样的渤海法重新变得清楚,使我们更有勇气回答在已有那么多立法的情况下为什么还要为渤海立法,让我们对渤海没有治理好究竟应归罪于立法不完备还是执法不严格有更能让别人信服的解答。我们希望这项研究能为国家立法机关制定渤海法扫除理论障碍,提供参考方案。

徐祥民

2011 年 5 月

第一章 五龙闹海的来历及其制度根源

一般而言,"五龙"是指中国海上执法力量的五个组成部分:中国海监(隶属国家海洋局)、中国海事(隶属交通运输部)、中国渔政(隶属农业部)、中国海警(隶属公安部)和中国海关。但是由于我国涉海的职能部门众多,"五龙"的外延发生了拓展,不同的学者对"五龙"的界定存在差异。实际上,我国涉海的职能部门远远超过五个,"五龙"只是对涉海职能部门众多的一种比喻和指称。由于众多的海上执法力量和涉海职能部门之间存在职能交叉、责任重叠,在海洋管理中经常发生推诿扯皮现象,造成了管理的混乱和治理的失败,被形象地称之为"五龙闹海"。之所以出现"五龙闹海"这一海洋执法和管理困局,究其原因在于我国目前的海洋管理遵循职能管理,即突出横向切块、纵向管理的管理模式和思路。而现代海洋生态环境的整体性与特殊复杂性要求对海洋实施综合管理,这种现实与理想之间的巨大反差,是出现"五龙闹海"这一现象的根源所在。

第一节 "五龙"的来历与"五龙闹海"的发生

一、"五龙"及其来历

在我国,一般用"五龙"来指称分散的海上执法。所谓"五龙",是指中国海上执法力量的五个组成部分:中国海监,中国海事,中国渔政,中国海警和中国海关。尽管它们成立的时间不尽相同,其执法的范围和重点也有所侧重,但是其职能都涉及海上执法,因此人们在说明海上执法时,将五支执法队伍比喻为"五龙"。❶

---

❶ 部分论著在说明五支海上执法队伍时,用更为具体和形象的标志船来指代"五龙":海监系列执法船、渔政船、海巡船、海警巡逻艇、海关缉私艇。

（一）中国海监

中国海监，全称为中国海监总队，成立于 1998 年。中国海监是国家海洋局领导下、中央与地方相结合的海上行政执法队伍，由国家、省、市、县四级海监机构共同组成。国家队伍由中国海监北海海区总队、中国海监东海海区总队、中国海监南海海区总队 3 个海区总队及其所属的 9 个海监支队、3 个航空支队组成；地方队伍由 11 个省（自治区、直辖市）总队，51 个地、市级海监支队，189 个县市级海监大队组成；此外，还有 7 个国家级海洋自然保护区支队和 1 个自然保护大队。队伍总人数逾 8000 人。

中国海监总队的主要职能是依照有关法律和规定，对我国管辖海域（包括海岸带）实施巡航监视，查处侵犯海洋权益、违法使用海域、损害海洋环境与资源、破坏海上设施、扰乱海上秩序等违法违规行为，并根据委托或授权进行其他海上执法工作。中国海监目前成为我国强制行政执法的主要发展力量，我国政府在扩大海监船队规模的同时，也在努力加强海监船的武装，如高压水枪、水炮、多联装 14.5 毫米机枪等，以增强海上强制执法能力。目前，中国海监有执法飞机 9 架，各类执法船舰 280 余艘，执法专用车 200 余部。

（二）中国海事

中国海事，全称为中国海事局，成立于 1998 年。中国海事是在原港务监督局和原船舶检验局的基础上，合并组建而成❶，是交通运输部直属机构，实行垂直管理体制。目前，中国海事下设天津海事局、河北海事局、山东海事局、辽宁海事局、黑龙江海事局、江苏海事局、上海海事局、浙江海事局、福建海事局、深圳海事局、广东海事局、长江海事局、广西海事局、海南海事局等 14 个直属海事机构，以及 28 个地方海事机构。

中国海事的海上执法主要负责国家海上安全监督、防止船舶污染、船舶及海上设施检验、航海保障管理和行政执法。中国海事亦被称为"海上交警"，负责港口以及海上船舶出现的一切有关交通、环境事宜。

（三）中国渔政

中国渔政，全称为中国渔政局或农业部渔业局，其机构设立最早可以追溯到

---

❶ 在有关法律、法规进行相应的修改之前，海事局仍继续以"中华人民共和国港务监督局"和"中华人民共和国船舶检验局"的名义对外开展执法工作。

1958年。❶中国渔政是我国海上执法队伍最为庞杂的一支,中国渔政执法队伍到目前已经发展到3000个机构,3万余人,拥有执法船(艇)2200余艘、执法车2000辆左右。如此庞大的执法队伍长期以来却没有一个统一的核心领导机构。一直到2000年,经中央机构编制委员会办公室批准,中国渔政指挥中心才正式成立。它的成立标志着中国渔政海洋执法开始走向进整合,形成指挥中心统一指导、三个海区渔政局和三个流域委员会组织协调、县级以上地方渔政管理机构具体实施的渔政执法体系。

中国渔政的主要职能包括维护国家海洋权益、养护水生生物资源、保护渔业水域生态环境和边境水域渔业管理;承担着渔船、渔港、水产养殖和水产品质量安全等渔业行政执法任务;负责渔业船舶和船用产品检验,保障渔业生产秩序和渔业安全生产等。概括而言,中国渔政的执法分为三大领域:渔政、港监和船检。三大领域之间的执法整合一直困扰着中国渔政。

(四)中国海警

中国海警,全称中国公安边防海警部队,隶属于公安部边防局。中国海警是在1979年组建的海上公安巡逻大队的基础上逐渐发展而来,是我国维护海上治安的公安执法力量。中国海警在部队序列上,称"中国人民武装警察海警部队";行政上称"公安部海洋警察局",对外称"中华人民共和国海洋警察局",简称"中国海警"。❷公安部海洋警察局包括大连、上海、厦门、广州和三亚5个海警指挥部,下辖若干个海洋警察局、海洋警察大队。战时,海洋警察部队作为海军的辅助和后备力量,由中央军委、海军统一指挥。中国海警组建初期主要承担维护沿海治安和缉私任务。此后海警担负的任务逐渐增加,职能不断扩展,主要负责在我国管辖海域进行巡逻检查,实施治安行政管理,打击海上偷渡、走私、贩枪贩毒和海上抢劫等违法犯罪活动。❸

(五)中国海关

中国海关也是我国海上一支重要的执法队伍,其执法工作主要由海关总署下设的缉私局承担。海关总署作为我国防止走私的主要职能部门,其海上执法主要包括两大内容:打击走私和口岸管理。缉私局的执法力量也逐渐获得提升。

---

❶　目前,将1958年4月3日确定为"中国渔政"的成立日。
❷　实际上,中国海警具有双重身份,它既是公安部下设的执法队伍,又是我国海军的组成部分。
❸　白俊丰:《构建海洋综合管理体制的新思路》,《水运管理》2006年第2期。

二、"五龙"概念的进一步延伸

需要指出的是,有的论者对于"五龙"的具体指向有着不同的理解。例如朱贤姬将"五龙"界定为指海洋部门、交通部门、农业部门、环保部门及部队。❶ 严明认为"五龙"是指环保、海洋、海事、渔政和军队。❷ 环保部门主管海洋环境保护,海洋部门管理海域使用,交通部门管理海上交通运输,农业部门管理海洋渔业,海军管理海洋边防等。实际上,海洋管理中涉及的管理职能部门远不止五个。早在1998年中央机构合并改革之前,涉海行业管理的部门就多达十余个。例如水产部门负责海洋渔业和渔船渔港管理;地质矿产部门负责海洋矿产资源勘探工作的管理;冶金部门负责海底和海岛固体矿物开发管理;石油部门负责海洋油气开发与管理;轻工部门负责海盐管理;气象部门负责海洋气象预报;公安边防部门负责渔民出海和船舶治安管理。单与海洋管理有关的系统就有:国家海洋局海监系统、沿海公安边防管理系统、农业部渔政渔港监督管理系统和渔船检验系统、交通部门港务监督系统、海事法院、海军和海关。虽然部分部门曾进行过裁撤,有所调整,但是直到现在,涉海管理的职能部门也远不止五个。以海洋环境保护为例,其被"条条"分割成不同的领域:国家海洋局主管海洋废弃物的海洋污染防治;农业部主管渔港渔船及渔业的海洋污染防治;交通运输部主管港口水域及非军事船只的海洋污染防治;环境保护部主管全国陆源污染及海岸工程建设的海洋环境污染防治;海军则主管军事船舶的海洋环境污染管理和污染事务的处理。❸ 管理职能的交叉势必产生扯皮现象,从而增大协调的难度。整体而言,除了"五龙"之外,我国目前涉海的部门多达10余个(见表1—1)。我国有学者在总结海洋执法管理时,也指出我国在海洋法律、法规的执法管理上涉及的国家管理部门在15个以上。❹

---

❶ 朱贤姬等:《中韩海洋环境管理的要素特征及比对分析》,《海洋环境科学》2008年第6期。
❷ 严明:《渤海何日不再为"五龙治海"头痛》,《中国改革报》2004年8月20日。
❸ 朱贤姬等:《中韩海洋环境管理的要素特征及比对分析》,《海洋环境科学》2008年第6期。
❹ 管华诗、王曙光:《海洋管理概论》,中国海洋大学出版社2003年版,第221页。

表1—1　"五龙"之外我国主要涉海管理部门及其职能❶

部门	涉海职能	部门	涉海职能
1. 国土资源部	海岛管理、矿产、测绘	7. 气象局	海洋气象及台风预防
2. 公安部	海上急救	8. 质检总局	保护渔业生产安全
3. 环境保护部	海洋环境保护	9. 安监总局	海洋石油生产安全
4. 国资委	主管海盐	10. 林业局	珍贵海洋生物保护
5. 卫生部	涉水(海)产品安全	11. 旅游局	海岸带及海岛旅游
6. 发改委	海洋建设项目	12. 文物局	海洋文物

　　这种局面的存在,使得"五龙"在学者论述过程中发生了概念外延的延伸。由于中国海监隶属国家海洋局,中国海事隶属交通运输部,中国渔政隶属农业部,中国海警隶属公安部和海军,因此,学者们在探讨这一问题时,经常从职能部门的角度而非执法队伍的角度来界定"五龙"。又由于我国涉海职能部门数量众多,学者们在界定"五龙"时存在差异也就不足为奇,比如,有些学者将其界定为"六龙"❷也在情理之中。学者们界定"五龙"的差异,从侧面说明我国海洋管理存在高度的分散化。

　　由于中国海监、中国海事、中国渔政、中国海警和中国海关五部门都具有海上执法权力,其职能存在很大的交叉。因而,在具体管理过程中,五个执法部门经常发生扯皮现象,被戏称为"五龙闹海"。

三、"五龙闹海"的发生

　　我国所构建的中国海监、中国海事、中国渔政、中国海警和中国海关五个海上执法队伍,其设置初衷是为了实现海洋管理的优化,提高海上执法的专业化。但事与愿违,多部门执法不仅没有达到提高海上执法的目的,反而使得海上执法

---

❶　根据中央人民政府职能部门的职能规定及部分法规整理而来。需要指出的是,气象局在性质上属于国务院直属事业单位,和其他的职能管理部门有所区别。

❷　例如和先琛总结的我国海洋执法部门为"六龙":交通部的海事局、海洋局及中国海监总队、农业部的渔业局、海关、环境保护部的环境监察局、海警。具体参见和先琛:《浅析我国现行海洋执法体制问题与改革思路》,《海洋开发与管理》2004年第4期。还有的论者将"六龙"界定为海事局、海监总队、渔业局、海关、海警以及交通部的海上救捞局。

职能相互交叉、重叠。表1—2是"五龙"涉及的部分海上执法职能。从表中可以清楚地看到,大部分的执法职能都涉及两个以上的执法部门,部分职能甚至涉及四个执法部门。实际上,"五龙闹海"的局面随着五个执法部门的不断扩充和加强而日益严重。目前,很少有海上执法不需要两个执法部门的介入。

表1—2 "五龙"部分涉海执法职能❶

执法职能＼"五龙"	中国海监	中国海事	中国渔政	中国海警	中国海关
海上环境保护	√	√	√	√	
海洋权益维护	√		√	√	
船舶检查		√	√		
海上走私缉拿				√	√
沿海口岸管理	√				√
渔场海域使用	√		√		
海上治安	√			√	
海域巡航	√		√	√	√

海洋具有不同于陆域的一些特性。其中最为突出的特点在于它具有流动性,即海水是流动的,海洋中的许多资源也是流动的。这一点决定了海洋开发具有与陆地开发明显的不同,即某一陆地的资源开发一般不会给不相连的陆地资源带来直接的影响。而海洋的开发和利用则不然,海洋的流动性特点,使其在开发过程中更易产生连带效应。海洋通过流动的海水可以把不同区域的开发利用活动联系起来,即某一区域海洋的开发利用,不仅会影响本区域内的自然生态环境和经济效益,而且会影响到邻近海域甚至更大范围内的生态环境和经济效益。❷ 这种特性使得分散的海上执法体制很容易造成执法者之间的责任不清和相互推诿。某一职能部门的管理权限可能无法满足其海洋执法的现实需求,往往需要其他部门的介入和帮助。

例如2005年8月19日,山东烟台的金沙滩上出现大量死亡的飞蛤、蛏子、

---

❶ 表中出现"√"表示该执法职能涉及该执法部门。
❷ 王琪等:《海洋环境管理中的政府行为分析》,《海洋通报》2002年第6期。

螃蟹等海洋生物。接到报告后,烟台沙滩开发区环保局和海监大队立刻展开了监察监测,发现是市区生活垃圾处理场渗滤液输送管道发生泄漏,而渗滤液中包含有毒有害物质,使水质发生了变化,加上沿岸企业的排污、废渣撒落被雨水冲入海中等导致海水被污染。专家分析认为,四十里湾东、西各有一处城市污水排海区,日排放量十余万吨,污水排放导致大量营养盐进入湾内,营养盐含量的突然增加,是发生赤潮的主要原因。同时,湾内船舶运输、捕捞、养殖等海上活动带来的海洋环境污染也起了一定作用。这一近海海洋污染的处理,在当前"五龙闹海"、"多龙管海"的分散执法体制中,需要多部门的同时介入。沿岸企业的排污行为需要环境保护部门的介入处理;海湾内船舶运输、捕捞、养殖等海上活动带来的海洋环境污染则需要渔业部门以及交通部门的介入处理。而这也都需要海洋行政主管部门的大力介入。

　　海水的流动性所形成的海洋一体化特性,使得大部分的海洋事件处理都会涉及多个海洋执法部门。各个海洋执法部门根据各自的职能权限设定自己的管理范围。职能划分的管理权限与海洋的一体化之间的矛盾使得任一海洋执法部门都很难独立有效地完成海洋执法。这种状况使得介入其中的海洋执法部门各自遵循法律程序,例行完成自己所属的法定职能,而鲜有通盘筹划、面对结果的执法局面。换言之,海洋执法部门更多的是在职能权限的设定下对程序负责,而不是对最终结果负责。因为职能的细化使得责任分化,各个海洋执法部门只是关注自己的职能范畴。在上述案例中,环境保护部门侧重岸上排污企业的排污处理。对海洋污染的最终处理因为在海洋行政主管部门的区域内,出现责任分担,往往相互推诿;渔业部门针对捕捞、养殖的污染防治处理,至于这种处理能否有效缓解赤潮,则不是他们执法的范畴;而尽管海洋行政主管部门需要直接面对海洋污染的处理,但是由于污染源主要来自陆地,不在其职能管辖范围内,使得海洋行政主管部门承担最终处理不利结果的责任,并不公平。这就很难避免责任不清和相互推诿。在这种分散海洋执法体制之下,极易形成"多龙治海难治海'的局面。海洋执法困局的形成也就在情理之中。

第二节 "五龙闹海"的弊端

一、不利于我国海洋立法的综合化进程

我国已有海洋法律、法规的数量并不少,但是大部分海洋立法都是单项法。从20世纪80年代到现在,我国一共颁布了《海上交通安全法》(1983年)、《领海及毗连区法》(1992年)、《海商法》(1993年)、《专属经济区和大陆架法》(1998年)、《海洋环境保护法》(1999年)、《海域使用管理法》(2001年)、《港口法》(2004年)、《海岛保护法》(2009年)等多部法律,其余大部分是行政法规、地方性法规和规章,其数量已经达到上百部。尽管从数量上看,海洋法律、法规的数量相当可观,但是我国尚没有关于海洋管理的一部综合法律,我国的海洋立法是典型的单项立法。而国外的海洋立法,则突出强调其综合管理法律的特性。例如早在1972年,美国国会就率先通过了《海岸带管理法》,对海岸带实施综合管理。韩国在1987年就发布了《韩国海洋开发基本法》,1998年又出台了《海岸带管理法》,并根据该法于2000年公布实施"国家海岸带综合管理计划"。

造成我国海洋立法单一化局面的原因,很大程度在于我国分散的海洋执法体制。我国分散的海洋执法体制,使得各涉海部门海上执法均需要行业立法支撑,而全国又缺乏统一的海洋立法规划,立法进程和质量受部门和行业利益的影响也就在所难免。正如九届全国人大常委会第十一次会议分组审议《海洋环境保护法修订草案》时严克强委员所说:我们的立法现在有个问题,起草部门将本部门的利益全写进法中,其他相关部门为本部门利益进行争执,综合部门抹稀泥。最后,通过的法律成了"四不像"。鉴于常委委员许多是兼职的,一部法律在开会时才发给委员们,审议时也提不出太多的意见。建议常委会对这个问题进行研究,制定某部法律时,由常委会组成专门的班子(吸收有关专家参加),站在国家利益的高度来研究制定法律,以摆脱目前立法中的部门利益过多的弊端。具体到《海洋环境保护法》,"五龙闹海"的现象,不能再发生了。❶

这种多部门争取自己利益的海洋立法现实,使得出台综合的海洋法律倍加艰难。目前涉海专项法律、法规虽多,但缺乏能规范各个涉海行业和海洋资源

---

❶ 和先琛:《浅析我国现行海洋执法体制问题与改革思路》,《海洋开发与管理》2004年第4期。

的、与国际公约对接的综合性法律、法规。例如《海洋法》、《海防法》、《海洋国土资源开发保护法》、《海岸带管理法》等具有综合性的法律至今尚未出台。

二、违反科学划分管理的规律,造成职能重叠和职能空白

按照职能管理的原则对管理对象进行分类划分,在某些情况下,可能造成以下三种局面:一是职能重叠,即犯了逻辑划分上子项相容的错误,某些管理职能同时涉及多个职能管理部门。二是职能空白,即犯了逻辑上划分不全错误,某些管理职能在划分时没有纳入统筹。三是造成职能分裂,即本应该属于同一职能,但是却人为地分立成两个或多个职能,使得管理无法实现有效衔接。实际上,第三种情况下的"职能分裂"是职能重叠的特殊表现。这三种状况由于我国分散的海洋执法现状,在海洋管理中同时存在。

职能重叠是进行职能管理时面对的一个难题。究其根本原因,在于客观事物很难按照人们所设想的那样,职能分离得如此清楚和规范。这种状况在海洋中更为突出。海洋具有典型的整体性和流动性的特性,因此,很多的海洋事务管理不可避免地会涉及多个职能部门。例如1991年巴拿马籍货轮"玛亚8号"在大连外海与另一艘船只相撞,数百吨原油流入海中,严重污染了海洋环境,并引发了大面积赤潮。这一事件的发生,涉及交通部门、海洋局、环境保护部门、渔业部门以及海关等多个涉海管理部门。事故发生后的第二天,几个主管部门也都及时赶到了现场。但是由于多个主管部门协调不力,在管理过程中互相扯皮,互相推诿,以致错过了治理污染的最佳时机。正如有学者所说,"地方海洋管理部门与其他产业、其他管理部门职能相互交叉,管理对象和区域重叠,造成争着管理和无人管的情况并存,这在我国的海洋管理中成为公认的事实。"❶

职能重叠通常会产生两方面的不利影响:一是加大协调难度。因为某一事件的发生,会涉及两个或多个相关职能部门的管理职能,发生扯皮现象也就在所难免;如海洋倾废由两个部门主管,成了一事二管。而对捕捞和铺设海底电缆的管理则各自为政。无论是一事二管还是各自为政,由于主管部门之间认识上的差异,经常引发部门之间以及部门与行政相对人之间不必要的争议。❷ 二是产

---

❶ 林千红、洪华生:《构建海洋综合管理机制的框架》,《发展研究》2005年第9期。
❷ 汪帮军:《试论我国海洋管理体制的发展方向》,《水运管理》2003年第3期。

生责任推诿。由于涉及多个职能部门,责任的分化也就容易产生责任不清和相互推诿。职能重叠是造成我国目前海洋管理协调乏力、责任不清的直接原因。

职能空白同样是进行职能管理时所无法回避的另一个问题。随着经济社会的发展变化,基于以往现实情况所进行的职能划分,已经不能适应当前的客观现实。职能空白的出现也就在所难免。职能空白的存在,说明基于职能化管理的思路,必然随着社会发展的需要来逐渐增设管理机构。大量增设机构又往往会进一步加深以往职能重叠的无奈,并且造成机构臃肿、冗员众多的弊端。

三、导致重海洋资源开发、轻海洋环境保护的局面

海洋作为环境要素的重要组成部分,对整个地球的生态环境起着一个协调、平衡的重要作用。起初,人们认为海洋如此广袤,它足以消化人类的所有污染和排泄。所以,将污染物排放到海洋中,是人类解决污染问题的一种最直接、最经济的方法。但是,随着海洋污染的日益加重,人们开始逐渐认识到,海洋并不能完全溶解、消融所有的污染物。特别是在近海,环境污染所造成的"海洋荒漠化"已经造成了巨大的损失。我国的渤海环境恶化正是这种状况很好的写照。

如果我国的海洋管理依然坚持分散的海洋执法体制,这一海洋环境恶化的状况就不可能得到有效的遏制。究其原因,分散的海洋执法体制是基于职能管理的思路和模式,职能管理在海洋管理中体现为海洋行业管理。而海洋行业管理重海洋资源开发,轻海洋环境保护。海洋开发之所以立足行业,在于职能化的海洋管理模式非常有利于提升海洋开发的专业化,加快海洋开发的步伐。这种基于成本—收益分析的经济发展模式,在提升我国海洋开发方面发挥了举足轻重的作用。但是对于海洋环境的保护,却不是一个福音。立足行业的海洋管理,基于自己的管理职能,很难通盘考虑。尽管环境保护部门和海洋行政主管部门都会对海洋环境进行保护,但是对海洋的保护,尤其是对海洋生态系统的保护,是一个系统、全面、长期的管理行为。由于海洋管理中的一些领域和职能被分割出去,环境保护部门和海洋行政主管部门在海洋环境保护中很难做到深入、系统的规划。更为重要的是,其海洋保护的计划会经常由于其他职能部门的行业管理而中断,从而对海洋环境以及生态系统产生不可逆转的损害。在陆地上,如果说环境保护在管理职能分割的情况下,还可以在一定程度的实现,那么在海洋,由于其具有一体化、流动性的特性,海洋环境的关联性更强,使得海洋环境保护

很难在不涉及其他职能部门管理范畴的情况下实现海洋环境的良好保护。

现在，人们越来越认识到，鉴于海洋环境保护的重要性与日俱增，在海洋管理中一定要基于综合管理的思路。环境具有典型的关联性，对于海洋环境而言，更是如此。因此，如果不是基于综合管理的思路进行海洋管理，很难达到有效的海洋保护。今天，海洋管理是基于生态系统的管理（Ecosystem - Based Management，简称 EBM）的思路已经成为海洋管理学家的共识。海洋综合管理以及区域海洋管理概念的诞生，都是在基于生态系统管理的基础上而言的。因此，当行业林立的海洋行业管理去开发一体化的海洋时，造成重海洋开发、轻海洋环境保护的局面也就在所难免。

四、增加了海洋执法的协调难度，降低了海洋执法的效率

当前依海洋行业管理所形成的分散海洋执法体制，限制了政府协调机制的有效构建，增加了海洋执法的协调难度。政府的协调模式可以分为两种类型：纵向协调与横向协调。所谓纵向协调，又称垂直协调，是指依靠政府间的等级化从属关系，在行政行为中形成以等级化为纽带的良好协作关系。其典型特征是依靠权力的等级序列，建立在命令与服从基础上的一种上下级协调关系。纵向协调主要依靠行政命令，他能够以最小的成本快速协调，但是弊端就是极易挫伤下级的积极性，使得下级在协调方面更多处于消极被动的局面。所谓横向协调，又称水平协调，是指没有上下隶属关系的地方政府或其部门之间在水平方向上的合作，其典型特征是平等性、公共性、共赢性和复合性。❶ 横向协调能够使互不隶属的地方政府及职能部门在平等、共赢的协调中共同应对和处理事件，能够极大地调动地方政府的积极性，但弊端就是协调的成本比较高，所需时间较长。

现在，我国海洋管理的政府协调机制主要依靠纵向协调，横向协调滞后。纵向协调依据政府的层级化特点，需要层层上报，依靠上级部门之间的沟通或者中央的指令进行协调。纵向协调对于海洋执法而言，最大的弊端在于降低了执法的效率。长期依靠纵向协调，使得下级部门形成依靠、等待的不良执法习惯，从而有可能延误最佳的执法时机。提高执法效率和执法质量的最好途径是执法部门之间构建良好的横向沟通机制。遗憾的是，由于海洋执法涉及的部门众多，很

---

❶ 李积万：《我国政府部门间协调机制的探析》，《汕头大学学报》（人文社会科学版）2008 年第 6 期。

难构建出一个良好的政府横向沟通机制。尽管"五龙"之间的行政级别存在差异,但是他们之间没有上下级隶属关系,各个部门基于自身的执法习惯和部门利益,很难形成协调一致的执法步骤。可以说,以行业管理模式为特征的分散海洋执法体制,增加了海洋执法的协调难度,降低了海洋执法的效率。

五、提高了海洋执法成本

我国海洋执法的队伍庞大,目前单就"五龙"的五支执法队伍,其人数已经高达十几万。❶ 而且,其他职能部门和各个沿海省市也在不但扩充自己的辅助执法队伍。庞大的执法队伍,对国家财政而言,是一笔不小的开支。相对于我国庞大的执法队伍,许多西方国家的海上综合执法队伍可谓精简。队伍最为庞大的美国海岸警备队,1994 年有 38000 名现役军人(约 30000 名士兵),8000 名后备役军人,36000 名辅助人员和 6000 名文职人员,人员总数达 88000 人;日本海上保安厅 2002 年人员总数为 12224 人;加拿大的海上执法队伍仅有 7000 人左右。❷

此外,海洋执法相对于陆域执法而言,其所需要的成本更高。其成本首先体现在执法设备的装备上。陆域的执法纠私,所需购置的基本设备是汽车,直升机的装备是执法设备提升的重要标志。而对于海洋执法而言,船舶和飞机的购置是执法的先决条件。轮船和飞机的成本要远高于汽车。现在,建造一艘 1500 吨级的公务用船需经费近亿元,飞机的造价则更高。而且其一旦投入使用,除了日常的维护以外,还要建立相应的指挥、通讯和后勤保障系统。如此高昂的费用,在我国行政支出费用有限的现状下,还要进行分割,势必会造成海洋执法经费的紧张。每一个涉海职能部门都力图在财政预算中增加自己的海洋设备购置比例,其结果就是可能每一个涉海部门都无法得到充足的海洋执法设备购置费用,无法提升海洋执法效果。如果各个海洋执法部门经过多年的积累,最终购置了基本的执法轮船和飞机,又会造成资源的极大浪费。每一个执法部门都有自己的公务轮船和飞机,使得每一艘轮船和每一架飞机的使用频率都大为降低,没有实现执法设备的最佳使用配置,从而导致海洋执法成本的上升。执法设备重复

❶ 王淼等:《我国现行海上执法体制的弊端与改革对策》,《软科学》2006 年第 1 期。
❷ 李国庆:《中国海洋综合管理研究》,海洋出版社 1998 年版,第 376 页。

购置是导致海洋执法成本居高不下的一个最为突出的例证。除此以外,信息上的不沟通和重复获取,也是海洋执法中不小的成本。而且执法船只、飞机一旦投入使用还需要大量的经费用于日常维护和保养。在实际执法中,海洋执法的设备使用费用也是高昂的。以飞机为例,其每小时飞行成本高达5000—6000元。此外,执法船只和飞机还要建设指挥、通信和后勤保障系统,这笔费用也不可低估。各个执法部门自成系统,"有车不同坐","有船不同行","五龙闹海"的分散执法体制,不仅增加了执法设备的购置成本,也增加了其使用成本。

第三节　"五龙闹海"发生的制度根源

一、职能管理的含义及其特点

按照职能划分进行管理是现代政府的主要构建原则之一。所谓职能管理,是指组织为了方便内部管理,根据职能从纵向上划分为不同的层级,从横向上划分为不同的部门,上下垂直对应的部门职能类似或者相同,从上到下形成了金字塔型的多层级组织架构的管理模式。整个架构的运作是一个命令的传递和执行体系,各种层面的管理办法和规章制度是其运作的基础。

职能管理是我国政府的主要管理方式。中央政府在不同的时期,根据不同的情况,进行不同的职能划分,形成国务院的职能管理部门。在地方上,各级地方政府也按照中央政府或者上级政府的职能划分,设置自己的职能管理部门。上下级职能管理部门之间形成业务指导与被指导、领导与被领导的管理关系。现代政府构架下的职能管理具有以下两个方面的特点:

第一,职能管理是将管理活动分解为一系列标准化和次序化的任务,并分配给特定的执行者。职能管理的一个最显著的特征就是横向切块、纵向管理。根据现实的管理需要,将管理活动分为不同的要素和单元,并据此设置相应的职能管理部门。因此,职能管理是一种单项、单要素的管理,有人形象地称之为"条条"管理。职能管理的单项、单要素管理特征,在某些情况下,的确可以提高管理的专业化。这种优势使得职能管理成为各国政府选择的主要管理模式。

第二,职能管理注重纵向的命令控制,其沟通也侧重于纵向的上下级协调。各个职能管理部门根据法律规定的管理职责,在其管理范围内行使管理权限。它以接受上级的行政命令为主要管理特征。当其管理活动涉及其他相关职能管理部门时,其主要的沟通机制是通过向上级职能管理部门或上级政府反映,依靠纵向的沟通途径进行协调。需要指出的是,当职能管理部门在其所管辖的职能范围内进行管理时,这种纵向的命令控制可以实现有效地沟通和协调。但是一旦其管理活动超出了管理职能范畴,职能管理注重纵向控制与沟通的模式就会提高沟通的成本,降低沟通的效果。尽管在实际管理中,许多职能管理部门之间建立了横向沟通协调机制,但是其协调的力度和深度远不能适应实际管理的需要。因此,在职能管理模式下,当管理活动涉及多个职能管理部门时,经常发生扯皮、推诿以及沟通乏力,也就不足为奇。

二、职能管理下的分散海洋执法体制

基于职能管理的模式和思路所构建的海洋执法,必然会相应地形成以分散执法为基本特征的海洋执法体制。随着我国对海洋管理的日益重视,海洋执法队伍的分散化日益突出。新中国成立之初,我国海洋权益的维护,主要由海军承担。1963 年,29 位海洋专家上书党中央,建议加强我国的海洋工作。专家们的意见得到了党中央和国务院的认可,经过第二次全国人大审议批准,1964 年 7月,国家海洋局正式成立。作为国务院组成机构的国家海洋局,设置之初由海军代管。海洋局的成立,标志着我国海洋管理进入了专门化时期。但是我国的海洋管理一直延续着职能管理的思路,其表现之一就是在强化国家海洋局管理职能的同时,也在不断强化其他涉海职能管理部门的权限。

这种局面在 20 世纪的八九十年代表现最为明显。这一时期,我国的涉海行业管理在四个方面开始得到加强和完善:一是海洋渔业的管理。国家除了加强对海洋渔业的立法之外,❶在机构建设上,设立了主管渔业和渔政的渔业局,隶属农业部。渔业局下设渔政渔港监督管理局、渔业船舶检验局,并在黄渤海、东海和南海设立了三个直属渔业局的海区渔政局。此外,沿海各省市和地县也都设立了水产行政主管机构和相应的渔政管理机构。渔业管理的加强,造成了今天规模庞大、职能广泛的中国渔政执法队伍。二是海洋港口和交通运输管理。交通部下设港务系统、航道系统和港务监督系统,进行海上航运的管理。成立了

---

❶ 1986 年,我国颁布了《中华人民共和国渔业法》,随后又颁布了《中华人民共和国渔业法实施细则》和《中华人民共和国野生动物保护法》。

港务监督局，❶主管水上交通安全。到 1987 年，我国在沿海主要港口组建了 14 个交通部直属的海上安全局，沿海港监队伍扩大到一万多人。三是海洋油气生产管理。早在 1964 年，我国就开始了海洋油气勘探。自 1979 年，我国实行对外合作勘探开发海洋石油天然气的政策，形成两大企业系统：中国海洋石油总公司和中国石油天然气总公司，每个公司下面都设有若干个海区公司。四是海盐生产管理。当时，我国将盐业生产统一归属到国家轻工业局进行管理，在全国成立了中国盐业协会和中国盐业总公司。在国家的统一规划下，进行盐业的生产和销售。

我国多头并进的海洋行业管理形成了分散的海洋执法体制。中国海监、中国海事、中国渔政、中国海警和中国海关的并列，其实质是涉海职能管理部门强化自己职能管理的自然选择。

三、"五龙闹海"——注重单项、单要素的职能管理与海洋一体化管理之间的矛盾产物

那么，基于职能管理形成的分散执法体制，为何在海洋管理中会衍生出如此多的弊端，而在陆域管理中却并没有衍生出如此弊端呢？究其原因，在于海洋具有不同于陆域的一些特性：由于海洋的整体性和海水的流动性，使得单要素的职能管理不可避免地会涉及其他相关职能。因此，在海洋管理中，很难做到泾渭分明的职能分割。但是由于陆域的固定性以及弱相关性，使得其在职能管理上没有产生如此大的职能重叠和交叉。威廉姆森将职能管理的这一特征概括为等级分解原则（hierarchical decomposition principle）。所谓等级分解原则，是指组织结构及相应的决策权力和责任应进行分解，并落实到每个便于操作的组织的各个基层单位，从而有助于防止"道德风险"，进一步节约交易费用和组织运作成本。❷ 换言之，职能管理的良好运作，需要责任的明细化，每一个管理事项的最终处理结果责任都指向单一基层组织甚至个人。职能管理的这种内在要求，在遇到责任和决策不能分割的情况下，往往发生管理的失效。在现实中，职能管理不仅在具有一体化的海洋中发生管理失效，在其他具有一体化的领域也衍生弊

---

❶　现在称为"水上安全监督局"。
❷　芮明杰：《管理学：现代的观点》，格致出版社、上海人民出版社 2005 年版，第 24 页。

端。例如流域管理,由于河流也具有流动性和一体化的特征,使得职能管理下的流域管理弊端重重。目前,许多国家和地区基于这种状况,而实行统一管理。例如我国在大的流域,都实行由水利部统一管理的模式。美国联邦政府甚至成立独立的田纳西流域管理局,独立于田纳西河流域内的各州政府,直接对联邦政府负责。管理局对田纳西河进行统一综合的管理,统筹规划,从而有效地实现了田纳西河流域环境的良好治理。

海洋的一体化和流动性要求海洋实行综合管理,而注重单项、单要素的职能管理难以实现海洋生态的有效治理,职能管理的单要素特征割裂了这种整体性和综合性。海洋行业管理是职能管理在海洋管理中最明显的表现。各个海洋行业在海洋开发过程中,都突出强调自己的行业特点,而鲜有通盘考虑、统筹协调的思路。以中国海监、中国海事、中国渔政、中国海警和中国海关为代表的"五龙",其"闹海"的最本质表现就是难以实现海洋环境的保护和海洋生态的维持。实际上,"五龙"涉海职能之间的冲突,主要集中在海洋环境方面。海洋环境集中了"环境"与"海洋"的双重特性,这两者的有效治理都需要基于综合管理的思路。许多国家的经验表明,综合管理的思路是有效治理环境的良好选择。海洋生态作为人类最后和最重要的生态维持系统,它的保护已经成为海洋管理的核心。海洋行业开发中的许多突发事件,以及涉海职能管理部门的某些职能,都会涉及海洋环境的保护。不管是石油开采的意外漏油,还是大面积浒苔的爆发,抑或沿海污水的排放,都是海洋环境遭受破坏的典型表现。在人们治理海洋环境的过程中,自然涉及相关的职能部门。各个涉海职能部门基于自己的单项管理职能,在介入海洋环境保护时,只对程序负责,不对结果负责,即每一个相关部门按照合法的程序完成自己相关的职能,而最终的海洋环境治理是否真正实现,并不是他们关注的重点。这种状况导致难以实现对海洋环境或海洋生态的整体性治理。因此,海洋生态环境的有效治理,难以依靠某一个职能部门的单要素管理所能达成,而是需要基于生态系统的综合管理方能实现。

因此,要改变"五龙闹海"的局面,需要打破我国目前注重职能管理的海洋行业管理模式,实行海洋综合管理。

第二章　海洋综合管理及其合理性

　　尽管人类管理海洋的实践活动与其开发利用海洋的实践活动一样久远,但在 20 世纪 70 年代以前,海洋管理并没有作为一种独立的管理形态存在,而是一直从属于不同的行业管理,被行业管理所替代,所谓的海洋管理模式也不过是以不同产业为管理对象的海洋行业管理模式。自 20 世纪 70 年代以来,海洋开发利用进入快速发展时期,开发利用海洋的各行业、各部门之间矛盾开始暴露,冲突不断发生;海洋环境污染状况日趋严重;海洋资源呈现衰竭之势。这些新问题对海洋管理提出了新的要求,加强海洋管理的现实要求也愈加迫切。原有的海洋行业管理体制尽管在海洋发展过程中发挥了积极作用,但对于日益增多的海洋问题,则显得力不从心。因海洋环境破坏、海洋资源受损、涉海各部门间的冲突加剧等问题的解决,单靠某一部门、某一行业的力量难以实现,必须借助于一个超越部门利益的、能够整合各行业力量的宏观协调机制来发挥作用。同样,这些问题的存在说明了现行的海洋管理制度在一定程度上已经无法适应海洋事业的发展,必须探求一种新的海洋管理模式。海洋综合管理正是人类海洋管理实践不断探索的结果。

第一节　海洋行业管理在历史上的合理性

　　新中国成立以后,我国的海洋事业有了很大发展,海洋管理也进一步引起各级政府的重视。20 世纪 50—60 年代,我国的海洋开发和管理体制是根据海洋资源的自然属性,按照各个行业自身的特点实行的对口管理,这实际是陆地各种资源开发部门管理职能向海洋的一种延伸,与之相应,这类行业部门被定义为涉海行业部门。如农业部门负责海洋渔业的生产和管理,交通部门负责港口和海上交通运输的生产和管理等,这种管理体制延续了 40 多年。

一、我国主要涉海行业及其管理

改革开放三十年来,我国的海洋产业走出了一条快速发展、不断壮大的道路。从构成单一的海洋渔业、海洋盐业发展到以交通运输、滨海旅游、海洋油气、海洋船舶为主导,以海洋电力、海水利用、海洋工程建筑、生物医药、海洋科教服务等为重要支撑的,优势突出,相对完整的产业体系。近几年来,海洋产业发展速度更为迅猛,2001 年至 2008 年,海洋产业增加值的年均增速达到 14.7%。❶根据 2008 年海洋经济统计公报的数据显示,中国海洋产业增加值前五名分别是海洋交通运输业、滨海旅游业、海洋渔业、海洋油气业和海洋船舶工业。这五大产业的增加值占到整个海洋生产总值的 44%,❷是中国海洋经济的主导产业。

由于在 20 世纪 50—70 年代,我国的海洋开发和管理体制主要是根据海洋自然资源的属性及其开发产业特点,由陆地各资源开发部门管理职能向海洋的延伸,而且在这一历史时期,由于社会经济技术能力较弱,因此对海洋空间和资源的开发利用规模比较小,海洋受到的开发压力不大,各涉海行业之间以及行业内部的矛盾并不突出,涉海行业部门的主要职能是进行生产管理。与之相应,海洋行业管理得到强化。

海洋行业管理,是指根据海洋活动的经济、自然属性,由政府不同的行业和专业行政主管部门进行对口管理。在我国较长的历史时期内,行业化管理一直是海洋管理的基本模式,具有海洋管理职能的行业和专业主管部门有很多。目前我国的涉海行业管理主要集中在以下几大领域:

(一)海洋渔业及其管理

海洋渔业是我国海洋经济的传统产业,也是支柱产业。在稳定近海捕捞业、大力发展养殖业、水产品加工业和远洋渔业的产业政策指导下,海洋渔业总体保持平稳发展。2008 年,沿海地区继续控制渔业捕捞强度,大力调整海洋渔业产业结构,海洋渔业增加值达到 2216 亿元,比上年增长 3.3%,占全国主要海洋产业增加值的 18.1%。❸

---

❶ 国家海洋局海洋发展战略研究所课题组:《中国海洋发展报告(2010)》,海洋出版社 2010 年版,第 226 页。

❷ 国家海洋局海洋发展战略研究所课题组:《中国海洋发展报告(2010)》,海洋出版社 2010 年版,第 225 页。

❸ 数据来源:国家海洋局《2008 年海洋经济统计公报》。

海洋渔业在其发展过程中已形成了一个较为完整的产业体系,包括了以养殖捕捞为代表的海洋第一产业和以水产品加工和渔业服务等为代表的海洋第二、第三产业。海洋渔业在提供巨大产出的同时,也为沿海地区提供了大量的就业机会。根据 2007 年海洋统计年鉴的数据显示,海洋渔业及相关产业就业人口为 520.8 万人,占全国主要海洋产业就业人口的 60%。❶

海洋渔业的发展既对海洋渔业管理提出了要求,同时又促进了海洋渔业管理的发展。1986 年,我国颁布了渔业基本法——《中华人民共和国渔业法》,随后又颁布了《中华人民共和国渔业法实施细则》和《中华人民共和国野生动物保护法》等法律法规,农业部及各省相继制定了与渔业法及其细则桓配套的法规、规章,使我国的渔业生产结束了无法可依的历史,开创了"以法兴渔"的新局面。

与之相应,海洋渔业的行政管理机构和管理体制日益完善。在机构建设上,在中央一级国家主管渔业和渔政的行政机关是农业部渔业局,下设渔政渔港监督管理局(对外称中华人民共和国渔政渔港监督管理局)、渔业船舶检验局,在黄渤海、东海和南海设立了三个直属农业部渔业局的海区渔政局。在地方沿海省、自治区、直辖市和地、县设立了水产行政主管机构和相应的渔政管理机构。国家对渔业的监督管理实行"统一领导、分级管理"的原则。在国务院划定的"机动渔船底拖网禁渔区线"外侧,属于中央一级管辖的渔业海域,由国务院渔业行政主管部门及其所属的海区渔政机构管理。在禁渔区线内侧的海域,除国家另有规定以外,由毗邻海区的省、市渔业行政主管部门管理;重要的洄游性的共用渔业资源,由国家统一管理;定居性的、小宗渔业资源,由地方人民政府渔业行政主管部门管理。基本上形成了以专管队伍为骨干,以群管队伍为基础,专、群管理相结合的国家、省、市、县、乡五级管理网络。

(二)海洋交通运输业及其管理

海洋运输包括国内航运和国际航运两个部分。中国自加入 WTO 以来,国际贸易在国民经济中的地位迅速攀升,我国外贸依存度已经达到 60%—70%,海洋交通运输作为国际贸易中的重要环节,也保持了强劲的增长态势。在世界

---

❶ 国家海洋局海洋发展战略研究所课题组:《中国海洋发展报告(2010)》,海洋出版社 2010 年版,第 227 页。

经济增长和经济全球化推动下,我国海洋交通运输业持续快速发展,特别是集装箱运输发展最为迅猛,上海、深圳、青岛、天津、广州、宁波、厦门港已进入全球港口集装箱吞吐量的前 30 名。

为保障海洋交通运输业的良性发展,保证正常航运生产、航道通畅以及海上交通安全,在原中华人民共和国港务监督局(交通安全监督局)和原中华人民共和国船舶检验局(交通部船舶检验局)的基础上,经国务院批准,于 1998 年 10 月 27 日将二者合并组建为中华人民共和国海事局(交通运输部海事局)。海事局为交通部直属机构,实行垂直管理体制。根据法律、法规的授权,海事局负责行使国家水上安全监督和防止船舶污染、船舶及海上设施检验,管理通航秩序、通航环境,实施航海保障管理和行政执法,组织、协调和指导水上搜寻救助,并履行交通部安全生产等管理职能。

(三)海洋油气生产及管理

随着我国经济发展对石油的需求量逐渐增长,国内陆地原油产量已不能满足经济发展需求,供需矛盾突出,进口石油依存度不断增大,特别是近年来国际原油价格节节攀升,受其影响,我国石油价格也随之快速上涨,成为推动我国海洋油气业快速增长的一个重要因素。可以说,未来几年内,随着我国海洋油气勘探开发技术的进步和勘探区域的不断扩展,海洋将成为我国油气产量增长的重要地区,海洋油气业将成为重要的战略产业。

我国海上油气的勘探和开发有三大部门:中国海洋石油总公司、中国石油天然气总公司和国土资源部的石油局。每个部门下设若干海区公司。为了做好海洋石油勘探开发过程中的海洋环境保护工作,各海上石油公司都设有相应的环境保护部门。由于石油开发部门作为大型国有企业,所承担的社会责任以及所具有的技术优势,使其承担了部分监管职能,如中海油的安全健康环保部(HSE)作为一个重要的部门,已参与到海洋石油开发的监管中来。但如果单纯依靠企业的自律监管,显然是不健全的。因此,要通过科学统筹,进一步健全机制,使政府在海洋油气开发事业中发挥更加高效的监管职能。

(四)滨海旅游业及其管理

滨海旅游包括沿海陆上和水域的旅游活动,在整个旅游业中占有重要地位。据联合国世界旅游组织统计,2008 年世界排名前十大旅游国的抵达游客人数为

4.18亿,接近当年世界国际旅游抵达总人数的一半。前十大旅游国均为沿海国家。❶ 滨海旅游业是我国海洋经济的传统产业、主导产业。多年来,其产出增加值始终保持在前两位,是沿海地区财政的主要来源,是吸纳就业的主要力量。

传统的海洋旅游资源及其管理工作涉及的部门众多,如林业归属林业部门;高潮线以上归属土地部门;水域的野生动物资源归属农业部门;地质旅游归属地矿部门;风景资源归属建设部门;文化古迹归属文物管理部门;海洋自然遗迹和综合性的旅游资源归属海洋管理部门。多头管理造成景观与旅游的分离,旅游主管部门难以协调旅游生产要素的均衡发展,给海洋旅游的有效管理造成了很大的困难。同时,因为海洋旅游业对自然景观、自然环境的高度依赖性,受其他行业发展、经济发展现状的制约性,以及海岸带地区的生态脆弱性,决定了要实现其可持续性发展不是通过行业内部开发与保护就可以完成的。❷

要解决海洋旅游业开发与环境保护的矛盾,达到经济、社会、资源、环境四方面的可持续发展,必须对现有的管理体制进行改革,通过加强多部门的共司规划和综合管理等协调措施,培育一体化的运行机制,构筑高效、统一、协调运作的组织保证体系。

(五)海洋盐业与海洋化工业的生产与管理

海洋盐业是我国海洋经济的传统产业,我国海盐产量一直居世界首位,近年来,随着纯碱和烧碱制造快速发展以及国内盐业市场需求量的上升,海洋盐业呈现出稳步增长趋势,我国将在继续保证稳定发展海盐生产的同时,积极推进盐化式特别是精细化工产业的发展,进一步开拓国际市场。

从新中国成立到20世纪90年代,我国盐业一直实行计划管理体制。1990年颁布的《中华人民共和国盐业管理条例》规定,轻工业部是国务院盐业行政主管部门,主管全国盐业工作。对全国盐业实行行业管理,进行统筹、规划、调节、协调、指导、监督、服务。省及省级以下人民政府盐业行政主管部门,由省、自治区、直辖市人民政府确定,主管本行政区域内的盐业工作。1990年7月13日轻工业部在《关于抓紧贯彻〈盐业管理条例〉的通知》中明确了"轻工业部授权中国

---

❶ 国家海洋局海洋发展战略研究所课题组:《中国海洋发展报告(2010)》,海洋出版社2010年版,第210页。
❷ 董志文、张广海:《我国海洋旅游业的发展策略研究》,《经济论坛》2004年第21期。

盐业总公司行使盐业行政管理职能,负责组织贯彻实施《盐业管理条例》及有关盐政管理工作"。2003 年 8 月 23 日根据《国务院办公厅关于印发国家发展和改革委员会主要职责、内设机构和人员编制规定的通知》精神,国家发展和改革委员会为国务院授权的国家盐业行政主管部门,盐业管理办公室是具体办事机构,设在国家发展和改革委员会工业司。国家发展和改革委员会盐业管理办公室主要职能是:对全国盐业实施行政管理、指导行业发展以及食盐专营管理等。全国大多数省(市、区)盐业公司都实行垂直管理。

目前,政企不分、垄断经营仍是这个行业的主要矛盾。我国大部分地区的盐政管理和经营队伍是一套机构两块牌子,盐政部门直接负责食盐计划安排、生产、调运和除两碱工业用盐以外的其他工业用盐的销售。同时,盐政执法(包括执法队伍和执法费用支出)也由各地盐务部门承担。各地盐务局既是盐业管理政策的制定者、盐政执法者、生产企业的上级主管,同时又是盐产品的经营者。这种既是裁判员又是运动员的双重角色,显然与社会主义市场经济运行的基本制度规则相背离,为此,盐业管理体制亟须变革。

(六)海水利用业及其管理

淡水资源的供求矛盾日益成为制约我国社会经济发展的瓶颈。我国研究海水淡化始于 20 世纪 50 年代。近年来,我国海水淡化技术日趋成熟,生产成本显著降低,再加上国家出台各种优惠政策,极大地刺激了我国海水淡化工程的投产建设。海水淡化在我国逐渐成为一项产业,成为海洋经济新的增长点。2008 年,以海水淡化为代表的海水利用业实现增加值 8 亿元,较 2007 年的 4.2 亿元有了大幅度的提高,❶其增长速度远超其他传统海洋产业。

目前海水利用工作均由国家发改委和省、市、地方发改委主管,涉及的相关部门包括水利部、环保部、国家海洋局、城乡建设部、商务部等。与之相应,地方海水利用所涉及的也是与中央各部委对应的相关部门。这种分散管理体制客观上使得各个部门很容易在海水利用的管理工作上为自身利益而各自为政,从事海水利用的单位在实际工作中会遇到诸如资金、环保、市政建设、市场化运作等许多现实问题,工作进程缓慢,一定程度上限制了我国海水利用事业发展的

---

❶ 国家海洋局海洋发展战略研究所课题组:《中国海洋发展报告(2010)》,海洋出版社 2010 年版,第 231 页。

步伐。

（七）海洋环境产业及其管理

在传统的产业目录中，并不存在环境行业或产业，所以也就不存在严格意义上的环境行业管理。伴随环境问题越来越成为世界关注的焦点，与之相应的环保产业也发展起来。环保产业是指在国民经济结构中，以防治环境污染、改善生态环境、保护自然资源为目的而进行的技术产品开发、商业流通、资源利用、信息服务、工程承包等活动的总称。它在美国称为"环境产业"，在日本称为"生态产业"或"生态商务"。环保产业是一个跨产业、跨领域、跨地域，与其他经济部门相互交叉、相互渗透的综合性新兴产业。进入 21 世纪，全球环保产业开始进入快速发展阶段，逐渐成为支撑产业经济效益增长的重要力量，并正在成为许多国家革新和调整产业结构的重要目标和关键。美国、日本和欧盟的环保产业成为全球环保市场的主要力量。我国在发展循环经济的要求下，从 2007 年开始，环保支出科目被正式纳入国家财政预算。随着中国社会经济的发展和产业结构的调整，中国环保产业将逐渐成为改善经济运行质量、促进经济增长、提高经济技术档次的产业。产业内涵扩展的方向将主要集中在洁净技术、洁净产品、环境服务等方面，中国环保产业的概念也将演变为"环境产业"或"绿色产业"。

作为国家的环境保护行政主管部门——国家环保部（前身为国家环保总局）在设置初所确定的主要管理对象并不是环境产业或环保行业，所以，把国家环保部作为行业化的环境管理部门并不合适。因环境问题几乎涉及所有行业，国家环保部所进行的环境管理通常是一些宏观的、带有共性的环境问题，如：建立健全环境保护基本制度，负责重大环境问题的统筹协调和监督管理，负责提出环境保护领域固定资产投资规模和方向，承担从源头上预防、控制环境污染和环境破坏的责任等。但当环保产业发展为一种新兴产业后，作为环境保护主管部门的环保部及地方环保部门，理应承担起指导、监督环保产业（包括海洋环保产业）发展的职责。如 1996 年 12 月通过的《河北省环境保护产业管理暂行办法》规定，"省环境保护行政主管部门在环境保护产业管理方面的主要职责是：1. 贯彻实施环境保护产业的法律、法规和规章，并对实施情况进行监督检查；2. 会同有关部门制定环境保护产业政策，鼓励扶持本省环境保护产业的发展；3. 制定环境污染治理工程（城市污水集中处理厂除外）竣工验收办法，并组织实施；4. 负责组织评选环境保护最佳实用技术和确认无公害产品；5. 公布本省优先发展和限期淘汰的环境保护产品与技术名录。"综上可知,环境保护行政主管部门担负着国家和地方宏观的环境管理与环保产业微观管理的职责,既有综合管理的职能也有行业管理的职能。

海洋开发利用的不断扩展,使得传统的海洋产业在继续发展,新兴海洋产生不断增长。除上述提到的七大产业外,还包括:海洋电力业、海洋船舶工业、海洋工程建筑业、海洋生物医药业、海洋矿业、海洋科研教育管理服务业等。海洋产业的不断扩展,意味着涉海的管理部门也相应地不断增加。正如加拿大海洋问题研究专家 E. M. 鲍基斯在所著的《海洋管理与联合国》一书中讲道:"在大多数国家,与海洋有关的问题多半可能属于 15—25 个部门,这样就分散了政府责任且造成重复努力。"❶

二、海洋行业管理历史上的合理性

凡是存在的都有其合理性。海洋行业管理适应了一定时期人类开发利用海洋的需要,并一度成为海洋管理的最主要形式,在促进海洋开发利用、海洋经济发展等方面发挥了不可替代的作用。从历史发展的角度看,海洋行业管理的合理性主要体现在以下几方面:

第一,与人类早期海洋开发活动的需要相适应。

海洋行业管理具有特定管理领域,是一种以单项资源为管理对象所实行的条块管理模式,侧重于局部的部门利益。在人类海洋开发利用规模不大的情况下,由于涉海人员、涉海行业数量有限,相对于广袤的大海而言,这些有限的个人或行业在开发利用海洋资源时,很少因利益之争产生矛盾冲突,所以,从事海洋捕捞、海洋运输、港口建设、滨海旅游等相关行业可以在一定程度上相安无事。在这样一种发展环境下,行业化的海洋管理模式可以较充分地对相关行业或产业进行有效管理。

第二,可以促进单项管理的规范化和高效性。

行业管理是以维护本行业利益为目的,通过贯彻国家的产业政策、行业法规与行业契约,对行业内企业的生产经营活动所实行的规范化管理。由于行业政策和规划的适用对象是本行业及其在管辖范围内就可调动的资源,因此,无须外

---

❶ [加]E. M. 鲍基斯:《海洋管理与联合国》,海洋出版社 1996 年版,第 144 页。

在的行政程序,只需借助行业内固有的行政控制系统就可以做到令行禁止,因而能够大大提高管理的效能与效率。与之相应,海洋行业管理可以针对不同涉海行业发展中的问题,制定出适合本行业发展的具体政策和措施,具有较强的针对性和可操作性。

第三,推动海洋管理的专业化和技术化。

随着科学技术的发展和人类开发利用海洋的广度和深度不断提高,海洋开发利用的专业分工将越来越细化,相应地海洋管理也由粗放型向科学化和专业化转变。如海上交通安全,涉及船只登记、检验,船员的技术考核,航道、引水、航标管理等一系列技术问题,都需要专门的机构进行管理。这些分散在不同行业中的专业化管理机构不可能由一个高层次的海洋综合管理机构所取代。实际上,任何国家即便有高层次的海洋管理机构,专门的海洋行业管理部门也是需要的,它们是海洋综合管理的基础。行业化的海洋管理模式,对于组织海洋特定资源的勘探和开发利用活动,提高专业化管理水平,增强管理的技术支撑有着积极意义。

第二节 海洋行业管理存在的问题与海洋综合管理的产生发展

海洋行业管理作为我国海洋发展历程中曾经占据主导地位的一种管理模式,尽管在海洋产业的形成和发展过程中起过重要的作用,但随着海洋开发利用程度的加大,"下海"群体不断增加及彼此间利益冲突的加剧,使得原有的海洋行业管理模式已难以适应海洋管理实践的要求,寻求一种新的与海洋经济发展相适应的管理模式成为现代海洋管理的客观要求。

一、海洋行业管理存在的问题

第一,管理目标的单一性、片面性。

海洋行业管理是各部门、各行业分别按其社会分工从事满足自身发展的管理活动。海洋各行业管理的政策、规划着眼点是行业自身的发展,所追求的通常是本行业利益的最大化。这种基于某一行业的海洋管理在目标设计上难以统筹兼顾,各行业主管部门容易只考虑本行业存在的管理问题,造成对其他海洋管理目标的忽视,突出的表现就是个别生产性行业部门对海洋环境污染的轻视。管理目标的单一性体现在管理职能上,则是海洋行业管理职能单一,难以实施高效管理。在现行的体制下,各部门只能依职权履行单项职能不能履行综合职能。如海警只能管海上治安而不能管海域使用、海洋环境保护;渔政只能管海洋渔业而不能管海域使用等。如此一来,假如遇到一些共性问题,常常形成互相推诿、"谁也不管"的局面。其结果是顾此失彼,导致本来具有整体性的海洋资源被多方分割,无法保证国家在海洋上的整体利益,也无法保证海洋生态系统的动态平衡和良性循环。

第二,管理部门间的不协调和难以兼容性。

从历史上看,在中国行业具有比较浓厚的计划经济色彩,政府的部、委、办、局代表的就是一个个不同的行业,不同的行业就有不同的待遇和排他性利益。各部门相互分工,在单项管理上形成"专管",再加上各部门有的属于中央、省的"条条"单位,有的属于各地市的"块块"部门,因此按行业进行管理,会导致因为怕损失行业利益而陷入行业保护的保守和封闭的境地。行业化的海洋管理体制由于条块分割所形成的单项管理和分散管理,致使多个海洋管理部门都在一定管辖区域内享有独立的海洋执法权,但相互之间又互不隶属,因而各自为政,协调困难,难以形成合力。如为及时获取相关信息,涉海各管理部门都定期派出船艇在海上活动,渔政进行渔政检查,海事进行交通执勤,海警进行治安巡逻,海监进行海洋监察。但是由于互不隶属,获取的信息不能共享,有时其中某部门发现违法活动,但由于超出职责范围,又缺乏有效的沟通协调机制,往往是听之任之,放任自流。同样,我国海洋管理各执法部门装备自成体系,船舶、设施、装备型号等各不相同,水平各异,现代化的大型远洋执法船和传统的老式木船并存,不仅各执法队伍的装备系统间存在巨大差异,甚至各执法队伍自身装备也难以做到良好兼容,因而在执法中难以进行有效协作。事实上,一些海上重大活动,一个部门、一个行业往往无能为力,需要各方面的力量密切配合才能完成,行业化的海洋管理难以担此重任。

第三,海洋资源的浪费和海洋开发的无序性。

海洋行业管理表现为管理职能分散于各行业、各部门中,许多政府的海洋管理职责由不同层级的政府分别承担,即使是在其中某一政府层级,管理权还分散在若干职能不同的机构中,机构设置相互冲突,职能相互交叉重叠,造成管理成本的增加和人力、物力资源的浪费。这种以行业管理为主的海洋管理需要消耗大量的时间和资源去解决局部问题,由于各涉海部门和行业的用海规划和工作方案都是分别制定的,各行业的决策者和经营者往往只顾及本身的利益,忽视其他行业的利益,海洋开发利用活动各行其是,结果往往是一种资源的使用制约或破坏了另一种资源的使用。表现为海洋或海岸带的空间竞争,或是海水养殖破坏环境保护,海岸建设影响生态系统。如在开发额度高的同一海域,旅游部门要用作游泳娱乐场所,水产部门要用于水产养殖,海上交通部门要作为运输航道。基于部门利益的这些要求往往相互抵触,各部门自身难以进行协调,带来海洋产业之间、产业与资源之间、产业活动与环境之间的一系列冲突和矛盾,导致海洋开发利用的无序和无度现象泛滥。

　　海洋无论是区域还是全球都是一个统一的整体,不仅海洋资源、空间和环境是统一的,而且各类海洋资源在空间上还是复合的。海洋管理中的行业、部门的"分离主义",必然造成海洋政策的多元化和开发秩序混乱。单一的部门分工管理所产生的多头管理,各自为政、互不协调,执法重复等问题,已经不能完全适应海洋经济发展的要求,无法保证海洋资源的有序开发和合理利用,更无法保障国家的海洋权益不受侵犯。对此,《中国海洋 21 世纪议程》在第七章"沿海区、管理海域的综合管理"一章中提到应该建立海洋综合管理体制和协调机制,其行动依据是:"中国海洋资源的开发利用和环境保护基本上是以行业和部门管理为主。近年来,由于海洋开发活动广泛、深入地发展,特别是沿海地区的经济腾飞,海岸带资源、环境的开发和保护面临一种新的、较为严峻的形势;资源开发利用不尽合理,综合效益不高;局部地区资源浪费严重,生态失衡,环境质量下降。究其原因,主要是由于管理部门分散、政出多门、利益纷争、力量不集中的结果。而沿海区、管辖海域的多种经营与综合开发,更大范围地对外开放,更高层次的开发利用,都迫切要求建立新的海洋综合管理体制和协商机制。"❶

二、海洋综合管理的产生

　　1972 年,美国颁布了《海岸带管理法》,标志着海岸带综合管理正式成为国家的管理实践行为。《海岸带管理法》可以被看成是美国海洋规划和海洋政策

---

❶　国家海洋局:《中国海洋 21 世纪议程》,海洋出版社 1996 年版,第 39—40 页。

形成过程中的一个重要发展步骤,是对海洋某一部分实行政府控制的全面努力。但当时对美国政府来说,这只是一项鼓励性规划,而不是实行全面控制的规划,也没有引起其他沿海国家的普遍重视和推行。直到20世纪80年代中后期,当人们面对越来越多的海洋发展问题时,如海洋环境受到污染,海洋资源呈现衰竭之势,海洋划界和权益之争增加,涉海各行业矛盾加剧等,才发现仅靠单项的行业管理活动已不能解决海洋实践活动中所出现的这一系列问题,客观现实对海洋管理提出了新的要求,要求从海洋整体发展的需要出发,全面维护海洋的整体利益,实现对海洋的有效管理。特别是20世纪80年代后期可持续发展战略的提出和实施,促使各国政府转变海洋管理的观念和管理方式,采取综合管理的措施。

海洋管理的实践,要求对海洋实施综合管理,而联合国的积极倡导和努力则直接促成了海洋综合管理的产生并为各沿海国家所接受。从1973年开始,联合国利用十年时间,组织一百多个国家,经过十数次会议,在1982年通过了《联合国海洋法公约》,公约在建立海洋的综合管理制度方面作出了巨大的贡献,为沿海国家全面、综合管理海洋提供了基础和依据。《联合国海洋法公约》的实施,极大地推动了世界各沿海国家对海洋管理研究的深入,促使各沿海国家结合本国实际,积极探求适合本国国情的海洋管理制度。

1989年11月16日第44届联合国大会上,当时的联合国秘书长做了题为《实现依〈海洋法公约〉而有的利益:各国在开发和管理海洋资源方面的需要》的专题报告,在详细论述了海洋资源对沿海国家,特别是发展中国家的重要作用的同时,全面阐述了海洋综合管理的意义、作用和目标,进而号召各沿海国家采取积极措施,实行海洋综合管理制度。1992年联合国环境与发展会议通过并签署了《21世纪议程》,各国政府首脑对履行《议程》作出了承诺。《议程》基于海洋的不可替代的价值,进一步明确了"大洋和海洋以及邻接的沿海区是一个整体,是全球生命支持系统的一个基本组成部分,也是一种有助于实现可持续发展的宝贵财富"的认识。为保持海洋的这种价值,要求沿海国家承诺"对在其国家管辖的沿海区和海洋环境进行综合管理和可持续发展",要求以《联合国海洋法公约》为国际法基础,以沿海国家建立多部门合作、社会各界参与的综合管理制度为前提,形成地方社区、国家、区域组织、全球组织相结合的世界海洋管理机制,为此,联合国号召沿海国家改变部门分散管理方式,建立多部门合作、社会各界参与的海洋和海岸带综合管理制度,并规定这是沿海国对全球海洋资源与环境保护所应尽的义务和职责。理由是,"沿海区包括形形色色的生产性生境,它们对人类居住区、发展和当地生存都非常重要。全世界有一半以上的人口居住在海岸线以内 60 公里的地方,到 2020 年,这一比例可能提高到四分之三。全世界许多穷人聚居在沿海区,沿海资源对许多当地社区和土著居民至关重要。专属经济区也是各国管理自然资源的开发和养护以造福其人民的一个重要方面。对小岛国来说,这是最适合进行开发活动的地区"。《21 世纪议程》对沿海和海洋综合管理的目标、行动方案、实施条件作出了原则规定,用以指导沿海国家开展海岸带、沿海区和海洋综合管理。为促进海洋的可持续利用,1993 年第 48 届联合国大会要求各国把海洋的综合管理列入国家发展议程,号召沿海国家改变部门分散管理方式,建立多部门合作,社会各界广泛参与的海洋综合管理制度,同年世界海岸带大会宣言要求沿海国家建立综合管理制度,开展海岸带综合管理。为适应海洋形势的新发展,许多沿海国家重新审视本国海洋政策,制定新的海洋开发战略,加强海洋综合管理。可以说,海洋综合管理作为一种政府行为,已经处于积极行动之中。近二十年来,从联合国和其他国际组织到各沿海国家,在海洋管理的指导思想上,都相继确立了海洋持续利用和海洋综合管理的宗旨和原则。20 世纪 90 年代以来,每年召开的联合国大会都要讨论海洋事务,在历次联合国大会有关海洋的决议中,贯穿一个始终不变的主题,即:认识到海洋区域的种种问题彼此密切相关,必须作为整体加以考虑。

三、沿海国家积极实践海洋综合管理

在联合国的推动下,沿海国家纷纷采取行动,制定国家海洋发展战略,实施海洋综合管理。1998 年,美国总统克林顿专门为联合国举办的"国际海洋年"发表总统宣言,呼吁各国共同努力,维护海洋的健康,保护海洋环境,确保对海洋资源的可持续利用。2000 年,美国国会通过《2000 年海洋法令》,成立了海洋政策评估委员会,重新审议和制定美国海洋政策。2004 年 12 月,由美国总统布什亲自指定的 16 名专家组成的国家海洋政策委员会向国会提交了长达 610 页的《21世纪海洋蓝图》报告。该报告对美国的海洋政策进行了迄今为止最为彻底的评估,并为 21 世纪美国海洋事业与发展描绘出了新的蓝图。随后,布什发布命令公布了《美国海洋行动计划》,对落实《21 世纪海洋蓝图》提出了具体措施。

2004 年 12 月,美国总统布什签署命令,正式成立新的内阁级海洋政策委员会,新海洋政策委员会由环境质量理事会主席任主席,其成员包括:国务卿、国防部、内务部、农业部、卫生和公共事业部、商务部、劳工部、运输部、能源部、国土安全部和司法部各部部长;环境保护局、行政管理与预算局、国家航空航天局、国家情报局和科技政策局各局局长、国家科学基金会董事长和国防部参谋长联席会议主席;国家安全事务、国土安全、国内政策和经济政策的总统助理;随时任命的美国其他官员或职员。新海洋政策委员会协调美国各部门的海洋活动,全面负责美国海洋政策的实施。

日本的经济和社会发展高度依赖海洋,开发利用海洋的意识十分强烈,已经形成了全面开发利用全球海洋的政策。作为传统的海洋大国,日本在《联合国海洋法公约》的框架下,建立了较为完善的海洋法体系。2000 年以来,日本出台了一系列海洋政策,建议开展海岸带综合管理。2005 年日本海洋政策智囊机构——日本海洋政策研究财团向内阁官房长官安倍晋三提交了经过两年多研究后出台的政策建议书——《海洋与日本:21 世纪海洋政策建议》。这是《联合国海洋法公约》生效后日本最重要的综合性海洋政策建议文件,对日本在此后推进海洋事务、维护海洋权益以及建设海洋强国产生重要影响。

2007 年 4 月《日本海洋基本法》在国会众、参两院先后获得通过,并于 7 月付诸实施。与此同时,日本政府设在内阁官房的综合海洋政策本部也正式挂牌运行。综合海洋政策本部部长由日本首相安倍晋三担任,由国土交通省、经济产业省等 8 个省厅的 37 名工作人员组成。综合海洋政策本部具体负责制订日本的中长期海洋基本计划,并协调与海洋有关的行政事务。至此,日本政府完成了有关加强海洋资源开发向海洋大国迈进的立法、机构设置和人员配置等基础工作。

韩国为实现海洋强国的目标,早在 1996 年就将水产厅、海运港湾厅、海洋警察厅以及科技、环境、建设、交通等 10 个政府部门中涉及海洋工作的部门合并,成立了海洋水产部,对海洋事务实行高度集中统一的管理,制定并实施全方位的海洋水产政策,为实现海洋管理提供组织和制度保障。进入 21 世纪后,面对日益激烈的海洋竞争,韩国加强了海洋政策的研究,并将海洋政策提升到国家海洋发展的战略核心地位,为此作出一个重大举措,设立海洋政策本部。2007 年 4 月 27 日,负责制定韩国海洋政策的韩国海洋水产部进行了机构改编,在合并负责海洋环境和海洋安全机构的同时,将原来的海洋政策局扩编为海洋政策本部。海洋政策本部的业务范围很广,涉及海洋技术、海洋观光、海洋文化、海洋环境、海洋安全等方面。海洋政策本部的设立,对于加强韩国综合管理,推进海洋政策的执行力度和效率发挥积极的推动作用。

四、我国政府积极响应并实施海洋综合管理

我国政府于 1996 年颁布了《中国海洋 21 世纪议程》,表明中国政府坚持海洋可持续发展、实施海洋综合管理的态度。我国在 20 世纪 80 年代国务院的两次机构调整中注意了海洋综合管理部门的建立工作,将原国家海洋局调整为管理全国海洋事务的职能部门,综合管理我国管辖海域,实施海洋监测监视,维护我国海洋权益,协调海洋资源合理开发利用,保护海洋环境,并组织海洋公共事业、基础设施的建设和管理。这一变革标志着海洋管理中统一与分散,统一管理与分级分部门相结合体制的确立;意味着我国海洋管理新秩序的出现和海洋事业发展新时期的到来。《中国海洋 21 世纪议程》第七章专门论述了沿海、管辖海域的综合,提出了六个方案领域,为我国实施海洋综合管理提供了指导性的文件。为了履行国际义务,采取积极措施建立海洋和海岸带综合管理制度,中国签署了联合国要求沿海国家建立海洋综合管理制度的各种公约和文件,并在世界银行、亚洲开发银行及有关国际组织的帮助下,在福建厦门、海南、广东、广西、渤海等区域建立海洋综合管理制度的试点,开展了一系列合并项目,取得了积极的成效,极大地促进了中国海洋综合管理制度的试行和推广。

(一)厦门海岸带综合管理模式

为了解决东亚海地区各国面临的海洋环境问题,促进海洋经济的可持续发展,1994 年,全球环境基金、联合国开发计划署以及国际海事组织共同发起了"防止东亚海域环境污染计划"。中国厦门、菲律宾的八打雁和马六甲海峡三个地区作为该项目的示范区,国家海洋局为"东亚海域海洋污染预防和管理厦门示范计划"的国家执行机构。

厦门示范区自 1994 年正式启动,1998 年结束。经过五年的组织和实施,厦门市引进了国际先进的海洋综合管理理念,并成功地将海岸带综合管理的方法运用到海洋污染的预防和治理以及海岸带资源开发与管理中。五年期间,厦门市结合国内的海洋管理工作实际,制定了海岸带综合管理的法规和规章制度;形

成了科学合理的海洋功能区划;建立起海洋综合管理的高层协调机制,组建了海洋综合管理执法队伍;积极动员广大群众参与海洋环境保护,并对污染海域和海岸带进行了成功的整治,恢复了生态平衡。在实践中,厦门市探索出了一条"立法先行、集中协调、科学支撑、综合执法、公众参与"的海洋综合管理路子,创造了"厦门海洋综合管理模式"。"厦门经验"为发展中国家提供了可资借鉴的经济和环境相协调的发展模式,有助于推动"防止东亚海域环境污染计划"在东亚更多地区实施,同时对我国的海岸带和海洋管理具有典型的指导意义。在第一轮厦门海岸带综合管理示范项目的基础上,2001 年 7 月厦门市政府与国际海事组织签署第二轮厦门海岸带综合管理示范项目合作协议,其中,制订并实施第二轮海岸带综合管理战略行动计划是本项目的核心内容。第二轮海岸带综合管理战略行动计划的一个重要内容是:强化海岸带综合管理的协调机制,推动区域协调机制的建立。2006 年在海口召开的东亚海大会上,厦门市的海洋综合管理模式获得国际社会的高度肯定,与英国泰晤士河、美国波士顿港一道被联合国等国际组织列为海洋综合管理成功模式加以推广,产生了广泛的影响。

(二)南中国海北部海岸带综合管理能力建设模式

在 20 世纪 90 年代,中国华南的经济增长速度始终保持在 10% 以上,导致各经济部门之间尤其是在海岸带区域的冲突日益增加。在沿海经济建设中,缺乏规划的围海造地破坏着成千上万公顷的鱼类繁育场所,尤其在河口区更为严重。红树林迅速消失,取而代之的是鱼塘虾池,或者围垦成港口和工业开发区。工农业废水和城市污水的迅速增加导致海水水质的下降和沿海自然生态系统的损害。为了解决这些问题,1995 年,中国政府向联合国开发计划署(UNDP)提出援助申请,加强综合管理能力建设,在广西壮族自治区、广东省和海南省各选择一个示范区,规划和实施海岸带综合管理战略,进而在全国推广应用。三个示范区由于各自的特点而入选:广西的防城港是快速发展的港口城市,是中国的西南大通道,西部大开发(其中包括广西壮族自治区)将依赖于防城港,通过与西部相连的铁路网络而与世界联系起来;海南省清澜湾位于琼东海域,是一个相对平静的小湾,有着旅游业、海水养殖业和捕捞业等多用途产业。广东省的海陵湾示范区是一个渔业开发区,海水养殖业和捕捞业是当地的支柱产业。

1997 年,由联合国开发计划署资助、中国国际经济技术交流中心承担、中国国家海洋局组织实施的"南中国海北部海岸带综合管理能力建设"项目在三个示范区正式启动。项目的主要内容包括四大项任务,即建立项目管理机制、培训和公众宣传、制定各种持续发展的计划和机制、加强综合管理框架和总结推广本项目;项目的目标是建立合适的管理机制,促进项目活动的实施;提高当地政府和公众实施海岸带综合管理的能力;制定并实施具体的海岸带综合管理战略;加强管理机构能力建设,使示范成果推广到中国的其他海域。经过项目的实施和推进,这三个示范区基本构建起海岸带综合管理的框架和进一步发展的基础能力。各示范区初步建立起各具特色的海岸带综合管理示范模式。这三大示范区的建成,对其他沿海地区海湾综合管理将起到一定的辐射与示范作用,并为我国海洋开发探索一条可持续发展的新路子。

(三)渤海综合管理伙伴关系模式

2000 年 7 月,国家海洋局与 GEF/IMO 东亚海项目管理办公室,在大连签订了东亚海环境管理伙伴关系项目(简称 PEMSEA 或东亚海项目)——渤海环境管理示范项目协议,作为东亚海项目的组成部分。东亚海项目由全球环境基金资助、国际海事组织承担,有 14 个国家参与;项目的目的是建立管理部门之间和政府之间的伙伴关系,以实现东亚海的可持续发展。

我国的渤海作为项目的示范区之一,实施了渤海环境管理示范的一系列管理项目和活动。渤海是我国北部的重要海区,也是我国的四大沿海经济区之一。近些年,随着环渤海地区经济的持续高速发展,渤海的环境状况呈现恶化趋势。海洋污染日趋严重,赤潮频发,底栖动物减少,渤海已成为我国污染最严重的海域之一。因此,作为渤海环境管理示范项目,其目的是通过政府间和部门间的伙伴关系,共同保护和管理沿海地区的环境和资源,重点是探索跨行政管理边界的海洋区域环境综合管理方法。主要目标是建立跨行政边界的工作机制和模式,形成联合控制和减少污染排放的示范模式,促进地方政府采取海岸带综合管理技术方法推进管理,形成渤海环境管理战略行动计划和渤海海洋事务决策、协调、管理的机制。

在项目实施伊始,作为该项目的国家执行机构,国家海洋局与辽宁、河北、山东和天津共同签署了《渤海环境保护宣言》,展示了保护渤海海洋环境、确保渤海可持续发展的决心。国家海洋局组织环渤海各沿海省市开展了渤海可持续发展战略研究、提出了环渤海区海洋管理法律报告、建立了渤海综合海洋信息系统、编制了渤海功能区划和固体废弃物管理计划,在对渤海的环境容量进行调查研究的基础上,编制出了多部门的环境监测计划,并形成了《渤海可持续发展战略》。同时,作为主管国家海洋管理工作的国家海洋局,根据有关法律法规,从渤海面临的严峻形势和问题出发,编写了《渤海综合整治规划》,作为渤海综合整治的指导性规划设计。为了进一步推动渤海地区伙伴关系的建立,形成有效的海洋环境管理机制,国家海洋局还在环渤海地区设立了五个示范点,并根据各自的情况分别制订了海洋管理计划,这些计划的实施为有效减缓渤海海洋环境持续下降趋势,改进渤海这一跨边界海洋环境管理工作积累了经验。

在"东亚海环境管理伙伴关系项目"进行的同时,2001 年,国家环保总局、国家海洋局、交通部、农业部、海军及天津、河北、辽宁、山东四省市政府联合制订实施 15 年三个阶段的《渤海碧海行动计划》。无论是《渤海环境保护宣言》、《渤海综合整治规划》,还是《渤海碧海行动计划》都强调了渤海治理的综合管理协调机构建设的重要性。

"我们认识到建立简洁高效的渤海管理机制是实现渤海环境治理的优先解决的问题之一。建议由中央、地方政府组成跨行政区的渤海综合管理协调机构,共同开展渤海海洋资源保护、海洋环境监测和海洋监察执法工作。"(《渤海环境保护宣言》)

"为加强渤海综合整治行动的协调和指导,建议由国家计委牵头,国务院有关部门和环渤海地方政府组成'国家渤海综合整治管理委员会',下设负责日常事务的渤海综合整治办公室,挂靠国家海洋局。""渤海综合整治涉及许多中央部门和环渤海地区各级政府部门,需要建立完善的综合管理机制和跨省市、跨部门的协调机制,以保证规划落到实处。"(《渤海综合整治规划》)

"为加强渤海碧海行动的组织协调和指导、检查监督,建议在国务院的授权和批准下,以现有的渤海碧海行动计划联席会议为基础,由国家环境保护总局牵头,会同国家海洋局等国务院有关部门以及三省一市政府共同组成跨区域跨部门的渤海碧海行动协调领导机构。下设渤海碧海行动办公室,具体承办日常管理和信息沟通与协调联络等事务。"(《渤海碧海行动计划》)

2008 年 9 月 20 日,环渤海经济联合市长联席会第十三次会议正式通过了成立环渤海区域环保合作组织的提议。相关负责人表示,该组织的成立,对共同解决区域性环保问题,共建环渤海区域生态城市有着非常积极的意义。

2008 年 11 月,由国家发改委牵头制定的《渤海环境保护总体规划(2008—

2020 年)》获国务院批准。《渤海环境保护总体规划(2008—2020 年)》编制单位由 9 个扩大为 20 个:国家发改委、环渤海的辽宁省、河北省、山东省和天津市(以下简称"三省一市"),以及财政部、科技部、建设部、交通部、水利部、农业部、环境保护部、国家林业局、国家海洋局、全军环办、中咨公司、中石油、中海油、中石化和神华集团。可以看出《规划》中的合作治理级别更高,合作范围更广。

可以说,目前海洋综合管理对于沿海国家已经不是理论探讨问题,而是如何结合国情更好地付诸实践的问题。从目前发达沿海国家和我国的实践来看,海洋综合管理的合理性已经在海洋管理实践中显现出来,并将进一步得到发挥和体现。

第三节　海洋综合管理的合理性

一、海洋综合管理的产生体现了人类认知海洋思维方式的转变

海洋综合管理的产生不仅是基于人类海洋管理实践的需要,同时也有其认知基础,与人类认识海洋的思维进程有着内在的一致性。从人类认识发展的过程看,经历了一个由"分门别类"、"搜集材料"的"分析"阶段向"整理材料"的"综合"阶段的转化。特别是 20 世纪以来,人类对与自身发展相关问题的认识,在经历"分析"阶段后凸显出"综合"的一面。系统论代表人物贝塔朗菲说:"在过去,科学试图解释一种可观察的现象,就要把它归结为可以逐个独立地考察的基本单元的相互关系。而在现代科学中出现的概念则涉及多少有点模糊地称为'整体'的那个东西,即组织。现象不能分解为局部的事件,动态相互作用使处于较高级构形中的部分表现出不同于它们在各自孤立时的行为等问题。简而言之,考察各自孤立的部分,是不能理解各级'系统'的。"从"综合"角度考察事物是一般系统论的宗旨,秩序、组织、整体性、目的论等问题,是一般系统论的主要观念。❶ 如果把海洋管理的认识发展纳入人类认识发展的过程之中,可以说,海洋行业管理主要处于"搜集材料"的过程,即分门别类地考察单个的个体,只关注局部的个体的特性,存在"只见树木、不见森林"的局限性,更多地体现为一种形而上学的思维方式。那么,伴随着人类认识能力的不断提高和优化,对海洋的

---

❶ 贝塔朗菲:《一般系统论基础应用和发展》,清华大学出版社 1987 年版,第 34、35 页。

认识也由"个体"、"局部"发展到"整体"、"全局",即需要借助辩证的思维方式,从整体出发,去寻找事物的内在联系。海洋思维方式的转变要求用综合的观念和方式来看待海洋管理,这样一种思维方式和行为方式的转变结果,就是海洋综合管理的产生。

海洋综合管理最根本特点是它的综合性,强调的是用综合的观点、综合的方法对海洋资源、生态、环境的开发和保护进行统一管理的过程。海洋可以说是在自然界中统一性最强的自然体,流动的海水把海洋连接成一个"剪不断、理还乱"的有机整体,错综复杂的生物链维持着海洋生态系统的平衡。但以往的海洋管理是将海洋活动分为不同的"点",如某一涉海行业、某片自然海域等,对不同的"点"进行分门别类的管理,这样就使原本为一个有机整体的海洋被分割为一个个孤立的部分,人为地造成诸多矛盾冲突。而现在的海洋综合管理则要跳出一个个"点"的限制,是要把看起来孤立的一个个"点",连成有机统一的"面",一个由彼此相关的子系统构成的不可分割的整体。正如《海洋法公约》在其序言中所说的:"各海洋区域的种种问题都是彼此密切相关的,有必要作为一个整体来加以考虑。"从整体出发,以海洋发展的全局为对象,追求海洋发展的总体效果,在对海洋整体功能进行系统分析的基础上,确立海洋开发的程度和范围,以实现对海洋资源的合理、有效、有序利用,这种具有综合性和系统性的管理模式正体现了现代海洋管理的战略意义。没有综合管理,涉海各部门将始终是各自为政,难以统一其政策目标。通过综合管理,建立海洋综合管理部门,制定统一的海洋发展规划和政策法规,则可以规范涉海各部门的行动,协调彼此之间的关系,尽可能地减少由于不协调所带来的冲突,从而实现涉海各利益相关者的有效合作。

二、海洋综合管理是一种更具适应性的高层次海洋管理形式

1992 年联合国环境与发展会议批准的《21 世纪议程》第 17 章第 5 节中提出:"沿海国家承诺对在其国家管辖的沿海和海洋环境进行综合管理和可持续发展……每个沿海国都应考虑建立或在必要时加强适当的协调机制(例如高级别的规划机制),在地方一级和国家一级上从事沿海和海洋区域及其资源的综合管理及可持续发展。这种机制在适当情况下包括学术部门和私营部门、非政府组织、当地社区、资源用户、团体和土著居民参加"。《21 世纪议程》同时还对

沿海和海洋综合管理的目标、行动方案、实施条件作出了原则规定,用以指导沿海国家开展海岸带、沿海区和海洋综合管理。

《中国海洋 21 世纪议程》在论及海洋综合管理时强调,"沿海区、管辖海域的综合管理是保证经济和社会持续、快速、健康发展的重要途径。综合管理往往要通过行政、法律、经济、科技和教育等手段,对海洋开发活动进行组织、指导、协调、控制和监督。其目的是保证合理利用海区的各种资源,促进各行各业协调有序地发展,提高整个海区的经济效益、社会效益和生态环境效益。综合管理还体现在联合组织编制海域功能区划、海洋开发规划,协商解决开发过程中出现的各种矛盾和问题,以及在高层次上进行决策磋商等方面。"❶

我国学者鹿守本在所著的《海洋管理通论》中指出:"广义的海洋综合管理概念可以作如下表述:海洋综合管理是国家通过各级政府对海洋(主要集中在管辖海域)的空间、资源、环境和权益等进行的全面的、统筹协调的管理活动。在这一归纳表述基础上,还可以延伸表达如下:海洋综合管理是海洋管理的高层次管理形态。它以国家的海洋整体利益为目标,通过发展战略、政策、规划、区划、立法、执法以及行政监督等行为,对国家管辖海域的空间、资源、环境和权益,在统一管理与分部门分级管理的体制下,实施统筹协调管理,达到提高海洋开发利用的系统功效、海洋经济的协调发展、保护海洋环境和国家海洋权益的目的。海洋综合管理的这一概念,是海洋管理范畴内的一种类型。它不仅具有管理的一般职能,而且具有其他海洋管理方式不具有的职能,表现在:它不是对海洋的某一局部区域或某一方面的具体内容的管理,而是立足全部海域和根本长远利益,对海洋整体、内容全覆盖的统筹协调性质的高层次的管理形式,它是海洋管理的新发展。"❷

从国际社会、我国政府相关文件及学者的阐述中可以看到,海洋综合管理适应了海洋事业发展的现实需要,是海洋管理"与时俱进"的产物,具有海洋行业管理所不具备的新的特质。

第一,海洋综合管理属于政府主导的宏观战略管理。

以统筹协调为核心内容的海洋综合管理作为一种高层次的海洋管理形式,

---

❶　国家海洋局:《中国海洋 21 世纪议程》,海洋出版社 1996 年版,第 37 页。

❷　鹿守本:《海洋管理通论》,海洋出版社 1997 年版,第 92—93 页。

应该属于政府的一种宏观管理。因海洋综合管理的目的就在于维护海洋事业发展的整体利益,保护国家的海洋权益,这个任务只能由代表国家利益的政府来完成,海洋综合管理的主体只能是政府。作为宏观管理主体的政府既包括中央政府,又包括地方各级政府。其中,中央政府处于总体调控的地位,而地方政府只处于协助调控的位置。宏观管理要解决的是综合性问题,管理的对象不是海洋的某一局部区域或某一方面的具体事宜,而是立足于海洋事业的整体发展和根本长远利益,对海洋实践活动中的事关全局或区域的公共问题进行统筹安排、协调管理,它不深入到某一具体的只涉及单一行业的管理过程,而是要解决海洋开发利用过程中各行业、各部门、相关团体与个人之间的矛盾冲突,协调涉海各方的各种关系,所涉及的通常是关系到海洋社会发展的重大问题,如海洋经济与社会发展战略,海洋可持续发展,海洋生态系统平衡等。以往的海洋行业管理以部门、行业等具体领域管理为主的管理方式,政府直接控制涉海企业的微观经营指标和任务,而海洋综合管理则是一种总量管理,它通过指导性的规划、计划,引导涉海行为,强调的是对海洋总体发展状况的把握,属于较高层次的管理。政府在对海洋进行综合管理时,首先要对整个海洋事业的长期发展战略进行决策,然后以此为基础来编制海洋发展的宏观规划,并通过其组织机构和经济组织形式,利用各种调控手段和监督系统,对海洋事业的发展进行调控,保证目标的实现。这一过程是海洋综合管理内容的体现,也是政府宏观管理内容的具体展开。

第二,海洋综合管理目标具有整体性与全局性。

海洋综合管理的目的是最大限度地获得海洋所提供的利益并尽可能减少各项活动之间的冲突和有害影响,提高海洋开发利用的系统功效,保护海洋环境和国家海洋权益,建立可持续的海洋生态环境系统,促进和指导沿海地区的持续发展。海洋综合管理的具体目标主要包括:(1)形成一种与传统管理不同的以预防和预测为主的综合管理方法,制定综合利用政策,为多部门活动的管理提供一个框架,协调各种开发利用计划,构建部门之间、非政府组织及公众参与的协商、协调的管理体制;(2)加强海洋产业结构调整,促进海洋生产力的合理布局和海洋产业结构的不断优化,保证各行业协调有序地发展;(3)对资源和环境进行科学评价、核算,把污染、海岸侵蚀、资源损失、生境毁坏等引起的价值变化纳入核算体系;(4)合理利用海洋资源环境以充分满足社会持续发展的需要,采取预防方案减少对海洋环境污染和破坏,保护海洋环境,防止、减少和控制海洋生态系统的污染、退化,保护海洋生物多样性和生产能力、生境和生物种群之间的生态关系;(5)统筹协调海洋资源研究、技术发展和基础设施建设等各种项目,加强人力资源的开发和培训,提高公众参与意识,加强海洋综合管理的能力建设等。

海洋综合管理把某一特定海洋空间内的资源、海况以及人类活动加以统筹考虑,更加突出了协调的功能,它"从国家的海洋权益、海洋资源、海洋环境的整体利益出发,通过方针、政策、法规、区划、规划的制定和实施,以及组织协调、综合平衡有关产业部门和沿海地区在开发利用海洋中的关系,以达到维护海洋权益,合理开发海洋资源,保护海洋环境,促进海洋经济持续、稳定、协调发展的目的"❶。

第三,海洋综合管理中的"综合"强调的是参与管理各方及各种资源的"整合"。

海洋综合管理中的"综合"(Integrated)所强调的是"不可分割",是一种"整合",其最根本的特点是综合性、整体性,它强调用整合的观点和方法对海洋资源、生态、环境的开发和保护进行统一管理。

从海洋综合管理的管理主体和参与主体看,"整合"包括:

(1)政府间关系的协调。国家、省、市、县级政府,虽然他们都是政府机构,是海洋综合管理的主要实施者,但由于各自管辖的区域不同、资源状况不同、公众需求不同、所处的位置不同、发挥的作用不同,决定了他们之间的利害关系也不完全一致,彼此之间会产生冲突和矛盾。为了处理好他们之间的关系,需要综合管理部门来决断或协调这种关系。

(2)部门间利益的整合。在海洋开发利用过程中涉及多个部门,由于各部门都从自己的部门利益和需要出发来进行开发利用,部门间在争资源、占空间等方面的矛盾必然加剧,为了充分发挥海洋的整体效益,海洋综合管理部门就要协调处理好各个部门之间的关系。在这里只有综合部门才能站在客观、公正的立场,来权衡利弊得失,作出科学、合理的决策。

(3)国家间的协作。由于海水的流动性、海洋生物的洄游性、海洋灾害的广泛性,决定了海洋问题在很多方面是没有国界的,需要国家与国家间密切联系,加强合作,共同开展科学研究,共同保护海洋资源,共同治理海洋污染,共同监测、预报海洋灾害。这种国家间的协商合作是海洋综合管理的内在要求。

---

❶ 国家海洋局:《中国海洋 21 世纪议程》,海洋出版社 1996 年版,第 40 页。

（4）学科间的综合。海洋综合管理实际上是科学工作者与决策者之间的综合。科学工作者由于所从事的学科不同，对同一问题的观察、分析角度不同、采用的方法不同，也会得出不同的结论，他们之间也会产生矛盾。如海洋自然科学工作者，他们注重的是对海洋自然现象的实证分析，看重的是人类行为对海洋自然体的影响；而海洋社会科学工作者所关注的则是涉海人员的行为，看重的是人对海洋环境、资源与生态的影响。同时，海洋科学工作者与决策者之间，由于所处的位置不同，承担的任务不同，看问题的角度不同，他们之间也会产生一些矛盾，也需要进行综合分析。

从海洋综合管理的作用范围来看，"综合"包括：

（1）陆地与海洋的综合。海洋是一个水体，但海洋综合管理所涉及的绝不仅仅是海洋单方面的问题，还必然涉及陆地问题。陆地与海洋的综合，一方面表现为实施海陆一体化开发的战略；另一方面表现为海陆综合治理。因海洋经济的发展必须以陆地为依托，海洋开发向深度和广度的方向发展，海洋产业群逐步增殖扩大，它们对陆岸基地和腹地的要求必然越来越高；同样，陆地开发建设活动必然对海洋开发提出更高的要求，向海洋要生产和生活空间，要食物和水资源等。因此，需要根据海陆一体化的战略，统筹沿海陆地区域和海洋区域的国土开发规划。同时，陆上活动和海上活动，如水质、渔业生产等之间存在着很强的联系。而且，许多海洋问题就是由于陆地问题引发的，如陆地企业向海洋排污行为造成海洋水质下降，环境污染，本着从源头治理的原则，需要陆地和海上协调与合作，共同保护海洋生态环境。

（2）海洋资源利用的综合。海洋资源的空间立体化程度高，单一功能的开发往往导致资源的浪费和破坏，因此，应该对海洋资源进行综合开发利用，实现海洋多目标、多层次的开发，提高开发利用效率；对海洋开发利用项目进行统筹安排和合理的海域生产力布局，建立合理的海洋开发利用结构，发挥海洋资源空间整体效益；海洋资源的开发量与保有量综合考虑，使海洋资源有序开发，为资源利用代际公平提供物质基础。

（3）海洋政策手段的综合。海洋的自然属性必然制约着海洋政策的制定，反映在海洋管理政策上，一切政策必须立足于海洋的综合性、统一性。主要体现在海洋政策的全面性、总体性和一致性。全面性是指海洋政策在时间上，应有相对稳定的时期，以保证政策的执行和达到政策的目标与其他效果；在空间上，要衡量政策决策涉及地球范围的适宜性;在涉及问题领域上,一项政策的制定应涉及海洋的多项功能等。总体性是指海洋环境管理政策应将海洋资源、微观环境、权益及公益服务等各行业管理方面统筹协调,在高层次上起着总体、全局的管理地位和作用。一致性是指海洋政策在纵向上,管理系统的不同层次之间,目标、任务与措施应该是紧密联系的,特别是低层次的目标与措施必须与高层次目标相一致,要服从、服务于高层次政策目标;在横向上,对政策中处于同一层次不同行业方面的政策,彼此之间也要保持协调一致,不应发生矛盾和冲突。

三、海洋综合管理是对海洋行业管理的超越

海洋综合管理是在海洋行业管理的基础上发展而来的,同时,海洋综合管理自身又处于不断的发展过程中,其形式和内容也在不断调整和深化。在现实的海洋管理实践活动中,海洋综合管理作为海洋管理的形式之一,与海洋行业管理既相互区别又相互联系。

《中国海洋 21 世纪议程》中指出,"综合管理与行业管理有相辅相成的作用,都是海洋综合管理体系不可缺少的组成部分,而且不能互相代替。综合国内外经验,并考虑中国海洋开发和保护的未来发展趋势,选择综合管理与行业管理相结合的管理模式是合适的。只有在建设和加强综合管理体制的同时,注意发挥行业管理的作用,才能做好综合管理和组织协调工作"。❶

从辩证的角度看,海洋综合管理与海洋行业管理是一般与个别、共性与个性的关系。

首先,海洋综合管理与海洋行业管理二者相互区别。海洋行业管理面对的是一个个具体的海洋领域,是整体中的某一部分、某一个体,是局部,所追求的是行业个体利益,如渔政部门负责渔业资源的管理,关心的是渔业资源所带来的效益;矿产管理部门关心的是海洋矿物资源,海洋交通部门关心的是海上运输业的发展。同时,由于涉海行业各有不同行业特点,对其管理需要与本行业相关的专业知识和技能。如果把这些差异极大、要求不同的行业集中到由一个统一的机构进行管理,显然不具有现实性。就此而言,海洋行业管理在整个海洋管理中具有不可替代性。即使层次再高的海洋综合管理机构也难以取代海洋行业管理

---

❶　国家海洋局:《中国海洋 21 世纪议程》,海洋出版社 1996 年版,第 40 页。

机构。

海洋综合管理所面对的则是整个海洋领域,所要解决的是海洋管理各部门面临的共同问题,所追求的是国家在海洋上的整体利益。海洋综合管理不同于行业管理,它要解决行业管理所解决不了的问题。海洋综合管理与行业管理的区别在于它是多资源、多目标的协调管理,而不是单资源、单目标的行业管理。它着眼于协调各行业管理的矛盾,使各个行业管理工作更加卓有成效。如,开发利用海洋的活动包括交通、渔业、能源、科技等许多方面,分属于不同的行业,全部集中于一个部门困难比较大。但是,这些活动之间既有密切联系,又有矛盾冲突,没有必要的协调不行;有些海上重大活动,一个部门是无能为力的,需要各方面的力量密切配合才能完成。所以,在海洋开发管理分散于各个产业部门的国家,必然需要一个综合部门进行规划和协调。但综合管理并不能取代行业管理,而是对行业管理的补充,是比行业管理高一层次的管理方式。尽管现代海洋管理呈现出综合性的特征,但综合并不意味着大而全、笼而统之。海洋综合管理是对海洋行业管理的一种整合,但也只是概括了一些共同的问题,而不能涵盖行业管理的所有问题,因此,二者有着原则的区别。

其次,海洋综合管理与海洋行业管理又是相互依存的。它们是海洋综合管理体系中相辅相成的两种形式,它们虽然管理的内容、所起的作用不尽相同,但都是海洋管理体系中不可缺少的组成部分。离开海洋行业管理谈海洋综合管理,海洋综合管理就会成为无源之水,无本之木,既管不好,也管不了;而离开海洋综合管理单纯地强调海洋行业管理,那就会因各自力量的分散而导致海洋开发利用的整体效益受到影响,因而,二者在相互对立的同时,又相互补充、相互促进。在海洋管理的早期,海洋行业管理起着主导性、决定性的作用。目前,我国的海洋管理体制,特别是海洋资源开发管理仍以行业管理为主。行业管理对海洋产业的形成和发展起过重要的作用,今后仍将继续发挥其积极作用。只要海洋行业管理不损害和影响海洋资源和环境,不影响海洋整体效益,海洋综合管理就应给予积极支持。但随着海洋开发利用程度的加深、范围的扩大,由于缺乏全面整体规划,各行业在追求本行业利益的同时,往往带来海洋产业之间、产业与资源之间、产业活动与环境之间的一系列冲突和矛盾,并影响到海洋生态系统的平衡和海洋事业的整体发展,因此,协调解决部门间的矛盾就显得越来越重要,海洋综合管理成为必需。为了实现有效的管理,需要海洋综合管理与行业管理相互支持。海洋行业管理部门应支持和理解海洋综合管理部门从国家整体利益出发,从有利于发挥海洋资源和环境最佳效益出发所采取的一切措施,哪怕有些措施可能对本行业的短期利益带来一些损失,也应从大局出发,从长远利益考虑给予积极的支持和配合。对海洋综合管理部门来说,如果只是单纯地运用命令、控制等手段来限制、制止不合理的海洋开发活动,而忽视海洋行业部门的利益和自主性,那将不但难以实现对各行业的冲突协调,反而有可能引起各行业的抵触,影响综合管理的实施。因此,海洋综合管理部门应该积极探寻切实可行的管理模式,在整体目标优先、利益共享的原则下,通过双方的互动机制,实现有效的管理。

第三,海洋综合管理与海洋行业管理是既对立又统一的关系。

海洋综合管理更加突出了协调的功能,包括对海洋活动、规划及政策的协调。海洋资源、海洋环境由多个涉海管理机构来管理,职能重复,给政府部门之间、机构内部之间造成矛盾,因而对这些问题需要加以合理化的解决,加以协调。协调的目的是促进和加强机构间和部门间的协作,尽可能减少行业机构功能的重复,为部门间冲突提供论坛,监测和评价海洋综合管理项目计划的进展情况。需要说明的是,我们强调海洋综合管理的综合性,并不意味着要否定海洋行业管理,而是以行业管理为基础,综合是对各行业管理的一种整合,一种协调。正如一般离不开个别、一般不能代替个别一样,海洋综合管理不能脱离海洋行业管理,也不能取代海洋行业管理,二者是既对立又统一的关系。

从发展趋势看,为了海洋的持续利用,为了开发、利用和保护的协调发展和社会总体效益的不断提高,海洋综合管理与海洋行业管理两者必然会得到同步地加强。因我国目前所形成的"统一管理和分部门、分级管理相结合"的海洋管理体制形态,既充分注意了现行海洋管理的多部门特点,又注意到海洋综合管理建立与发展的客观需要,所以能够适应当前和一定时期的海洋事业发展。但在实际的海洋管理活动中,二者经常存在着矛盾,因此,必须处理好二者的关系。必须对二者各自的职责进行界定,海洋综合管理部门的职责应该放在综合和公共事业问题的指导、协调和管理上,例如:国家整体的海洋政策、法律制度的制定与监督实施;协调解决海洋开发利用和保护中的各种矛盾;管理海洋公共设施和提供海洋公益服务等。海洋分部门或分类、分行业管理,主要负责专门开发利用领域或专业方面所涉及的海洋管理。它们应该在全国海洋发展战略、方针、政策和法律制度下开展管理活动，也要支持、服从、配合整体的统筹协调。为此，需要制定综合管理与行业管理的基本行政活动中的程序规范，以保证综合管理部门在协调涉海各部门矛盾时的效度与信度，提高其协调功效。

第三章　渤海区域立法应当贯彻
综合管理的原则

制定渤海区域立法主要基于这样一个事实,即尽管我国已经出台和实施了不少与海洋管理相关的政策法律法规,但渤海严峻的生态环境与资源开发利用问题依然长期得不到有效解决。这种事实带给我们的反思是:现有的海洋管理立法在渤海环境、资源与生态事务的应对和处理上具有极大的不适应性,要有效解决渤海存在的环境资源问题,必须进一步强化渤海保护立法,其中制定专门的渤海区域立法应当是一种可行的选择。无论是从区域海洋管理立法的本质看,还是从解决渤海问题的现实需要看,这种专门的渤海区域立法都应当贯彻海洋综合管理原则,而不应简单沿袭传统的行业管理立法模式。

第一节　　渤海区域立法是海洋管理中的特别法

特别法是相对于一般法而言的,指的是对特殊地区、特殊人员、特殊事项作出的专门规定。❶ 渤海区域立法,顾名思义是为保护渤海而专门进行的立法,属于我国海洋管理中的特别法。实际上将渤海区域立法作为我国海洋管理中的特别法还有一种更深层次的含义,即渤海区域立法不是我国现有海洋管理法在渤海的简单延伸,而是以区域海洋管理理论为指导的一种海洋管理立法新尝试,其本质上是一种海洋综合管理法。

一、渤海区域立法以渤海为特定管理对象

渤海是我国唯一的内海,面积 7.7 万平方公里,其北、西、南三面被辽宁、河

---

❶ 曹康泰:《中华人民共和国立法法释义》,中国法制出版社 2000 年版,第202 页。

北、天津、山东所包围,仅东面有渤海海峡与黄海相连。渤海与黄海的界线,一般以辽东半岛西南端的老铁山岬经庙岛群岛至山东半岛北部的蓬莱角连线为界。渤海包括五部分:一是辽东湾,位于渤海北部,面积为3.6万平方公里;二是渤海湾,位于渤海西部,面积约1.75万平方公里;三是莱州湾,位于渤海南部,面积为6966平方公里;四是渤海中央区,为渤海主体部分;五是渤海海峡区,自辽东半岛西南端、经庙岛群岛至山东半岛北岸西端蓬莱之间的海域。长约115公里,最窄处宽约100公里。❶

将渤海作为特定管理对象,进行区域立法主要是出于对渤海特殊自然条件和经济社会发展状况的综合分析与考量。

渤海具有特殊的自然条件。作为一个半封闭型内海,渤海相对于我国的黄海、东海、南海等其他海域而言,海水交换能力弱,自净能力差,海洋生态十分脆弱,极易受到污染、破坏和损害。另一方面,渤海三面为大陆所环绕,并有黄河、海河、滦河、辽河等诸多河流注入,深受来自陆域活动的影响。《渤海环境保护总体规划(2008—2020年)》中指出:"渤海是我国沿海诸多海域中生态环境最为脆弱的海域,由人类活动导致的污染和破坏问题最为突出。"

环渤海区域一直是我国人口积聚、经济发达的地区之一。尤其是进入21世纪以来,环渤海区域经济得到了快速的发展,被誉为继珠江三角洲和长江三角洲之后的中国经济增长第三极。其中,趋海性发展成为环渤海区域经济的重要特征,对此我们可以从两个指标来分析。首先是渤海海洋产业发展状况。据统计,2007年环渤海经济区海洋生产总值9542亿元,占全国海洋水产总值的比重为38.3%。❷ 占地区生产总值比重达16.3%。主要海洋产业中海洋交通运输业、滨海旅游业、海洋渔业、海洋石油天然气、海洋工程建筑业在2007年完成增加值3756.8亿元。环渤海地区是我国海洋第二产业比较发达的地区,全国海盐产业的84.0%、海洋化工业的69.7%、海洋工程建筑业的64.1%、海洋油气业的61.2%均集中于环渤海地区。❸ 可见渤海是我国海洋产业发展的重点区域,而渤海海洋经济正成为环渤海区域经济发展的重要支撑。其次看渤海用海情况。

---

❶ 孙湘平编著:《中国近海区域海洋》,海洋出版社2000年版,第1—2页。

❷ 中国海洋年鉴编纂委员会:《2008中国海洋年鉴》,海洋出版社2008年版,第71页。

❸ 国家海洋局:《中国海洋统计年鉴2008》,海洋出版社2009年版,第3页。

据国家海洋局北海分局发布的《2008 年渤海海洋环境质量公报》显示：自 2002 年《海域使用管理法》实施以来，截至 2008 年末，环渤海三省一市海洋开发用海总面积为 753671（实际 753661）❶公顷，其中，渔业用海 652642 公顷，交通运输用海 41583 公顷，工矿用海 25225 公顷，旅游娱乐用海 3022 公顷，海底工程用海 1385 公顷，排污倾倒用海 622 公顷，围海造地用海 17493 公顷，特殊用海 11229 公顷，其他用海 460 公顷。2008 年，环渤海的各类开发新增用海总面积为 103258 公顷（包括大连市和烟台市的黄海部分），其中，渔业用海 94756 公顷，交通运输用海 3728 公顷，工矿用海 1014 公顷，旅游娱乐用海 300 公顷，海底工程用海 564 公顷，围海造地用海 2196 公顷，特殊用海 700 公顷。❷ 将两个指标联系起来，可以得出这样的结论，即渤海区域经济对渤海的依存度在提升，也可以说是对渤海的影响在加大。

　　从发展的视角看，渤海生态环境承载力的有限性与渤海开发利用之间的矛盾将进一步显现。当前，渤海正迎来新一轮开发热潮，环渤海三省一市都强化了对渤海及其沿岸的开发利用强度，其中辽宁沿海经济带、河北曹妃甸循环经济示范区、天津滨海新区以及黄河三角洲生态经济区都已纳入国家总体战略规划，山东半岛经济区也已经国务院同意成为全国海洋经济发展试点地区，并进一步上升为国家发展战略。在产业布局方面，重化工业等对环境影响比较大的产业在环渤海区域经济发展中占据了很大的比重。例如，根据 2009 年 7 月国务院批复的《辽宁沿海经济带发展规划》，辽宁沿海经济带在渤海一翼以盘锦、锦州和葫芦岛为中心，其中盘锦重点发展石油装备制造与配件、石油高新技术、工程技术服务等相关产业，目标是建成我国具有较强竞争力的石油装备制造业基地；锦州滨海新区重点发展石油化工、新材料、制造业、船舶修造等产业，目标是建设锦州湾国家炼化基地和国家石油储备基地；葫芦岛北港工业区重点发展石油化工、船舶制造与配套、有色金属、机械加工、医药化工和现代物流等产业。而根据 2008 年 1 月国务院批复的《曹妃甸循环经济示范区产业发展总体规划》，河北曹妃甸要建立以现代港口物流、钢铁、石化、装备制造等四大产业为主导，电力、海水淡

---

❶　国家海洋局北海分局发布的《2008 年渤海海洋环境质量公报》上的数据为"753671"，但根据各分项数据统计应为"753661"。

❷　国家海洋局北海分局：《2008 年渤海海洋环境质量公报》，2009 年 5 月。

化、建材、环保等关联产业循环配套,信息、金融、商贸、旅游等现代服务业协调发展的产业体系。天津滨海新区则重点打造航空航天、石油化工、装备制造、电子信息、生物制药、新能源新材料、轻工纺织、国防科技等八大支柱产业。不仅如此,黄河三角洲高效生态经济区和山东半岛蓝色经济区还强化了对渤海近岸和海域资源开发利用的强度。以黄河三角洲高效生态经济区为例,根据 2009 年 12 月国务院批准《黄河三角洲高效生态经济区发展规划》,黄河三角洲生态经济区在空间布局上由核心保护区、控制开发区和集约开发区三部分组成。核心保护区以维护生态安全为主,包括自然保护区、水源地保护区和海岸线自然保护带,但该区域面积仅占总规划面积的 14% 左右。控制开发区主要包括沿海岸线的浅海滩涂、高效生态农业区以及黄河现行和备用入海流路。该区域主要是综合开发利用滩涂资源,因地制宜发展农副产品生产和加工、观光休闲农业等产业,在资源环境承载能力相对较强的特定区域,适度发展低消耗、可循环、少排放的生态工业。集约开发区主要包括陆域沿海防潮大堤内以盐碱荒滩地为主的成块连片未利用地和国家级及省级开发区、城镇建设用地,该区域是集聚产业、人口的重要区域和推进工业化、城镇化的重点开发空间。可见,尽管黄河三角洲高效生态经济区强调了"生态"概念,但是如何实现生态保护和经济发展的协调还有待实践的检验。而山东半岛蓝色经济区则更是突出了发展海洋经济的思想,如何保护渤海生态,实现持续开发利用将是需要认真考虑的问题。

这样,一方面渤海的自然特性决定了渤海的生态脆弱性和敏感性,另一方面渤海区域经济发展对渤海的影响在不断加剧,致使渤海承载力长期处于"透支"状态。早在 2004 年中国海洋检测专家就曾发出警告:渤海的环境污染已到了临界点,如果再不采取果断措施遏止污染,渤海将在十年后变成"死海"。那时,即便不向渤海排入一滴污水,单靠其与外界水体交换恢复清洁,至少也需要二百年![1] 然而,时至今日,渤海污染严重、生态不健康的状况仍然没有明显改善。根据国家海洋局北海分局发布的《2009 年渤海海洋环境质量公报》,2009 年渤海仍有四分之一以上的海域海水环境不能达到清洁海域标准,渤海六个生态监控区仍处于持续的非健康状态之中。显然,一个污染严重、生态不健康的渤海无法支撑起环渤海区域经济社会的持续发展,而渤海区域经济社会的发展又必然

---

[1]　许继林:《渤海环境污染已到临界点》,《中国建设报》2004 年 6 月 25 日。

会进一步对渤海造成压力。因此,有必要将渤海作为一个特定的区域海洋管理单元,从渤海特殊的自然条件和环渤海区域快速的经济社会发展出发,依法强化对渤海的保护,促进对渤海的可持续开发利用。

二、渤海区域立法不同于我国一般性海洋管理法

我国的一般性海洋管理法以海洋行业管理为基础,采取的是按照不同的海洋管理行业分别进行规范的立法模式。自 20 世纪 80 年代以来,我国先后制定了有关海洋管理的诸多法律,建立起比较完善的海洋管理法体系。如我国在海洋渔业管理方面制定有《渔业法》,在海洋野生动物保护方面制定有《野生动物保护法》,在海洋环境保护方面制定有《海洋环境保护法》,在海上交通运输方面制定有《海上交通安全法》,在海域使用方面制定有《海域使用管理法》等。这些法律在我国对包括渤海在内的海洋进行管理的过程中发挥了积极作用,对于维护海洋开发利用秩序、保护海洋环境和资源具有重要意义。然而,这种行业性海洋管理的立法在适用于渤海等区域性海洋方面则存在着明显的不足。

首先,行业海洋管理法是全国范围的普适性法律,其主要是为全国范围的相关行业海洋管理设定规范,而对于特定海域的独特性等问题不能作出有效的回应。如前所述,渤海较之我国东海等其他海域更易受到污染,这就要求对渤海问题应该区别对待,采取有别于其他海域的专门措施,否则很难收到预期效果。明确了这一点,就不难理解为什么实践中会出现 75 部法规仍不能有效解决渤海环境污染的情况。❶

其次,行业海洋管理法是部门性立法,这种部门性立法从部门管理的需要出发,主要在于确定部门的管理职权和相关行业管理制度。受部门管理职权的限制,这种部门性立法很难兼顾其他行业以及各行业之间的相互影响。作为海洋区别于陆地管理的重要特点之一即是海洋的环境、资源和空间都同时赋存于一定的海域之中,对一种海洋功能或资源的开发利用必然会对其他海洋功能产生影响。随着对海洋功能开发利用强度和广度的加大,这种行业管理之间的相互

---

❶ 据统计,目前我国与渤海海洋环境相关的国家和地方级的各类涉及海洋环境保护的法律法规至少有 75 部,然而这 75 部法规仍然治不住一个渤海污染问题。参见蔡岩红:《75 部法规治不住渤海污染》,《法制日报》2009 年 5 月 20 日。

影响与冲突会日益突出,相应地,行业海洋管理立法的不足也日渐明显。

第三,行业海洋管理在管理体制上体现为"条块"结合的管理体制,其中,"条"的管理是指在全国范围自上而下针对特定行业进行的管理;例如,我国的海洋交通管理由港务监督机构负责,海域使用的监督管理由国家海洋行政主管部门负责,而海洋环境的监督管理则由国家环境保护主管部门、国家海洋行政主管部门、国家海事行政主管部门、国家渔业行政主管部门以及军队环境保护部门等多个行业部门分工合作,共同来完成。"块"的管理是指按照现行行政区域而形成的地方行政管理体制。而对于渤海等区域海洋管理而言,其管理的地域范围跨越了传统的行政管理界限,并且涉及诸多行业主管部门,现行的"条块"结合的管理体制不能适应区域海洋管理的需要。

正是由于以行业管理为基础的一般性海洋管理法无法有效解决渤海等区域海洋的特定问题,逻辑上才有了制定专门的区域海洋立法的必要性。而这种以渤海为特定对象的区域海洋立法如果沿袭传统行业海洋管理立法的模式,充其量也只能是将各种行业管理措施在渤海具体化,但无法解决不同行业管理之间的相互影响问题以及管理体制问题。因此,渤海区域立法不应该简单延续行业海洋管理立法的模式,否则将无法满足把渤海作为一个特定区域进行管理的目的。

三、渤海区域立法本质上是综合管理法

所谓海洋综合管理是指从国家的海洋权益、海洋资源、海洋环境和整体利益出发,通过方针、政策、法规、区划、规划的制定和实施,以及组织协调、综合平衡有关产业部门和沿海地区在开发利用海洋中的关系,以达到维护海洋权益、合理开发海洋资源、保护海洋环境、促进海洋持续、稳定、协调发展的目的。❶ 海洋综合管理是对海洋行业管理的一种提升,它主张对不同行业进行统筹考虑和综合管理,以求获得最佳效果。实践中,这种海洋综合管理需要依托于一定的地域空间而展开。按照地域空间不同,可以将海洋综合管理分为全局性的海洋管理和区域性的海洋管理。从国家立法层面看,一是制定海洋综合性管理法,❷对国家

---

❶ 国家海洋局编:《中国海洋21世纪议程》,海洋出版社1996年版,第40页。

❷ 如日本2007年4月颁布了《海洋基本法》,明确提出要对海洋开发、利用和保全进行综合性管理,并就海洋资源的开发与利用、海洋环境保护、海上运输、海洋安全、海洋调查、海洋科技研发、海洋产业振兴、海岸带综合管理以及海洋教育等作出了全面规定。

管辖范围内的海洋实施全面管理;二是制定特别法,对特定海域实施区域性海洋综合治理。区域海洋立法本质上应当是海洋综合管理法,是海洋综合管理在区域层面的立法体现。

第二节　解决渤海问题需要实行综合管理

如果说海洋区域管理特别法的定位以及推行生态系统管理的需要决定了渤海区域立法作为海洋综合管理法的特性,那么保护渤海,解决渤海问题的现实需要则使得推行海洋综合管理成为渤海区域立法的必然选择。对渤海实施综合管理具体包括渤海事务的综合管理、空间管理范围上的陆海综合管理以及渤海综合管理体制的建立等多个方面。

一、渤海面临的主要问题

渤海保护面临的问题具有多样性,主要包括海洋污染问题、资源开发问题以及生态破坏问题等。

海洋污染是渤海面临的首要问题,长期以来,渤海一直是我国污染最为严重的海域。尽管我国采取了不少海洋污染防治措施,但渤海污染问题仍然未得到有效遏制。

表3—1　2005—2009 年渤海未达到清洁海域水质标准的面积❶（平方公里）

年度	较清洁	轻度污染	中度污染	严重污染	合计
2005	8999	6240	2910	1750	19890
2006	8190	7370	1750	2770	20080
2007	7260	5540	5380	6120	24300
2008	7560	5600	5140	3070	21370
2009	8970	5660	4190	2730	21550

渤海污染大体可分为陆源污染和海上污染两种。其中,渤海污染源的 80%

---

❶ 数据来源:国家海洋局:《2009 年海洋环境质量公报》。

是来自陆域。陆源污染的来源主要是工业、生活排污等点源污染以及农业面源污染。国家审计署曾在 2008 年 3 月至 9 月间对环渤海地区 2006 至 2007 年水污染防治情况进行了专项审计调查,重点调查了天津、大连、营口、盘锦、锦州、葫芦岛、唐山、秦皇岛、沧州、滨州、东营、潍坊和烟台 13 个市。审计发现:2007 年,上述 13 个市中有 7 个市的城市污水处理率低于全国 60% 的平均水平。与 2005 年相比,2007 年 13 市城镇生活污水中排放的化学需氧量(COD)增长 7%;审计调查的 51 座已运行污水处理厂中,有 18 座处理后的水质和污泥不达标;2007 年,13 市正常生产的 180 户国家重点监控废水排放企业中有 41 户废水超标排放,其中 35 户属于石油化工、造纸和印染等污染物排放大户;2007 年底,13 市的 34 个经济开发区中,有 15 个开发区未建成污水集中处理设施,2007 年有 4000 万吨污水未经处理直接排放,有 358 个建设项目未按要求进行环评,727 个已竣工项目未进行"三同时"验收。❶ 此外,农业面源污染未得到有效控制。农业面源产生的氮、磷污染物等排放入海,一方面污染了海洋环境;另一方面也为赤潮的发生提供了营养物质条件。渤海的陆源污染物主要是 COD、氨氮、活性磷酸盐以及重金属等。其中,COD 排放量主要来自于工业和城镇生活污水,总磷、总氮主要来自于农业面源污染。在海上污染方面,渤海海上污染主要来自溢油风险、海水增养殖、港口航运、油气勘探开发、海上倾倒等用海活动,其中最严重的就是溢油风险。随着渤海各港口油类及化学品吞吐能力的持续加大,重大船舶溢油事故风险也将随之增加,"十五"期间,渤海海域发生的溢油事故比"九五"期间增加一倍,占同期全国海域溢油事故的 46%。❷

渤海资源开发利用方面的问题主要体现为渤海资源开发利用过程中的资源破坏与浪费现象严重。以生物资源为例,由于多年来对海洋生物资源的过度开发利用,加之海洋捕捞、海水利用、农业围垦、盐田取水等对鱼虾贝藻幼体的损害及海洋环境污染、赤潮等对海洋生物资源的影响和破坏,造成渤海部分生物资源持续衰退。过去作为渤海优势渔业资源和专捕对象的带鱼、小黄鱼、鲅鱼等传统经济鱼类不仅已形不成渔汛,并且其在食物链中所占的比重也越来越低,而食物链中处于较低层次的毛虾、毛蚶等属于饵料性的低值鱼类及一些经济价值较低

---

❶ 国家审计署:《渤海水污染防治审计调查结果》,2009 年 5 月 22 日。
❷ 国家发展和改革委员会等:《渤海环境保护总体规划(2008—2020 年)》,2009 年 1 月。

的竞食种所占比例逐渐提高。另有一些海洋生物如小清河口附近的银鱼、河蟹等濒临灭绝。❶ 从资源的开发利用方式看,对渤海资源的开发利用简单粗放,浪费严重。一些适宜于综合利用的资源,往往只利用了其部分功能,一些适宜于多层次开发利用的资源,往往只开发利用其中一个或若干层次。尤其是作为海洋资源的特点之一是特定区域的海洋资源具有多种用途,而各种用途之间往往存在冲突,如排污与海水养殖、旅游、盐业、自然保护区等之间的冲突,油气开发与海水养殖、旅游等之间的冲突,沿岸海域恢复和养护与海岸工程、围海造陆、基础设施建设之间的冲突等。这些冲突的存在与尖锐化不仅影响资源开发利用效率,造成严重经济损失,甚至会威胁到沿岸地区的生产与生活。

在渤海污染和资源开发利用问题凸显的同时,渤海的生态破坏问题也日趋严重。这主要表现为:第一,渤海入海径流量减少。由于陆域开发建设速度不断加快,用水量急剧增加,加上降水普遍减少等自然原因,促部分河流断流,入海水量下降。2000 年以来,入海水量减少的趋势继续加剧,入海水量较 80 年代前后减少约 47%。❷ 以黄河为例,黄河是注入渤海的最大河流,黄河入海径流量和输沙量分别约占周边河流输入渤海总量的 70% 和 90% 以上。然而,黄河入海径流量不断减少。从历史资料看,黄河入海径流量 60 年代最大,70 年代由于沿黄流域工农业和生活用水剧增,入海径流量明显下降。至 2000 年,黄河入海径流量小于 70 亿立方米,不及 50 年代和 60 年代年均径流量的 15%。❸ 黄河入海径流量的大幅度减少,对于整个渤海海区海水的温度、盐度等物理环境的平衡均产生明显的破坏作用。目前,渤海海域呈现平均盐度升高,低盐区面积减少趋势。2008 年 8 月,渤海低盐区面积为 1900 平方公里,与 1959 年 8 月相比减少了80%,与 2004 年同期相比,减少了 70%。在 20 世纪 80 年代以前,渤海三大湾底部均有较大面积的低盐区分布,2008 年 8 月,仅莱州湾底部分布有较大面积的低盐区,渤海湾、辽东湾底部低盐区面积严重萎缩。❹ 第二,渤海湿地面积减少。以黄河三角洲湿地为例,据有关研究统计,2001 年黄河三角洲湿地面积比 20 世

---

❶ 于庆东、李岩然:《渤海海洋资源与环境的可持续利用》,《海洋科学》1998 年第 5 期。

❷ 国家发展和改革委员会等:《渤海环境保护总体规划(2008—2020 年)》,2009 年 1 月。

❸ 黄海军、李凡等:《黄河三角洲与渤海、黄海陆海相互作用研究》,科学出版社 2005 年版,第 211 页。

❹ 国家海洋局北海分局:《2008 年渤海海洋环境质量公报》,2009 年 5 月。

纪 70 年代减少了将近一半。❶ 近年来由于筑坝、围塘养虾等使黄河三角洲湾滨海湿地生境破坏严重,湿地面积迅速减少。目前,黄河口以南,至小清河口以北80 公里岸线,修建砌石护堤 70 余公里,另建一般性护岸、河堤护岸 50 余公里。并且,海洋石油开发工程在近岸修建了多条漫水路和人工岛,也对滨海湿地生境造成了一定的影响。大面积的滩涂湿地被防潮堤阻隔在大堤以内,成为功能单一的人工湿地,并且阻隔了滩涂湿地与海洋生态系统的联系,造成生境破坏,黄河三角洲湿地损失达 1/3 以上。❷ 第三,渤海海岸线受到破坏,海岸侵蚀严重。一方面,大规模的港口建设、盐田开发、虾池的修建及填海造陆等人为活动使渤海海岸线惊人地缩短。20 世纪 80 年代初全国海岸带调查时,环渤海三省一市的海岸线总长占全国的 25.6%,其中大陆沿岸线总长为 5667.8 公里,人工岸线约 1385.86 公里。而到 2007 年,环渤海三省一市的海岸线总长约 6681 公里,只占全国比例的 20%。尤其是自然海岸线受到极大破坏,人工岸线比重越来越大。海岸线缩短与自然海岸线消失的直接后果是港湾减少、海流改变、鱼虾等海洋动物的产卵场面积减少,进而对海洋生态环境产生长远而深刻的影响。❸ 第四,赤潮灾害。1990 年至 2004 年上半年渤海海域共发现赤潮 83 起,累计面积达 3 万多平方公里。2005 年渤海赤潮发生次数为 9 起,累计面积达 5320 平方公里,比 2000 年增加了近一倍。❹ 2001 年至 2005 年渤海共发生赤潮 72 起,累计赤潮发生面积 18600 平方公里,1000 平方公里以上大规模赤潮 7 起。2005—2007 年间,渤海共发生赤潮 27 起,占我国近海赤潮发生次数的 8.3%;累计发生赤潮的海域面积 8463 平方公里,占我国近海赤潮发生总面积的 11.7%。近年来,虽然渤海赤潮发生次数与累计发生面积呈下降趋势。但是和 2005 年以前相比,不管在次数和面积上仍然是比较严重的。❺ 第五,海洋生物种类明显减少,生物栖息地大量丧失,甚至出现无底栖生物区。渔业资源逐渐朝着低龄化、小型化、低质化方向发展,海洋生物种类明显减少。重要生物种类以及生物量发生了改变,小型中上层鱼类替代底层鱼类成为渔业资源的主要成分。据初步分析,渤

❶ 王娜、王诗成:《胶莱两湾沿岸湿地现状及保护策略》,《齐鲁渔业》2008 年第 1 期。

❷ 全国政协第十一届一次会议提案中心:《关于改善环渤海地区生态环境承载力的提案》,2008 年 3 月。

❸ 李明春:《环渤海岸线 30 年缩短 260 公里》,《中国海洋报》2007 年 5 月 25 日。

❹ 国家发展和改革委员会等:《渤海环境保护总体规划(2008—2020 年)》,2009 年 1 月。

❺ 国家海洋局北海分局:《2008 年渤海海洋环境质量公报》,2009 年 5 月。

海的莱州湾和黄河口水域、辽东湾和渤海湾的产卵场几乎全部遭受污染。锦州的五里河口及小清河口因污染已造成一定区域无底栖生物。第六,渤海海湾、河口等典型生态系统长期处于非健康状态。

二、渤海问题的整体性需要对相关事务进行综合管理

上述渤海海洋污染、资源衰减、质量降低以及生态破坏等问题同时存在,而且各种问题相互影响,这就决定了针对单一问题加以解决的方式在实践中很难收到较好的效果,可行的方法是对这些问题及其相互之间的影响予以综合考虑和评估,并采取一揽子方法全面规制。具体到管理上,就是对多项事务进行综合性管理。一般认为,渤海污染和资源开发过程中造成的生态破坏是渤海生态退化的最主要原因,因而将污染防治、资源管理和生态保护事务整合到一个统一的管理框架之中,可以收到比对事务分别进行管理更好的管理效果。首先,污染防治可以改善渤海海水水质,尤其是开展近岸环境治理,有利于维护渤海近岸海域生态功能,促进渤海生态环境的保护和资源的开发利用。同时,加强资源开发利用管理可以起到防止污染和海洋生态环境破坏的作用,而生态保护和修复有利于提高渤海的环境承载力,保证资源的可持续利用。

三、渤海问题的多源性需要在空间管理范围上实施陆海综合管理

作为一种深入大陆的半封闭性内海,渤海深受来自陆地方面的影响,为了解决渤海问题,除了对渤海海上活动进行规制之外,还需要对来自陆域的活动进行管理,即实行陆海综合管理。对渤海海域产生影响的陆域主要包括两个层面:一是渤海近岸陆域;二是渤海入海河流流域。所谓渤海近岸陆域从我国的行政区划看,包括辽宁省的大连市、营口市、盘锦市、锦州市、葫芦岛市;河北省的唐山市、秦皇岛市、沧州市;山东省的滨州市、东营市、潍坊市、烟台市(莱阳和海阳两县市除外)和天津市等环渤海区域,简称环渤海十三市。渤海近岸陆域对渤海海洋问题的影响是全面性的。首先,在海洋污染方面,来自近岸陆域的污染不仅包括工业、海岸工程等点源污染,还包括农业生产过程中所产生的面源污染等;在资源开发利用方面,尤其是海岸带的开发利用不仅因为开发利用的无序导致资源的浪费和开发利用的不可持续性,而且这些开发利用行为也是导致渤海海洋自然形态改变、湿地减少、生物栖息地破坏等生态破坏的重要因素。由于渤海

有大量河流注入,据统计,渤海流域包括 100 余条河流,其中渤海沿岸主要入海河流约 45 条,分为海河、黄河、辽河三大流域。因此,渤海入海河流对渤海的影响也不容低估。例如,从海洋污染看,渤海陆域污染的 60%—70% 来自于近岸陆域 13 个沿海市以外区域。❶ 而渤海入海河流径流量的减少则是导致渤海生态变化的重要因素。因此,为了解决渤海问题,需要在空间上实行陆海综合管理,不仅对来自海上的环境污染行为、资源开发利用行为以及生态破坏行为等进行规制,而且还应对渤海近岸陆域以及渤海入海河流全流域的相关活动进行规制。

四、渤海问题的跨行政区域性需要建立渤海综合管理体制

从渤海问题的实质看,渤海问题实际上是"公地悲剧"在海洋领域的体现。渤海近岸陆域十三市以及渤海入海河流全流域的广大区域都是渤海问题的制造者,同时也是渤海的受益者,而渤海对于这些行政区域而言则是作为"公共物品"而存在的,各地尽管从长期看都认同保护渤海,解决渤海问题的重要性,但在具体制度措施的实施方面又都希望其他地区作出更多的努力和更大的贡献,而自己却因担心会对本地区的经济社会发展产生不利影响不愿意采取更为严格的保护措施。对于这种现实情况,我国目前以行政区域为管辖范围的海洋管理模式无力解决,需要建立适应渤海综合管理要求的管理体制,其中最为关键的是建立独立的渤海综合管理机构,具体负责制订渤海治理规划、统筹协调、分配各相关行政区域在渤海开发利用方面的利益与渤海保护责任,监督渤海特别法及其相关海洋管理法的实施等。从一定意义上讲,渤海综合管理在实践中是否得到有效实施以及成效如何很大程度上取决于渤海综合管理体制是否健全和真正发挥作用。

---

❶ 国家发展和改革委员会:《渤海环境保护总体规划(2008—2020 年)》,2009 年 1 月。

第四章　国外跨边界区域海立法的执行体制

国外在跨边界区域海的治理上有很多成功的案例。本章将以美国的旧金山湾和切萨比克湾、日本的濑户内海和澳大利亚的杰维斯湾为研究对象,探讨这些区域海所建立的各具特色的立法及其执行体制,以及这些执行体制给渤海环境治理带来的启示。

第一节　美国旧金山湾与切萨比克湾

一、旧金山湾与切萨比克湾的自然地理状况

旧金山湾是美国加利福尼亚州西部几乎全部为陆地环绕的海湾,由没入海水中的河谷形成,经金门湾连接太平洋。北纬 37°48′,西经 122°25′,长 97 公里,宽 5—19 公里,面积 1600 平方公里,平均水深近 5 米,是美国西海岸最大的河口,也是世界上为数不多的最佳天然港湾之一。湾内有数座岛屿,四周有旧金山、奥克兰等大城市和由湾区快速运输系统连接的都会区小城镇❶。旧金山湾有优越的地理条件,阳光明媚,气候舒适,有“天然空调”之称,因而成为各种生物和人类理想的栖息和居住地。在湾内,有超过 130 种鱼类在这里生活,如太平洋鲱鱼、大鳞大马哈鱼、豹斑鲨、牡蛎、蝙蝠鲼、白鲟、星斑川鲽、加利福尼亚大比目鱼、邓杰内斯蟹等。还有各种海豹、海狮、蟾蜍、蛇类、鸥、鹅和鹭鸶等。旧金山湾区周围的沼泽成为许多鸟类的栖息地。每年大约有数百万只鸟在这里栖息或迁徙,诸如一般的潜鸟、燕鸥、太平洋黑雁、大白鹭、红翼黑鸟、黑腹滨鹬、大理石塍鹬、半蹼鹬、游隼等。湾区在春天的高峰时期可容纳高达一百万只鸟类在此栖息,渔人码头的海狮则是旧金山景观之一。春天加利福尼亚洋流流经旧金山沿

---

❶　http://baike.baidu.com/view/1851895.htm? fr=ala0_1,访问日期:2010 年 5 月 20 日。

岸,使沿岸海域充满浮游生物,为水生动物提供了充足的食物。陆上植物方面,湾区四周有红杉、橡树、矮树丛、桉树等。都市野生动物则有麻雀、岩鸽、海鸥、椋鸟、蜂鸟、山雀、松鼠、臭鼬、浣熊等。❶

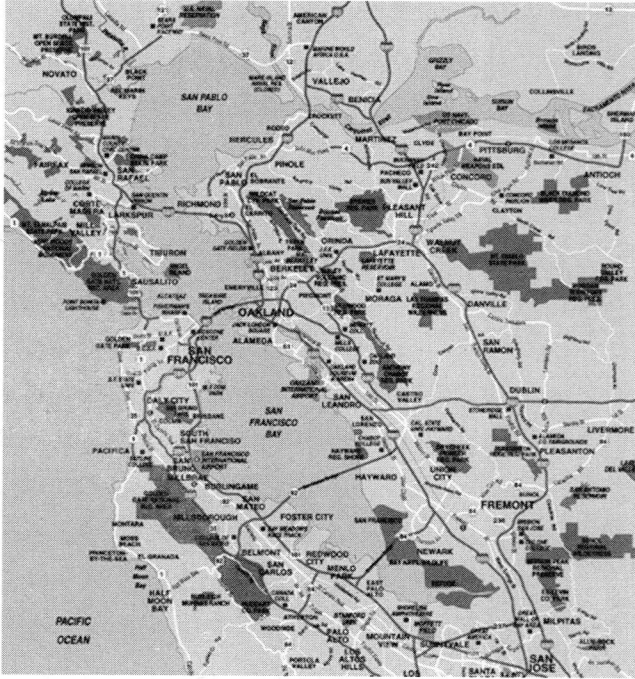

图4—1 旧金山湾地理位置示意图

切萨比克湾,是美国东部大西洋沿岸 130 个海湾中最大的一个,位于美国东海岸的马里兰州和弗吉尼亚州,是美国中大西洋区的中心地带,因萨斯奎哈纳河及其支流沉降而形成。整个海湾长约 314 公里,海湾最窄处为 5.5 公里,最宽处为 56 公里,平均水深 7 米,水面面积约 5720 平方公里,流域面积 16.6 万平方公里,流域内共有人口 1500 多万,大部分集中在沿海湾地区。整个海湾流域中包括 150 多条支流,海湾和支流岸线累计达 1.3 万公里。流域内拥有 19.92 万公

---

❶ Dan Robinson, NOAA Coastal Management Fellow , San Francisco Bay Conservation and Development Commission:Acclimating to a new Bay Area:Ecosystem - Based Approaches To management for the San Francisco Bay.

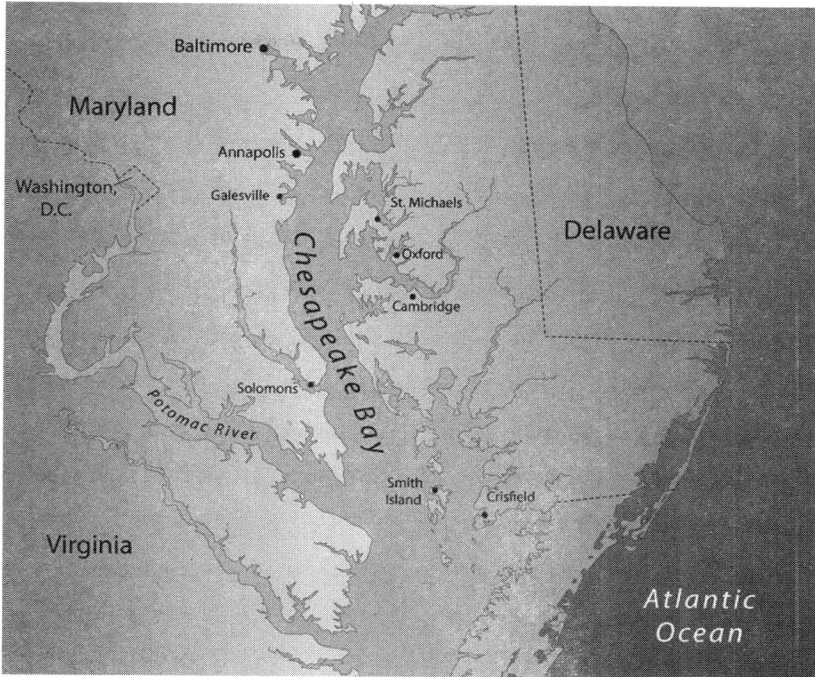

图4—2　切萨比克湾地理位置示意图

顷湿地和大量的河流小溪。海湾南面与弗吉尼亚州交界,北为马里兰州,大西洋入口北侧有查尔斯角,南侧有亨利角,为华盛顿特区、马里兰州、特拉华州、弗吉尼亚州所环抱,流域可达宾夕法尼亚州、西弗吉尼亚州、新泽西州和纽约州。除萨斯奎哈纳河外,从西岸注入海湾的河流主要有詹姆斯河、约克河、拉帕汉诺克河、波多马克河和帕塔克森特河河,从东岸注入的有威科米科河、楠蒂科克河、查普唐克河和切斯特河。海湾不整齐的东海岸既低又多沼泽地,较直的西海岸有长距离的悬崖峭壁。切萨比克湾是溺谷型河口湾,是美国东部大西洋由南向北伸入内陆最深入的海湾。湾岸曲折多岛,分布有多个重要港口。湾头的巴尔的摩和湾口的诺福克是著名的大港。诺福克与对岸的汉普顿、纽波特纽斯共同形成汉普顿通道,是美国重要的海军基地。湾口和湾内有两座桥梁,沟通两岸的交通。海湾沿岸多历史遗迹,同时是优秀的旅游地和疗养地,湾内养殖牡蛎和螃蟹。切萨比克湾流域的主要城市和发达地区包括:华盛顿特区、弗吉尼亚州的诺福克——汉普顿公路沿线、里士满地区、马里兰州的巴尔的摩、宾夕法尼亚州的哈里斯堡、约克等。切萨比克湾是美国重要的经济发展和旅游热点地区,对于美国具有极为重要的商业、生态和娱乐价值。流域内的工业主要有炼钢、造船、皮革加工、塑料、树脂制品和化学工业生产。主要农产品包括大豆、蔬菜、烟草等。家禽、海味食品、蔬菜加工等是切萨比克湾东部沿岸的重要产业。畜牧业和加工工业遍及整个流域。切萨比克湾还是美国重要的渔业生产基地之一。地理特点的优势,使切萨比克湾的海产品十分丰富,被誉为"巨大的蛋白质工厂",有295种鱼类、45种贝类、2700多种植物生长在湾内。牡蛎、兰蟹、软壳蛤州、油鲜鱼是切萨比克湾的主要水产品,每年从这里捕获的鱼产品价值达数亿美元。同时,1.3万公里的海湾和支流岸线,19.92万公顷湿地,大量的河流小溪,使切萨比克湾成为野生动植物优秀的生长、栖息和繁衍地,每年有上百万只水禽在该流域过冬,也是大西洋候鸟重要过冬地区。每年来此旅游参观的人数高达数百万。

二、旧金山湾与切萨比克湾的环境问题

在美国西海岸,旧金山湾区是仅次于洛杉矶的最大都会区,总人口数在700万以上,是美国人均所得最高的地区之一。当然,这一切都归于该地区独特的地理环境和丰富的天然资源。所以,在发展经济的高峰期,旧金山湾区的生态环境承受着巨大的压力,主要表现为四个方面。第一,湿地锐减。据统计,在1849年时旧金山湾水域达2038平方公里。随之而来的浅滩开发、盐场开发、淘金热、农田建设和各种娱乐俱乐部的落户及湾内的倾废等使得旧金山的水域面积锐减。到20世纪中期,湾区的水域面积减至1419平方公里,几乎占整个旧金山水域面积的三分之一(约619平方公里)消失了。❶ 第二,淡水减少、土地盐碱化加剧。由于向湾内的倾废、填海和海岸带的开发等活动造成旧金山湾泥石流、土地盐碱化等各种灾害增多。例如,仅美国中央河谷工程和加利福尼亚州水道工程就使流入旧金山湾的淡水减少了40%,不仅使旧金山湾水质恶化,影响海湾水生生物,而且导致海水倒灌,使旧金山湾地区土地盐碱化。❷ 第三,海平面上升。全球气候变化使旧金山湾海平面上升已是一个客观事实。在旧金山湾,对海平面

---

❶ San Francisco Bay Conservation and Development Commission: A Sea Level Rise Strategy for the San Francisco Bay Region(*Revised September 2008*). pp.1-2. 另外,据统计,包括旧金山湾在内,美国沿海地区平均每年损失的湿地面积达到4万英亩。

❷ http://sq.k12.com.cn/discuz/thread-282587-1-1.html.访问日期:2010年5月20日。

的测量工作已经持续了 140 多年。据统计,在 1900 至 2000 年间,旧金山湾海平面上升了 7 英寸。根据这个增长趋势,当时的加州气候行动小组预测到 21 世纪末旧金山湾的海平面可能还会再上升 3 至 5 英尺,或者接近 1 米。最新的研究表明,由于气候变暖,在接下来的 100 年内旧金山湾海平面可能上升 1.4 米。旧金山湾养护与发展委员会采纳了这一数据并据此推算出,如果海平面上升 1.4 米,超过 200 平方英里的陆地将被海水吞噬。[1] 但是,由于气候变化引起的一系列的环境问题牵扯到各个方面、各个部门的协作,而旧金山湾养护与发展委员会至今并没有相关的独立行动权,因而其在这方面发挥的能力非常有限。第四,资源面临枯竭、生态失衡。由于湾内和近岸的工业和能源设施(石油、天然气、钻井平台)造成的污染、娱乐和观光设施侵蚀、港口、码头、围堤、填海、浴场、疏浚、养殖、农业、林业、住宅、公共工程(包括公路、街道、各种石油、天然气、污水管道、高压电线等)等的破坏,旧金山湾和美国其他的海域一样,资源被大量消耗或破坏,渔业萎缩,污染物堆积,清洁水更新迟缓,外来物种入侵严重,生态严重失衡。[2] 自旧金山湾保护计划实施以来,旧金山湾区的生态环境得到明显改善,但是一些重大的环境问题还依然存在,如湿地减少,海平面上升等。

　　切萨比克湾从 20 世纪中叶开始,由于附近地区的居住和工业的发展导致污物、工业废料和沉渣污染了海湾,水质开始恶化,鱼类产量不断下降。1975 年至 1983 年,美国国会拨出 2700 万美元专款,由美国联邦环境保护局组织几十个有关单位,对切萨比克湾环境情况进行调查研究,确认 80 年代切萨比克湾环境出现了以下几个突出问题:第一,海水富营养化。由于海湾被污染,含氮和含磷的化合物过多排入水体,破坏了原有的生态平衡,引起藻类大量繁殖,过多地消耗水中的氧,使鱼类、浮游生物缺氧死亡,它们的尸体腐烂又造成水质污染,导致富营养化。第二,夏季缺氧情况加剧。某些石油化工作业不断消耗海水中的氧气,导致海水缺氧情况。同时,生活污水、工业污水的不断排入,使海洋生态发生变化,使海水溶解氧含量大大降低。这种情况在夏季尤其严重。第三,有毒物质污

---

❶ San Francisco Bay Conservation and Development Commission：A Sea Level Rise Strategy for the San Francisco Bay Region(*Revised September 2008*). p. 3 , p. 4.

❷ 2001 年的一项研究结果表明,美国 23% 的港湾不适宜游泳、捕鱼和海洋物种生存。2002 年,因在海水中发现与排泄物污染相关的细菌,美国有关部门曾先后 1.2 万次下令关闭海滩。研究还发现,美国 259 种主要鱼群中大概有 25% 已经或正在被过度捕捞。这些问题在旧金山湾都很突出。

染严重。工业发展产生的工业废料和沉渣所携带的有毒物质流入海湾,造成污染。同时,海上船舶油料泄漏等事故导致有害和有毒物质的排放、释放或喷出,造成对海洋环境的威胁并同时危及人体健康,损害生物资源。第四,水生植物减少。由于水源污染、外来物种入侵、废弃物污染等问题,导致上百种水生植物和湿地植物濒临灭绝。第五,水生动物繁衍和生长环境破坏。海水污染导致生态失衡,大量水生动物的繁衍和生长的栖息地遭到破坏,许多物种的生存面临巨大威胁。通过近几十年的治理,切萨比克湾的环境基本上得到了改良。

三、旧金山湾与切萨比克湾环境立法及其执行体制

(一)一般环境法规定的执法机构

旧金山湾与切萨比克湾由于各自特殊的地理位置及其与公众生活的密切关系,因而受到联邦政府和州政府的高度关注。这两个区域的环境法律法规的执行涉及方方面面的问题,涉及联邦与州之间的关系,行政程序法、民法、刑法以及国家关于科学、技术和能源的发展政策等诸多方面。就执行体制而言,其涉及的是执法权如何在联邦政府和地方政府之间的分配问题。美国是一个联邦制国家,在环境管理上实行的是由联邦政府制定基本政策、法规和排放标准。联邦政府设有专门的环境保护机构,对全国的环境问题进行统一的管理;联邦各部门设有相应的环境保护机构,分管其业务范围内的环境保护工作;各州也都设有环境保护专门机构,负责制定和执行本州的环境保护政策、法规、标准等。美国环境法确立了联邦政府在制定和实施国家环境目标、环境政策、基本管理制度和环境标准等方面的主导作用,同时承认州和地方政府在实施环境法规方面的重要地位。但是,州的环境执法是以取得国家环境保护局的特许审批为条件的。即使州政府取得了特许权,根据环保的要求,美国联邦环境保护局也可以越过州政府行使权力。

就旧金山湾与切萨比克湾的环境保护而言,其涉及联邦环境法和州环境法,也涉及一般法和特别法的运用。目前,在旧金山湾和切萨比克湾的环境保护上分别有特别的法案和协议。根据法案和协议,制订了保护计划并成立了专门的环境保护和管理机构。而且实践中,在某些层面,这些机构的环境执法权力得到了最有效的发挥,达到了当初成立专门机构对区域环境进行治理的良好预期。当然,在另外一些层面上,这些机构在行使环境治理权上必然受到相关机关的掣

肘。据此,我们认为,只有将一般法中设立的执法机构与特别法中确立的执法机构结合起来研究才能对旧金山湾与切萨比克湾环境立法的执行体制有一个动态的、全面的考察。这样,我们才能真正了解美国跨边界区域海立法的过程和现状,从而为我们确立渤海立法的执行体制提供有价值的参考。

在一般法中,有联邦的环境立法和州的环境立法,它们分别确立了相应的环境执法机构。其中,联邦层面的环境执法机构又有专门性和非专门性之区别。具体来说,联邦政府设有两个专门的环境保护机构,即环境质量委员会和国家环境保护局。另外,在联邦层面还存在其他的环境执法机构,诸如联邦环境执行官办公室、白宫环境质量委员会行政办公室和联邦机构的国家海洋和大气管理局、国务院、司法部、商业部、内政部、农业部、劳工部、运输部、核管理委员会和美国海岸警卫队等。美国国家环境质量委员会是根据《美国环境政策法》而设置的。国家环境质量委员会设在美国总统办公室下,原则上是总统环境政策方面的顾问,也是制定环境政策的主体,其职责:一是为总统提供环境政策方面的咨询;二是监督、协调各行政部门有关环境方面的活动。国家环境保护局(EPA)是根据美国总统尼克松发布的《1970 年政府改组计划第 3 号令》成立的,其主要集中农业部、健康、教育和福利部(健康与保健部)、内政部及原子能委员会、联邦放射物管理委员会、环境质量委员会等部门的环境保护职能。美国联邦环境保护局代表联邦政府全面负责环境管理,是各项环境法案的执行机构,其宗旨是保护人类健康与环境。局长由总统提名,经国会批准生效,直接对总统负责。实践中,其主要是针对污染的控制为主。为了保证执法质量,在环保局内专门设有环境执法办公室,其环境执法队伍实行严格的环境检察官制度。环保执法首先是对法律条款的实施情况进行监测。另外,在环保局之下设有十个区域办公室。旧金山湾和切萨比克湾分属第八区和第九区,该区域办公室在州内代表联邦环保局执行联邦的环境法律、实施联邦环保局的各种项目,并对州的环境行为进行监督。总之,国家环境保护局是最主要的环境法律执行机构。

相对于专门性的环境执法机构,非专门性的环境执法机构比较多且复杂,所以这里只作简要说明。美国联邦环境执行官办公室是总统下设的一个协调机构。执行官办公室的主任一般是由美国环境质量委员会中心主任兼任,这也是美国环境法规定的一个委员会,其主要作用就是协调一些大的部门和联邦环境保护局的关系。白宫环境质量委员会行政办公室和联邦机构的国家海洋和大气管理局(NOAA)主要在国家层面上负责区域海洋管理。2004年,布什政府宣布了美国海洋行动计划(USOAP)确保从联邦到地方政府及一些私人部门甚至国外政府有组织地协调海洋的综合管理。USOAP强调了三个区域协调管理的项目,还成立了一个海洋资源综合管理委员会(SIMOR),专门规划制定区域性的法律法规和解决区域性的冲突。NOAA是美国实施区域海洋管理的主管部门,采取了包括生态系统目标团队、渔业管理委员会、海洋观测综合系统以及国家海洋资助计划等行动,促进区域海洋管理框架体系的实施应用。通过NOAA的生态系统目标团队来保护、修复和发展生态系统的方法,以实现对海洋的有效管理和利用。NOAA确认了十个大海洋生态系统,来进行有目的的区域管理。渔业部门不管从传统还是当前的角度来看,都是极其重要的一环,如南大西洋和北太平洋渔业管理委员会通过一系列研讨会与利益相关者进行协调,来保证渔业资源的可持续发展;观测系统则对海洋进行监测、数据收集,为管理提供有效的信息和手段。美国国务院主要负责外交事务,包括濒危物种、海洋资源的保护等,还有谈判合作、固体废物的越境转移等等。美国司法部虽然不具体执法,但是在美国的环境保护事务中发挥着重要作用,间接影响到了环境执法。商业部主要根据《1973年濒危物种法》的授权,拥有濒危物种管理方面的行政管理权。内政部主要根据《1984年露天采矿控制和回填法》的授权,拥有控制露天采矿活动的环境影响的行政管理权。另外,根据《1976年联邦土地政策和管理法》和《1973年濒危物种法》,该部还分别取得了对其管辖的国有土地的管理权和在濒危物种保护方面的部分行政管理权。因此,内政部的特点是以管理联邦的土地和资源为主。农业部没有处罚权,其下设自然保护局和农民服务局,其职权主要是引导性的。劳工部根据《职业安全和健康法》的授权,拥有监督管理劳动场所环境的执行权。运输部主要对危险废物运输进行管理。核管理委员会兼管放射性物质污染的防治。美国联邦环境保护局和美国海岸警卫队负责水域执法,但两者又有分工。它们的执法依据有《海岸带管理法》、《海洋保护、研究和自然保护区法》、《联邦海域污染控制法》、《油污染控制法》、《联邦海洋卫生设施法》、《1990年油污法》和《清洁水法》。

另外,虽然美国环保局的机构遍布各州,但是每个州都设有自己的环境管理机构。美国各州都设有州一级的环境质量委员会和环保局,州的环境保护机构在美国环境保护中占有重要地位,大多数控制环境污染的联邦法规都授权联邦环保局把实施和执行法律的权力委托给经审查合格的州环保机构。此外,州环保机构和其他行政机关还可依据州的环境保护法规享有环境行政管理权。州环保机构根据有关授权有对违法者处以罚款的权力,对被管理者进行现场检查、监测、抽样、取证和索取文件资料的权力。尽管各州都设有专门的环境保护机构,但环境保护工作的兼管情况仍十分普遍。如在水污染方面,加州都是由环保局管辖。在大多数州,地方的环境保护机构完全类似于联邦→联邦区域办公室→州环保机构的设置体制,州环保机构也派出分支机构对地方环保机构进行监督管理,即,州环保机构→州环保机构派出机构→地方(县市)环保机构。这里值得一提的是加利福尼亚海洋保护委员会。该委员会是根据加州海洋保护法案的规定于2004年建立的,包括资源部部长、环境保护部部长、州立土地委员会主席和两位立法机关成员。主要协调和提高加州海洋和海岸带资源的保护和管理,实施2004年颁布的《海洋行动计划》。由此可见,加利福尼亚海洋保护委员会是一个综合性的海洋环境管理和执法机构。

(二)特别环境法规定的执法机构

1. McAteer-Petris法案、The Suisun Marsh Protection法案与旧金山湾养护与发展委员会

自20世纪50年代中期以来,旧金山湾出现的由填海、疏浚、近岸开发活动造成的污染及近岸湿地破坏等环境问题引起了公众的关注。为了应对这些问题,加州于1965年通过了McAteer-Petris法案,并根据该法案成立了旧金山湾养护与发展委员会。但是,此时的委员会还只是临时性的。1969年经过对McAteer-Petris法案的修订,最终确立了旧金山湾养护与发展委员会专门性部门的法律地位,由该委员会负责保护旧金山湾并鼓励、促进该湾的合理使用。根据McAteer-Petris法案,旧金山湾养护与发展委员会由27个成员组成。这些成员具有广泛的代表性,充分考虑到了地域、行业、部门、阶层、政府与公众的利益和要求。此后为了落实McAteer-Petris法案,旧金山湾养护与发展委员会制订了旧金山湾计划并通过了The Suisun Marsh Protection法案、加利福尼亚环境质量法案。根据这些法案和计划授权,旧金山湾养护与发展委员会具体管理旧金山湾的填海和疏浚、保护苏珊沼泽、管理沿岸100英尺内的土地的开发利用活动、减轻填海压力、监管执行联邦海岸带管理法,以及参加加利福尼亚溢油防治和响应计划。在湿地保护方面,旧金山湾养护与发展委员会负责就湿地的保护和恢

复制订计划,并通过行使审批权保护湿地不受其他优先项目的损害。迄今,旧金山湾养护与发展委员会参加了一系列涉及湿地保护计划,如苏珊沼泽养护法的制定、海平面上升研究、对潮汐恢复项目的分析,以及与其他组织合作制订了相关沼泽恢复和监测计划等。此外,根据联邦海岸带管理法案,旧金山湾养护与发展委员会也是联邦指定的州海岸管理署。然而,旧金山湾养护与发展委员会并不是管理旧金山湾的唯一机构,在海岸带管理方面,尤其是在海洋保护区和河口研究保护区方面,加利福尼亚海岸委员会也发挥着重要作用。

就职权而言,旧金山湾养护与发展委员会职权主要集中在控制用地上。与用地有关的填海、疏浚、近岸开发活动及湿地保护基本上都由旧金山湾养护与发展委员会来管理。近几年,通过委员会限制填海的规模和对湿地的保护,旧金山湾基本控制住了海湾萎缩的势头。比起 1965 年,目前海湾的面积增加了约 49 平方公里。在该委员会的支持下,26000 英亩的私人盐场被公共收购用来改善当地的居住环境,其中有一些地方将盐场退为湿地。❶ 这样,旧金山湾的面积得到进一步的扩大,水质得到了改善。

就执法权力来源而言,旧金山湾养护与发展委员会主要是依据法律授权和协作来完成对旧金山湾环境的保护。如上所述,与用地有关的商业和个人利用海湾的活动必须经过委员会的许可。然而,随着环境问题的不断变化,委员会的权力已经难以满足其保护旧金山湾环境的需要。为了适应环境保护的需要,旧金山湾养护与发展委员会在缺乏法律授权的情况下,通过积极参与相关活动并逐步得到法律的授权。以应对海平面上升问题为例,气候变暖引起的海平面上升是一个全球性问题,但是在旧金山湾地区其所带来的负面影响会更加明显。然而,委员会并没有这方面的法律授权来要求相关部门和公众来应对这一问题。即使如此,旧金山湾养护与发展委员会还是根据有关科学数据通过绘制地图形式,标明了最易受灾的危险湾内区域。之后,旧金山湾养护与发展委员会得到授权并加入了 Joint Policy Committee(JPC)❷ 来发布气候变化方面的信息。2008 年,州立法通过法律授权旧金山湾养护与发展委员会在 JPC 内拥有投票权。但

---

❶ San Francisco Bay Conservation and Development Commission: A Sea Level Rise Strategy for the San Francisco Bay Region(Revised September 2008). p. 2.
❷ JPC 是美国加州一个权威的发布气候变化信息的联合机构。

是,在应对气候变化对旧金山湾的环境影响问题上,该委员会并没有许可权,只有与其他相关机构协作的权力。可见,旧金山湾养护与发展委员会的执法权力随着环境问题的发展处于不断调整之中,而且随着环境问题的日益复杂,在执法过程中需要与相关机构协作是近几年委员会的执法特点。

就执法形式而言,旧金山湾养护与发展委员会主要有三种形式:发放许可证、制订保护计划和参与司法活动。发放许可证是旧金山湾养护与发展委员会最经常的执法形式,其主要适用于填海许可、资源开采许可、对苏珊沼泽地区地貌的任何实质性改变利用及重大开发活动的许可等。制订保护计划虽然不是旧金山湾养护与发展委员会经常性的执法形式,但却是该委员会最主要的执法活动,也最能体现其存在的价值。按照美国的管理体制,委员会一般是在法律明确授权的情况下才制订相关的环境保护计划,而且这些保护计划一般都具有明确的针对性,例如 The San Francisco Bay Plan,❶The Suisun Marsh Protection Plan❷和 The San Francisco Bay Area Seaport Plan 等。❸ 应该说通过制订计划并得到立法机关的认可这种方式,有利于协调相关管理单位在旧金山湾保护方面的执法权,有效地避免了"多头"执法的负面影响。在参与司法活动方面,旧金山湾养护与发展委员会具有代表公共利益提起诉讼的权力。这不仅是旧金山湾养护与发展委员会保护旧金山湾的最后的手段,也是其在该区域执法权威的独特体现。当然,为限制滥用职权,法律同时规定了该委员会有应诉的义务。❹

总体而言,旧金山湾养护与发展委员会是一个专门性的具有广泛执法权力的综合性环境保护机构。

2.《切萨比克湾协议》与切萨比克执行理事会

如前所述,从 20 世纪中叶开始,由于附近地区居民的快速增长和工业的发展,导致切萨比克湾的水质开始恶化,鱼类产量不断下降,面临一系列的环境问题。为了应对这些问题。经过长期的协商,终于在 1980 年成立了由马里兰州、

---

❶ 该计划是根据 McAteer-Petris Act 的授权制定的,1969 年被加州立法机构审议通过。

❷ 该计划是根据 the Suisun Marsh Protection Act 的授权制定的,1976 年被加州立法机构审议通过。

❸ 该计划是旧金山湾养护与发展委员会与市交通运输委员会共同制订的,目的是继续完善旧金山湾保护计划的实效,是在交通运输方面协作的一个计划,对交通运输委员会执法和旧金山湾养护与发展委员会的许可、决策都有很大的影响。

❹ The McAteer-Petris Act section 66633.

宾夕法尼亚州、弗吉尼亚州立法当局组成的切萨比克湾委员会。1983年，该委员会代表各有关州立法机关与弗吉尼亚州、马里兰州、宾夕法尼亚州、华盛顿特区以及美国联邦环境保护局共同签署了《切萨比克湾协议》，确立了切萨比克湾计划，建立了切萨比克执行理事会，并开始实施切萨比克湾保护计划。1987年和2000年，为了完善保护机制，各方又对切萨比克湾协议两次进行了重签，进一步拓宽了计划执行的领域和目标。目前，该项最初以致力海水污染的减少为侧重点的计划转变成一项综合性计划，其既包括河口和流域的管理，也包括集水区（catchment area）管理，并同时以保护切萨比克湾生态系为目的。

根据《2000年切萨比克湾协议》，其确定的工作领域包括：（1）生物资源的保护和恢复（Living resource protection and restoration）；[❶]（2）重要生物栖息地的保护和恢复（Vital habitat protection and restoration）；[❷]（3）水质的保护和恢复（Water quality protaction and restoration）；[❸]（4）良好的土地利用（Sound land use）；[❹]（5）有效的管理和公众参与（Stewardship and community engagement）。[❺]同时，协议还为每一个领域设立了具有时限的奋斗目标。另外，在切萨比克湾的污染防治方面，切萨比克湾保护计划确立了一套测量营养盐和沉积物污染总量（"cap loads"）的框架和方法，即"支流战略"。根据这一战略，切萨比克湾保护计划将所有来自河流和大气的非点源污染进行测量，并根据测量结果将需要减少的营养盐和沉积物的总量分配到每一个主要河口，甚至分配到每一个濒河州。[❻]

为落实该计划，切萨比克湾在执法体制安排上体现出了自己的特色，即在该区的环境事务上，由美国联邦政府内阁秘书，马里兰州、宾夕法尼亚州、弗吉尼亚

---

❶ 《2000年切萨比克湾协议》第2页。http://www. chesapeakebay. net/content/publications/cbp _ 12081. PDF.

❷ 《2000年切萨比克湾协议》第3页。http://www. chesapeakebay. net/content/publications/cbp _ 12081. PDF.

❸ 《2000年切萨比克湾协议》第5页。http://www. chesapeakebay. net/content/publications/cbp _ 12081. PDF.

❹ 《2000年切萨比克湾协议》第8页。http://www. chesapeakebay. net/content/publications/cbp _ 12081. PDF.

❺ 《2000年切萨比克湾协议》第10页。http://www. chesapeakebay. net/content/publications/cbp _ 12081. PDF.

❻ 李海清：《特别法与渤海环境管理》，中国海洋大学2006年博士学位论文。

州的州长,华盛顿特区市长,美国联邦环境保护局局长,以及代表各有关州立法机关的切萨比克湾委员会成员参加的执行理事会负责决策,在理事会下设各种委员会,包括执行委员会和咨询委员会,建立伙伴关系,以确保各利益方的充分参与。除了在每一个河口区都设有涉及多边的河流管理委员会之外,还鼓励在两州之间订立双边管理协议。此外,该理事会还充分调动非政府组织的积极性,以期在制约和平衡政府方面发挥其独特的作用。如切萨比克湾基金会这一非营利组织不仅为切萨比克湾保护计划的执行提供资金,还开展培训,确保每一个居住在切萨比克湾周边的学生在上大学之前都能参加环境培训。

四、旧金山湾与切萨比克湾环境立法的执行体制的评价与启示

(一)对旧金山湾与切萨比克湾环境立法的执行体制的评价

美国旧金山湾和切萨比克湾的环境保护立法的执行机构安排各有特色。前者体现的是一种双轨执行体制,即分散和集中相结合的运行体制,但主要是集中运行。反映了在区域海洋环境治理中传统管理理念和现代管理理念的结合。后者体现的是一种完全集中的运行体制,主要反映了在区域海洋环境治理中的现代管理理念。客观地来看,它们在区域海洋环境治理中都发挥了积极的作用。这些执行体制对于渤海立法具有一定的参考价值。

一方面,美国在环境治理上基本遵循了按行政区域设置环保部门的原则。但是,由于美国是联邦制国家,特别注重联邦与各州之间的权力分配与制衡。因此,从形式上看,地方的环境保护机构是相对独立的,并没有向联邦环保机构负责的义务。以环境保护局为例,在联邦有国家环境保护局,基本上集中了与环境保护有关的各个部门的职权并代表联邦政府全面负责环境管理和执行各项环境法案。联邦国家环境保护局在全国设有十个区域办公室,监督各个州的环境保护执法。同时,各个州也设有环境保护局,但是它们与国家环境保护局没有隶属关系。从环境事务管理的角度来看,根据事务的种类不同,联邦各部门设有相应的环境保护机构,分管其业务范围内的环境保护工作。各州也基本上是按照这一原则在部门中设立相应的环境保护机构。因此,无论从地域还是事务上看,联邦和地方都有管理权和执法权。问题是,在美国环境执法中如何有效地协调这些执法机构的执法权呢?笔者发现有三项措施保障了联邦和地方、部门与部门、专门保护机构与一般保护机构间的权力配置和协调。一是在美国的环境执法中

普遍设立了议事协调机构,这些机构是根据具体的法律或政策设立的,它不是具体的环境执法机构,只负责环境管理和执法过程中的协调工作。这类性质的机构,在联邦有国会和政府间关系办公室和国家环境质量委员会;在地方也有专门的协调机构,比如在旧金山湾就设有旧金山湾区政府协会。二是落实权责一致原则。在美国的环境执法中,设置的权力分别对应一定的责任。而且许多执法机构并没有罚款、拘留等强制执行权,相反更多的是服务性的职责。不管是何种性质的权力,都要对自己的行为后果负责。三是建立了完善的执法监督机制。除了立法和司法的监督以外,在美国的环境立法中充分体现了公众参与机制。不仅每一项环境立法从立项、起草、审议到颁布要充分听取各行业、各部门、各阶层的意见,而且就具体的环境执法来说,执法机构在执法前后也要广泛听取公众的意见。在美国,几乎每一部环境法律中都能发现"Public Hearings"这样的词眼。这些机制也许正是在某些区域海洋环境治理上能尽早制定特别法和建立综合执法机构的基础。对此,我们在渤海立法中也应该予以借鉴。

另一方面,美国旧金山湾和切萨比克湾环境立法的执行机构设置更具有集中性的特点。从前面分别对旧金山湾养护与发展委员会和切萨比克执行理事会职能的研究,可以发现,这种集中性的程度并不相同。美国旧金山湾环境立法的执行机构的集中性,一方面体现在国家环境保护局的特殊地位上,其基本上集中了农业部、健康与保健部、内政部及原子能委员会、联邦放射物管理委员会、环境质量委员会等部门的环境保护职能;另一方面,在旧金山湾,成立了专门性的环境执法机构,即旧金山湾养护与发展委员会,它是管理旧金山湾环境的综合机构。当然,该机构的综合性不仅体现在职权、地域上,还体现在其与其他环境执法机构的关系上。在职权上其具有各事项的决策权、许可权以及某些事务的参与权;在地域上其具有保护旧金山湾内湿地和沿岸 100 英尺之内土地的开发利用活动及代表联邦监管旧金山湾海岸带的权力;在与其他环境执法机构的关系上,法律基本上排斥了有关机构在湾内的环境执法权。❶ 显然,美国旧金山湾采取的是一种双轨制的执法体制模式。所以,这种执行模式的集中性并不太突出。由于旧金山湾养护与发展委员会集中行使自己权力时还要顾及联邦的特许权,而且其行使权力的地域范围受到法案本身的限制,这种限制从环境的整体性特

---

❶　参见《美国行政管理法典》第 2、7 章,以及《*The Suisun Marsh Protection Act*》section 29304、29307。

点看并不科学。虽然近年来扩大委员会执法地域的呼声不断,但是至今一直悬而未决。这不能不说是法案乃至委员会职权设置上的失败之处。当然,这种缺陷的发生是有因可寻的。从法案的地位来看,法案本身是一个地方性的立法。从委员会的职权性质来看,委员会虽有独立执法权,但是在处理重大环境问题方面,委员会更多的是一个协作机构。据此,我们认为法案有些内容及其委员会职权的设置已经无法适应当前旧金山湾环境保护的要求。虽然从联邦到地方都设有专门的协调机构,使得在旧金山湾区的环境治理计划基本能够落实,佢是成立地位更高、职权更集中的执法机构已是大势所趋。

相反,在切萨比克湾环境保护方面,特别立法与执行机构的设置规格都比较高。《切萨比克湾协议》是在联邦及各州广泛参与的基础上所立的一个法,其立法内容主要涉及切萨比克湾的环境保护问题。切萨比克执行理事会是在充分协调各方利益的基础上成立的一个独立性较强的执行机构,在执法过程中,理事会不仅有法可依,而且由于委员本身就是负责联邦、州的环境事务的官员,这就更利于计划的协调并达到良好的执法效果。此外,切萨比克湾整治工作涉及近百个联邦、州和县政府机构以及 700 多个农工商企业、科研单位和民间组织。为了使这样多的机构和组织密切配合、齐心协力、协同行动,必须进行有效的组织和协调工作。在联邦政府层次,12 个有关机构与环境保护局联合签署理解备忘录。这些机构包括:国防部、国家海洋和大气管理局、内政部、农业部、交通部等。这些机构组成了联邦机构委员会,由环境保护局官员担任主席。在执行层次,海湾整治实施委员会由 35 个成员单位组成,包括联邦政府各有关机构、3 个流域委员会、3 个州和华盛顿特区的负责人或代表。切萨比克湾整治项目在具体工作中建立了 4 个委员会和 8 个二级委员会组织实施、还有 50 多个工作小组直接参与污染管理、预防和生物资源管理工作。4 个委员会是联邦机构委员会、预算计划委员会、防治空气污染协调委员会和支流整治公民参与委员会;8 个二级委员会分别负责非点源污染、有毒物质、监测、模型、生物资源、公众宣传、经济发展和通讯等具体工作。这些机构主要负责协调联邦各有关机构、各州之间的工作。通过这种组织结构,将各级政府、科研单位、环境组织、主要农工商企业的 250 多个实权人物联系在一起,让他们参与决策过程,使切萨比克湾整治工作得以顺利进行。这种协调合作体制对切萨比克湾整治工作产生了巨大的推动作用,3 个州政府和华盛顿特区每年都向切萨比克湾项目投入大量资金,并在本州范围内实施了抵税项目、汽车牌照加印切萨比克湾标志、政府和民间合作基金项目等筹资的政策和措施,有力地促进了切萨比克湾整治项目的展开。切萨比克湾的这种高度集中性的执法体制实践证明有利于区域海的环境保护。正因为有这些坚实的保障,切萨比克湾经过20多年的整治,取得了显著的成效:野生生物栖息繁衍地得到一定程度的恢复;生物资源得到较好的保护;富营养化状况得到有效治理;水污染和大气污染得到有效防治;土地利用依法行事。

（二）旧金山湾与切萨比克湾立法及其执行体制对于我国渤海区域立法的启示

第一,应树立区域协作,综合管理理念,特别是要有整体的国家海洋发展战略政策的指导。海洋环境治理,特别是跨区域的半封闭海域,其本身的复杂程度远非单纯的内陆的环境治理可比拟。海洋水质恶化、海洋污染、海洋外来物种入侵、海洋垃圾、渔业危机、海洋哺乳动物和濒危物种灭绝、珊瑚礁、湿地保护等环境问题绝非海洋自身所能解决。海洋环境的恶化,是综合因素造成的,受到陆地的、大气的,甚至全球气候变化的影响。要治理海洋,必须树立区域协作、综合管理的理念。旧金山湾和切萨比克湾的环境治理之所以能取得巨大的成效主要归因于它们在环境治理上的区域协作、综合管理的理念。这种理念在该区域海洋环境治理中能得以贯彻是因为有明确的政策法律的支持。早在1969年前,美国就成立了一个名为"海洋科学、工程和资源"的总统委员会对海洋的发展做出调研并为国家的海洋资源利用和发展提供建议。在2000年,依据《海洋法令》,美国成立了一个由总统任命的海洋政策委员会。该委员会于2001年开始对美国海洋政策和法规进行全面研究。经过两年的调研和前后听取400多名专家的意见,委员会于2003年发布了一份长达500多页的报告,为21世纪美国海洋管理政策勾画了初步的蓝图。基于可持续发展理念和基于生态系统管理的方式,❶该报告涉及美国海洋环境治理的各个方面。为了达到预期的管理效果,该委员会建议,设立内阁一级的国家海洋委员会以更有效地对政府机构进行协调;对相关政府机构进行重组和合并;鼓励地方政府部门组建区域性的海洋管理委员会等。2009年6月,美国总统发布了关于制定美国国家海洋政策及其实施战略的

---

❶ 即必须充分考虑到海洋与陆地、大气以及包括人在内的所有生物间的复杂关系,并以此来界定管理的范围。

备忘录,启动了在全球气候变化环境下的美国海洋环境保护的新步伐。美国旧金山湾养护与发展委员会和切萨比克湾执行理事会等机构的设立从成立开始的举步维艰到确立自己独立的环境管理和执法地位,从起初只限于局部介入到全面管理乃至介入因全球气候变化引起的海湾环境问题,这些都是因为有国家海洋发展政策和相关法律的先导和支持。我国渤海立法,应借鉴旧金山湾和切萨比克湾的做法,在区域合作的基础上设立独立的渤海环境治理机构,同时要尽快制定科学的海洋政策。

第二,应设置集中为主的环境执行体制。在中央级别的海洋管理和执法上,要成立主管区域性的海洋环境治理专门机构,其性质不仅仅是一个综合的海洋行政管理机构。不仅要赋予它海洋环境管理权、海洋环境执法权,还要赋予它协作、研究的职权,即协调各部门的利益,加强国家与地方政府之间、地方政府之间以及部门之间的合作与协调。当然,这一切需要立法先行。纵观旧金山湾和切萨比克湾的环境治理历程,其立法、执行机构、执法权乃至执法措施都分别经历了从一般法到特别法、从分散型到集中型、从单一型到综合型、从临时性到永久性的过渡。据此,我们的渤海立法可以考虑借鉴旧金山湾和切萨比克湾在环境治理上的经验,合理确立渤海特别法的执行体制。

在地方,相应地要因地制宜。要遵从国家总体的海洋环境治理政策,要合理划分管理单元,将流域和与流域相连的海洋作为管理的单元,而不是以行政区域作为管理单元。只有打破传统的行政区域和事务管理单元模式,才能打破地区、部门的利益干扰,使法令畅通,基于区域的生态整体环境治理理念才能落实。在美国旧金山湾和切萨比克湾的环境治理中,我们发现,主管委员会或理事会具有多重身份。它是区域海洋行政管理、执法机构、区域海洋"准立法"机枢、❶区域性海洋治理议事协调机构和海洋政策法规研究机构。而且,随着海洋环境保护的需要,委员会或理事会涉足的事务领域和管理地域正在逐步扩大,其综合性将会更强。当然,委员会也并非一方为大,其职权和管理的地域也有限。若从区域海洋环境治理角度来看,也并非完美的典型而需要我们照搬照抄。我们认为,在未来,渤海立法的执行机构的职权和地域划分上,可以考虑比旧金山湾养护与发

---

❶ 之所以这样认为,是因为影响旧金山湾环境治理和启动旧金山湾环境保护新行动的往往是基于该委员会根据法案授权所制定的计划或建议,只是在实践中需要经过立法机关的认可程序。

展委员会和切萨比克执行理事会的更多、更广。原则上,一切事务交由渤海管理机构管理,只有涉及军事、外交、越境、国家安全等其他特殊需要才由其他相关部门来管理和执行。

第二节　濑户内海

濑户内海,在日语中叫"瀬戸内海",英语译作 Seto Naikai,是日本境内最大的半封闭内海。由于渔业资源丰富,它原本是日本最富足的海湾之一。20 世纪50 年代随着工业的大规模兴起,资源掠夺型和环境破坏型的工业发展模式一度使濑户内海变成一条"产业运河"和"公用下水道",更是出现了"水俣病"这样震惊世界的环境污染典型案例。在 70 年代,日本的中央和地方政府开始治理濑户内海。通过制定《濑户内海环境保护特别措施法》,同时依法采取一系列措施,濑户内海在 30 多年后终于重现往昔的洁净与富饶。由于渤海的地理环境和经济社会发展状况与曾经的濑户内海有许多相似之处,因此日本取得的一些治理经验对于正苦于寻找良策来治理渤海的我们来说,无疑具有十分重要的借鉴意义。

一、濑户内海的自然地理状况

濑户内海中的濑户,意即狭窄的海峡,因在诸海峡之内,故得名。濑户内海地处日本西南部,在日本本州、四国和九州之间,是日本最大的内海,东西长 450公里,南北宽 5—55 公里,面积为 23203 平方公里,平均水深 38 米。《濑户内海环境保护特别措施法》第 2 条对濑户内海的具体位置做了详细的界定,即"濑户内海"是指以下所列直线及其陆岸环围的海面及与其相邻接海面以政令规定的海域:(1)从和歌山县纪伊日的御崎灯台起,经过德岛县伊岛和前岛到蒲生田岬为止的直线;(2)从爱媛县左田岬起到大分县关崎灯台为止的直线;(3)从山口县火山下灯台起到福冈县门司崎灯台为止的直线。

濑户内海海岸线曲折,数百岛屿分布其间,另有众多的海峡、内湾和岩礁。东经丰后水道和纪伊水道与菲律宾海和太平洋相连,西经关门海峡与东海相连,属于封闭性海域。流入濑户内海的河流有 669 条,流域面积 32936 平方公里。濑户内海周边为 13 个府、县所环绕,包括大阪府、兵库县、和歌山县、冈山县、广岛县、山口县、德岛县、香川县、爱媛县、福冈县和大分县以及与濑户内海的环境保护有关的以政令规定的府县。其总面积 68000 平方公里,人口 3500 万,占日本总人口的 28%,是一个跨行政区的闭海。目前,濑户内海沿岸的主要部分已划为濑户内海国立公园。❶

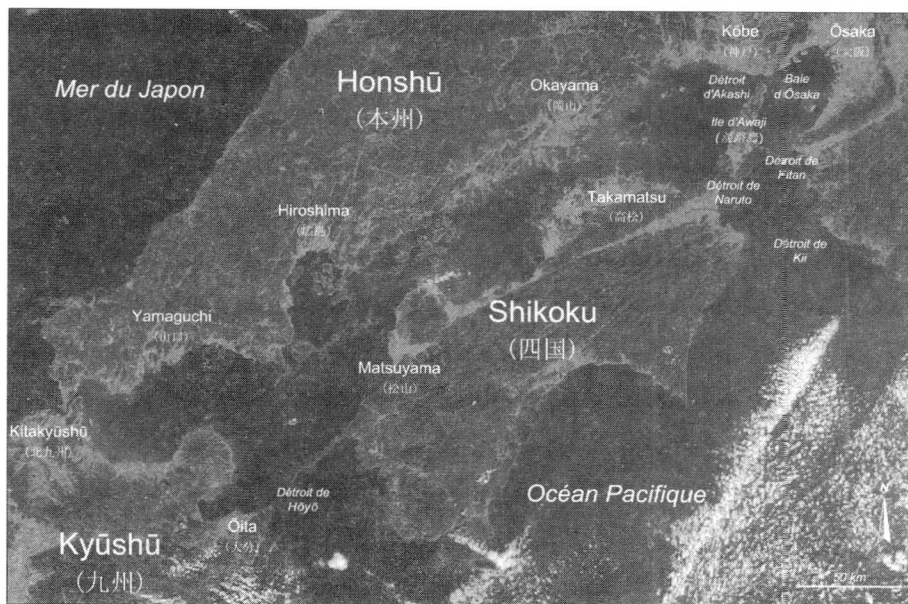

图 4—3　濑户内海地理位置示意图

二、濑户内海的环境问题

濑户内海环境恶化的转折点是在二战后。由于日本在二战中战败,国家将主要精力投入经济发展,大规模的工业活动随之兴起,工业布局逐渐向沿海集中。濑户内海沿岸被选为最重要的工业基地,其中钢铁、炼油和石化工业等主要基础工业生产能力占日本全国的 40% 左右;作为建筑材料的碎石、沙子等采集量占全国的 20% 左右;作为天然良港,其海运业也比较发达,进港船舶总吨位及

---

❶ http://zh. wikipedia. org/zh-cn/% E7% 80% A8% E6% 88% B6% E5% 85% A7% E6% 35% B7,访问时间:2010 年 5 月 17 日。

港湾货物吞吐量均占全日本的50%左右。[1]

随着各种产业的迅猛发展,濑户内海的环境慢慢不堪重负,环境问题日益突出。这些问题主要表现为:[2]

1. 水质污染严重。大量未经处理排入海中的工业废水和生活污水加剧了水中有机质污染和富营养化问题,使濑户内海一度被称为"濒死之海"。据统计,在1973—1999年期间,有机污染的重要指标——化学需氧量(COD)一直徘徊在1.3—2.1毫克/升之间,最大值出现在1974年,为2.1毫克/升。

2. 赤潮频发。由于氮、磷等营养盐类的排入、积蓄,濑户内海趋向富营养化,导致该地区赤潮频繁发生。1970年赤潮发生次数还仅仅为79件,1976年则猛增到299件。赤潮发生还引发了各地大规模的渔业灾害。

3. 海上油污染严重。随着海上石油运输量的增加,船舶造成的海洋污染事件也频繁发生。从1970年至1973年,油污染事件呈上升趋势,占全国油污染事件的40%多。仅1973年一年,濑户内海就发生油污损害事件848宗,占全国发生总数的41.2%。

4. 填海造地失控。由于日本国土面积狭小,濑户内海的填海造地一直不断进行。自1898年至1969年,填海造地总面积为246平方公里。其中,1949—1969年竟多达163.4平方公里。填海造地虽然扩大了土地使用面积,但破坏了沿岸地区的自然景观和海洋中的生物资源。

针对上述问题,日本对濑户内海周边的产业结构和布局进行了大幅度调整,主要产业占制造业的比重有了大幅度下降,将制造业的重心向新型和高技术制造业的方向倾斜。在调整产业结构的同时,日本还实行了严格的环境管理措施。经过近30多年的不断治理,濑户内海的环境发生了重大而可喜的变化。

这期间,COD排放量、氮磷的负荷量逐年减少;赤潮的发生数量比起70年代的顶峰下降了近三分之二;填海造地活动得到有效遏制,填海面积从1950—1973年累计的225平方公里下降到1974—2000年间累计的122平方公里;海洋油污事件发生数量逐年减少。以2000年为例,油污事故发生数量不足百件,呈

---

[1] 杜碧兰:《日本濑户内海环境立法与管理及其对我国渤海政治的借鉴作用》,《海洋发展战略研究动态》2003年第8期。

[2] 杜碧兰:《日本濑户内海环境立法与管理及其对我国渤海政治的借鉴作用》,《海洋发展战略研究动态》2003年第8期。

大幅度下降趋势;自然保护区增多,生态环境逐渐改善。❶ 可以说,今天的濑户内海已经恢复了昔日的优美环境和迷人的风采。

三、濑户内海环境立法及其执行体制

(一)濑户内海的环境立法

日本许多法律都涉及濑户内海环境保护与管理,其中由国家颁布的一般性环境管理法律法规主要包括《公有水面填埋法》、《海岸法》、《环境影响评价法》、《环境基本法》等。此外,在1971年,日本还制定了《水质污染防止法》及防止水质污染的排放标准;1973年,又专门针对濑户内海的环境治理颁布了《濑户内海环境保全临时措施法》,后发展成永久性的《濑户内海环境保护特别措施法》。在此基础上,环濑户内海的13个府、县政府依据国家颁布的上述法律又分别颁布了自己的地方立法、实施计划、方略和污水排放标准。这些法律法规构建起了一个一般法律与特别法律相呼应、国家法律与地方法规相结合的法律框架。这些法律法规的主要内容如下:

1.《公有水面填埋法》

《公有水面填埋法》制定于1921年,目的是对公共使用的河、海、湖、沼等水面填平的行为进行管理。该法对填埋活动实行许可制度,"凡进行水面填埋者都必须得到都、道、府、县知事的许可"。❷《公有水面填埋法》虽然不是针对濑户内海制定的法律,但濑户内海主要环境问题之一的填海要受这一法律调整。

2.《海岸法》

《海岸法》制定于1956年,目的是"为了保护海岸不受海啸、高潮、波浪及其他海水或地基变动的影响而导致的灾害,同时谋求对海岸环境的整治与保护,以及对公共海岸的适当利用,以有利于对国土的保护"。❸ 海岸保护的基本方针是"主管大臣必须根据政令规定制定有关海岸保护区的海岸保护基本方针"。❹ "都、道、府、县知事必须依据海岸保护基本方针并遵照政令的规定范围制定有

---

❶　李海清:《特别法与渤海环境管理》,中国海洋大学2006年博士学位论文。

❷　《公有水面填埋法》第1条。

❸　《海岸法》第1章,第1条。

❹　《海岸法》第1章,第2条之二。

关海岸保护区等的海岸保护基本计划"。❶《海岸法》还对海岸保护区的管理，包括海岸管理者、海岸保护区的占用、海岸保护区的行为限制，以及海岸保护区的费用、杂则、罚则等做了规定。应该说，《海岸法》还不是准确意义上的"海岸带法"，因为它管理的对象主要不是针对海岸带所覆盖的海域部分，而是一部以保护海岸国土免受自然力损坏为目的的法律。尽管它不是一部专门针对濑户内海制定的法律，但其保护海岸的内容适用于濑户内海。

3.《环境基本法》

《环境基本法》制定于1993年，目的是"通过确定环境保护的基本理念，明确国家、地方公共团体、企（事）业者及国民的责任和义务，规定构成环境保护政策的根本事项，综合而有计划地推进环境保护政策，在确保现在和未来的国民享有健康的文化的同时，为造福人类作出贡献"。❷ 该法规定，"为了谋求综合而有计划地推进有关环境保护的政策，政府应当制定有关环境保护的基本规划"❸，包括制定环境标准、制订公害防止计划、推进环境影响评价、推进有关环境保护设施、开展有关环境保护的教育、学习、加强有关环境保护问题的国际合作等。

为了组织落实《环境基本法》的各项规定，该法规定在环境厅内设立环境审议会，主要进行环境规划。内阁总理大臣在听取了中央环境审议会的意见后，应该编制环境基本政策方案，并提请内阁会议做出决定。内阁总理大臣会议作出决定后，应当立即公布环境基本规划。该法还要求在"都、道、府、县区域内设立相关审议会。❹

4.《环境影响评价法》

《环境影响评价法》制定于1997年，目的是"为了明确国家等对环境评价的责任，将通过评价程序等获得的环境影响结果反映到有关措施的制定中去，以确保建设项目的环境保护问题得到人们的适当关心，从而有助于确保现在和未来的国民的健康和文化生活……"❺。该法对准备书编写前的程序、准备书的编写、评价书的编写、评价书的公布及阅览后的程序等均作出了详细规定。应该

---

❶ 《海岸法》第1章，第3条之二。
❷ 《环境基本法》第1章总则第1条。
❸ 《环境基本法》第2章第2节第15条。
❹ 《环境基本法》第3章第42条、43条。
❺ 《环境影响评价法》第1章总则第1条。

说,虽然《环境基本法》和《环境影响评价法》不是针对濑户内海作出的规定,但这两部法律的有关规定对濑户内海环境的保护起到了十分重要的作用。

5.《濑户内海环境保护特别措施法》

《濑户内海环境保护特别措施法》于1973年10月2日通过并开始实施。这部法律与以上四部法律不同,是一部专门针对濑户内海环境保护与管理所制定的法律。该法共分五章27条。该法在开篇之处便阐明了其立法目的,即"为推进濑户内海环境保护有效措施的实施,规定有关濑户内海保护基本规划的必要事项,并通过控制特定设施的设置,防止因富营养化引起的危害,保护自然海滨,以实现濑户内海环境的保护"❶。该法不仅适用于濑户内海所指的海域,也包括海域沿岸的陆地,其性质更符合综合性的规划。

该法规定,"政府必须制定水质保护、自然景观保护等有关濑户内海保护的基本规划","内阁总理大臣在需要决定或者变更基本规划时,应预先听取濑户内海环境保护审议会和有关府、县知事的意见","内阁总理大臣在作出了基本规划的决定或变更时,应立即将该决定或变更送交有关府、县知事,并予以公布"。"有关府、县知事根据基本规划,就该府、县应实施的有关濑户内海的环境保护措施制定濑户内海保护的府、县规划,并报告内阁总理大臣","国家和地方公共团体应努力为实现基本规划和府县规划而采取必要的措施"❷。

为加强对濑户内海的管理及中央政府与地方政府、地方政府之间的协调,法律规定在环境厅内设置濑户内海环境保护审议会。审议会按照环境厅长官或有关大臣的咨询,负责调查审议有关濑户内海环境保护的重要事项,并有权就有关濑户内海环境保护的重要事项,向环境厅长官或有关大臣陈述意见。

作为核心内容,该法还规定了保护濑户内海环境应采取的特别措施,主要涉及特定排污设施的设置、防止富营养化引起的危害的措施及自然海滨的保护。法律规定,设置向公共水域排放废水的特定设施,应依照总理府令的规定,并得到府、县知事的许可;❸内阁总理大臣应制定有关削减以化学需氧量表示的污染负荷总量的基本方针,以防止此类水质污染;❹为了防止因濑户内海的富营养化

---

❶ 《濑户内海环境保护特别措施法》第1章第1条。
❷ 《濑户内海环境保护特别措施法》第2章第3条、第4条。
❸ 《濑户内海环境保护特别措施法》第3章第1节第6—8条。
❹ 《濑户内海环境保护特别措施法》第3章第1节第11条。

而造成对生活环境的危害,环境厅长官认为有必要时,可以根据政令的规定,指示有关府、县知事制定反映削减磷及其他物质的目标及削减指定物质的指导方针;❶有关府、县知事可以通过条例将濑户内海的海滨地区及所辖水域中符合一定条件的区域,作为自然海滨保护区予以保护。在自然保护区内新建建筑物、改变土地的形态和性质、开采矿物、土石及其他活动者应做必要的申报。❷

此外,该法还对下水道和废弃物处理设施的管理、因海难发生的油污污染、因赤潮造成的渔业损害的赔偿等问题做了规定。最后,该法还规定了相应的罚则。

为落实《濑户内海环境保护特别措施法》中的规定,日本于1978年制定了《濑户内海环境保护基本规划》,该规划于1994年和2000年进行了两次修订。规划主要围绕保护濑户内海环境应采取的主要措施编写。规划中列举的主要措施有:(1)防止水质污染,包括实施总量控制制度、实施有害化学物质控制制度(通过特定排污设施设备的许可制度实现)、防止油类污染等;(2)保护自然景观,包括保护自然公园、保护绿地、保护名胜古迹、天然纪念物、清除散乱的垃圾、油污等;(3)保护浅滩,包括保护海藻场及滩涂等、保护自然海滨;(4)避免采砂对环境的影响;(5)对填海环境的保护;(6)废弃物处理设施的整顿及确保处理场所的环境;(7)恢复并维持健全的水循环机能,包括注意海域与陆域的相连性,恢复海域中的海藻区和滩涂等浅海海域的保护和自然净化能力,努力维护、恢复河流、湖泊等自然净化能力等;(8)恢复失去的良好环境;(9)保护岛屿的环境;(10)维护下水道;(11)去除海底及河床的污泥等;(12)实施水质监测制度;(13)研究和开发有关环境保护的技术等;(14)促进居民提高环保意识;(15)促进环保教育和学习;(16)提供信息情报、充实广告内容;(17)强化大范围的协作,包括环濑户内海13个府、县的广泛合作,广泛听取居民和企事业单位的意见等;(18)与国外封闭性海域的合作;(19)国家间援助措施。❸

此外,各府、县还根据基本规划各自制定了地方规划,如《兵库县沿岸地区环境保护方略》,以结合本地实际情况落实《特别措施法》和《基本规划》的规定。

---

❶ 《濑户内海环境保护特别措施法》第3章第2节第12条、第4条。
❷ 《濑户内海环境保护特别措施法》第3章第3节第12条、第7—19条。
❸ 李海清:《特别法与渤海环境管理》,中国海洋大学2006年博士学位论文。

（二）一般环境法规定的执法机构

日本环境法的执法机构主要分为中央和地方两级。中央政府的执法权主要集中在环境省，由其对全国的环境问题进行统一监督管理。地方政府对其辖区的环境事务享有充分的自治性，其执法权主要由各级地方政府长官和从事环境保护工作的机构共同行使。

1972年，中央政府设置环境厅，专门负责环保政策和环保执法。环境厅的主要权限职责是：在防治公害方面，制定基本政策、方针、计划和各项标准，组织协调公害防治的管理工作；在自然保护方面，负责制定与监督执行全国自然保护规划和方案，制定与监督有关法律的执行。出于环境保护需要，环境厅可向内阁提出与中央各部门有关的环境保护建议，经内阁审议批准后由各省、地方执行；有权要求内阁各部门向其提供有关环保方面的情报。此外环境厅每年还发表一本《环境白皮书》，以指导国家环境保护工作的有效展开。

在2001年，环境厅被升格为环境省，其在机构设置上发生了较大变化。内设机构由原来的长官官房、计划调整局、自然保护局、大气保护局、水质保护局、环境厅审议会等，调整为大臣官房、综合环境政策局、地球环境局、环境管理局和自然环境局。新增加的废弃物综合管理职能放在了大臣官房内；将原来的计划局改名为综合环境政策局，下设一个环境保健部；将原来的大气保护局和水质保护局合并成立环境管理局，自然环境局的职责范围增加了对于国家公园的管理。

机构改革后的环境省主要承担下述职能：政府总体性环境政策的立案和推进；统一管理专门以环保为目的的业务，包括制定政策防止公害，保护野生动植物的种群及维护自然公园，处理废弃物品的对策等；与其他省厅共同处理以环保为部分目的的业务，包括防止地球变暖的对策、保护臭氧层、防止海洋污染等；进行环境评价；保护森林、绿地等；对于影响环境的业务、事业，环境省从环保的观点出发，通过劝告等形式进行干预。

在日本中央政府机构中，环境保护不仅是环境省的职责，也是其他与环境保护有关的政府机构必须承担的责任。厚生省、农林水产省、建设省、商务省等省厅也和环境省一起共同管理某些领域的事务，如促进废物循环利用、二氧化碳排放规定、保护臭氧层、防止海洋污染、化学品生产和检验条例、环境辐射的监测、通过污水处理系统处理废水、河流和湖泊的保护等。

日本的地方政府在环境保护政策法律的实施中起到关键性的作用。地方政府都设有专门的环境行政和执法机构,如东京都的环境局、大阪府的环境农林水产部、京都府的企划环境部、北海道的环境生活部、福冈县的环境部;神奈川县汤河原町的环境都市部、东京都瑞穗町的生活环境课、东京都三宅村村民生活课中的生活环境股等。中央政府对地方环境管理的影响主要体现在颁布国家立法、确立政策框架和发放财政补贴上,具体环境管理事务则由地方政府来负责。在中央的指导下,地方环境管理机构根据国家的公害对策和环境标准,制定比国家标准更为严格的地方标准,其在环境管理的相关制度创新上起到了模范带头作用。

此外,无论是中央政府还是地方政府都设有环境审议会,作为中央与地方、中央各机构间的协调和咨询性机构。这些机构主要由专家学者和社会有关团体及市民代表等组成,其职责是对相应部门所管辖的有关业务中的重要决策、立法和行为进行科学性的审议和咨询。而一般情况下,这些社会有关团体、市民代表等代表着各方面的不同利益,这有利于各级环境管理部门综合考虑不同意见,作出更全面、更科学的决策,有效地保证了决策的科学性和民主性,对环境保护政策的顺利有效实施有着重大意义。

(三)特别环境法规定的执法机构

为了有效实施《濑户内海环境保护特别措施法》,该法确立了濑户内海知事、市长联席会议制度和濑户内海环境审议会。

濑户内海知事、市长联席会议制度是由濑户内海沿岸 13 个府、县和 5 个市的知事、市长参加的环境保护工作会议制度。通过联席会议,各地方政府共同参与制定了"内海环境保护宪章"、"濑户内海环境保护知事、市长会议纲领",以及濑户内海环境保护的基本规划。

濑户内海环境审议会是专门针对濑户内海建立的咨询和协调性机构。该机构由内阁总理大臣任命 34 名委员组成,向内阁总理大臣负责。内阁总理大臣在需要决定或者变更濑户内海的基本规划时,应预先听取濑户内海环境保护审议会和有关府、县知事的意见。

此外,法律还规定有关府、县知事根据基本计划,就该府、县应实施的有关濑户内海的环境保护措施制订濑户内海保护的府、县计划,并应报告内阁总理大臣。❶

---

❶ 《环境基本法》第 3 章第 42 条、43 条。

由此可以看出,《特别措施法》主要由地方政府根据法律的授权来负责执行。法律并没有成立独立的执法机构,而是通过建立协调和咨询性质的机构保障各个地方政府采取统一的地方性的保护措施。

四、濑户内海环境立法执行体制的评价与启示

(一)执行体制的评价

日本环境执法最大的特点是其确立了一种地方主导与自主型的执法体制,即地方政府对本管辖区的环境质量全面负责,地方环境管理机构是全国环境管理行为的主导力量。地方政府享有较高程度的自治权。

与我国不同的是,中央环境管理机关与地方环境管理机关之间相互独立,不存在上下级关系和领导与被领导关系。地方环境主管部门只对当地政府负责,环境省与地方的业务往来对象是地方政府,多数情况不直接针对地方环境主管部门。有时,为了保证环境保护法律的实施,环境省可以将属于自己的部分权力交给地方政府来行使。从这个角度上看,环境省一定意义上成为地方政府的上级机构,而地方政府则在法定的范围内接受环境省的领导和监督。

地方政府在地方的环境执法权通过地方行政长官和环境管理机关共同实行。地方行政长官对地方的环境实行全面负责制,有义务根据中央的环境政策和地方的自然地理和社会情况制定地方的环境法律和规划。地方环境管理机关主要负责落实各地的法律和规划。其工作职责主要包括环境质量监测,进行污染发生源与环境污染的关系分析;制定地方环境工作的目标和对策;管理污染控制工作;管理特殊有害物质和产业垃圾;指导新开发项目的环保工作等。

这种模式的确立使日本地方政府在环境保护事业的推动方面起到了先锋作用,一方面认真执行了中央的法律法规、控制了环境问题的产生;另一方面为中央政府进行全国规模的污染防治提供了理论、政策和技术上的支撑。

除了地方政府在污染防治中的主导地位,日本环境管理执行机制上的先进性还表现在协调机制的完备上。中央环境审议会、公害对策委员会、濑户内海环境审议会、各级地方政府环境审议会是典型的咨询和协调性的机构。这些审议会参与人员层次多样,包括专家、学者、市民及非政府组织的代表,充分发挥了公众参与的作用。而且审议会和公害对策委员会参与决策的事项都较为重要,一般为环境基本政策方案、濑户内海环境保护基本规划、防治公害的基本和综合性

措施以及公害防治计划等综合性的、基础性的、具有深远影响的方案。作为咨询协调性的机构,其权利的行使由法律直接加以保障,如法律规定内阁总理大臣在编制环境基本政策方案前,必须听取中央环境审议会的意见。咨询协调性机构的建立一方面保证了中央和各级政府有畅通的渠道,就关心的问题获得来自各个阶层的公众的意见;另一方面保证了公众通过参与决策能够更加准确地把握政府的政策措施,有助于这些措施的推广实施。

（二）濑户内海环境立法执行体制对建立渤海环境立法执行体制的启示

同样跨越不同的行政区域,同样支撑着沿岸巨大的经济社会发展需求,日本的濑户内海却比我国的渤海拥有更清洁的海水、更丰富的海洋资源、更优美的海洋和沿岸风光。日本地方政府对环境保护的贡献堪称巨大,一方面表现在地方按照中央的部署积极出台措施防治环境污染;另一方面,地方政府还发挥能动性和创新性,结合地方特点,制定许多严于中央法律要求的措施或新型措施应对环境污染和破坏。我们在建立渤海环境保护执行体制时应该吸收日本环境管理体制的优点,进一步加强地方政府在环境保护中的作用,充分发挥地方的能动性。但是加强地方政府的作用需要建立配套的法律法规和制度。

1. 完善法律法规体系,制定渤海保护特别法和配套的规划

要加强地方政府的作用,首先需要保证地方政府的政策和措施有法可依。通过上面的研究可以看出,日本涉及海洋环境的立法并不十分多,只有如《公有水面填埋法》、《海岸法》、《环境基本法》、《环境影响评价法》以及《濑户内海环境保护特别措施法》等几部主要法律。而其中多部是关于环境治理的一般性法律,一部是针对濑户内海的海洋环境治理的专门法律。这种一般法加特别法模式的好处在于,一方面,对于特定区域环境管理中出现的一般性的环境问题可以适用一般环境法的主要规定;另一方面,对于该区域的特殊环境问题或特殊需要,又可以通过特别立法进行调整。这种模式对治理濑户内海的环境问题起到了至关重要的作用。而在渤海的环境管理上,目前地方政府在开展工作时只有一般法可以遵循,缺少一部专门针对渤海的立法,缺少来自特别立法的指导。所以我们应该借鉴日本的做法,制定一部关于渤海环境治理的特别法。

除了要有保护渤海环境的特别法外,还需要制定与法律法规相配套的规划。《濑户内海环境保护基本规划》是作为《濑户内海环境保护特别措施法》的实施计划来制定的。在濑户内海的环境保护与治理中,立法起着主导和核心作用,规

划是实现立法目标的主要手段,是法律内容的细化。各地还要根据基本规划结合各地的自然、经济和社会条件制定各地方规划。地方政府通过实施地方规划,执行基本规划和《特别措施法》,实现地方在环境保护中的重要作用。渤海的情况却恰恰相反,从 1990 年起,各部门先后制定了四部不同的规划、计划和战略,但迄今却没有一部用于指导渤海环境保护与管理的特别法。《渤海沿海资源管理行动计划》由农业部主持制定,侧重渔业资源;《渤海碧海行动计划》由国家环保总局主持制定,侧重陆源污染;《渤海综合整治规划》由国家海洋局主持制定,侧重海上能力建设;《渤海环境管理战略》在全球环境基金指导下制定,侧重生态系统的保护。❶ 各规划目的不同,内容不同,没有协调性,没有一个共同的目标。规划的冲突性导致地方政府在制定其政策法规时无所遵循,各地保护渤海的政策措施也缺乏统一性,削弱了地方政府的作用。

2. 建立中央与地方政府和各地方政府间的协调机制

日本地方政府在环境保护中发挥的主导作用依赖中央和地方良好地配合以及各部门间的相互协调。

《濑户内海环境保护特别措施法》规定,建立由濑户内海沿岸 13 个府、县和5 个市的知事、市长参加的环境保护工作会议制度,即知事、市长联席会议制度,通过了"内海环境保护宪章"、制定了"濑户内海环境保护知事、市长会议纲领",并进行濑户内海环境保护基本规划的制定。该规划要报环境厅内设立的环境审议会审查。该环境审议会由内阁总理大臣任命 34 名委员组成,向内阁总理大臣报告。内阁总理大臣要在听取了中央环境审议会的意见后,编制环境基本政策方案,并提请内阁会议作出决定。内阁会议作出决定后,应当立即公布环境基本规划。《濑户内海环境保护特别措施法》还规定,有关府、县知事根据基本计划,就该府、县应实施的有关濑户内海的环境保护措施制定濑户内海保护的府、县计划,并应报告内阁总理大臣。❷ 由此看出,上至内阁总理大臣、环境厅,下至地方的最高行政领导人都通过批准、审议、报告、联席会议等制度参与到濑户内海基本规划的制定和日常的管理工作中,实现了中央与地方的配合。这种配合为地方政府发挥主导作用奠定了基础。而我国目前的环境管理体制中确实需要加强

---

❶ 李海清:《特别法与渤海环境管理》,中国海洋大学 2006 年博士学位论文。
❷ 《环境基本法》第 3 章第 42 条、43 条。

中央与地方的配合。

同时,虽然对濑户内海的管理工作由各部门依职权负责,但由于各部门遵循同一部法律、同一个规划,总体工作又是在内阁总理大臣或各地行政长官的亲自领导和指导下执行,因此确保了各部门间横向的协调性。这与我国的情况有很大不同。在我国,渤海的四个规划由四个部门牵头,各部门各自为政。❶ 而且我国也没有通过立法确立行政长官的负责制。这在一定程度上限制了地方发挥主导作用。因此,在确立渤海环境执行体制时必须完善协调机制,设置跨部门、高规格的环境管理协调机构,为渤海的整体环境规划、重大环境决策提供咨询意见。

第三节　澳大利亚的杰维斯湾

澳大利亚的杰维斯湾是澳大利亚新南威尔士州附近的一片海域,是该国的内海。杰维斯湾以其清澈的海水、洁净的白色沙滩、多种多样的栖息地和丰富的动植物资源而享誉全球。杰维斯湾既是布德里国家公园的一部分,也是新南威尔士州的海洋公园,同时它也被列入国家遗产名录。新南威尔士州主要通过成立国家公园对杰维斯湾进行保护。这种保护模式为我们研究渤海的环境保护提供了新的思路。

一、杰维斯湾的自然地理状况

杰维斯湾位于南纬 35°04′,东经 150°44′,大约在悉尼以南 180 公里,瑙拉东南 20 公里处,地处贝特曼斯海洋生态区。杰维斯湾有众多典型的栖息地形态,包括密集的海藻床、红树林、沙滩、潮间带多岩石的海岸、潮线下多岩石的暗礁、柔软的底床和漂浮的藻类群落等。这些栖息地为海洋植物、软体动物、甲壳类动物、无脊椎动物、鱼类和海洋哺乳动物提供着繁衍生息的家园。杰维斯湾的海流主要受热带季风的影响,因此可以支撑较为丰富的生物多样性。同时,这里也是许多海洋物种仅有的或非常有限的栖息地之一,例如护士鲨、蓝色东魔鱼、海龙

---

❶ 关于我国渤海规划间的协调性,参见李海清:《特别法与渤海环境管理》,中国海洋大学 2006 年博士学位论文。

和濑鱼,以及一些大型海洋哺乳动物,例如宽吻海豚、澳大利亚和新西兰海豹和南露脊鲸等。一些被列入日本——澳大利亚候鸟协定和中国——澳大利亚候鸟协定的候鸟也出现在杰维斯湾。❶

　　除了海洋生态系统,杰维斯湾还因其特殊的地理地貌和清澈见底的海水而闻名于世。海岸线上高耸的悬崖、原始的树林、柔软细腻的沙滩和蓝色透明的海水,无不展现着自然之美。

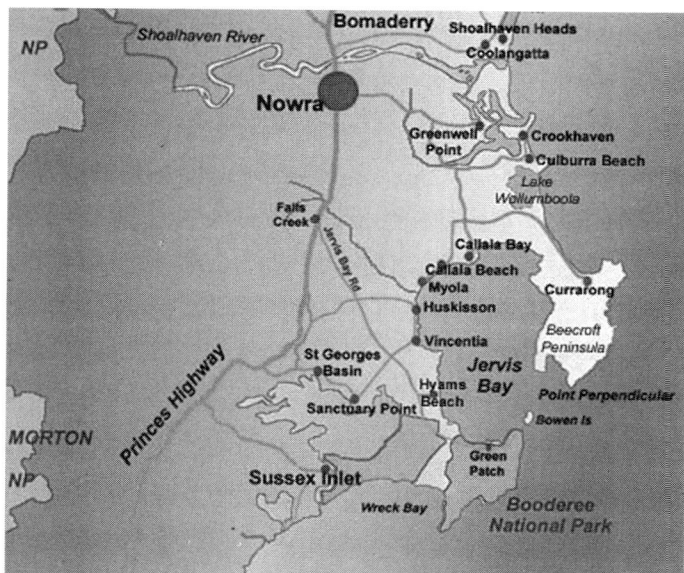

图4—4　杰维斯湾地理位置示意图

　　杰维斯湾附近既没有较大的能带来污水和泥沙的河口,也没有重工业、密集的居民区和大范围的建筑工程。目前,在该海湾进行的活动大多是一些娱乐性的活动,如游泳、捕鱼、游船、潜水、观鲸、冲浪和其他海滩娱乐活动。商业活动也主要是针对旅游提供服务,如潜水器具、垂钓器具、游船等的出租,冲浪、潮间带探险的培训,生态旅游的导游服务等。少部分商业活动涉及在特定区域的商业捕鱼和水产养殖。所有这些活动必须以保护生物多样性和生态过程为前提。❷

---

❶　http://www.mpa.nsw.gov.au/jbmp-zoning-plan-review.html,访问时间:2010年5月23日。

❷　http://www.mpa.nsw.gov.au/jbmp.html,访问时间:2010年5月23日。

原著居民也是杰维斯湾不可分割的一部分,这种关系使得杰维斯湾具有文化和精神之美。

从环境管理的意义上来说,杰维斯湾是一个比较复杂的海洋保护区。它可以分为两部分,一部分是联邦的水域。在 1915 年时,为了使首都堪培拉能够通向海洋,而由联邦从新南威尔士州收回了部分海域。这部分海域大约有 875 公顷,现在作为布德里国家公园的一部分,由国家公园管理局与当地原著居民社区联合进行管理。杰维斯湾的另一部分是新南威尔士州所辖水域。该片海域依据新南威尔士州《1997 年海洋公园法》成立了杰维斯湾海洋公园。该公园覆盖了大约 22000 公顷的水域,拥有绵延 100 公里的海岸线,从北边的金号角延伸到南边的苏塞克斯入海口。❶

由于杰维斯湾的海域分属于布德里国家公园和杰维斯湾海洋公园管理,为避免管理中出现冲突和不一致的现象,国家公园与海洋公园签订了备忘录,在该水域的管理上进行充分的合作,采用较为统一的管理标准。其中海洋公园占据杰维斯湾的大部分水域,因此,下文的杰维斯湾环境立法执行体制的研究将主要围绕杰维斯湾海洋公园展开。

二、杰维斯湾环境立法及其执行体制

(一)杰维斯湾的环境立法

澳大利亚法律传统承袭普通法系,但在环境保护领域,普通法所起作用不大,大多数环境法为成文法。澳大利亚环境法主要分联邦和州两级(有时还有更低一级的地方环境法),联邦和各州都有自己的环境法规。联邦政府只负责有限范围内的环境保护活动,联邦环境法规因数量较少而处于"配角"地位。但近几年的发展趋势是联邦政府正逐步直接或间接地通过环境立法扩大其管理环境事务的职能和范围。各种环境保护工作大都由各州负责,州环境法规因数量多而成为澳大利亚环境法的"主角"。

联邦法律和新南威尔士州的法律都适用于对杰维斯湾的管辖。联邦法律主要指《1999 年环境保护和生物多样性保护法》;新南威尔士州的法律包括《1997 年海洋公园法》、《1994 年渔业管理法》、《1974 年国家公园和野生生物法》、

---

❶ http://www.mpa.nsw.gov.au/jbmp-zoning-plan-review.html,访问时间:2010 年 5 月 23 日。

《1997 年环境作业保护法》,其中以《1997 年海洋公园法》为根本。❶ 这里主要介绍《1999 年环境保护和生物多样性保护法》和《1997 年海洋公园法》。

1.《1999 年环境保护和生物多样性保护法》

该法于 1999 年 7 月 16 日通过,2000 年 7 月 16 日实施。该法是澳大利亚政府最主要的环境法律。它的通过标志着联邦政府勇于承担起保护环境的责任,在环境管理中扮演更为重要的角色。该法从国家环境保护和国际环境保护的角度为保护和管理重要的动植物生态系统和自然遗产提供了一个法律框架。

该法主要涉及四个领域的内容:

(1)环境影响评价。法律规定,需要进行评价并履行批准程序的活动包括:对国家环境产生、将要产生或可能产生重要影响的活动;联邦或澳大利亚政府机构开展的活动;影响联邦土地的活动。如果某项活动被认定有重要影响,它必须提交环境和遗产部的部长进行批准,同时进行环境影响评价。

(2)生物多样性保护。主要涉及濒危物种和生态群落的保护;候鸟和海洋生物名录的认定、管理、保护和保存;野生生物标本国际贸易的可持续管理等。

(3)保护区。主要涉及世界、国家和联邦遗产、拉姆萨湿地公约确定的湿地、生物圈保护区、联邦保护区和保存区的管理和保护等。

(4)其他管理性事务。这部分主要包括法律的遵守和执行。

具体到海洋环境保护方面,该法规定通过建立海洋保护区对海洋进行保护和管理,明确规定对海洋环境有重要影响的活动需要进行环境影响评价,例如在联邦管辖海域进行的影响环境的活动、在联邦海域外但属于澳大利亚管辖区域而且影响到联邦海域的活动、在州或准州进行的由联邦管理的捕鱼活动等。❷

该法适用于所有的联邦成员和联邦政府开展的活动。所有在杰维斯湾的活动,特别是其中属于联邦所辖水域的活动都要受到该法规制。新南威尔士州的立法不能与该法相抵触,除非法律中有明确的规定允许存在不一致的内容。

2.《1997 年海洋公园法》

《1997 年海洋公园法》是新南威尔士州的地方法律,它于 1997 年制定,2008 年修订。该法的目的是通过成立海洋公园,海洋公园系统地用于管理和保护海

---

❶ http://www.mpa.nsw.gov.au/jbmp-zoning-plan-review.html,访问时间:2010 年 5 月 23 日。

❷ PPT about Environment Protection and Biodiversity Conservation Act 1999 from Office of Legislative Drafting and Publishing, Attorney-Genenral's Department.

洋生物多样性和海洋栖息地,同时保持海洋公园的生态进程。在不影响该目的的前提下,为公民提供可持续利用海洋动植物、欣赏理解和享受海洋公园的机会。❶

该法确立了海洋公园的管理框架,即包括海洋公园管理局、海洋公园咨询委员会和海洋公园咨询小组等不同层次的管理机构。

该法规定,有关部门必须依照该法制定配套的法规。法规的主要目的是为管理、保护和保存海洋公园及资源提供具体的规定。法规的内容包括管理海洋公园的具体规定和海洋公园的功能区划,其中第17条A款明确要求该规定应包括的内容:(a)海洋公园的使用;(b)在海洋公园中禁止从事的行为,可以是针对所有海洋公园的一般性规定,也可以是针对特定海洋公园或某个海洋公园中的特定区域的规定;(c)管理或禁止往海洋公园中带入或从海洋公园中带出动植物或其他物品的行为,及占有从海洋公园中带出的动植物或其他物品的行为;(d)管理或禁止某一类人进入海洋公园或其中的一部分;(e)将海洋公园的侵犯者带出海洋公园的规定;(f)管理在海洋公园中使用船只及航行,或将特定海洋公园或海洋公园的一部分对船只关闭;(g)管理船舶在海洋公园的停泊或抛锚;(h)保护海洋公园中的文化遗产;(i)规定使用海洋公园的费用及在海洋公园中从事某项行为的费用;(j)管理或禁止在海洋公园上空或海洋公园内使用飞行器。第17条B款规定了海洋公园功能区划的主要内容,包括:(a)确定海洋公园中某区域的分类;(b)每个区域允许或禁止使用的用途;(c)这些区域的管理规定。

海洋公园的管理局与咨询委员会协商,在宣布成立海洋公园之日起12个月内起草功能区划的草案,并将草案提交本州相关部门的部长,由部长在3个月内征询公众意见。最后将修改后的功能区划提交州长批准。功能区划确定后,海洋公园管理局根据规划准备实施计划。实施计划的目的是确定和详细说明管理局准备负责实施的战略、行动或行为的具体安排。❷

《海洋公园法》中的管理措施主要包括环境规划和评估、禁止特定行为的实施、海洋公园封闭制度等。在海洋公园中的开发行为或对海洋公园有影响的开

---

❶ 《1997 年海洋公园法》第 3 条。
❷ 《1997 年海洋公园法》第 23 条。

发行为将适用《环境规划和评估法》，即在决定是否进行开发之前，需要报管理局进行评估。管理局将考虑开发行为是否符合《环境规划和评估法》第 3 条的立法目的、是否存在功能区划、开发行为与功能区划的目的是否吻合、法律法规中规定的该区域的用途、是否存在海洋公园封闭的问题、是否对动植物有影响等问题。❶ 某些行为在海洋公园中是禁止的，例如海洋公园中禁止采矿❷。此外，负责管理海洋公园的机构将按时发布公告，禁止在海洋公园或其中的一部分实施特定的行为。这种制度被称为"海洋公园封闭"制度。❸

任何违反法律的人都将涉嫌轻微罪，被处以罚款或监禁，或两者并罚。

3.《1999 年海洋公园（功能区划）条例》

依照《1997 年海洋公园法》的规定，1999 年新南威尔士州制定了《海洋公园（功能区划）条例》。该《条例》除了对海洋公园功能区划制度作出一般规定外，还对六个海洋公园制定了功能区划。❶ 条例规定将海洋公园的水域分为四个功能区，分别为禁猎区、栖息地保护区、一般用途区和特殊用途区。每类区域的目标如下：

（1）禁猎区的目标为：（a）对该区域的生物多样性、栖息地、生态进程、自然和文化风貌提供最高水平的保护；（b）为下列活动提供机会：（i）不会对动植物造成任何伤害、不会影响自然和文化风貌的娱乐、教育和其他活动；（ii）科学研究。

（2）栖息地保护区的目标为：（a）对该区的生物多样性、栖息地、生态进程、自然和文化风貌提供高水平的保护；（b）在与（a）相一致的情况下，为娱乐、商业活动、科研、教育和其他活动提供机会，只要这些活动从生态的角度看是可持续的并且不会对鱼类数量、其他动植物和栖息地带来重要影响。

（3）一般用途区的目标为：（a）对该区的生物多样性、栖息地、生态进程、自然和文化风貌提供保护；（b）在与（a）相一致的情况下，为娱乐、商业活动、科研、教育和其他活动提供机会，只要这些活动从生态的角度看是可持续的。

---

❶　《1997 年海洋公园法》第 19 条。
❷　《1997 年海洋公园法》第 18 条。
❸　《1997 年海洋公园法》第 20 条。
❶　六个海洋公园包括：Solitary Islands Marine Park，Jervis Bay Marine Park，Lord Howe Island Marine Park，Cape Byron Marine Park，Port Stephens—Great Lakes Marine Park，Batemans Marine Park.

(4)特别用途区的目标为:(a)对该区需要特别管理的现象、地点和事物进行生物多样性、栖息地、生态进程、自然和文化风貌方面的管理;(b)符合特殊设施的需要,如滑道、防浪堤、停泊设施和失事船舶及功能区划中规定的其他目标。❶

《条例》中还规定了在每个功能区能够从事的和禁止从事的行为,如在禁猎区,禁止从事下列行为:除非为了研究、环境保护、公众健康、传统用途或公共安全的目的而且获得部长许可,任何人不能伤害或试图伤害禁猎区中的动植物、不能破坏、试图破坏、获取或干扰栖息地、清洗渔具或渔获物;❷不允许水产养殖;❸不允许采挖或填海的行为,除非部长认为这些行为有助于阻止对某人造成严重伤害、对财产造成伤害或破坏环境的风险,但不允许为了科学研究填海;❹船舶只能在指定地点停靠;❺不能在停泊地点捕鱼等。❻《条例》还规定了在海洋公园中禁止从事的其他行为,例如禁止违反规定占有动植物或携带用于获取动植物的仪器设备。❼

4.《2002 年的海洋公园(杰维斯湾)条例修正案》

2002 年的修正案的主要目的是为完善在《1999 年海洋公园(功能区划)条例》中规定的杰维斯湾的功能区划。杰维斯湾是新南威尔士州第二个通过设立海洋公园进行综合功能区划管理以便更好地保护重要海洋生物的海湾。新的功能区划于 2002 年 10 月 1 日起实施。

依照之前的法律法规,杰维斯湾海域也被分为四个功能区,分别为(见图4—5):

(1)禁猎区

该区域对生物多样性提供最高程度的保护,主要包括具有最高的生物多样性、对生态进程有重要意义、对濒危物种或其他重要物种的保护有重要意义的关键区域和有重要自然和文化特征的区域。这种保护通过禁止任何形式的捕鱼和

---

❶ 《1999 年海洋公园(功能区划)条例》1.7—1.10。
❷ 《1999 年海洋公园(功能区划)条例》1.11。
❸ 《1999 年海洋公园(功能区划)条例》1.12。
❹ 《1999 年海洋公园(功能区划)条例》1.13。
❺ 《1999 年海洋公园(功能区划)条例》1.14。
❻ 《1999 年海洋公园(功能区划)条例》1.15。
❼ 《1999 年海洋公园(功能区划)条例》1.25。

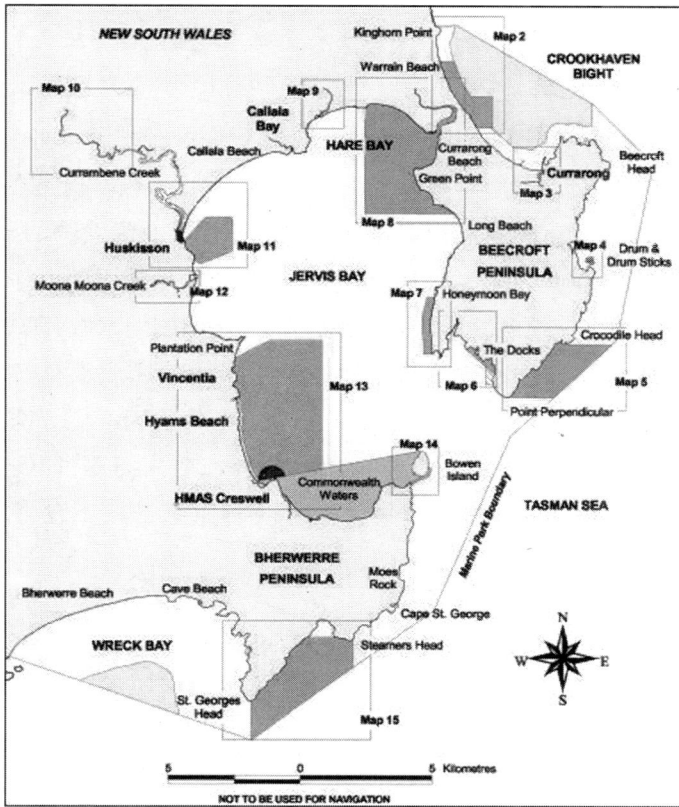

图 4—5　杰维斯湾功能区划示意图

采集性的活动来实现。不会对动植物和栖息地带来影响的活动是允许的。禁猎区大约占了整个海洋公园的 20%，即 4253 公顷。

（2）栖息地保护区

该区域通过保护栖息地和控制对栖息地有较大影响的活动来保护海洋生物多样性。娱乐性的垂钓和某些特定形式的商业捕鱼是允许的。杰维斯湾海洋公园中 72% 的水域是栖息地保护区，大约有 15600 公顷。杰维斯湾中所有的河口生态系统都通过禁猎区和栖息地保护区来进行保护。其他主要栖息地类型也全部通过划入栖息地保护区来保护。

（3）特别用途区

该区域主要包括两片水域——Huskisson Wharf 和 HMAS Creswell 特别目的

区。它主要针对现存的设施进行特殊的管理。该区域占到海洋公园水域的0.2%,大约48公顷。

(4)一般用途区

该区域仅提供一定程度的环境保护,同时允许进行多种商业和娱乐活动。一般用途区为海洋公园的管理提供了一种综合的管理手段。但是在该区域的商业捕鱼活动也必须遵守所有新南威尔士州的渔业标准及渔获物的限制性规定,而且一些商业性的捕鱼方式,如多沟长线在该区域也是禁用的。一般用途区都位于杰维斯湾之外,南北各一个,占到杰维斯湾大约8%的水域,即1618公顷。

条例还特别禁止如下活动:(1)拖网捕鱼、捕虾和高密度水产养殖;(2)不允许携带家养宠物入内;(3)禁止开机动车入内;(4)禁猎区不能清洗渔获物和渔具,不允许任何类型的喂鱼活动;(5)不允许在海滩收集海藻,即便为了教育和科研的目的,也不允许未经许可采集动植物;(6)禁猎区内不允许水上游艇通行,除非以不超过10哩的速度穿过等。❶

5.《2009年海洋公园条例》

该修正案的目的是将《1999年海洋公园条例》的内容分为两部分,一是《1999海洋公园(功能区划)条例》,规定所有的海洋公园的功能区划;二是《2009年海洋公园条例》,包含《1997年海洋公园法》中规定的其他需要配套法规规定的事情。

(二)杰维斯湾环境立法的执行机构

澳大利亚是一个典型的联邦制国家,联邦由六个州、两个区(地方)组成,首都是堪培拉。在行政机构上,它有两套政府班子,即联邦政府和地方政府。无论是在联邦一级,还是在地方一级,环境保护都是政府的一项基本职能。联邦政府的主要环境监管职责是对各州的环境与资源保护事宜进行总体规划和协调,并对国际国内的环境问题承担责任。联邦政府中,环境部是主管环境保护的行政机构。此外,内务部以及其他具有某项环境管理职能的机构也承担部分环境管理的职责,如澳大利亚国家公园和野生生物管理处、自然保护部长委员会、澳大利亚自然财富委员会等。

由于澳大利亚各州环境立法的调整事项和规定不尽一致,加上各级各类执

---

❶ http://www.mpa.nsw.gov.au/jbmp-zoning-plan-review.html,访问时间:2010年5月23日。

法部门的执法活动常有交叉重叠,澳大利亚环境法非常重视加强联邦和州之间、州和州之间以及各州内部的协调。联邦政府和各州政府在1992年签订了《澳大利亚政府间环境协定》,用来协调全国环境管理活动。该《协定》确立了一种促进"对环境的全国性的合作态度;确立有关政府责任;减少联邦、州、地区之间在环境问题上的争执;增加政府和企业决策的确定性;更好地保护环境"的机制。《协定》承认州、地区在发展国家和国际环境政策方面具有重要作用,力求避免各级政府之间在环境保护方面的职能重叠,建立一种在环境问题上合作的有效机制。《协定》设立了国家环境保护局(NEPA),负责制定国家环境保护的标准、方针、目标和有关议定书。NEPA由一个部长理事会组成,由联邦、州、地区各派一名代表组成,由联邦环境部长主持,以三分之二多数通过决定。

　　立法的内容和行政机构的设置都证明联邦政府在环境管理上主要起到宏观规划和协调的作用,具体环境管理的职责落在各州政府身上。州政府在保护环境上处于主导地位。各州都制定有数量不一的环境法律法规,并建立起各具特色的环境管理体制。杰维斯湾位于新南威尔士州境内。该州通过颁布《1997年海洋公园法》将杰维斯湾作为海洋公园统一进行管理和保护,并成立了海洋公园管理局、海洋公园咨询委员会和海洋公园咨询小组等不同层次的管理、执行和咨询性机构。

　　其中,海洋公园管理局由州议会的议长任主席,成员包括州工业和投资部部长与环境和气候变化部部长。[1] 海洋公园管理局作为全州各个海洋公园的最高权力机关,其职责包括:(a)对建立海洋公园的提议或改变海洋公园大小的提议进行调查和评估;(b)对海洋公园、各功能区的设置和分类提出建议;(c)制订实施计划;(d)对影响海洋生物多样性、海洋栖息地和海洋生态进程的行为进行管理和控制;(e)对可持续的使用海洋公园进行规定和管理;(f)宣传海洋公园;(g)鼓励公众欣赏、理解和享受海洋公园,在与其他功能不相矛盾的前提下,在海洋公园开展公众娱乐;(h)在合适的时候鼓励和许可关于海洋系统生态学的科学研究。[2]

　　海洋公园咨询委员会是为海洋公园管理局提供建议并且执行管理局决定的

---

[1]　《1997年海洋公园法》第29条。
[2]　《1997年海洋公园法》第30条。

机构,由工业和投资部部长、环境和气候变化部部长,以及下述由相关部长提名的人构成,例如联邦政府代表1名、海洋保护者利益代表2名、在海洋科学方面有专业知识的代表1名、土著居民代表1名、旅游业代表1名、商业渔民和娱乐性渔民代表各1名、潜水爱好者代表1名。该机构主要为建立海洋公园提供建议,以及在海洋公园内从事保护海洋生物多样性、可持续利用海洋公园及其他法律法规规定的事情。❶

　　针对每个依照该法成立的海洋公园,成立海洋公园咨询小组。小组广泛吸纳海洋保护者、海洋科学工作者、原著居民、旅游业代表、商业渔民、娱乐业渔民、潜水爱好者和地方议会议员参加。该小组将主要负责:(a)实施海洋公园的实施计划或功能区划中的规定;(b)依照功能区划确定每片水域的分类等级;(c)进行生物多样性保护;(d)决定如何可持续利用海洋公园及确定哪些是不可持续的利用方式;(e)决定公众使用和享受海洋公园的方式;(f)执行海洋公园封闭制度。❷

三、杰维斯湾环境立法执行体制的评价和启示

　　杰维斯湾与渤海的政治、经济和社会状况有很大的不同,由此决定了两个海湾环境立法的执行体制也有很大的不同。杰维斯湾的环境压力相对于渤海要小很多,它不需要为上亿的人口提供食物、不需要容纳大量的生产生活污水、不需要为大规模的工业生产提供原材料,简单地说它不需要支撑庞大的经济社会需求。杰维斯湾目前的主要用途单一,以旅游和娱乐性活动为主,没有大规模的沿岸捕鱼、密集的水产养殖和工业生产。所以,澳大利亚选择在整个海湾建立海洋公园,把大部分的海域划为禁猎区和栖息地保护区,通过海洋公园管理局执行《海洋公园法》对其进行管理。但是这种模式对我国的渤海来说是行不通的。因为通过建立海洋公园将大规模的海域划为保护区意味着停止大部分的海洋利用和开发行为,在没有合适的替代方案出台之前,这将直接影响环渤海经济区的建设和发展、影响沿岸居民的生产和生活。客观地说,至少这种方式在目前是很难被接受的。

---

❶ 《1997年海洋公园法》第32条。
❷ 《1997年海洋公园法》第33条。

此外,杰维斯湾的另一个特点在于它的行政管辖相对简单,即它的大部分归属于新南威尔士州管辖。尽管它也有部分水域归联邦管辖,但该部分水域也属于国家公园的一部分,管理标准与海洋公园的标准较为统一。行政管辖简单意味着环境立法的执行也相对简单。而渤海沿岸分属辽宁、河北、山东、天津三省一市辖区内的 13 个沿海市,执法中的统一和协调相对杰维斯湾要复杂得多。尽管有许多区别,但是我们仍然可以从杰维斯湾环境立法的执行体制中学到些有价值的经验。

1. 成立独立的管理机构

依据《海洋公园法》,新南威尔士州成立了海洋公园管理局管理与海洋公园相关的事宜,同时下设海洋公园咨询委员会和海洋公园咨询小组。这些管理机构不归政府某个职能部门管理,而是独立的管理机构。这个独立的管理机构有较好的纵向、横向协调性和公众参与性。首先,海洋公园管理局由州议会的议长任主席,他既可以协调社区和州之间的利益关系,也可以化解州内各个行政管理部门的利益冲突,使对海洋公园的管理措施在州内统一得到贯彻执行。而且管理局由工业和投资部部长与环境和气候变化部部长任委员。这种组合将利益相对的两个部门摆到一起,为协调部门间利益提供了一个平台,使海洋公园管理局作出的决定同时兼顾两个部门的利益,减少管理措施出台后实施过程中的冲突。其次,这个管理机构体现了广泛的公众参与性。海洋公园咨询委员会和海洋公园咨询小组都是兼具咨询性与执行性的机构。为了确保其职能的体现,两个机构中的人员组成相当广泛,包括各个层面的利益相关者。这为公众参与杰维斯湾的管理提供了有效的途径。

2. 制定配套的、统一的法律、法规、规划和实施计划,加强执法的可操作化

相比渤海的众多条例、规划和实施计划,杰维斯湾的法律框架非常简单,主要就是一部法律、一个条例(功能区划)和一个实施计划。尽管法律文件简单,但是各个文件之间相互配套,自成体系。《海洋公园法》中明确规定了条例的内容及制定时间,规定了采用功能区划的方式管理海洋公园,还规定功能区划确定后,要制订配套的实施计划。实施计划落实功能区划的内容,功能区划体现法律法规的内容,而条例将法律细化,使其具有可操作性。每个法律文件都体现相同的立法精神,有较好的整体性和统一性,便于执法部门在实际操作中执行。

第五章　跨国界区域海立法的执行体制

　　世界上跨国界的闭海和半闭海共有 15 处,其中除海域面积比较大的黄海、东海、南海、日本海、墨西哥湾、孟加拉湾等外,大多都有为治理环境而签订的条约、协定、公约等。北海沿岸国家签订的《防止船舶和航空器倾倒废弃物造成海洋污染的公约》(又称《奥斯陆公约》)、《防止陆源污染物质污染海洋的公约》(又称《巴黎公约》)的适用范围是北海,而海湾地区沿岸八国签订的《关于保护海洋环境防止污染的科威特区域合作公约》的适用范围则是八国共同关心的海湾。《保护波罗的海区域海洋环境的公约》、《保护地中海防治污染的公约》、《关于保护红海和亚丁湾的地区公约》、《保护和开发泛加勒比海地区海洋环境的公约》、《保护黑海免遭污染的公约》都是治理相关海域的专门性法律文件。也就是说,北海、地中海、波罗的海、红海、加勒比海、黑海等都有专门的环境治理公约,这些海洋沿岸国都采取了制定专门公约的形式谋求有关海洋环境的改善。❶本章选取了具有代表性的北海、波罗的海和黑海作为研究的对象,借鉴跨边界区域海在海洋环境管理方面的经验。

第一节　北　　海

一、北海的自然地理状况

　　北海是大西洋东北部的一个边缘浅海,处于北纬 52°—62°之间,位于大不列颠岛、斯堪的纳维亚半岛、日德兰半岛和荷比低地之间。北海西以大不列颠岛和奥克尼群岛为界,北为设得兰群岛,东临挪威和丹麦,南接德国、荷兰、比利时、

---

❶　周珂、吕霞:《关于制定渤海环境保护单行法必要性的思考》,《昆明理工大学学报》(社会科学版) 2007 年第 3 期。

法国,西南经多佛尔海峡和英吉利海峡通向大西洋。

北海南北长 1126 公里,东西宽约 643.6 公里,面积约 57.5 万平方公里,大部分海域位于西欧大陆架上,平均水深 96 米,海水常年不冻。英格兰北面外海有很多冰碛物构成的沙洲、浅滩,其中面积达 650 平方公里的多格浅滩水深仅15—30 米,是世界著名的浅海之一。北海是世界上最繁忙的海域之一,是欧洲人生存发展的重要空间,也是沿岸各国以及欧洲与其他各大洲之间的海上走廊。在历史上,北海对沿岸各国之间以及与中东等地区之间的货物交流和人民交往起了重要的作用,对西北欧文化的发展影响很大。重要港口有伦敦、汉堡、鹿特丹、阿姆斯特丹和哥本哈根等。

北海是世界著名的渔场之一,有丰富的生物资源,鱼类、贝类、藻类、海鸟、海兽等数量都很大。北海海底蕴藏着丰富的石油和天然气资源。1959 年以来,受荷兰陆上发现巨大的格罗宁根天然气田的影响,掀起了北海油气资源的勘探热潮,英国也开始大规模进行调查。1965 年 9 月英国发现有经济价值的近海气田,1967 年正式投产。此后,挪威、丹麦、联邦德国等相继开发油气田。在北海油田的开发中,挪威和英国获益显著。挪威从 1971 年开采北海石油起,到 1975年已自给有余,成为西欧第一个石油输出国,1984 年原油产量为 3440 万吨。英国从 1975 年开始开采北海石油,1984 年原油产量达 13000 万吨,成为石油生产国和出口国。

二、北海的环境问题

北海环境问题主要体现在海洋环境受到污染和损害。具体而言,北流海洋环境污染物质的来源主要途径有三种:一是入海河流对北流海洋水质的污染与破坏。欧洲沿海和港湾地区大部分河流受到污染。莱茵河、缪士河、易北河每年排入北海的废料含锌物 3800 万吨,含铅物 1.35 万吨,含铜物 5600 万吨,以及大量含砷、镉、汞及放射性废料。大量的污染物质聚集,致使北海的主要鱼种金枪鱼体内重金属含量已经超过正常标准。二是由近岸陆域生产生活污水所造成的污染。大量倾倒含汞、铅、镉、砷、铬等废品,在海洋生态系统中变成各种有毒化合物,危及人类健康和生物的安全。北海每年有 3 万吨碳氢物泄漏到北海周围水域,使成群海洋生物遭殃,如鲑、鲟、牡蛎以及鳕等生物已渐绝迹,幸存者也往往患有骨骼变形或肿块,还有赤潮、海藻花等对海洋鱼类和有益海藻也带来严重

图 5—1　北海地理位置示意图

威胁。在最近几十年中,内陆水源中的污染物增加了,硝酸盐的平均含量超过了世界卫生组织的安全限度。地下水污染在丹麦、法国、德国、荷兰和英国日益严重。丹麦 80% 的工厂排出的水中硝酸盐含量超过允许的限度;在法国有 100 万人喝的水中硝酸盐含量超过了允许的限度。三是海洋石油生产与交通运输所造成的环境污染。发展海上石油生产以及石油运输,也都导致北海的磷酸盐和氮的污染程度提高。船舶溢油事故不断发生,大量流入海中的石油使北海成了"世界上被石油污染最严重的海域之一"。

同时,北海的海洋生态环境也面临着严重的危机。北海的海洋野生动物的数量因为污染以及过度捕捞而急剧减少,非本土物种的入侵,工业和农业的污染,拖网和疏浚工程,海水的富营养化,海洋工程作业,重型货轮的海上交通等都加剧了北海生物多样性的减少。

三、北海治理立法及其执行体制

北海是国际上最早开展海洋环境保护区域合作的海域。北海地区第一个区域性的条约是八个北海沿岸国❶于 1969 年 6 月 9 日签署的《关于处理北海油污染事件合作的协定》，它是针对 1967 年"托雷·卡尼翁"号油轮事件❷而签署。此后，北海沿岸国于 1972 年 2 月 15 日在奥斯陆签订了《防止船舶和航空器倾倒废弃物造成海洋污染公约》，1974 年 6 月 4 日在巴黎签订了《防止陆源污染物质污染海洋的公约》，1976 年 12 月 17 日在伦敦签订了《关于海底矿物资源勘探开发引起的油污损害的民事责任公约》。尽管上述公约在防治海洋倾废和控制陆源污染等方面起到了一定的积极作用，但不能控制一些主要的来源的污染，因此有必要在区域层面采取更严厉的措施来防止和消除海洋环境污染。❸ 于是，1992 年 9 月，北海的区域海洋环境保护采取了新的形式，制定了《保护东北大西洋海洋环境公约》，即《奥斯陆巴黎公约》。《奥斯陆巴黎公约》开放签字，《奥斯陆公约》和《巴黎公约》的所有缔约国，包括比利时、丹麦、芬兰、德国、冰岛、荷兰、挪威、葡萄牙、西班牙、瑞典、英国、卢森堡、瑞士以及欧盟委员会签署了该公约。

1972 年 2 月 15 日《奥斯陆公约》签订，于 1974 年 4 月 7 日生效，并经 1983 年和 1989 年两个附加议定书修改。《奥斯陆公约》是国际上第一个控制海洋倾倒的公约，它的签订是因为北大西洋遭到因船舶和飞机倾倒废物而带来的严重污染。公约适用于除波罗的海和地中海以外的北纬 36°以北，西经 42°以东和东经 51°以西的大西洋和北冰洋区域。❹ 公约通过附件建立了一个按等级禁止或控制倾倒的制度。附件一规定了禁止倾倒的物质；附件二列举了在个别情况下得到特别许可才容许倾倒的物质；附件三明确规定了倾倒许可证的审批、废物的性质以及倾倒的地点和方式等。公约设立了专门委员会来监督公约的实施，接收和评价缔约国颁发的倾倒许可证，控制公约适用区域海洋的状况，更新禁止或

---

❶ 比利时、丹麦、法国、德国、荷兰、挪威、瑞典和大不列颠及北爱尔兰联合王国。

❷ 1967 年 3 月，利比亚籍油轮"托雷·卡尼翁"号载原油 12 万吨从波斯湾驶往美国米尔福港，在英吉利海峡触礁，10 天内溢油 10 万吨，当时出动 42 艘船只，使用了 1 万吨清洁剂，但仍然造成附近海域和沿岸大面积严重的油污染，使得英法两国蒙受了巨大的损失。

❸ 周珂、吕霞：《关于制定渤海环境保护单行法必要性的思考》，《昆明理工大学学报》（社会科学版）2007 年第 3 期。

❹ 《奥斯陆公约》第 2 条。

者限制倾倒物质清单的内容。《奥斯陆公约》对保护北海海域的海洋环境起到了一定的作用,但它仅仅涉及船舶和飞机禁止倾倒某些物质,有所局限,该公约在1992年被《保护东北大西洋海洋环境公约》所取代。❶

1974年6月4日,《巴黎公约》在巴黎签署,1978年5月6日生效,它是国际社会第一个专门防止陆源污染的公约。公约缔约国于1986年签订一项议定书,对公约予以修订。《巴黎公约》明确规定,各缔约国有义务采取一切可能的步骤防止陆源污染物对海洋的污染,并为此而协调各国间的政策。公约还规定,每一缔约国应保证使公约的规定得到遵守,并在其领土内采取适当措施以防止并处罚违反公约规定的行为;❷各缔约国应制定和实施各种方案以立即消除陆源污染,这些方案应包括有关环境质量、海洋或者河流排污的具体规定或者标准,并规定完成的期限。❸《巴黎公约》由正文和附件组成,在附件A中对排放物的控制分三部分做了详细规定:第一部分是采取紧急行动立即消除的剧毒物质;第二部分是采取严格限制措施并接受定期审查的物质;第三部分是受到国际组织和机构严格控制的放射物质及其他废弃物。《巴黎公约》设有巴黎委员会,监督公约的实施。

1976年12月17日在伦敦签订了《关于海底矿物资源勘探开发引起的油污损害的民事责任公约》,缔约国也成立委员会和公约执行秘书处。

可以看出当时的北海海洋环境保护并没有自动地适用已有的国际公约,而是在国际公约的基础上制定适合北海地区的特别公约。例如,《关于处理北海油污染事件的合作的协定》是于1969年签订的,时间上晚于1958年生效的《防止海洋石油污染国际公约》;《奥斯陆公约》的签订时间也晚于《防止倾倒废物及其他物质污染海洋的公约》。因此,这些公约具有特别法的特征。北海地区的海洋环境保护是通过四项分别制定的公约来共同完成对区域的保护的,分别处理海上油污事件、船舶和航空器倾倒废弃物造成的污染、陆源污染以及由海底矿物开发所引起的污染。北海沿岸国设立了自己的区域执行机构,如《奥斯陆公约》设立了专门委员会来监督公约的实施,《巴黎公约》也设立了巴黎委员会。

---

❶ 刘惠荣主编:《国际环境法》,中国法制出版社2006年版,第94页。
❷ 《巴黎公约》第12条。
❸ 《巴黎公约》第13条。

北海沿岸国针对北海环境保护的特殊性制定了针对性的公约,如《防止陆源污染物质污染海洋公约》和《关于海底矿物资源勘探开发引起的油污损害的民事责任公约》。这样,对北海不同来源的污染进行了有针对性的控制。

　　然而,随着北海海洋环境的日益恶化,人们也越来越清楚地认识到北海的海洋环境"受到了污染,对海洋生态环境和合法利用的威胁",❶以及"在国家、地区和全球层面采取共同行动防止和消除海洋污染和可持续管理海洋的重要性"❷;在国际环境公约的推动下,特别是"考虑到1972年联合国人类环境大会建议"、"1992年联合国环境与发展大会的结果",以及"《联合国海洋法公约》第十二部分作为习惯国际法的有关条款"的约束;❸以及人们发现只是针对废物倾倒的《奥斯陆公约》和针对陆源污染的《巴黎公约》已经不能够胜任对北海保护的重任,于是《保护东北大西洋海洋环境公约》,即《奥斯陆巴黎公约》应运而生。该公约于1992年9月22日签订,于1998年3月25日生效。《奥斯陆巴黎公约》与前两个公约相比有更为严格的措施规定,并要求真正从污染源上进行治理,其适用范围包括了缔约国的内水、领海和专属经济区以及除波罗的海和地中海以外的区域海洋的公海部分,其涉及的污染包括陆源污染以及船舶、飞机和海上设施倾倒和焚烧造成的污染。❹《奥斯陆巴黎公约》设有委员会,委员会可以作出有约束力的强制性规定,❺要求缔约国就执行《奥斯陆巴黎公约》条款、有关决定和建议所采取的法律、规范以及其他措施定期向委员会报告;❻委员会将在报告基础上评估执行情况并遵守公约步骤作出决定。❼《奥斯陆巴黎公约》对缔约国的义务规定为:缔约国有义务采取一切措施和方式消除污染,实行预防原则,即在没有确凿证据证明会造成污染之前就必须采取必要的预防措施;缔约国还有义务遵循污染者负担原则,污染者应该承担预防和治理污染的费用。❽ 尽管《奥斯陆巴黎公约》于1998年正式生效,但奥斯陆委员会和巴黎委员会从

❶　《奥斯陆巴黎公约》序言第4段。
❷　《奥斯陆巴黎公约》序言第4段。
❸　《奥斯陆巴黎公约》序言第5、6、7段。
❹　《奥斯陆巴黎公约》第3、4、5、7条。
❺　《奥斯陆巴黎公约》第13条第2段。
❻　《奥斯陆巴黎公约》第20条第a款。
❼　《奥斯陆巴黎公约》第23条第a、b款。
❽　[法]亚历山大·基斯:《国际环境法》,张若思编译,法律出版社2000年版,第166页。

1992 年开始就作为一个实体进行运作。公约开放签署时,就通过了包括关于防止和消除陆源污染、倾废和焚烧污染、离岸污染和对环境质量进行评估等在内的四个附件。此外,委员会还于 1998 年通过了"保护和养护区域生态系和生物多样性"的新附件,使公约的法律体系更加完备。《奥斯陆巴黎公约》包含了可持续发展在内的现代观念,是对海洋环境综合的、全面的保护。

四、实施效果及其评价

从北海近些年来的环境质量状况报告显示,北海水体的富营养化问题持续降低,与 1985 年相比磷的含量减少了 85%,氮含量减少了 50%,但是来自空气中的氮气输入量仍然很高,而且来自船舶的废气排放有所增加。有些有害物质的浓度已经减少,但是在一些沿海区域问题依然存在。核物质的释放有所降低,核污染对人类和海洋生物造成的影响低于以往的任何时期。核 β 射线的释放与 1995 年相比平均下降了 38%;海洋环境的放射性物质已经减少并集中在凯尔特海域和北海的某些区域;从英国谢菲尔德处理厂释放的锝-99 已有大幅度的减少。来自石油和天然气的污染物有所下降。石油和天然气工业是北海领域的重要工业,自 2000 年以来石油污染已经平均降低了 20%,同时《奥斯陆巴黎公约》大部分缔约国都达到了降低 15% 的目标。小的漏油事件(小于 1 吨)有所减少。钻井排放液自 2005 年以来在很大程度上已经终止排放。但是,捕鱼业在很大程度上影响着海洋生态系统,海洋生态系统中重要捕食者和被捕食物种的消耗以及食物链的中断问题仍然堪忧。在国际合作的许多区域,非法捕捞、无报告捕捞、非管理捕捞的情况已经有所减少。尽管对海底栖息地的环境损害仍然存在,但是对深海冷水区域的珊瑚礁保护有所改善。❶

对北海海洋环境的保护从一系列的单向区域协定,包括《关于处理北海油污染事件合作的协定》、《防止船舶和航空器倾倒废弃物造成海洋污染公约》、《防止陆源污染物质污染海洋的公约》、《关于海底矿物资源勘探开发引起的油污损害的民事责任公约》等发展到对北海海洋环境综合性、全面性保护的《奥斯陆巴黎公约》,体现了一个区域适用一部针对该海域的特别法的海洋环境管理发展的新趋势。

---

❶ http://qsr2010.ospar.org/en/index.html,最后访问时间:2010 年 5 月 26 日。

第二节　波罗的海

一、波罗的海的自然地理状况

波罗的海是欧洲北部的内海、北冰洋的边缘海、大西洋的属海。波罗的海是世界最大的半封闭咸水水域。在斯堪的那维亚半岛与欧洲大陆之间。从北纬54°起向东北延伸，到近北极圈的地方为止。长1600多公里，平均宽度190公里，面积42万平方公里，是地球上最大的半咸水水域，相当于中国渤海面积的5倍。波罗的海是个浅海。深70—100米，平均深度86米，最深处哥特兰沟459米。波罗的海位于北纬54°—65.5°之间，呈三盆形，西以斯卡格拉克海峡、厄勒海峡、卡特加特海峡、大贝尔特海峡、小贝尔特海峡、里加海峡等与北海以及大西洋相通。

波罗的海的海岸线十分曲折，有波的尼亚湾（Gulf of Bothnia）、芬兰湾（Gulf of Finland）、里加湾（Gulf of Riga）等著名的海湾，海中岛屿林立。它的周围分布着挪威、丹麦、瑞典、芬兰、俄罗斯、波兰、德国、爱沙尼亚、拉脱维亚、立陶宛等九个国家。波罗的海沿岸的名城包括俄罗斯的圣彼得堡、瑞典首都斯德哥尔摩、芬兰首都赫尔辛基等。

二、波罗的海的环境问题

波罗的海是世界上污染状况最严重的海域之一。波罗的海沿岸国家的工业、农业以及城市生活产生和排放的污染物，以及不断增多的过往船只泄漏或排泄的废油，使得波罗的海遭受着越来越严重的污染。

2007年波罗的海地区"赫尔辛基委员会"专家的一份报告指出，本世纪波罗的海地区的升温速度高于全球平均水平，从而致使该地区渔业遭受影响、作物生长季节延长。研究指出，该地区的升温速度已经高出全球平均水平。在本世纪，整个波罗的海的年平均气温将升高3℃—5℃。因为温度升高可能带来的更多降水，降低波罗的海的盐分含量，进一步恶化了海洋生物的生存环境。北部地区的升温速度将可能高于全球平均水平，因为北部分布的深色土壤和水吸收的热量远远大于具有反射性的冰和雪。

在波罗的海，每年有相当多的过往船只向大海泄漏或排泄废油。研究人员

图5—2　波罗的海地理位置示意图

通过对波罗的海的哥得兰岛南部50公里的海岸环境调查发现,这里每年约有两万只海鸟因油污而丧生。据此推断,每年在波罗的海越冬的数百万只海鸟约有15万只丧命于油污。

另外,波罗的海沿岸灰海豹生存状况也遭到周围环境污染的严重威胁,许多灰海豹受到肠溃烂等疾病影响。目前波罗的海海域约有1万只灰海豹,在1900年时,这里的灰海豹数量为10万只左右。20世纪70年代,由于受到多氯联苯(PCB)的污染,灰海豹数量降至4万只。

波罗的海最严重的问题是海水的富营养化,这使得波罗的海中的海洋生物正面临着巨大的威胁。海洋中微型藻类的大量繁殖不仅威胁到其他海洋生物的存在,而且藻类还创造出了一片片大面积的海洋"死亡地带"。海洋"死亡地带"是指因海水的严重富营养化而造成的鱼类等生物无法生存的区域。这是因为海藻的过度繁殖如果不能及时被其他动物消耗,死后便会由细菌分解,这一过程将大量地消耗水中的氧气,最终使得其他生物无法生存。由于含氧量严重不足,在波罗的海的许多区域,出现海底植物大面积死亡,海生动物也难以生存等问题。科学家们在总共47处被调查区域中仅发现4片区域动植物活动较为频繁,而在

37 片区域中几乎已没有任何生命活动的迹象。在波罗的海水面以下 50—60 米的区域,含氧量几乎为零,而硫化氢、氮和磷的含量却比较丰富。波罗的海水域的海水的自动净化速度非常缓慢。如果这一状况持续下去,该海域的生物极有可能面临绝迹。

三、波罗的海治理立法及其执行体制

　　与北海区域的环境保护立法相比,波罗的海的环境保护立法具有不同的特点。北海区域环境保护合作最初是通过制定一系列单向区域协定或者公约来完成的,而波罗的海是通过一部公约进行全面规定的。1974 年 2 月 16 日,波罗的海沿岸各个国家在芬兰首都赫尔辛基签署了《保护波罗的海区域海洋环境公约》(又称《赫尔辛基公约》),对防止海上倾倒废弃物活动、防止陆源污染对海洋环境的影响和船舶造成的海洋污染,以及由海底矿物开发所引起的污染,进行了全面的规定。《赫尔辛基公约》是处理同一地区不同来源的污染的第一个国际性文件,同时,根据《赫尔辛基公约》成立了波罗的海海洋环境保护委员会(又称"赫尔辛基委员会"),作为具体执行《赫尔辛基公约》的主要机构,它是一个政府间的组织,在赫尔辛基常设有一个国际秘书处。委员会工作的参与者不仅包括各成员国的代表,一些国际政府组织和非政府组织的专家也被邀请成为活动的观察员。1992 年,波罗的海沿岸各个国家再次签署了新的《赫尔辛基公约》,在原来的法律文件所确立的原则基础之上,对波罗的海地区的环境保护进行了更为全面、具体和详细的规定。

　　新的《赫尔辛基公约》不仅适用于水体,同时也适用于海底,包括波罗的海海底的生物资源和其他种类的海洋生物。❶ 与此同时,新的《赫尔辛基公约》适用的地理范围包括各缔约国的领海和内水,❷同时还规定各国自行确定在内水执行新《赫尔辛基公约》的宽度,❸进一步拓宽了《赫尔辛基公约》的适用范围。新的《赫尔辛基公约》对防止陆源污染的原则和义务、船舶污染,包括游船污染的防治、焚烧的禁止和海上倾倒的防治,以及勘探和开发海底及其底土所造成污

---

❶ 《赫尔辛基公约》第 4 条第 1 款。

❷ 《赫尔辛基公约》第 4 条第 2 款。

❸ 《赫尔辛基公约》第 1 条。

染的防治,有害物质的预防和消除,以及在通报污染事故情况并在紧急情况下采取合作措施等,都作出了明确的规定。❶ 并制定了关于有害物质的附件,包括关于使用最佳环境经验和最佳环境技术标准的附件、防止陆源污染标准和措施的附件、防止船舶污染的附件、禁止倾倒废物特例的附件、防止近岸工程活动污染海洋的附件以及污染事故响应的附件。新的《赫尔辛基公约》还强调进行自然养护生态和生物多样性保护的重要性,要求采取单独和联合的措施保护自然生境。❷ 新的《赫尔辛基公约》要求建立定期的报告制度,包括报告执行公约所采取的法律制度措施和技术性措施以及在执行过程中遇到的问题。❸ 新公约延续了 1974 年公约确立的波罗的海海洋环境保护委员会,并更新了委员会的内容。❹

赫尔辛基委员会是保护波罗的海环境的最主要的机构。赫尔辛基委员会是根据《保护波罗的海区域海洋环境公约》设立的,其目的主要在于通过丹麦、爱沙尼亚、欧洲共同体、芬兰、德国、拉脱维亚、波兰、俄罗斯和瑞典之间的跨政府合作,致力于保护波罗的海的海洋环境免受各种污染源的污染,恢复和维护波罗的海的生态平衡。可以说,赫尔辛基委员会是"波罗的海地区海洋环境保护大会"的管理实体。

赫尔辛基委员会在保护波罗的海方面具有非常重要的作用:首先,赫尔辛基委员会是波罗的海地区具体环境政策的制定者,它为波罗的海地区制定共同的环境目标和行动;❺其次,赫尔辛基委员会起到了作为一个环保联络点的作用,其提供了波罗的海环境状况及未来发展趋势的信息,同时提出采用何种措施以保护波罗的海环境,可以说赫尔辛基委员会为其他组织所作的针对波罗的海的决策提供了一个基础和平台;再次,赫尔辛基委员会同时也是一个致力于促进波罗的海发展的机构,它根据波罗的海发展的需要作出决策和建议,同时由自己或其他国际组织进行具体实施;复次,赫尔辛基委员会是一个专门的监督机构,其

---

❶ 《赫尔辛基公约》第 5—14 条。

❷ 《赫尔辛基公约》第 15 条。

❸ 《赫尔辛基公约》第 16 条。

❹ 《赫尔辛基公约》第 19—23 条。

❺ 《关于赫尔辛基委员会》,赫尔辛基委员会网站,http://www.helcom.fi/helcom/en_GB/aboutus/,最后访问时间:2010 年 5 月 26 日。

监督职能的主要作用是确保赫尔辛基地区的环保标准在整个波罗的海范围内得到充分的落实和实施;最后,从某种意义上说,赫尔辛基委员会是一个统筹机构,其目的在于发生重大的海洋事故时进行有效的多边合作。

根据《赫尔辛基公约》的规定,赫尔辛基委员会每年举行会议,并且不定期地举行部长级别会议。赫尔辛基委员会的日常工作主要由秘书处主持,赫尔辛基委员会会议主要由代表团团长和五个主要部分组成。

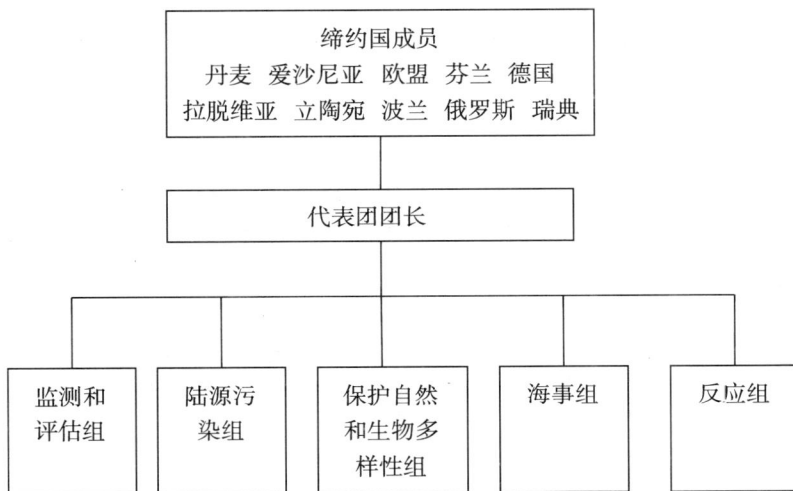

图5—3 赫尔辛基委员会工作结构图

具体来说,赫尔辛基委员会主要有以下几个方面的职责:对《赫尔辛基公约》的执行情况进行监督;就实现《赫尔辛基公约》的目的提出建议;确定控制和减少环境污染的标准、目的和措施;促进政府间组织的密切合作;接收、处理、总结和传播从各种渠道获得的相关科学技术和统计资料;促进科学和技术的研究。❶

根据《赫尔辛基公约》的规定以及赫尔辛基委员会的实际工作目的,赫尔辛基委员会确定了对波罗的海各个方面进行保护和监管的优先次序,具体来说,海

---

❶ 《关于赫尔辛基委员会》,赫尔辛基委员会网站,http://www.helcom.fi/helcom/en_GB/aboutus/,最后访问时间:2010年10月24日。

水的富营养化,尤其是农业生产导致的富营养化进行重点监管;对有害物质进行监管;对陆路运输部门的活动进行监管;对海上运输部门的活动进行监管;对渔业活动的环境影响进行监管;保护海洋和沿海地区的生物多样性;实施综合性的环境联合行动计划。❶

根据《赫尔辛基公约》的规定,赫尔辛基公约各缔约国的主要任务主要有:阻止公约附件一所列的有害物质由空运、水运或其他运输方式进入波罗的海区域;控制波罗的海区域海洋环境的陆源污染并将这种污染降到最低程度;限制有害物质和材料对环境的污染;就污染排放环境质量对含有有害物质和材料的产品生产及其使用等通过合作制定出专门计划、准则、标准和规章。

赫尔辛基委员会对上述各项义务十分关注,自 1980 年起就开始通过赫尔辛基委员会建议规定城市和工业污水排放标准和排放量,另外建议还致力促进科技研究以保证实施所采用的标准。在 1980—2000 年期间赫尔辛基委员会通过了 50 份建议以限制陆源污染物向波罗的海的排放。第一份建议是限制使用公约附件一所列的 DDT 及其衍生物 DDE、DDD、PCBs、PCTs 和镉。1982 年通过的赫尔辛基委员会第 3/2 号建议,目的是解决 DDT 的排放问题,该建议要求所有赫尔辛基公约缔约国的政府放弃使用和生产 DDT 及其衍生物,不管它们是纯产品还是化合产品,并不得在波罗的海国家的市场上销售。1985 年通过了赫尔辛基委员会第 6/1 号关于废除使用 PCBs 和 PCTs 的建议,提议停止生产 PCBs 和 PCTs 并从 1987 年起停止在波罗的海国家的市场上销售含有 PCBs 和 PCTs 的物品和设备。在 1987 年以前购买这些物品和设备的国家应建立专门的计划鉴别并标识正在使用中的含有 PCB 的物品和设备。1985 年通过了赫尔辛基委员会关于限制陆源镉的排放的建议,建议所有赫尔辛基公约的缔约国政府制定国家法规,限制镉在电镀颜料和安定剂中的使用,减少诸如含镉工业废水的排放或限制处理镉用水的使用,严格将含镉废水和其他废水分离应用,常规的和先进的技术对含镉废水进行有效的处理,从各种工业源排出的废水中镉的月平均浓度和质量不得超过建议的规定值。❷ 除限制各种有害物质的使用和排放,委员会还

---

❶ 《关于赫尔辛基委员会》,赫尔辛基委员会网站,http://www. helcom. fi/helcom/en_GB/aboutus/,最后访问时间:2010 年 10 月 24 日。

❷ 祁冬梅:《保护波罗的海——波罗的海环境保护委员会的作用》,《Ambio—人类环境杂志》2001 年第 5 期。

通过了关于收集雨水和工业废水的建议和城市、工业废水处理的建议。

通过以上各方面的努力,赫尔辛基委员会取得了非常显著的成就,主要包括以下几个方面:使有机污染物和富营养物质的排放得到了有效的减少;由于市政污水和工业污水的处理水平提高,被关闭的海水浴场越来越少;大气中氮沉降的含量显著减少;有机卤素化合物的排放量急剧减少,例如有毒的二噁英和呋喃,国家规定禁止类多氯联苯和DDT等有害物质;对工业进行更为严格的控制,工业排放许可已经是强制性的规定;加强对于海洋环境状态联合监测;促进海豹和白尾鹰数量的恢复;通过特别立法,更好地防止了船舶对波罗的海的污染,并且促进了与国际海事组织的联系与合作;采取有效措施消除船舶向波罗的海的非法排放;所有赫尔辛基公约的缔约国通过赫尔辛基委员会进行积极的合作,制订了一个主要的国际计划来应对海洋污染。❶

可以看出,《赫尔辛基公约》是一部典型的特别法,它不是照搬有关国际公约的规定并自动适用于有关国家,而是在国际一般法的基础上,通过制定完全适用于波罗的海的公约的方式来达到保护波罗的海环境的目的。❷

四、实施效果及其评价

通过赫尔辛基委员会各方面的努力,波罗的海海洋环境的保护取得了非常显著的成就,主要包括以下几个方面:使有机污染物和富营养物质的排放得到了有效的减少;由于市政污水和工业污水的处理水平提高,被关闭的海水浴场越来越少;大气中氮沉降的含量显著减少;有机卤素化合物的排放量急剧减少,例如有毒的二噁英和呋喃,国家规定禁止类多氯联苯和DDT等有害物质;对工业进行更为严格的控制,工业排放许可已经是强制性的规定;加强对于海洋环境状态联合监测;促进海豹和白尾鹰数量的恢复;通过特别立法,更好地防止了船舶对波罗的海的污染,并且促进了与国际海事组织的联系与合作;采取有效措施消除船舶向波罗的海的非法排放;所有赫尔辛基公约的缔约国通过赫尔辛基委员会

---

❶ 《关于赫尔辛基委员会》,赫尔辛基委员会网站,http://www. helcom. fi/helcom/en_GB/aboutus/,访问时间:2010年10月24日。
❷ 李海清:《特别法与渤海环境管理》,中国海洋大学2006年博士学位论文。

进行积极的合作,制订了一个主要的国际计划来应对海洋污染。❶

可以看出,《赫尔辛基公约》是一部典型的特别法,它不是照搬有关国际公约的规定并自动适用于有关国家,而是在国际一般法的基础上,通过制定完全适用于波罗的海的公约的方式来达到保护波罗的海环境的目的。❷

第三节 黑 海

一、黑海的自然地理状况

黑海是欧洲东南部和亚洲之间的内陆海,北纬 44°,东经 35°,面积 42.4 万平方公里,通过西南面的博斯普鲁斯海峡、马尔马拉海、达达尼尔海峡、爱琴海与地中海沟通。黑海东岸的国家是俄罗斯和格鲁吉亚,北岸是乌克兰,南岸是土耳其,西岸是保加利亚和罗马尼亚。克里米亚半岛从北端伸入黑海,而东端的克赤海峡把黑海和亚速海分隔开来。

黑海形似椭圆,东西最长 1150 公里,南北最宽 611 公里,中部最窄 263 公里,面积 42.2 万平方公里,海岸线长约 3400 公里。平均水深 1315 米,最大水深 2210 米。黑海有欧亚大陆的多条河流注入,其中比较大的有多瑙河、第聂伯河、聂斯特河和顿河,流域十分广泛。由于年降水量比较丰沛,使注入黑海的淡水量远大于蒸发量,淡化了表面的含盐量,在上下水层间形成密度飞跃层,阻止了上下海水间的交换,使黑海成为地球上唯一的双层海。

黑海是一个面积大并缺氧的海洋系统,在这个严重缺氧的环境中,只有厌氧微生物可以生存,它们的新陈代谢释放二氧化碳和有毒的硫化氢,因而黑海除边缘浅海区和海水上层有一些海生动植物以外,深海区和海底几乎是一个死寂的世界。同时硫化氢呈黑色,致使深层海水呈现黑色。

尽管黑海的海洋生物资源并不丰富,而且都集中在上层水面至 200 米深处,但黑海却有着丰富的天然气资源,黑海盆地可生成天然气水合物的面积占到整个黑海面积的一半以上。黑海天然气水合物稳定带的厚度依据海底深度变化而变化,海底深度越大,天然气水化合物稳定带的厚度越大。有两个区域的天然气

---

❶ 《关于赫尔辛基委员会》,赫尔辛基委员会网站,http://www. helcom. fi/helcom/en_GB/aboutus/,访问时间:2010 年 10 月 24 日。

❷ 李海清:《特别法与渤海环境管理》,中国海洋大学 2006 年博士学位论文。

水合物稳定带厚度最大。一个是多瑙河冲积丘中央,天然气水合稳定带厚度达865 米;另一个是高加索陆坡,天然气水合物稳定带厚度达 1000 米。

图5—4　黑海地理位置示意图

二、黑海的环境问题

人类不恰当的活动,加上黑海特殊的自然特征,使得黑海在 20 世纪八九十年代之前产生了严重的环境问题。

第一,注入黑海的河流给黑海带来了严重的污染。黑海流域十分广泛,有众多的国际河流注入,这些河流给黑海带来丰富水量的同时,也带来了大量的污染物,各种重金属、有机物、农药残留、生活垃圾等,其中最著名的多瑙河流经九个国家,之前由于缺乏跨国界的协调管理机制,各个国家都将污染物排入其中,使其成为黑海最大的陆源污染源。

第二,石油污染。船舶溢油,是黑海石油污染的主要原因之一。黑海是连接乌克兰、保加利亚、罗马尼亚、格鲁吉亚、俄罗斯西南部与世界市场的航运要道,石油的运输占了很大比重,由于船舶自身以及其他各种原因,溢油事故时有发生。另外,沿岸各国的石油工业也会造成石油污染。

第三,海水富营养化。生活污水,尤其是现在大量含磷洗涤物的使用,农业集约化的发展,大量农药的使用都随河水排入黑海,造成了黑海中有机物的富集,而黑海是内海,与外海大洋的海水交流缓慢,难以将有机物排出,从而加剧了黑海的富营养化问题。

第四,过度捕捞。黑海的捕鱼量 1985 年曾达到 85 万吨的高峰,因为污染,其后 5 年内下降到 30 万吨。渔业的过度捕捞改变了海洋的生物链系统,进而影响到其他生物,破坏了海洋底层的生境,从而造成了黑海生态环境的变化,削弱了其应对环境变化的能力。

第五,海岸带的生态破坏。黑海周边为六个国家所环绕,这些国家大量人口都生活在海岸带附近。人类在海岸带诸如围海造地、港口建设、建筑开发等许多活动,都破坏了海岸带原有的生态风貌,使得海洋纳潮等诸多功能退化,海岸带受到侵蚀。

三、黑海治理立法及其执行体制

黑海严重的环境污染和生态破坏问题,引起了黑海沿岸各国的高度重视,但黑海并不是一国的内海,周围被俄罗斯、乌克兰、格鲁吉亚、土耳其、保加利亚和罗马尼亚等六个国家环绕,其陆源污染并非来自于其中的某一个或某几个国家,不是一国之力所能解决的,需要沿岸各国,甚至是黑海流域的所有国家的通力协作。1992 年 4 月 21 日,黑海各沿岸国共同签署了《保护黑海免遭污染的公约》(又称《布加勒斯特公约》)。这个公约有正文、一个附件和三个议定书组成,制定得十分系统、完备,并且具有很强的可操作性,堪称多国共同应对区域海洋环境问题的立法典范。第一,它既承认并接受当前国际法的基本原则,又认识到了当前的国际公约未能全面地涵盖黑海污染问题的所有方面,尤其是来自第三国的污染。[1] 同时,它又强调要考虑被普遍接受的国际法的有关法规和规定,考虑到国际法中关于保护和保全海洋环境及其生物资源的原则和规定,还列举了《伦敦公约》(1972 年)、《巴塞尔公约》等[2]。第二,充分认识和明确地提出欧洲其他国家通过河流向黑海排放陆源污染也是黑海污染的重要来源,因此,在《布加勒斯特公约》关于地理范围的规定中,一方面规定只包括缔约国的领海和专属经济区,同时又规定在执行《布加勒斯特公约》的有关议定书中可以为了议定

---

[1] 《布加勒斯特公约》引言第 13 段。
[2] 《布加勒斯特公约》引言第 5、6 段。

书的目的在议定书中作出不同的规定。❶　第三,果断地将军舰和政府的非商业公务船排除在公约的适用范围之外,这样避免了国家主权和豁免责任方面的纷争,有利于公约的迅速通过,符合国际法的相关规定。第四,加强了紧急情况下污染预防的合作,并为此制定了《关于在紧急情况下防治石油以及其他有害物质污染黑海进行合作的议定书》。第五,《布加勒斯特公约》还规定要对有害物质的跨边界转移采取行动。《布加勒斯特公约》不仅对不同污染可能产生的损害及应采取的措施进行了分类,还十分关心有害物质的跨界转移,这在其他公约中是十分少见的。第六,公约还有三个议定书,对各种污染的防治标准进行了详细、严格的规定,包括《关于保护黑海环境免遭陆源污染的议定书》、《关于在紧急情况下防治石油以及其他有害物质污染黑海进行合作的议定书》和《关于保护黑海环境免遭倾废污染的议定书》。这些议定书十分详细地规定了防治各种污染的标准和要求。❷

为了加强对《布加勒斯特公约》的实施,在公约的第17条专门设立了一个独立的实施机关——黑海委员会,由黑海委员会管理与黑海相关的环境问题。公约实行的是独立的运行体制,而不是附属于缔约国一国或其中几个国家的机关来运行。这也是《布加勒斯特公约》中颇具特色的部分。由于黑海的流域十分广泛,周边有多条大河注入,这一点与我国的渤海十分类似,因此,黑海的运行体制对我国渤海立法建设具有很好的借鉴意义。

黑海委员会成员由每个缔约国选派,并可由副代表、顾问、专家协助。委员会主席由各缔约国按英文首字母顺序轮流担任,首任主席是保加利亚共和国的代表。委员会每年召开一次,主席应缔约国的请求召集特别会议。委员会的决议和提案要经过缔约方的全体一致通过才可被采用。委员会设立秘书处,为了协助秘书处的活动,委员会设立一个常设的秘书处,并提名执行主任和秘书处的其他官员,其组成人员从黑海沿岸国家中产生。为了委员会更好地履行其职能,公约根据国际法的基本原则赋予了委员会成员的外交特权和豁免权,同时,规定了委员会相应的责任。委员会具有执行其职能的法律能力。❸

黑海委员会的职能包括促进公约的执行,并将其工作情况通告给各缔约方;

---

❶　《布加勒斯特公约》引言第10段,第1条。
❷　李海清:《特别法与渤海环境管理》,中国海洋大学2006年博士学位论文。
❸　《布加勒斯特公约》第17条。

为实现公约的目的制定提议或建议;处理与公约执行相关的问题,根据公约和议定书的需要提出修正案,包括对公约和议定书的附件提出修正案;制定详细的预防、减少和控制黑海海洋污染的标准并消除污染对海洋造成的影响;促进各缔约方采纳保护黑海海洋环境所需的其他措施,并接受、处理和公布有关的科学、技术和统计信息,促进科学和技术研究;与国际组织合作,尤其是能够发展适当的项目或者获得援助以期实现公约目的;审议缔约国提出的相关问题。❶

通过以上对委员会的分析可以看出,在独立运行体制下,《布加勒斯特公约》实行的是集中的运行体制。它由黑海委员会集中行使关于保护黑海环境问题的一切权力,从公约中可看出委员会设立的目的即在于此。尤其值得注意的是,委员会的决定和建议要经过各黑海国家的一致通过,这体现了决定的高度一致性。这要求各缔约国协调行动,集中力量共同应对黑海环境问题,而不是要各个缔约国针对黑海环境问题单独行动,各自为政。委员会秘书处的设立就是为了集中协调、处理各缔约国间的纠纷,协助委员会的工作。

四、实施效果及其评价

在《布加勒斯特公约》的框架下,通过各缔约国的努力和区域间的国际合作,给黑海的海洋环境带来了复苏的迹象:❷原污染源投入黑海的污染量在减少;注入黑海的未处理的水量在减少;海洋漏油和溢油事件呈下降趋势;海洋水质的富营养化有所改善;藻类的爆发在程度和频率上都有所缓解;浮游动物的数量有所增加;上层海面生存的鱼类种群在增加。

黑海海洋环境的好转与《布加勒斯特公约》的良好执行有很大的关系,而《布加勒斯特公约》的成功有赖于黑海委员会的良好运行,这种独立运行体制下的集中运行体制具有以下优势:一、独立公正运行,不受各缔约国自身私利的羁绊。黑海委员会是独立于该公约各缔约国的主权之外的,在落实公约各项措施的时候,可以避免分散运行体制下,缔约国一方对他方主权的干涉,产生国际法上的纠纷;另外,独立于各国的委员会可以公正地处理各缔约国间的权利义务,容易为各缔约国所接受和执行,从而提高执行效率。二、集中运行可以最大限度

---

❶ 《布加勒斯特公约》第 18 条。

❷ http://www.blacksea-commission.org/_environment.asp,访问日期:2010 年 10 月 24 日。

地进行国际协作。黑海环境问题的产生本来就是跨流域、跨国界的,如果单凭某一个或某几个国家之力,难以全面、迅速地解决此问题,往往力不从心。而通过黑海委员会这样一个独立的、集中运行的执行机构,可以最大限度地协调各个缔约国之间的行动,促成跨流域、跨国界的国际合作,通过各缔约国间的联合行动更好地解决黑海环境问题。三、权责明确。在集中运行体制下,黑海的所有环境问题都由该委员会管辖,委员会可以采取它认为合适的行动来应对环境问题。同时,黑海的环境改善的责任也都落在了委员会的身上,如果不能有效地解决黑海的环境问题,委员会也没有部门间责任的推诿和扯皮。四、议事规则简单、明了。权力的集中运行,对于措施的落实会更加有力度,避免了分散运行下的繁杂、拖沓。公约规定,对于委员会的决定和建议要由黑海国家一致通过。五、执行人员行使职权有保障。公约规定委员会的代表、副代表、顾问、专家根据国际法的原则享有外交特权和豁免权,免除了执行人员因为行使职权受到缔约国责任追究的可能,为执行人员职责的履行提供了有力的保障。

第六章　国内外流域立法的执行体制

目前,以流域为基本地理单元对河流进行治理是国际上较为通行的经验。许多国家和地区针对本国或跨国界区域范围的河流所存在的环境、资源与生态保护问题,进行管理上的尝试与创新。这些国家和地区大都通过流域治理公约或者立法,确立一系列行之有效的流域立法执行体制,并通过执行体制的有效运作,为整体流域环境、资源与生态的保护发挥了巨大作用,在流域治理过程中作出了不可磨灭的贡献。其中一些流域立法执行体制的成功经验,成为其他国家和地区实施流域管理时学习与借鉴的榜样。在本章,我们主要选择欧洲的莱茵河、美国的田纳西河以及我国的淮河三条河流作为评介的对象,一方面对相关国家在其河流治理时中所采取的立法、执行体制、治理措施以及实施效果等情况的正面介绍;另一方面,对我国在实施淮河治理过程中存在的问题进行剖析,特别是在有关淮河流域治理执行体制设置上的一些经验教训予以总结,以期能为我国渤海环境、资源与生态治理提供有益借鉴。

第一节　莱茵河

一、莱茵河流域的自然地理状况

莱茵河,发源于瑞士境内的阿尔卑斯山北麓,全长 1320 公里,是欧洲第三大河(继 Wolga 河和 Donau 河之后),流经瑞士、法国、德国、卢森堡、荷兰、比利时、奥地利、列支敦士登、意大利等九个国家,最后在荷兰鹿特丹附近汇入北海。流域面积 18.5 万平方公里,其中德国约 10 万平方公里,荷兰约 2.5 万平方公里,平均流量 2200 立方米/秒。流域内平均降水 1100 毫米,降水变化在 500—2000 毫米之间。❶ 莱茵河水量丰富,常年自由航行里程超过 700 公里,是世界上最繁

---

❶ 黄真理:《莱茵河环境保护的跨国协调和管理》,《科技导报》2000 年第 5 期。

忙的航道之一。莱茵河流域人口约5400万。日益增长的城市化特征,使人口逐渐向城市区域聚集,聚集区基本上位于干流或干流与运河连接的地区。莱茵河为约2000万人提供饮用水源,其水质保护一直为沿岸国家,特别是下游国家所关注。莱茵河上德国的杜伊斯堡和荷兰鹿特丹分别是世界上最大的河港与海港。从巴塞尔到鹿特丹,莱茵河沿岸逐步发展成为欧洲的经济带。德国的很多重要城市如法兰克福、波恩、科隆、杜塞尔多夫等都分布在莱茵河两岸,同时,在莱茵河沿岸还分布着包括鲁尔区在内的六个重要的工业区。作为欧洲最重要的河流之一,它发挥着航运、发电、供水、旅游、灌溉、生态保护等多项服务功能。

图6—1 莱茵河流域地理位置示意图

二、莱茵河流域的环境问题

莱茵河生态环境十分优美,早在200年前,德国浪漫主义时期的诗人和思想家们就被莱茵河的魅力所倾倒,为她奉献了无数美丽的诗篇,因此有了"200年莱茵浪漫"一说。但是,在二战结束后,欧洲各国为了实施战后重建,快速发展经济,以及随着人口的激增,对莱茵河的环境与生态造成巨大压力。莱茵河的水质在 20 世纪 50 年代初时还比较清洁,人们可以在河里游泳。但从 50 年代末开起,河水受到一定程度的污染,作为河流主要的生物种类——大马哈鱼开始死亡;到了 60 年代以后,水质更加恶化。1971 年夏天,在德国的美因河支流汇入莱茵河的河口到科隆这段大约 200 公里长的河段,鱼类几乎完全消失,科布伦茨市附近的河水中溶解氧几乎为零。❶ 总体来讲,莱茵河的环境问题主要体现在以下三个方面:

(一)水污染问题

自 1850 年起,由于莱茵河沿岸人口增长和工业化加速,越来越多的有机物和无机物排入河道,氯负荷迅速增加。❷ 第二次世界大战后,随着工业复苏和城市重建,莱茵河水质开始恶化。在德国,大批能源、化工、冶炼企业同时向莱茵河索取工业生产用水,同时又将大量废水排进河里。仅在德国段就有大约 300 家工厂把大量的酸、漂洗液、染料、铜、镉、汞、去污剂、杀虫剂等上千种污染物倾入河中。此外,河中轮船排出的废油、两岸居民倾倒的污水、废渣以及农场的化肥、农药,使水质遭到严重的污染。据估计,河水中各种有害物质累计达 1000 种以上。同时,在莱茵河两岸大量的垃圾堆放场对周围的土壤和地下水的污染,也给莱茵河周边生态环境造成毁灭性的破坏。到 20 世纪 70 年代初期,莱茵河绵延几百公里都是死气沉沉的。而突发化学污染事故和发达的航运进一步加剧化学危险物品和船舶对河水的污染。其中,最为典型的一起事例发生在 1986 年 11月 1 日,瑞士桑多兹化学工业仓库失火,杀虫剂仓库被毁,约 1246 吨的农业化学物质和灭火用水混合起来流进了莱茵河,有毒物质形成了长达 70 公里、呈微红色污染带,浩浩荡荡向下游流去。次日,化工厂为防止污染进入莱茵河,临时用塑料塞堵住下水道。不料,几天后,塞子在水的压力下脱落,几十吨有毒物质再一次流入莱茵河后,进一步加剧莱茵河的污染。事故造成约 160 公里范围内多数鱼类死亡,约 480 公里范围内的井水受到污染影响不能饮用,沿河 40 座水工程被迫停止从河中取水,莱茵河水完全失去了使用功能。由于环境与生态保护

---

❶ 黄真理:《莱茵河环境保护的跨国协调和管理》,《科技导报》2000 年第 5 期。

❷ 王同生:《莱茵河的水资源保护和流域治理》,《水资源保护》2002 年第 4 期。

措施远远落后于经济发展速度,莱茵河水质受到严重污染,被称为"欧洲的下水道"❶,也有人称其为"欧洲的公共厕所"。足见当时莱茵河污染情况之严重。

近几十年来,莱茵河沿岸国家纷纷制定工业废水和垃圾排放法规,经济上从重工业向轻工业转型,通过建立大量的污水处理厂以及采取植树造林等净水工程,有效地控制了点源污染,莱茵河的水质逐渐得到恢复与改善。但水污染防治仍然面临严峻的挑战,面源污染没有得到根本好转,河水中的氮磷等营养物质仍然较高,河床底泥中的重金属含量和六氯苯等仍居高不下。

(二)生物多样性减损

莱茵河流域生物多样性减损的原因主要有两个方面:一是随着莱茵河水质的急剧恶化,水域中的生物也急剧减少。在污染最严重的时期,如1971年秋季低水时期,城市附近的河水实测溶解氧降至1毫克/升,由于缺氧,水生生物在被污染的河段几乎绝迹。特别是莱茵河流域相继发生了一连串环境污染灾难,对莱茵河周边生态环境造成毁灭性的破坏。二是由于长期以来莱茵河河岸生态系统的人工化管理,特别是由于河道改造致使莱茵河河岸森林、自然漫滩、河边植被和湿地等典型生态系统遭受了巨大的破坏,其自然特性逐渐丧失殆尽,漫滩、河岸结构发生了不可逆转的变化,各种生物生长繁殖的栖息地也逐渐退化,加速了生物种群的消失。同时,一些洄游鱼类等水生生物种群因堤坝的建设在数量上急剧下降,甚至消失。

河道污染和不适当的人类活动造成了生态环境的退化和生物多样性受损,水污染事件的发生加速了生物的灭绝。尽管近几年来采取了大量的措施恢复河流生态系统,生物多样性的恢复取得了一定的成效,但鲑鱼和其他鱼类等生物都没有达到稳定的种群动态平衡状态。而且,生物多样性的恢复不仅仅要求水质的改善,更主要的是要求对河流生态系统进行回归自然的改造。这毫无疑问将是一个需要几十年甚至更漫长的过程,需要长期不懈的努力。

(三)洪水泛滥

洪水灾害一直是危及莱茵河经济和社会功能的一个大问题,是莱茵河保护与治理中的重要挑战之一。流域性洪水问题在历史上和最近几十年来都十分突出,莱茵河先后于1882—1883年、1988年、1993年和1995年发生了流域性大洪

---

❶　周刚炎:《莱茵河流域管理的经验和启示》,《水利水电快报》2007年第3期。

水。在 1993 年、1995 年的洪水中,莱茵河沿岸许多城市被洪水淹没。1993 年的洪水造成荷兰沿河大堤溃决,约 25 万人被迫迁移,损失达数十亿欧洲货币单位,给经济社会的发展造成了巨大影响。之所以洪水如此泛滥,一个重要原因是人类对河流自然形态的干预。主要表现在:河岸原有自然形态的人为改变,流域内土地利用的急剧扩张,水利和航运基础设施建设的发展以及对沿河地区土地的侵占,这种改变和扩张破坏了冲积平原区的原有结构,导致天然洪泛区域不断减少,降低了防御洪灾的能力,使得洪水泛滥的危险进一步增加。❶ 尽管目前对莱茵河大部分河段和主要支流进行生态恢复性治理,但只有部分河段保留了原有的自然状态,其自然防洪特性远不如从前。

三、莱茵河流域治理公约及其执行体制

(一)莱茵河流域治理公约

面对莱茵河严重的环境污染与生态危机,为保护莱茵河水质不受污染,恢复莱茵河流域生态,防治洪水,1950 年,瑞士、法国、卢森堡、德国和荷兰等九个国家联合起来,成立了保护莱茵河国际委员会(International Commission for the Protection of the Rhine,简称 ICPR),并设立了保护莱茵河防治污染论坛,交流、讨论和寻求解决莱茵河水污染的途径。1963 年,在保护莱茵河国际委员会框架下签订了合作公约,奠定了共同治理莱茵河的合作基础。当时其主要任务为:对莱茵河的污染从性质、程度和来源等方面进行详细的分析,并对结果进行评估;提出保护莱茵河的行动计划;制定国际公约。1976 年,欧洲共同体加入这个协定,使保护莱茵河国际委员会在欧洲更具广泛性。《莱茵河保护国际公约》无疑是莱茵河保护公约中最有影响的一个,该公约于 1999 年 4 月 12 日在波恩由德国、法国、卢森堡、荷兰、瑞士以及欧盟共同签订。其目的是希望结合莱茵河的水流、滨岸及冲积区的主要特点,加强国际理解与合作,实施全面治理和修复措施,使莱茵河的生态系统恢复到可持续发展的水平。

《莱茵河保护国际公约》的适用范围如下:(1)莱茵河;(2)与莱茵河相关联的地下水;(3)莱茵河水生和陆生生态系统;(4)莱茵河流域及可能向莱茵河输

---

❶ 姜彤:《莱茵河流域水环境管理的经验对长江中下游综合治理的启示》,《水资源保护》2002 年第 3 期。

送污染物的地区;(5)对莱茵河沿岸防洪有重要意义的地区。❶ 为了实现莱茵河流域水质的根本改善和生态的好转,《公约》提出了以下目标:(1)实现莱茵河生态系统的可持续发展;(2)保护莱茵河成为饮用水的安全水源;(3)改善河流沉积物的质量,保证在疏浚时不对环境造成严重危害;(4)结合生态要求,采取全面的防洪保护措施。为实现这些目标,《公约》提出各成员国可以采取的主要措施有:(1)保持和改善莱茵河水质,尽可能防止、减少点源和面源污染,保证并提高工业设备的安全,防止发生意外事件和事故;(2)保护生物多样性;(3)保持、改善和恢复河流的自然功能;(4)保持、改善和恢复野生动植物栖息地,改善鱼类的生存条件和恢复其洄游通道;(5)保证水资源得到有利于生态的合理管理;(6)在对水道进行工程开发(包括防洪、航运或水力发电)时考虑到生态方面的要求。❷

除《莱茵河保护国际公约》外,保护莱茵河国际委员会自成立以来,与有关国家协调一致,先后签署了一系列的莱茵河环保公约,这些公约对莱茵河的环境治理起到了巨大作用。主要包括:

1.《防治化学污染公约》(1976 年签署)。公约要求各成员国建立监测系统,制定监测计划,建立水质预警系统。公约还规定了某些化学物质的排放标准。ICPR 还呼吁并建立了不同工业部门的协调工作方式,采用先进的工业生产技术和城市污水处理技术,减少水体和悬浮物的污染。

2.《防治氯化物污染公约》(1976 年签署)。公约确定的治理目标是减少德国—荷兰跨国边界的水体盐含量,使河水盐浓度不超过 200 毫克/升氯化物。❸由于经费原因导致逐步减少氯化物污染的工作失败。1991 年部长级会议签署了一个更有效的方案作为防治氯化物污染公约的附加条款,该方案获得成功。

3.《防治热污染公约》(未签署,但已执行)。20 世纪 70—80 年代,ICPR 各成员国强调莱茵河沿岸的电站和工厂必须修建冷却塔,确保排放水温低于规定值。1988 年各国部长们达成一致,公开宣布莱茵河必须防止热污染。如今,莱茵河的热污染已经得到解决,不再成为重要问题。

4.《莱茵河 2000 年行动计划》(RAP)。1987 年 9 月 30 日,ICPR 成员国部

---

❶ 《莱茵河保护国际公约》第 2 条。

❷ 《莱茵河保护国际公约》第 3 条。

❸ 自然情况下的盐含量小于 100 毫克/升。

长级会议通过了《莱茵河 2000 年行动计划》,确定了 2000 年达到的目标。主要包括以下几个方面:(1)整体恢复莱茵河生态系统,使水质恢复到原有物种如大马哈鱼、鳟鱼能够洄游的程度,以 2000 年大马哈鱼回到莱茵河作为治理效果的标志,故又称"Salmon2000"计划。(2)莱茵河继续作为饮用水源地。(3)减少莱茵河淤泥污染,达到使淤泥能够用于造地或填海的程度。(4)全面控制和显著减少工业、农业(特别是水土流失带来的氮磷和农药污染)、交通、城市生活产生的污染物输入。(5)对工厂中危及水质的有害物质,应按要求进行处理,防止突发性的污染。(6)改善莱茵河及其冲积区内动植物的生态环境。

5.《防洪行动计划》(1998 年签署)。1993 年、1995 年莱茵河发生洪水,沿岸很多城市被淹,数十万人被疏散,损失达数十亿欧洲货币单位。1998 年 1 月 22 日,莱茵河部长会议通过"莱茵河防洪行动计划"(投资 120 亿欧元)。该行动计划的原则是通过水域管理、城镇规划、自然保护、农业和林业建设、预防等综合措施解决洪水问题。主要目标是:(1)减少灾害风险,2000 年维持风险不增加,2005 年风险减少 10% ,2020 年减少 25% ;(2)降低下游淹没区洪水位,2005 年降低 30 厘米,2020 年降低 70 厘米;(3)为洪水淹没区和受洪水威胁的地区绘制风险图,以增强洪水意识,2000 年完成 50% ,2005 年全部完成;(4)完善洪水预报系统,延长洪水预报时间,2000 年达到 50% ,2005 年达到 100% 。

(二)莱茵河流域治理公约的执行体制

莱茵河流域治理公约主要是依托保护莱茵河国际委员会来开展工作的。莱茵河的合作也主要是在该委员会的框架下开展的。委员会采用部长会议决策制,由每年定期召开部长会议作出重要决策,明确委员会和成员国的任务,决策的执行是各成员国的责任。委员会常设三个工作组和两个项目组,进行委员会决策的准备和细化,分别负责水质监测、恢复重建莱茵河流域生态系统以及监控污染源等工作。委员会常设的秘书处负责委员会的日常工作。目前,保护莱茵河国际委员会秘书处位于德国的科布伦茨,编制九人,现有八人,每年预算 80 万欧元,每年仅召开各类会议就达 60 多次。

保护莱茵河国际委员会的主要目标包括以下五个方面:(1)莱茵河生态系统的可持续发展;(2)保证莱茵河水用于饮用水生产;(3)河道疏浚,保证疏浚材料的使用和处理不危害环境,改善河流沉积物的质量;(4)防洪;(5)改善北海和沿海地区水质。为实现既定目标,委员会的任务主要有:(1)编制莱茵河生态系统的国际观测计划及研究项目,并将研究成果投入使用,必要时与国际机构合作;(2)提出各类项目建议书和措施规划,进行项目预算和资金筹措;(3)协调各缔约方的莱茵河预警和警报计划;(4)评估已实施生态措施的有效性;(5)向缔约国提交年度工作报告;(6)编制、发布莱茵河健康状况公报和其他工作成果。

　　作为公约各缔约方在莱茵河流域治理保护中的义务主要是:(1)加强合作,互通信息,特别是在各自境内采取的保护莱茵河措施的情况;(2)根据合作协议,各方实施各自境内莱茵河生态观测和研究工作,并将成果报委员会;(3)为了确定污染的原因和责任方,各方应进行必要的调查工作;(4)各方应当在各自境内自行采取必要措施,保证做到:①对可能影响水质的污水排放,应先取得排放许可,或遵照限量排放的规定;②逐步减少有害物质的排放量,直至完全停止排放;③遵守排放许可制度或限量排放的一般规定,排放时接受监测;④尽量降低意外事件或事故引发的污染风险,并在紧急情况下采取应急措施;⑤可能会对莱茵河生态系统产生严重影响的技术措施应提前送审,确认其符合相关规定。(5)为履行委员会作出的决定,各方应在各自境内采取相应措施;(6)如遇可能威胁莱茵河水质的意外事件或事故,或在即将发生洪水的情况下,根据委员会负责协调预警和警报计划的规定,当事国家应立即通知委员会以及可能会受影响的缔约国。

四、实施效果及其评价

　　通过几十年来对莱茵河的有效治理和保护,莱茵河流域的生态环境得到显著改善。以水中溶解氧饱和度为例,1971年时低于40%,如今能达到90%以上。从实施《莱茵河2000年行动计划》以来,经过流域内各国持续不断的努力,已经达到所期待的目标。对氮、磷等营养物质和非点源污染达到了有效控制,以防止北海或莱茵河局部的富营养化。从80年代中期以来,重金属污染已逐步解决,水体中的重金属浓度保持在较低的水平,但泥沙中的重金属含量仍然偏高。在有机污染防止方面,由氯化物带来的有机污染在1990年还比较高,现在已显著下降,AOX(可吸收有机氯化物的综合指标)从10下降到2左右(Tonnen/Tag),降低了约82%。1987年签署的《莱茵河2000年行动计划》要求所有污染物质必须在1995年达到50%以上的削减率,这一目标在1992年就已全部实现。该计划所要求的于2000年大马哈鱼、鲑鱼等洄游鱼种回到莱茵河作为治理的阶段性目标也已实现。

莱茵河流域经历了"先污染、后治理"、"先开发、后保护"的曲折历程,其治理代价无疑是巨大的,但是,其治理效果也相当显著。莱茵河流域治理的经验已经成为中国乃至世界许多国家在实施流域综合治理的学习榜样,许多经验值得我们借鉴。

(一)建立具有独立性、权威性的流域保护机构对跨国/省河流流域进行一体化管理

众所周知,环境污染是不分边界的,莱茵河沿岸各国在这样的共识下,成立了保护莱茵河国际委员会,对这条多国河流实施统一管理。在对莱茵河流域整体生态环境的负荷量和承载力进行科学评估的基础,对莱茵河流域实施统一规划、统一行动、统一排放标准,确保各沿岸国在从事与莱茵河有关行动中,能够协调一致,从而有利于莱茵河流域治理目标的实现。渤海作为我国的内海,渤海区域内的各河流流域所涉行政区域均在中华人民共和国领域范围内。作为一个整体的行政区,制定区域污染防治和生态保护的总体规划,建立一个独立的、把全流域作为一个整体空间来考虑的治理机构具有天然的优势和条件。流域内各省、自治区、直辖市应当把经济发展和环境、资源与生态保护进行统一协调,并进一步强化流域内各省、直辖市、直治区在渤海环境、资源与生态保护中的责任与义务,加强参与者之间的相互合作,促进渤海区域内环境、资源与生态系统良性循环和可持续发展,实现对区域生态系统的统一、高效管理。

(二)建立有效的协商、沟通与信息交流机制与平台

莱茵河作为一条跨国界的河流,要对其实施有效的管理,使其决策得到有效的执行和落实,就必须确保在决策过程中,充分关注和考虑流域内各利益相关方的利益诉求,对各相关方在水资源保护与管理中的利益分配提供有效的沟通交流与合作机制,从而有利于促进政策与规定能够在流域内得到有效的实施。

(三)增强相关环境保护法律的可操作性

为保证统一的流域治理规划目标的实现,就必须有相应的法律作保障,依法行事。同时,要求立法的内容必须明确具体,具有较强的可操作性。

第一,制定科学的水质标准,严格执行环保法律法规,控制污染物排放。如1976年委员会先后通过了《莱茵河防治化学污染公约》以及专门的《防治氯化物公约》,前者包括了许多细节,提供了消除危险物质和减少污染物的步骤、最佳技术或适用办法,并明确了排放标准。同时这些标准并非一成不变,而是随时间的推移和客观环境的变化,不断进行更新和调整。在 1986 年,当时只制定了 12 种物质的排放标准,然而到 1995 年,就已经增加到 47 中。在水质分级管理方面的要求很细,四类水质标准分为七个等级。同时用总有机碳(TOC)作为判断水质有机污染的标准,在测定的准确性方面比我国目前使用的 COD、BOD5 效果更好。

第二,积极探索采用经济手段促进对流域污染的防治。ICPR 出台了一系列的配套政策,特别是在排污收费制度改革、主要污染物排污权交易试点以及建立环境税收和流域上下游经济补偿机制等方面制定具体要求。

第三,使法律目标内化于企业行为。保护委员会通过"责任到户"的方法把治理工作具体到主要污染户。委员会曾制订一项以处理家庭和工业废水为重点的工作计划,其中包括了评估治污进程的内容,在监测成果中,列出了超标企业名录。据德国有关人士称,企业非常担心自己被列入超标企业名录,因为这样会影响他们企业的形象和产品的销路。当企业意识到自己的声誉、社会形象、产品和经济利益与企业的环保行为密切相关,他们就会自觉为企业发展制定很高的环境目标,实行清洁生产和废物再利用,发展污水处理技术,以避免企业因自身行为引发环境灾难对企业的生存发展产生不利影响。

莱茵河作为跨国性河流,在管理上经历了曲折的过程。莱茵河流域生态系统恢复不仅在短时期内难以实现,付出的代价也将十分高昂,需要经过各国密切协作才获得成功。莱茵河的成功经验对我国的渤海区域内的生态环境治理提供了很好借鉴与启示。目前我国的流域治理普遍缺乏有效的立法与执行体制。以渤海为例,由于缺乏有效的流域治理法律法规,使得执法主体难以对区域内的生态、环境、资源保护进行有效的监督和管理。同时,渤海区域环境治理多是基于行业管理基础上的分散的海洋执法体制,各机构、各部门在实施环境执法时,往往互不隶属,各自为政,缺乏一个具有权威性和独立性,享有决策权和执行权,对流域内的各利益相关方能够进行有效的协调与利益整合的渤海区域环境保护机构。因而,也就难以真正承担起渤海区域环境治理的职责。因此,未来的渤海区域治理应该以加强法律法规建设和确立高效、权威的执行体制为基本方向,来实现对渤海流域环境、资源与生态的真正保护。

第二节　田纳西河

一、田纳西河流域的自然地理状况

田纳西河位于美国东南部,源于阿巴拉契亚高地西坡,由霍尔斯顿河和弗伦奇布罗德河汇合而成,向西汇入密西西比河的支流俄亥俄河,是密西西比河的二级支流,全长约 1050 公里,是美国第五大河,流域面积 10.5 万平方公里,地跨田纳西、弗吉尼亚、北卡罗来纳、佐治亚、阿拉巴马、肯塔基和宾夕法尼亚七个州。[1]主要流经阿巴拉契亚高原区,上中游河谷狭窄,落差较大,多急流,水力资源丰富,仅能通行小汽轮。下游河谷较开阔,从帕迪尤卡至弗洛伦斯之间 450 公里河道,通航便利。流域内雨量充沛,气候温和,年降水量在 1100—1800 毫米之间,年平均降水量约 1320 毫米。河口平均流量 1800 立方米/秒。但水位季节变化较大,河流的主汛期为 12 月至次年 4 月中旬,冬末春初降雨较多,易造成洪水泛滥;夏秋降水较少,水位较低。田纳西河流域的气候条件非常有利于棉花的生长和成熟,再加上田纳西河又可以为灌溉提供充足的水源,棉花生产的自然条件比较有利,所以田纳西河流域很早就开始种植棉花,成为美国重要的棉花带。同时,流域内还蕴藏有丰富的煤、铁、铜等矿产资源。

二、田纳西河流域的环境问题

在田纳西河流域,早期的环境问题主要表现为由于长期缺乏治理,经常暴雨成灾,洪水泛滥。19 世纪后期,流域内人口激增,开始对流域内的资源进行大规模的掠夺式开发,带来一系列的生态问题和社会问题。如植被破坏,土地退化,水土流失,环境污染等。在 20 世纪 30 年代,田纳西流域是美国最贫穷落后的地区之一,人均年收入仅为 100 多美元,是全国平均水平的 40%。田纳西河流域的生态环境问题主要表现在三个方面:

一是土地退化。田纳西河流域是美国的老棉花带,但棉花是一种对地力消耗较大的作物,区域内长期高强度种植棉花,导致土壤肥力急剧下降,土地退化

---

[1] 谈国良、万军:《美国田纳西河的流域管理》,2002 年中国水利杂志专家委员会会议暨水资源管理与可持续发展高层研讨会论文。

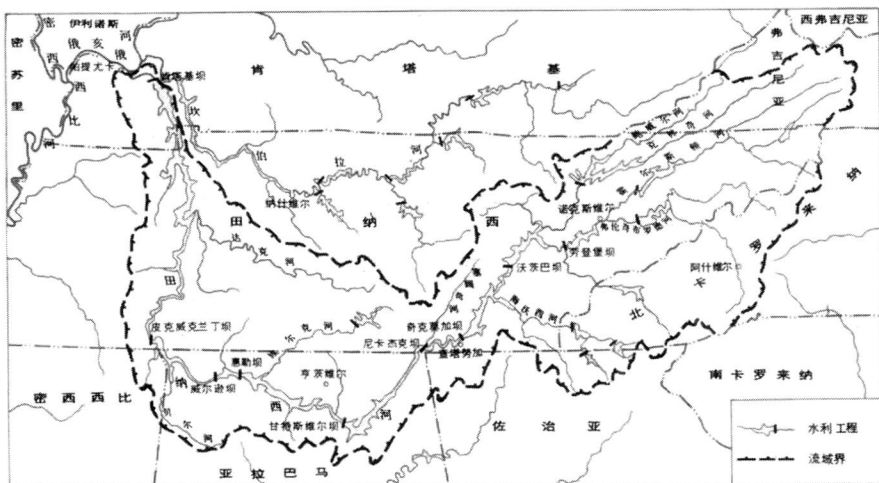

图6—2　田纳西河流域地理位置示意图

严重,一些地区的土地十分贫瘠。

　　二是植被破坏。由于土地肥力的降低,为满足日益增长的人口对粮食的需求,人们开始大面积砍伐森林,以扩大耕地面积。同时,由于采矿业的迅速发展,为了获取炼铜所需的木炭,大片的森林被砍伐,再加上矿山开采本身对地表植被的破坏,其结果是导致水土流失日益严重,洪水泛滥,生态环境不断恶化。

　　三是环境污染。在田纳西河流域,矿产资源丰富,主要有煤、铁、铜、磷、锌、云母等。一些采矿企业,特别是炼铜企业大量排放高浓度的二氧化硫,形成酸雨,污染了土壤和水体。另外采矿企业在生产经营过程产生的大量固体废物,也对周边生态环境造成不利影响。流域内原有的一些生物开始消失绝迹,引发一系列的生态与环境问题。

三、田纳西河流域管理立法及其执行体制

(一)田纳西河流域管理立法

　　田纳西河流域的开发始于20世纪30年代。当时的美国正发生严重的经济危机,新任总统罗斯福为摆脱经济危机的困境,决定实施以扩大需求为基本内容的"新政"政策。"新政"为扩大内需开展的公共基础设施建设,推动了美国历史

上大规模的流域开发。田纳西河流域被当作一个试点,即试图通过一种新的独特的管理模式,对其流域内的自然资源进行综合开发,达到振兴和发展区域经济的目的。

由于美国是联邦制国家,州的权力很大,田纳西河流域地跨七个州,要实现对田纳西河流域的统一开发管理,没有立法保证是难以想象的。为了实现对田纳西河流域内的自然资源进行全面的综合开发和管理,1933 年 5 月 18 日美国国会通过了《田纳西流域管理法》(《*Tennessee Valley Authority Act*》),为整个流域实施依法管理提供法律支持。

(二)田纳西河流域管理机构的设置

1. 机构的设立、组成

依据《田纳西流域管理法》,成立田纳西流域管理局(Tennessee Valley Authority,简称 TVA),作为田纳西流域管理法的执行机构。TVA 成立时,美国总统罗斯福向国会提出,TVA 为一个充分享有政府权力的机构。据此,TVA 被确定为联邦政府一级机构,行政上不受流域内各州政府的管理,并赋予该机构对流域内的所有资源开发利用及统一管理的权力,具体包括水力发电、水利工程、航运、渔业等方面的统一开发与管理。这样使田纳西河流域实现了对自然资源的统一管理,为田纳西河流域的有序开发奠定了体制基础,保证了田纳西河流域开发和治理的高度统一与长期稳定。❶ 经过多年的努力,田纳西河流域的开发和治理都取得了显著成效,TVA 在管理上也形成了独特的风格。在此过程中,《田纳西流域管理法》为流域的统一管理提供了法律保证,是整个流域管理的基础和保障。

立法首先对田纳西河流域的管理机构及其职责做了明确规定。根据立法,田纳西河流域管理的主要机构是田纳西流域管理局。它既是联邦政府部一级的机构,又是一个经济实体,是具有私人企业主动性和灵活性的法人实体。田纳西流域管理局按公司形式设置,成立董事会,设有三个董事,由美国总统提名、国会批准,总统任命,任期九年,每三年更换一位董事,董事会主席由三名董事轮流担任。董事会直接向总统和国会负责,代表国会和联邦政府全权负责整个流域管理局的管理和运营,其下属机构由董事会自主设置。目前,董事会下设一个由

---

❶ 吕彤轩、丁化美:《田纳西河流域管理介绍》,《中国三峡建设》2004 年第 5 期。

15 名高级管理人员组成的执行委员会,委员会各成员分别主管某一方面的业务。其内设机构根据业务需要不断调整。前期根据自然资源综合开发的需要,设置有农业、工程建设、自然资源保护等机构,之后根据发展电力的需要,又增设电力建设与经营等方面的机构。TVA 在雇员方面,拥有一支包括规划、设计、施工、科研、生产、运营和管理等方面的专业队伍,人数最多时曾达到 4 万多人,目前的雇员人数仍有 1 万多人。在资金方面,TVA 成立初期,政府通过开发项目拨款的方式给予其巨大的财政扶持。另外,TVA 还通过贷款、发行债券等方式,向社会筹措资金。到目前,TVA 已拥有 48 座各类电站,年销售额在 1000 亿美元左右,是全美最大的电力生产商,其利润部分上缴联邦,另外还将每年销售额的5% 分配给流域各州,电力赢利使流域开发形成了良性循环。

根据《田纳西流域管理法》和 1972 年 10 月 6 日颁布的《联邦咨询委员会法》,田纳西河流域还设有一个地区资源理事会,设立该机构的目的是促进地方参与流域管理。目前理事会约有 20 名成员,包括流域内七个州的州长指派的代表,电力系统配电商的代表,防洪、航运、游览和环境等受益方的代表,地方社区的代表等。对 TVA 的建议,理事会通过投票实行多数决,同时,也尊重少数代表的意见,这些意见将会传达给 TVA。理事会虽然是咨询性质的,但因其成员构成的权威性和代表性,它的意见对 TVA 也能产生重大影响。理事会为 TVA 与流域内各地区提供了交流协商渠道,促进流域内各地区的公众积极参与流域管理。"这种咨询机制对 TVA 的行政决策起到了重要的参考和补充作用,有利于改进管理,也符合现代流域管理的公众参与和协商的发展趋势。"❶田纳西流域管理体制见图 6—3:

2. 权限与职责

流域管理局拥有规划、开发、利用、保护流域内各项自然资源的广泛权力,统一指挥流域内的水电工程、洪水控制、土地保护、植树造林、土地休耕、河流净化和通航以及多种小工业的建造等事宜,对整个流域的经济和社会发展具有重大影响。根据立法,田纳西流域管理局被授予了很大的独立自主权。主要包括:(1)独立的人事权:董事会可自主选择官员和雇员,不按公务员的模式聘用、解雇人员。(2)对土地的征用权:有权以美国政府名义征用土地,在法律许可情况

---

❶ 杨桂山、于秀波等:《流域综合管理导论》,科学出版社 2006 年版,第 108 页。

```
                        ┌─────────────────┐
                        │  田纳西流域管理局  │
                        └─────────────────┘
                                 │
                                 ▼
┌──────────────┐         ┌─────────────┐         ┌──────────────────┐
│ 总统提名、任命 │────────▶│   董事会     │◀────────│  地区资源理事会    │
│  国会通过     │         │(由 3 名董事组成)│         │ 20 名成员（由流域内 │
│              │◀────────│             │         │ 7 个州及各相关利益   │
└──────────────┘         └─────────────┘         │  方的代表组成）    │
                                 │                └──────────────────┘
                                 ▼
                        ┌─────────────────┐
                        │    执行委员会     │
                        │(由 15 名高级管理人员组成)│
                        └─────────────────┘
                                 │
     ┌───────┬───────┬───────┬───────┬───────┬───────┬───────┐
     ▼       ▼       ▼       ▼       ▼       ▼       ▼
  ┌────┐ ┌────┐ ┌────┐ ┌────┐ ┌────┐ ┌────┐ ┌────┐
  │航运│ │防洪│ │发电│ │水质│ │娱乐│ │土地│ │其他│
  │    │ │    │ │    │ │    │ │    │ │利用│ │    │
  └────┘ └────┘ └────┘ └────┘ └────┘ └────┘ └────┘
```

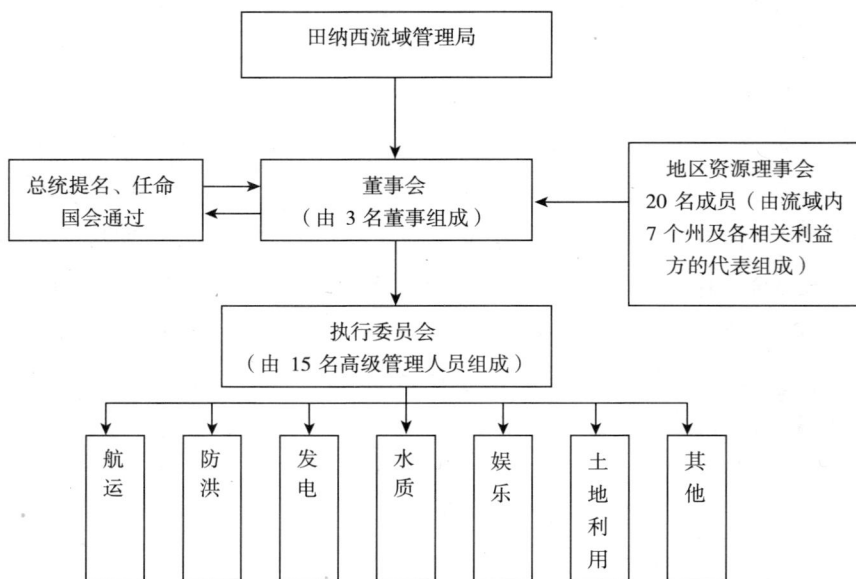

图 6—3　田纳西流域管理体制图

下,有权将其所有或管辖的不动产予以转让或出租。(3)建设项目的开发权:有权在干、支流上修建水库、大坝、电站、通航工程,并建立区域电网以及对流域内一切经济活动及综合治理活动的管理权。(4)立法权:管理局还可以根据全流域开发和管理的宗旨修订或废除与该法有冲突的地方法规,制定相应的规章条例。另外,管理局还可以跨越一般的政治程序,直接向总统和国会汇报,从而排除了其他行政力量的干涉。

TVA 的运作机制是:(1)通过专项法令,依法成立专门管理机构。(2)明晰权责,多方融资,协调发展。TVA 负责组织管理田纳西河流域和密西西比河中下游的水利综合开发,但不以营利为主要目的,而是着眼于这些地区多种资源的整体协调和长远发展,其管理模式体现了行为一体化。(3)从单一水资源管理到多目标利用,科学治理。20 世纪 30 年代以前,主要侧重于改善流域水资源状况这种单一水资源管理目标。近年来,日益强调多目标利用,即以改善包括水资源不足、洪水、土壤侵蚀、饮用水质低劣、河川污染、粮食不足、能源短缺等有关问题为管理目标,制定针对性措施,科学治理,实现流域的可持续发展。(4)治理第一,发电第二,利益共享。TVA 在管理决策上对改善内河航运、防洪以及环境保护等问题的重视程度超过发电。TVA 的特定供电区包括田纳西州的绝大部分地区和阿拉巴马、密西西比、肯塔基、弗吉尼亚、北卡罗来纳以及佐治亚州的部分地区,这里的人们享受着全美最低电价,电价仅为全国电价的40%。

3. 实施保障

TVA 作为具有联邦政府权力的流域治理机构,其经营上的良性循环主要依靠三方面的措施来实现:

(1)政府的扶持。联邦政府对 TVA 开发项目给予拨款。在1960年前,这种拨款基本上是无偿的,仅交纳少量的资金占用费。1961年后,经营项目的拨款要求限额偿还。另外,根据联邦税收法,TVA 作为联邦机构,享有免税待遇,以后改为低税征收。政府的扶持政策对 TVA 的早期发展起了很大作用。

(2)开发电力等赢利项目,为发展积累资金。TVA 以开发水电起家,到20世纪50年代,经济发展对电力的需求迅速增长,促使 TVA 积极建设火电站,继而建设核电和燃气电站,电力生产逐渐成为 TVA 最大的经营资产。据2001年资料,TVA 已拥有48座各类电站,近3000万千瓦保证容量,是美国最大的公共电力企业。电力赢利为流域自然资源管理提供了资金支持。

(3)发行债券,面向社会筹措资金。TVA 自1960年开始在国内发行债券,为发展电力筹措资金。1995年开始在国际市场发行债券,TVA 对债券的成功运作,促进了其电力生产的发展,也使电力生产经营逐渐成为 TVA 的经济支柱。

TVA 从早期的政府扶持,到20世纪60年代发行债券发展电力,逐步走上了经营管理良性运行的道路。电力赢利的持续增长,支持了包括水资源在内的流域自然资源综合开发和管理。此外,TVA 在不断按期归还联邦政府拨款的同时,自身的资产总值也在不断增长。TVA 的这种以电力经营为主、"以电养水"的运营方式看起来好像是"不务正业",实际上这正是特定条件下的一种适宜的发展模式,对流域水资源管理是有利的。

四、实施效果及其评价

TVA 被授权依法对田纳西河流域自然资源进行统一开发和管理,这一管理职能为流域水资源统一管理提供了有利条件,但同时这种管理也经历了一个不断发展和完善的过程。TVA 成立后的一个时期,主要是根据河流梯级开发和综合利用的原则,制定规划,对田纳西河流域水资源集中进行开发。当时的目标是以航运和防洪为主,结合开发水电。至 20 世纪 50 年代,基本完成了田纳西河流域水资源传统意义上的开发利用,同时对森林资源、野生生物和鱼类资源开展保护工作。60 年代后,随着对环境问题的重视,TVA 在继续进行综合开发的同时,加强了对流域内自然资源的管理和保护,为提高居民的生活质量服务。目前,田纳西流域管理局已经在航运、防洪、发电、水质、娱乐和土地利用等六个方面实现了统一开发和管理。

航运方面:田纳西河干流已建成九座梯级船闸,完成了航道渠化整治,通航里程 1050 公里,加上支流通航里程共 1240 公里。目前该河经俄亥俄河和密西西比河,可以与美国 22 个州和五大湖相通,每年平均通航船只 34000 艘,水运的通航效益每年约 4 亿美元。

防洪方面:田纳西河干支流上已建成具有防洪库容的水库 35 座,总防洪库容约 145 亿立方米,形成了统一有效的水库防洪调度系统,流域防洪标准达到百年一遇。而且田纳西流域是美国最早实施洪泛区管理的,自 20 世纪 50 年代起就开始实施洪泛区管理计划。据估算全流域通过工程与非工程相结合的综合防洪减灾措施,每年平均防洪减灾效益约达 1.4 亿美元。

水力发电方面:TVA 在 20 世纪 40 年代基本完成了流域规划的水电开发,建成水电站 30 座,总装机容量(包括抽水蓄能)609.3 万千瓦。水电成为 TVA 电力系统的重要组成部分,目前正在实施以进一步提高效率和自动化控制水平的水电现代化计划。

水质管理方面:TVA 的主要工作是监测流域各水库的水质,发布水库鱼类垂钓的水质,防止水电站尾水排放对生物产生有害影响,并与流域内各机构、社区共同致力于改善水质的活动。而制定其河流的污染防治标准和发放排污许可证则由联邦环境保护局和各有关州负责。20 世纪 90 年代,TVA 在田纳西流域进一步实施"净水计划",旨在为流域内社区和水生生物提供洁净的水源。

土地利用和水上游览方面:TVA 管理着约 1100 平方公里的公共土地,17600 公里长的公共沿岸带,近 2000 平方公里水面。TVA 根据这些资源所具有的土地开垦、旅游娱乐、野生生物保护、经济开发等不同利用功能的特点,制定相关规定,实施有效的管理,使各类开发利用活动与自然保护相协调。TVA 还建立了上百个公共游览区,每年吸引了大量游客。

经过多年的实践,田纳西河流域的开发和管理取得了辉煌的成就,从根本上改变了田纳西河流域贫穷落后的面貌,TVA 的管理也因此成为流域管理的一个独特和成功的范例而为世界所瞩目。TVA 成立之初的宗旨是促进地区发展和繁荣,近 70 年的实践表明,TVA 实现了这一目标。TVA 对流域水资源和其他自然资源的开发和管理,除水资源综合开发带来的各方面的效益外,TVA 电力系统为流域内 800 万居民提供了廉价的电力;在农业方面,TVA 建有全国最大的肥料研究中心,引导农民因地制宜合理利用土地,增施肥料,改良土壤,使农业单产比 20 世纪 30 年代提高两倍多;TVA 设立经济开发贷款基金促进了地区经济发展,1995 年以来,共提供金额约 1.1 亿美元,创造新的投资额达 30 亿美元。TVA 在水利、电力、农业、林业、化肥等方面的综合开发和经营以及对自然资源的保护,在发展经济的同时,为田纳西流域提供了大量的就业机会,极大地促进了田纳西流域整体的经济发展和社会稳定,改变了该地区贫穷落后的面貌,使其成为美国比较富裕、经济充满活力的地区。TVA 还积极参与并提供技术和资金,支持流域内社区的长期发展。它提出的"优质社区计划",旨在对其电网服务范围内的社区,通过帮助其制定规划发展目标、行动计划、建立工作机构和提高领导水平,以及促进持续发展,来提高社区长期的经济竞争能力。

美国田纳西河流域管理模式在流域综合开发上是一个成功的典范,在世界范围内也具有很大的影响。其成功的经验可以概括为以下几个方面:

第一,建立具有管理执法职能的、权威的流域管理机构即田纳西流域管理局(TVA),管理局是一个政府机构,负责田纳西河流域防洪、航运、灌溉等综合开发和治理,并设有多元化的决策机构。

第二,为了保障流域管理机构的有效运作,授予管理局很大的行政管理权力。例如,授权管理局根据全流域开发和管理宗旨修订或废除与该法有冲突的地方法规,并制定规章和条例;授权管理局可以进行土地的兼并与卖出、化肥的生产与销售、电力的输送与分销、植树造林等活动。授权管理局可以进行勘测和调查,为流域内自然、社会和经济的综合发展提出报告。管理局可以跨越一般的政治程序,直接向总统和国会汇报,从而避免了一般政治程序中常有的干扰。这种自主权使管理局能确保其独立性不受干扰。

第三,明确规定流域管理局与其他机构和私营部门的关系,使流域管理局能有效、顺利地行使职责。管理局依法负责经营管理整个流域的经济事务,负责对全流域的水利工程和环境治理进行统筹安排,而流域内的七个州不得干涉。

第四,对流域内的环境、资源与生态等事务进行统筹管理与保护。田纳西流域管理局在成立之初,其主要职能是对水资源的开发利用,但随着流域内生态环境问题的显现,基于环境、资源与生态事务的统一整体性与相互关联性要求,其管理职能也逐渐地由传统的水资源管理向水资源与水环境一体化管理转变,即,根据流域管理的需要,将水环境保护、水污染防治以及流域生态保护也纳入其管理范围。

第三节　淮　　河

一、淮河流域的自然地理状况❶

淮河流域地处我国东部,介于长江流域和黄河流域之间,位于东经111°55′—121°25′,北纬30°55′—36°36′,面积为27万平方公里。流域西起桐柏山、伏牛山,东临黄海,南以大别山、江淮丘陵、通扬运河及如泰运河南堤与长江分界,北以黄河南堤和泰山为界与黄河流域毗邻。淮河流域包括湖北、河南、安徽、山东、江苏五省40个地(市),181个县(市),总人口为1.65亿人,平均人口密度为611人/平方公里,是全国平均人口密度122人/平方公里的4.8倍,居各大江大河流域人口密度之首。

淮河流域耕地面积1333公顷,淮河流域沿海还有近1000万亩滩涂可资开垦。境内日照时间长,光热资源充足,气候温和,发展农业条件优越,主要作物有小麦、水稻、玉米、薯类、大豆、棉花和油菜,1997年粮食产量为8496万吨,占全国粮食总产量的17.3%。农业产值为3880亿元,人均农业产值为2433元,高于全国同期人均值。淮河流域在我国农业生产中已占有举足轻重的地位,是国家重要的商品粮棉油基地。

淮河流域工业以煤炭、电力工业及农副产品为原料的食品、轻纺工业为主。目前已建成淮南、淮北、平顶山、徐州、兖州、枣庄等国家大型煤炭生产基地,1997年产煤量占全国产煤量的八分之一,是我国黄河以南最大的煤田。流域内现有火电装机近2000万千瓦。近十多年来,煤化工、建材、电力、机械制造等轻重工

---

❶ 本节关于淮河流域基本概况的介绍主要参考淮河水利网的相关资料。http://www.hrc.gov.cn/smodel?model=hrc。

业也有了较大发展,郑州、徐州、连云港、淮南、蚌埠、济宁等一批大中型工业城市已经崛起。淮河流域 1997 年工业总产值 9664 亿元,国内生产总值 7031 亿元,人均国内生产总值仅 4383 元,低于全国平均值,尚属经济欠发达地区。

淮河流域地处我国南北气候过渡带,淮河以北属暖温带区,淮河以南属亚热带区,气候温和,年平均气温为 11℃—16℃。气温变化由北向南、由沿海向内陆递增。极端最高气温达 44.5℃,极端最低气温为 -24.1℃。蒸发量南小北大,年平均水面蒸发量为 900—1500 毫米,无霜期 200—240 天。自古以来,淮河就是我国南北方的一条自然分界线。

淮河流域多年平均降水量约为 888 毫米,其中淮河水系 910 毫米,沂沭泗水系 836 毫米。山东半岛多年平均降水量为 731 毫米。多年平均降水量的分布状况大致是由南向北递减,山区多于平原,沿海大于内陆。淮河流域内有三个降水量高值区:一是伏牛山区,年平均降水量为 1000 毫米以上;二是大别山区,超过 1400 毫米;三是下游近海区,大于 1000 毫米。流域北部降水量最少,低于 700 毫米。降水量年际变化较大,最大年雨量为最小年雨量的 3—4 倍。降水量的年内分配也极不均匀,汛期(6—9 月)降水量占年降水量的 50%—80%。淮河流域多年平均径流深 230 毫米,其中淮河水系 237 毫米,沂沭泗水系 215 毫米。山东半岛多年平均径流深 199 毫米。多年平均年径流深分布状况与多年平均年降水量相似。流域年平均水资源量为 854 亿立方米,其中地表水资源量为 621 亿立方米,浅层地下水资源为 374 亿立方米。

淮河流域以废黄河为界,分淮河及沂沭泗河两大水系,流域面积分别为 19 万平方公里和 8 万平方公里,有京杭大运河、淮沭新河和徐洪河贯通其间。

淮河发源于河南省桐柏山,东流经豫、皖、苏三省,在三江营入长江,全长 1000 公里,总落差 200 米。洪河口以上为上游,长 360 公里,地面落差 178 米,流域面积 3.06 万平方公里;洪河口以下至洪泽湖出口中渡为中游,长 490 公里,地面落差 16 米,中渡以上流域面积 15.8 万平方公里;中渡以下至三江营为下游入江水道,长 150 公里,地面落差约 6 米,三江营以上流域面积为 16.46 万平方公里。淮河上中游支流众多。南岸支流都发源于大别山区及江淮丘陵区,源短流急,流域面积在 2000—7000 平方公里的有白露河、史灌河、淠河、东淝河、池河。北岸支流主要有洪汝河、沙颍河、西淝河、涡河、漴潼河、新汴河、奎濉河,其中除洪汝河、沙颍河上游有部分山丘区以外,其余都是平原排水河道,流域面积以沙颖河最大,近 4 万平方公里,其他支流都在 3000—16000 平方公里之间。淮河下游里运河以东,有射阳港、黄沙港、新洋港、斗龙港等滨海河道,承泄里下河及滨海地区的雨水,流域面积为 2.5 万平方公里。

沂沭泗河水系位于淮河流域东北部,大都属苏、鲁两省,由沂河、沭河、泗河组成,多发源于沂蒙山区。泗河流经南四湖,汇集蒙山西部及湖西平原各支流后,经韩庄运河、中运河、骆马湖、新沂河于灌河口燕尾港入海。沂河、沭河自沂蒙山区平行南下,沂河流至山东省临沂市进入中下游平原,在江苏省邳县入骆马湖,由新沂河入海。在刘家道口和江风口有"分沂入沭"和邳苍分洪道,分别分沂河洪水入沭河和中运河。沭河在大官庄分新、老沭河,老沭河南流至新沂县入新沂河,新沭河东流经石梁河水库,至临洪口入海。沂沭泗水系流域面积大于 1000 平方公里的平原排水支流有东鱼河、洙赵新河、梁济运河等。该水系直接入海的河流 15 条,流域面积 16100 平方公里。

淮河流域矿产资源丰富,以煤炭资源最多,初步探明的煤炭储量有 700 多亿吨,主要集中在安徽的淮南、淮北和豫西、鲁西南、苏西北等矿区,且煤种全、煤质好、埋藏浅、分布集中,易于大规模开采。目前煤炭产量约占全国的八分之一,一批新的大型矿井正在兴建。流域内火力发电比较发达,大型坑口电站正在兴建。这些煤电产区,不仅为本流域的工农业生产和城乡人民生活提供大量的能源,而且是长江三角洲和华中等经济区的重要能源基地。苏北沿海素为我国重要盐产区,流域内苏北、淮南、豫西等又先后发现多处大型盐矿,可供大量开采。

淮河流域内河渠纵横,库塘众多,湖泊洼地星罗棋布,水域广阔,鱼类资源丰富,有 2000 多万亩水面,100 多种鱼类,是我国重要的淡水渔区。

淮河流域有九万平方公里的山丘区,资源丰富,雨量充沛,宜农宜牧,宜林宜果,还蕴藏有一定的水力资源,是发展多种经营的好地方。沙石竹木等建筑材料储量大、品种多,也是重要经济优势之一。

二、淮河流域的环境问题

过去,淮河流域山清水秀。"走千走万,不如淮河两岸"。"江淮熟,天下足"。这样古老的歌谣都是描述江淮流域的美丽富饶。20 世纪 80 年代以后,随着淮河流域经济快速发展和城市化进程加快,流域水体污染日趋严重,水污染事

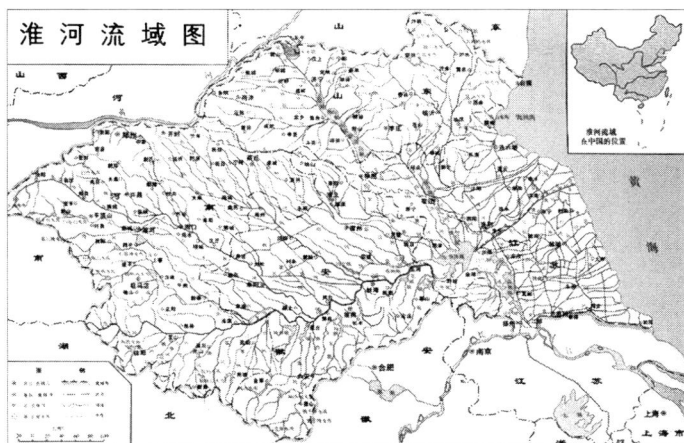

图6—4 淮河流域地理位置示意图

件时有发生。有这样一首歌谣反映了淮河水质变化的过程:"五十年代淘米洗菜,六十年代洗衣灌溉,七十年代水质变坏,八十年代鱼虾绝代,九十年代身心受害。"❶

历史资料显示,1975年淮河发生首次污染,1982年发生第二次污染。进入20世纪90年代,污染事件频繁发生。1992、1994、1995年沙颍河、淮河连续发生大面积水污染事故,对沿淮广大地区工农业生产和城镇供水安全造成严重威胁。其中,影响较大的一次污染事件发生在1994年7月,淮河上游因突降暴雨而采取开闸泄洪的方式,将积蓄于上游一个冬春的2亿立方米污水下泄。所经之处河水泛浊,河面上泡沫密布,顿时鱼虾尽死。下游一些地方的居民饮用了虽经自来水公司处理但未能达到饮用标准的河水后,出现恶心、腹泻、呕吐等症状。经取样检验证实,上游来水水质恶化。沿河各自来水厂被迫停止供水达54天之久,150万人饮用水告急,直接经济损失上亿元。2004年7月16日至20日,淮河支流沙颍河、洪河、涡河上游局部地区普降暴雨,上游5.4亿吨高浓度污水顺流而下,形成长130—140公里的污水团。这次污染事件大大突破1994年7月污水团总长90公里的"历史记录"。另外,从近几年淮河流域水资源公报也可以了解到淮河流域所存在的环境资源问题。

---

❶ 李爱年:《环境法的伦理审视》,科学出版社2006年版,第3页。

2005 年据对 220 个城镇 1149 个入河排污口实测,2005 年淮河片主要城镇入河废污水量 58 亿吨,主要污染物质 COD 入河排放量 122 万吨。其中淮河流域实测了 186 个城镇 1055 个排污口,入河废污水量 45 亿吨,入河 COD 量 98 万吨。对淮河流域 12100 公里河长进行全年期(平均值)水质评价,水质较好的Ⅰ、Ⅱ类水河长占 10.8%,水质尚可的Ⅲ类水河长占 22.0%,水质劣于Ⅲ类的受污染河长占 67.2%。对山东半岛 1757 公里河长进行全年期(平均值)水质评价,无Ⅰ类水,Ⅱ类水河长占 6.1%,Ⅲ类水河长占 18.3%,水质劣于Ⅲ类的受污染河长占 75.6%,污染较为严重。❶

2006 年据对 220 个城镇 1182 个入河排污口实测,2006 年淮河片主要城镇入河废污水量 53 亿吨,主要污染物质 COD 入河排放量 105 万吨。其中淮河流域实测了 185 个城镇 1084 个排污口,入河废污水量 44 亿吨,入河 COD 量 85 万吨。对淮河流域 11903 公里河长进行全年期(平均值)水质评价,无Ⅰ类水,水质较好的Ⅱ类水占 9.9%,水质尚可的Ⅲ类水占 27.3%,水质劣于Ⅲ类的受污染河长占 62.8%。对山东半岛 1156 公里河长进行全年期(平均值)水质评价,无Ⅰ类和Ⅱ类水;Ⅲ类水河长占 16.4%,水质劣于Ⅲ类的受污染河长占 83.6%,污染较为严重。❷

2007 年淮河片实测 220 个城镇入河污水排放总量为 53.5 亿吨,主要污染物 COD 和氨氮入河排放总量分别为 89.6 万吨和 9.7 万吨。其中淮河流域 185 个城镇入河污水排放总量为 44.5 亿吨,主要污染物 COD 和氨氮入河排放总量分别为 73.4 万吨和 8.0 万吨。2007 年淮河流域全年期评价河长 11883 公里,无Ⅰ类水,Ⅱ类水河长占 13.7%,Ⅲ类水河长占 24.0%,Ⅳ类河长占 20.0%,Ⅴ类水河长占 10.6%,劣Ⅴ类水河长占 31.7%。山东半岛全年期评价河长 2078 公里,Ⅰ类水河长占 4.6%,Ⅱ类水河长占 5.9%,Ⅲ类水河长占 27.7%,Ⅳ类水河长占 12.7%,Ⅴ类水河长占 1.5%,劣Ⅴ类水河长占 47.6%。2007 年监测的淮河片 153 个重点水功能区中,有 33 个水功能区达标,达标率为 21.6%。水功能区河长达标率 22.1%,湖泊面积达标率 41.6%。❸

---

❶ 《淮河片水资源公报》(2005 年度),第 1 页。
❷ 《淮河片水资源公报》(2006 年度),第 1 页。
❸ 《淮河片水资源公报》(2007 年度),第 1—2 页。

2008 年淮河片实测 220 个城镇入河污水排放总量为 54.1 亿吨,主要污染物质 COD 和氨氮入河排放总量分别为 66.5 万吨和 8.1 万吨。其中淮河流域 184 个城镇入河污水排放总量为 42.7 亿吨,主要污染物质 COD 和氨氮入河排放总量分别为 52.6 万吨和 6.6 万吨。2008 年淮河流域全年期评价河长 12026 公里,Ⅰ类水河长 66 公里,占 0.5%,Ⅱ类水河长 1877 公里,占 15.6%,Ⅲ类水河长 2677 公里,占 22.3%,Ⅳ类水河长 2427 公里,占 20.2%,Ⅴ类水河长 1539 公里,占 12.8%,劣Ⅴ类水河长 3441 公里,占 28.6%。山东半岛全年期评价河长 2105 公里,无Ⅰ类水,Ⅱ类水河长 328 公里,占 15.6%,Ⅲ类水河长 616 公里,占 29.3%,Ⅳ类水河长 132 公里,占 6.2%,Ⅴ类水河长 63 公里,占 3.0%,劣Ⅴ类水河长 966 公里,占 45.9%。2008 年监测的淮河片 153 个重点水功能区中,有 42 个水功能区达标,达标率为 27.5%。水功能区河长达标率为 26.8%;湖泊面积达标率为 59.6%。[1]

2009 年淮河片实测 222 个城镇入河污水排放总量为 58.4 亿吨,主要污染物质 COD 和氨氮入河排放总量分别为 68.7 万吨和 8.1 万吨。其中,淮河流域 184 个城镇入河污水排放总量为 48.0 亿吨,主要污染物质 COD 和氨氮入河排放总量分别为 55.1 万吨和 7.0 万吨;山东半岛 38 个城镇 113 个入河排污口,入河污水排放量为 10.4 亿吨,COD 入河排放量为 13.6 万吨,氨氮入河排放量为 1.1 万吨。2009 年淮河流域全年期评价河长 16661 公里,Ⅰ类水河长 81 公里,占 0.5%,Ⅱ类水河长 2053 公里,占 12.3%,Ⅲ类水河长 4189 公里,占 25.1%,Ⅳ类水河长 3812 公里,占 22.9%,Ⅴ类水河长 2169 公里,占 13.0%,劣Ⅴ类水河长 4357 公里,占 26.2%。2009 年监测的淮河片 152 个重点水功能区中,有 42 个水功能区达标,达标率为 27.6%。水功能区河长达标率为 26.8%,湖泊面积达标率为 47.9%,水库蓄水量达标率为 94.9%。[2]

淮河是我国最早进行“三河三湖”水污染综合治理的重点河流之一。经过多年治理,主要污染物入河量得到有效控制,工业污染物所占比重逐步降低,生活污水处理率明显提高,群众饮水困难问题得到缓解,环保工作机制初步建立,淮河水质有了比较明显的改善。淮河流域水污染防治虽然取得了一定的成效,

---

[1]　《淮河片水资源公报》(2008 年度),第 1—2 页。
[2]　《淮河片水资源公报》(2009 年度),第 2 页。

但是,从 2005—2009 年《淮河片水资源公报》公布的数据可以看出,淮河流域水环境治理状况并不乐观,淮河流域部分水体污染依然严重,特别是一些主要支流污染比较突出;治污项目市场化程度不高,运转资金落实困难;环境违法成本低、守法意识差、执法难度大;治污体制和机制还有待进一步理顺等,治理的预期目标尚未实现。

三、淮河流域治理立法及其执行体制

(一)淮河流域治理立法基本情况

淮河作为我国主要河流流域的一个重要组成部分,我国目前已经制定的有关环境、资源、生态保护方面的立法,当然适用于淮河流域生态环境的治理。基于这些立法所确立的执行体制,同样在淮河流域治理中发挥着重要作用。具体而言,我国目前已有的、作为淮河流域治理依据的法律、法规主要有:《中华人民共和国环境保护法》、《中华人民共和国水法》、《中华人民共和国水污染防治法》、《中华人民共和国固体废物污染环境防治法》、《中华人民共和国水土保持法》、《中华人民共和国防沙治沙法》、《中华人民共和国渔业法》、《中华人民共和国土地管理法》、《中华人民共和国森林法》、《中华人民共和国矿产资源法》、《中华人民共和国环境影响评价法》、《中华人民共和国清洁生产促进法》、《中华人民共和国循环经济促进法》等。依据这些法律规定,目前,我国淮河流域环境、资源与生态事务实施管理的机构包括环境保护部门、水利部门、交通部门、国土资源部门、农业部门、林业部门、发展和改革委员会、军队环境保护部门等。尽管我国已经确立了较为完善的环境、资源与生态保护立法体系,并形成了一个庞大的、涉及众多机构和部门的法律执行体制,但是,从法律实际执行、实施的效果看,并不理想。淮河整体环境、资源和生态问题不仅没有得到明显改善,而是呈愈演愈烈之势。

为了有效解决淮河环境治理中存在的问题,从 20 世纪末开始,国家开始尝试通过特别立法的方式,来实现对淮河治理问题的根本好转。20 世纪 90 年代前半期淮河流域发生的几次重大流域污染事故,首先引起党中央、国务院的高度关注。1994 年 5 月,国务院环境保护委员会召开淮河流域环保执法检查现场会,拉开了淮河流域水污染治理的序幕。而同年 7 月淮河发生的特大污染事故,直接促生了 1995 年 8 月 8 日《淮河流域水污染防治暂行条例》的出台,该条例是

国务院发布的我国第一部流域性水污染防治法规。它的出台，承载了人们对实现淮河生态环境根本好转的希望和理想。

（二）淮河流域治理机构的专门设置

从新中国成立到现在，淮河流域治理机构在设置方面经过多次的调整和变更。新中国成立后，由于农业生产需要，中央对水库大坝和堤防等防洪设施建设、农业灌溉、水利水电建设等方面的工作特别重视，1949 年 11 月，中央水利部召开的各解放区水利联席会议上即提出了各项水利事业必须统筹规划、相互配合、统一领导、统一水政等水管理的基本原则，明确指出："任何一个河流的用水，必须统一规划，统筹管理，才能充分利用水资源"。1950 年 11 月，中央成立治淮委员会。当时的治淮委员会主要工作就是水库大坝和堤防等防洪设施建设以及水利水电建设，而这些工作都是为农业生产服务，对水资源的认识也仅限于"利用"之上，要兴利除害，实现水资源的"充分利用"。这一时期，治淮委员会拥有较大的行政管理权力，正、副主任均由国务院任命，计划单列，不仅有工程项目的审查权，而且有资金的分配权，还拥有流域规划、防汛调度、水工程勘测设计施工及部分工程的管理运行等职能，实行的是高度集中的江河治水管理模式。

20 世纪 50 年代，随着"反右"、"大跃进"等政治运动的此起彼伏，国家机关的正常工作秩序遭到严重破坏。1958 年，治淮委员会被撤销，治淮工作由流域各省分别负责。但随着流域机构的撤销，流域综合规划难以实施，省际矛盾突出，频频发生省际排水和用水纠纷。于是中央重新重视流域管理职能。在这样的背景下，1968 年，国务院治淮规划小组成立。1971 年，国务院治淮规划领导办公室成立，其主要职能是负责流域的规划，职能比较单一，基本变成一个单纯的技术性办事机构。

"文革"结束后，国家正常秩序逐渐得到恢复。1977 年 5 月 16 日，国务院在"关于同意成立水利电力部治淮委员会的批复"中，明确了流域机构"负责流域性水源保护工作"，并在淮委内设机构中设置了水源保护办公室。这说明水资源保护此时已经进入国家流域治理的视野。

1983 年 5 月 6 日，水电部和城乡建设环境保护部以（83）城环字第 279 号《关于对流域水源保护机构实行双重领导的决定》，将淮委水源保护办公室更名为水电部、建设部淮河水资源保护办公室，实行以水电部为主的双重领导体制，同时规定了流域水资源保护机构在宣传、规划、监督、管理、监测和科研等方面的六项任务。自此,环保部门开始正式进入流域管理,国家也开始意识到流域治理不仅仅是水资源利用的管理,还包括水环境的维护,而环境保护并不是水利部门的职权范围,所以产生了双重领导的管理模式。1987年10月12日,水电部和国家环保局以(87)水电水资源第20号文《关于进一步贯彻水利部、建设部对流域水资源保护机构实行双重领导决定的通知》,重申流域水资源保护机构(淮河水资源保护办公室)的双重领导,并明确了相应的职责。

1988年1月,国务院环境保护委员会批准成立淮河流域水资源保护领导小组,由水利部副部长、国家环保局副局长和流域四省(江苏、安徽、山东和河南)副省长以及四省水利厅、环保局、淮委负责人组成,四省副省长轮流担任组长,淮委副主任担任秘书长,领导小组办公室设在淮河水资源保护办公室。

1994年8月,为了进一步发挥领导小组的作用,原国务委员宋健在北京召开的国务院环委会研究部署淮河流域水污染防治工作会议上,对领导小组进行了部署和调整,确定领导小组组长单位为国家环保局和水利部,副组长单位为流域四省人民政府,成员有国家计委、国家经贸委、财政部、建设部、化工部、农业部、中国人民银行、国家开发银行、轻工总会、淮委等,领导小组办公室设在淮河流域水资源保护局。

1995年8月8日,国务院发布我国第一部流域性水污染防治法规《淮河流域水污染防治暂行条例》,根据该条例,淮河流域水资源保护领导小组组长单位为国家环保局和水利部,副组长单位为流域四省人民政府,成员有国家计委、国家经贸委、财政部、建设部、化工部、农业部、中国人民银行、国家开发银行、轻工总会、淮委等。领导小组办公室设在淮河水利委员会淮河流域水资源保护局。领导小组的主要职责有:负责协调、解决有关淮河流域水资源保护和水污染防治的重大问题,监督、检查淮河流域水污染防治工作,并行使国务院授予的其他职权。

2003年机构调整中,中央编办和人事部批复同意了水利部提出的关于其下属流域机构的"三定"方案,同意淮委等流域机构参照公务员制度管理,但不改变流域机构各级机关的单位性质和人员编制性质,即流域机构仍然定性为具有行政职能的事业单位,享受事业单位的权利义务。

目前,淮委事业编制为1710人,其中行政执行人员编制710名,公益事业人员编制1000名。淮委共有机关内设机构12个,办公室、规划计划处、水政与安

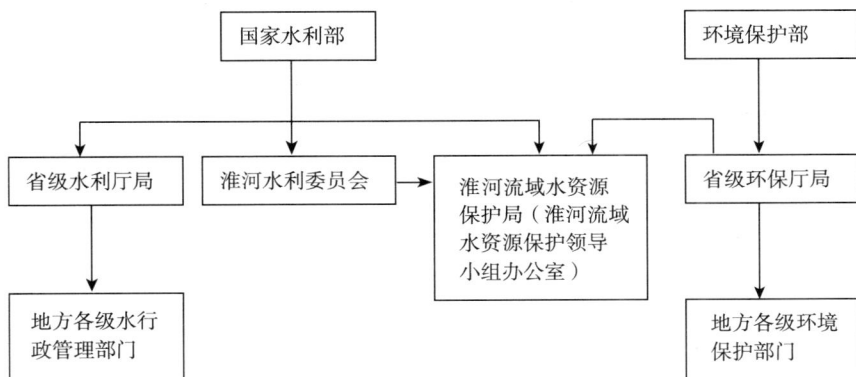

图6—5　淮河流域组织机构意图

全监督处、水资源处、财务处、人事处、建设与管理处、水土保持处、防汛抗旱办公室、监察处、审计处、离退休职工管理处、直属机关党委、淮河工会。另有一个单列机构即淮河流域水资源保护局,名义上受到环保总局和水利部双重领导,是淮河流域水资源保护领导小组的办公室。另外淮委还有九个下属的事业单位。

根据国务院办公厅《关于印发水利部主要职责内设机构和人员编制规定的通知》(国办发〔2008〕75号)和中央机构编制委员会办公室《关于印发〈水利部派出的流域机构的主要职责、机构设置和人员编制调整方案〉的通知》(中央编办发〔2002〕39号)精神以及国家有关法律、法规,淮河水利委员会为水利部派出的流域管理机构,在淮河流域和山东半岛区域内(以下简称流域内)依法行使水行政管理职责,是具有行政职能的事业单位。其具体职责包括:❶

(一)负责保障流域水资源的合理开发利用。受部委托组织编制流域或流域内跨省(自治区、直辖市)的江河湖泊的流域综合规划及有关的专业或专项规划并监督实施;拟定流域性的水利政策法规。组织开展流域控制性水利项目、跨省(自治区、直辖市)重要水利项目与中央水利项目的前期工作。根据授权,负责流域内有关规划和中央水利项目的审查、审批以及有关水工程项目的合规性审查。对地方大中型水利项目进行技术审核。负责提出流域内中央水利项目、水利前期工作、直属基础设施项目的年度投资计划并组织实施。组织、指导流域

---

❶　关于淮河水委基本职责的介绍,主要参考淮河水利网的相关资料。

内有关水利规划和建设项目的后评估工作。

（二）负责流域水资源的管理和监督,统筹协调流域生活、生产和生态用水。受部委托组织开展流域水资源调查评价工作,按规定开展流域水能资源调查评价工作。按照规定和授权,组织拟订流域内省际水量分配方案和流域年度水资源调度计划以及旱情紧急情况下的水量调度预案并组织实施,组织开展流域取水许可总量控制工作,组织实施流域取水许可和水资源论证等制度,按规定组织开展流域和流域重要水工程的水资源调度。

（三）负责流域水资源保护工作。组织编制流域水资源保护规划,组织拟订跨省(自治区、直辖市)江河湖泊的水功能区划并监督实施,核定水域纳污能力,提出限制排污总量意见,负责授权范围内入河排污口设置的审查许可;负责省界水体、重要水功能区和重要入河排污口的水质状况监测;按规定组织开展枯水期流域水污染联防工作,组织制定流域内重要闸坝防污调度方案并监督实施;指导协调流域饮用水水源保护、地下水开发利用和保护工作。指导流域内地方节约用水和节水型社会建设有关工作。

（四）负责防治流域内的水旱灾害,承担流域防汛抗旱总指挥部的具体工作。组织、协调、监督、指导流域防汛抗旱工作,按照规定和授权对重要的水工程实施防汛抗旱调度和应急水量调度。组织实施流域防洪论证制度。组织制定流域防御洪水方案并监督实施。指导、监督流域内蓄滞洪区的管理和运用补偿工作。按规定组织、协调水利突发公共事件的应急管理工作。

（五）指导流域内水文工作。按照规定和授权,负责流域水文水资源监测和水文站网的建设和管理工作。负责流域重要水域、直管江河湖库及跨流域调水的水量水质监测工作,组织协调流域地下水监测工作。发布流域水文水资源信息、情报预报和流域水资源公报。

（六）指导流域内河流、湖泊及河口、海岸滩涂的治理和开发;按照规定权限,负责流域内水利设施、水域及其岸线的管理与保护以及重要水利工程的建设与运行管理。指导和协调流域内所属水利工程移民管理有关工作。负责授权范围内河道范围内建设项目的审查许可及监督管理。负责直管河段及授权河段河道采砂管理,指导、监督流域内河道采砂管理有关工作。指导流域内水利建设市场监督管理工作。

（七）指导、协调流域内水土流失防治工作。组织有关重点防治区水土流失预防、监督与管理。按规定负责有关水土保持中央投资建设项目的实施,指导并监督流域内国家重点水土保持建设项目的实施。受部委托组织编制流域水土保持规划并监督实施,承担国家立项审批的大中型生产建设项目水土保持方案实施的监督检查。组织开展流域水土流失监测、预报和公告。

(八)负责职权范围内水政监察和水行政执法工作,查处水事违法行为;负责省际水事纠纷的调处工作。指导流域内水利安全生产工作,负责流域管理机构内安全生产工作及其直接管理的水利工程质量和安全监督;根据授权,组织、指导流域内水库、水电站大坝等水工程的安全监管。开展流域内中央投资的水利工程建设项目稽查。

(九)按规定指导流域内农村水利及农村水能资源开发有关工作,负责开展水利科技、外事和质量技术监督工作;承担有关水利统计工作。

(十)按照规定或授权负责流域控制性水利工程、跨省(自治区、直辖市)水利工程等中央水利工程的国有资产的运营或监督管理;研究提出直管工程和流域内跨省(自治区、直辖市)水利工程供水价格及直管工程上网电价核定与调整的建议。

(十一)承办水利部交办的其他事项。

从职能上看,淮委的主要职责有:编制流域规划、管理水资源(包括省际水量分配、水量调度、供用水许可等)、组织防洪、建设管理水利工程、流域水土保持等。如果这些职能都得到有效发挥,淮委在流域治理上起到的作用将是巨大的,但由于淮委性质、地位和级别的限制,淮委对水资源的管理得不到流域各省的配合和支持,其工作面临很大难度。典型的例子就是关于省际的配水、取水,各省自行其是,互相争水抢水,而淮委的方案得不到尊重和执行。

四、实施效果及其评价

1994 年,由国务院牵头,开展淮河流域水体污染大规模治理,希望为我国污染日益严重的大江大河治理探索出成功经验。1995 年颁布的第一部流域性水污染防治法规《淮河流域水污染防治暂行条例》,在该条例第 3 条规定,"淮河流域水污染防治的目标:1997 年实现全流域工业污染源达标排放;2000 年淮河流域各主要河段、湖泊、水库的水质达到淮河流域水污染防治规划的要求,实现淮河水体变清。"让人们似乎看到了实现淮河生态环境根本好转的希望,该条例对执行淮河污染治理事务的管理机构的设置的高层次与权威性,也让人们对其在治理淮河污染中发挥决定作用寄予厚望。然而在 10 年过去之后的 2005 年,在投入了大量的人力、物力、财力之后,淮河污染状况不但没有得到明显改善,甚至较以前有加重的情况和趋势。

一个不容忽视的事实是,2004 年 7 月 20 日至 27 日,淮河有史以来最大的污染团突然从上游奔腾而下,充斥河面的黑色污染水团全长 133 公里,满河黑暗,鱼虾浮尸。据说,十年治淮投入 600 个亿,然后换来的还是淮河沿岸居民年复一年的叹息。❶ 之所以会出现这样的结果,原因是多方面的,但笔者认为,有两个方面的原因不可忽视:

一是,虽然确立了专门的淮河流域水资源保护机构,但由于对该机构与其他环境保护机构之间的权责划分问题,没有进行明确,从而产生权力的交叉、重叠。在有利益时,互相争抢;在出现问题时,互相推诿、扯皮。最典型的是在 2005 年 4 月,淮委发布所谓《第一个流域限制排污总量意见》,提出淮河流域水域所能容纳的污染物总量,迅即遭到国家环保部(时称国家环保总局)的高调回应,认为其无权发布"限污意见",环境污染事故信息应由国家环境保护部门负责对外统一发布。从环保部目前对水污染管理体制来看,环保部下设污染控制司,污染控制司下设重点流域环境管理处,负责包括淮河流域在内的流域水污染控制,因此在两个机构之间存在流域治污管理权的冲突。在其他一些问题上,国家环保部与淮河水利委员会也有了更多的分歧。比如说关于淮河的 COD 入河量,两个机构得出的数据历来都不一致,淮委称他们的数据来自于对入河排污量的监测,而环保局的数据来自于对工业企业污染源的监测。再比如水利部主抓编制"水功能区划",环保部主抓编制"水环境功能区划",前者是为了水资源保护,后者是为了水环境保护,同一个水体有可能出现两个保护目标,到底是水环境功能区划保护目标跟着水功能区划保护目标走,还是水功能区划保护目标跟着水环境功能区划保护目标走,或者是将两者融为一体确定统一的保护目标就又成了一个问题。再者,在水质评价标准上,两个部门也是各搞一套,一个是水利部颁布的《水资源质量评价标准》,多年来作为内部的行业标准一直在使用,另一个就是国家环保部提出的由国家颁布的《地表水环境质量标准》。对淮河治污的重点,

---

❶ 梅雪芹主编:《和平之景——人类社会环境问题与环境保护》,南京出版社 2006 年版,第 2 页。

两个部门认识也不一致,环保部门认为治污重点在生活污染,而水利部门认为现在治污重点仍应该是工业污染,其实质原因在于环保部门需要对工业污染负责而水利部门无需对工业污染负责。由于机构、部门之间在淮河环境治理诸多问题上存在不一致,在具体的环境治理过程中,互不隶属,各自为政,又缺乏有效的协调机制,导致许多环境保护治理政策、法规无法得到有效的落实,而要实现淮河环境治理的目标,自然无从谈起。

二是,《暂行条例》虽然确立了淮河的治理目标,但是,没有明确目标责任。也就是说,执法主体在规定期限内没有完成或达到《暂行条例》所确定的目标时,要承担什么样的责任,没有规定,从而对执法主体产生不了有效的激励或约束。如在《暂行条例》第四条❶、第五条❷规定了淮河治理的机构及其职责,但在法律责任部分,几乎都是对企业违法排污的行政处罚责任,而鲜有执法目标责任的规定。这种执法责任规定的落空在某种程度上导致了淮河治理目标的落空。

因此,未来渤海特别法的执行体制的设置,首先,必须要对执行机构的独立性与权威性予以充分考虑。其次,也要注意建立有效的信息沟通机制与利益协调机制,对各部门在具体执行渤海事务管理过程中出现的权力或利益冲突,能够进行有效的协调,避免地方保护、部门分割、各自为政的局面出现。最后,也是最为重要的是一定要注意明确对该执行机构在渤海治理中的权力与责任,特别是执法主体在渤海生态环境治理中的目标责任。没有责任的追究与落实,再美好的、再理想的制度设计,都将化为泡影,成为一纸空文。

---

❶ 第4条　淮河流域水资源保护领导小组(以下简称领导小组),负责协调、解决有关淮河流域水资源保护和水污染防治的重大问题,监督、检查淮河流域水污染防治工作,并行使国务院授予的其他职权。领导小组办公室设在淮河流域水资源保护局。

❷ 第5条　河南、安徽、江苏、山东四省(以下简称四省)人民政府各对本省淮河流域水环境质量负责,必须采取措施确保本省淮河流域水污染防治目标的实现。四省人民政府应当将淮河流域水污染治理任务分解到有关市(地)、县,签订目标责任书,限期完成,并将该项工作作为考核有关干部政绩的重要内容。

第七章　渤海特别法的运行体制

　　作为一个独立法律部门或其分支的运行体制,这既是一个追问一般道理的命题,也是一个面对现实选择出路的选题。这是立法者在起草新的法律时需要考虑的法律空间或法律依托的问题,也是法律在实施的过程中与其他法律如何协调相互关系的问题。渤海特别法作为立法者创制的为解决渤海环境保护及资源利用等方面问题的专门法,其运行体制需要在立法时重点考虑。

　　渤海是我国唯一的内海,环渤海地区是我国经济发展热点地区,渤海的保护和环渤海地区的可持续发展具有全局性的意义。由于近年来人类活动的影响,包括工业污染物的大量排放、人口及生活污水增加、入海径流量大幅度下降。海上交通,海上石油开采活动的规模不断扩大等,使渤海海域目前面临着越来越大的环境及生态压力,主要问题包括:近岸海域污染日趋严重,范围不断扩大;赤潮灾害频繁发生,损害严重;渔业资源严重衰退;海洋生态环境恶化,海洋生物种类明显减少;非污染损害使海岸带生态环境遭到严重破坏;重大海上溢油污染事故不断等。❶ 因此,加强对渤海的水体污染和生态保护,从根本上扭转目前渤海污染日趋严重、生态环境不断恶化的情况,是渤海特别法运行的根本目的。渤海特别法的运行体制将影响其实施的效果,对实现渤海保护的目的起到关键性作用。

第一节　法的运行体制

一、法的运行体制与法的实施

　　法的运行体制与法的实施是相辅相成的两个概念,前者主要指的是某部法

---

❶ 参见国家环境保护部《渤海碧海计划》,以及《国务院关于渤海碧海行动计划的批复》(国函〔2001〕124 号)。

律与其他法律在调整相同或相关联的社会关系时,相互之间的关系;后者主要指的是某部法律通过对具体的社会关系进行调整,从而产生实际的权利和义务,形成一定的社会秩序。法的运行体制影响到法的实施效果,法的实施则体现法的运行体制。

(一)法的运行体制

立法者在立法的过程中,需要协调拟议中的立法与已经存在的他法或同时也处于拟议之中的立法之间的关系。某法被颁布实施之后,该法与正在实施的其他法相互之间也会发生某种关系。无论是在拟议中,还是在实施中,法与法之间的关系可能是相互独立、各自运行,也可能是相互交叉、相互协助,也可能是一方为主、其他方附属。这种关系的处理模式,就是法的运行体制。由于法的运行体制将对法的实施效果产生重大影响,且一旦颁布实施将不易修改,因此,立法者在立法时,都会高度重视拟议中的法的运行体制问题。

一般而言,任何法都不可能完全孤立地存在、绝对独自地运行。在立法的过程中,立法者往往需要考虑诸多因素,比如该领域已经存在了哪些法? 这些法实施的效果如何? 如果现有的法实施效果不好,还需要什么样的法来完善? 如何处理新立的法与现行的法之间的关系? 等等,这些都是法的运行体制需要解决的问题。目前我国与渤海环境保护相关的法律、法规数量不少,因此,立法者在制定渤海特别法时,必须考虑该法与正在实施的其他法律、法规之间的关系。运行体制的选择是立法者关于从设立怎样的机关、这种机关有怎样的权责,到法律规范和制度,再到运行机关体系运作的物质条件等的系统思考。法的运行体制包含以下要素:

1. 法的运行所需要的机构及其权限。立法机关在立法时,需要考虑所制定的法应当由什么样的机构负责实施,该机构需要什么样的权限。法律规范在调整法律关系主体之间的权利与义务时,多数情况下都会得到法律关系主体的主动遵守,但一旦出现违反法律需要承担责任的情形,或者主体之间产生纠纷,就需要特定的机关来执行法律,以追究违法者的法律责任,或者由特定机关适用法律,以裁决纠纷。因此,是单独设立一个机构执法,还是利用已经设立的其他机构执法? 另外,执法机构的权限也必须明确,比如,有多大范围的管辖权? 有无处罚权? 有无强制执行权? 有无裁决权? 因此,法律运行所需要的机构及其权限范围,是立法机关必须首先考虑的问题。

2. 法的运行所需要的规范和制度。立法者在立法时,需要考虑正在制定的法律规范的内容。法律规范中的前提条件、行为模式和法律后果三要素应当完整❶,法律规范中的权利、义务应当合理分配。法律规范实施之后,将对社会关系进行调整,对社会主体的行为进行指引和约束。新实施的法律与已经存在的其他法律制度的关系需要妥善协调,比如,与听证制度、强制执行制度、复议制度、诉讼制度的关系,都需要立法者在制定法律的时候予以通盘考虑。立法者出于立法便利的考虑,往往将法律普遍适用的程序制度和救济制度进行专门立法,新立的法必须和已经存在的这些制度进行衔接,才能达到良好的实施效果。

3. 运行机关体系运作所需要的物质条件。一国的财政资源总是有限的,财政支出应当合理利用、节约资源、追求效率。立法者在设置法的运行机构时,必须考虑该机构运行所需要的物质条件,包括人员编制、办公设施、运行经费等,还需要考虑财政来源,确定由中央财政负担运行,还是由地方财政负担运行。运行成本的高低,一定程度上影响立法者选择何种运行体制。一般而言,立法者会在保证执法效果的基础上,选择运行成本较低的方式,以贯彻精简机构、节省财政资源的原则。但为了解决紧迫的社会问题,实现良好的治理效果,即使执法成本较高也必须承担。

(二)法的实施

法的实施,一般可以理解为法律规范在社会生活中的贯彻落实,法律规范实际调整社会关系,指引法律关系主体的行为,明确法律主体之间的权利、义务与责任,形成了一定的法律秩序。法律在正式颁布实施以后,可能会涉及法律关系主体主动遵守、行政主体的执行、司法机关的适用、权力机关及其他社会主体的监督等四个环节。

1. 法的遵守,简称守法,是指国家机关及其工作人员、政党、武装力量、社会团体、企事业单位及全体公民,自觉遵守法律的规定,将法律的要求转化为自己的行为,从而使法律得到实现的活动。守法是法的实施的最基本的方式。守法包括社会关系主体积极行使权利和认真履行义务两个方面,不能把守法简单地

---

❶ 对法律规范的结构,学术界尚有不同的看法,主要有"三要素说"和"两要素说"两种观点。参见沈宗灵主编:《法理学研究》,上海人民出版社 1991 年版,第 206—207 页。有的学者将法律规范"三要素"称为假定、处理和法律后果。参见张文显主编:《法理学》,法律出版社 1997 年版,第 65—66 页。

理解为社会关系主体对法律义务的消极被动地服从。只有通过守法实现权利所保障的利益,广大人民群众才会积极主动遵守法律。单凭强制力的威慑,不足以使广大人民群众主动守法。在现代社会,守法精神的核心是对法治的理解、支持和参与。

2. 法的执行,简称执法,是指国家行政机关及其公职人员依照法定的职权和程序,贯彻、执行法律的活动。执法是法的实施的重要组成部分,是法治建设的关键环节。人类社会进入 20 世纪以来,随着社会经济的发展,国家行政机关在法的运行过程中的作用越来越大,行政权几乎影响和渗透到社会经济生活的每一个角落。行政机关及其公职人员应当坚持依法行政和合理行政的原则,将行政执法工作纳入法治的轨道。行政权力的行使必须严格依照法律设定的权力范围和权力行使的程序,违反实体法和程序法的行政行为应当是无效的。即使在法律允许的自由裁量权的范围之内,行政机关也应当坚持合理行政的原则、比例原则,使行政行为合乎法律设定的目的。

3. 法的适用,简称司法,是指国家司法机关依据法定的职权和程序,具体应用法律处理案件的活动。司法机关,主要指人民法院。当社会关系主体产生法律上的纠纷,在一方起诉到法院以后,由法官独任或组成合议庭,通过对当事人提供的证据进行审查核实,在还原案件事实的基础上准确适用法律,通过裁判的方式解决当事人之间的纠纷,制裁违法的行为,救济被侵害的权利,稳定社会关系,恢复社会秩序。司法是法的实施的终局性的制度保证,是国家强制力的直接介入,是一种特殊形式的法的实施。其特殊性在于,守法和执法是有关主体主动实现法律的活动,而司法是被动的、中立的,是在守法和执法的正常状态遭到破坏或无法继续时产生的法的实现形式。通过对违法或不履行义务的行为的强制或制裁,既使被破坏的法律秩序得以维护,又给潜在的违法者以威慑,使其不敢违法,从而最终保障法律的贯彻实施。

4. 法律监督,在广义上是指国家机关、政党、企业事业单位、社会团体及其他社会组织、公民等依照法律的规定,对法律在社会中的实施情况进行的监察和督促。法律监督是法治建设的重要组成部分,其目的是约束公共权力、防止权力的懈怠和滥用。法律监督的范围非常广泛,包括国家各级权力机关对由其产生的行政机关、司法机关、检察机关的监督,包括检察机关作为专门的法律监督机关的监督,也包括其他国家机关的监督。法律监督还包括政党、社会团体、社会舆论的监督,包括普通的企业事业单位和公民的监督。尽管此类监督不具有直接的法律效力,但由于监督的主体广泛,社会影响较大,其效果不容忽视。广泛的法律监督也是我国社会主义法治的一项重要特点。

法的运行体制与法的实施存在明显的区别。法的运行体制是立法者在立法的过程中对正在制定的法律的思考。立法者需要考虑拟议中法律与已经实施的法律的关系,与拟议中的其他法律的关系。该法运行的机构及其权限,尚处于立法机关审议的法律草案之中,还没有转化为具体的制度,也没有设立实际的运行机构。而法的实施则是法律被正式颁布之后,由已经存在的或依新法所设立的法的执行机构,按照法律授予的权限,行使权力并履行职责,从而达到调整具体的社会关系、形成一定社会秩序的目的。两者也存在相辅相成的关系。立法者在设计法的运行体制时,必然需要考虑到已有的法律的实施情况,协调不同法律之间的关系,而且已有法律的实施效果,也影响着立法者采取何种运行体制。而一旦法律被颁布实施,立法者设计的运行模式就会被实际运用,运行模式是否科学将受到法律实施效果的检验。

二、法的运行体制类型

立法者在考虑某部法律的运行体制时,总是会考虑到涉及法律运行的诸多因素。立法者通常需要考虑以下四点因素:(1)法律运行的自足程度。法律运行中的自足与依附是衡量法实行的运行体制类型的标准之一。法律规范三要素是否完整,法律的执行是否具有专门的执行机构,该机构的权限如何,决定法律是否能够采用独立运行体制。(2)实体性规范与程序性规范。法律一般既包括实体法规范,又包括程序法规范,但二者的比重在不同的法律中是不同的。实体法规范比重大的法律一般称为实体法,比如行政处罚法;而程序法规范比重大的法律一般称为程序法,比如行政诉讼法。不论实体法规定的内容有何不同,所适用的程序大都比较相似,如听证程序、复议程序和诉讼程序等。实体法与程序法之间更易交叉运行。(3)事务与手段。"环境事务法中的事务是指直接作用于防治对象或保护对象的具体环境事务,而环境手段法中的手段是指服务于对环境保护对象保护的系统方法,如环境规划、环境影响评价等。"❶由于不同环境法

---

❶ 徐祥民主编:《环境与资源保护法学》,科学出版社2008年版,第31页。

解决的环境事务不同,因此环境事务法自足运行的程度较高,而环境手段法由于可以作用于多种环境事务,往往可以和其他法律交叉运行。(4)法律位阶的高低。高位阶的法律,管辖的区域比较大,其立法机关的地位也比较高,授予的权限比较大,更易实行独立运行体制。而低位阶的法律规范,往往作为高位阶法律的实施细则或补充规定,因为不是创制新法,所以也便不存在运行体制的设计问题,主要是依附于高位阶的法律运行。总之,一部法律不依赖其他法律而完全独自运行是很少见的,大多数法律或多或少总是要与其他法律在运行中发生关系。根据一部法律在运行过程中与其他法律运行的密切程度,基本上可以将法的运行体制分为独立运行体制、交叉运行体制和附属运行体制。

(一)独立运行体制

一部法律在制定的过程中,如果立法机关为该部法律所设定的具体制度比较完整,是一个比较独立的法律体系,不依赖或者较少依赖其他法律就可运行,那么这部法律的运行体制就可以称之为独立运行体制。独立运行体制一般具有四个特征:其一,该部法律的法律位阶比较高。只有位阶比较高的法律才能统筹其他相关的法律规范,达到独立运行的效果。位阶较低的规范性法律文件一般需要依赖于其他法律运行,很难独立运行。其二,该部法律的规范要素比较完整,前提条件、行为模式和法律后果全部具备,能够比较完整地调整一定的社会关系,引导和规范法律关系主体的行为,对符合行为模式要求的主体授予权益,对违反法律规定的行为要求课以责任。其三,该部法律在适用上具有明确的区域范围和特定的事务范围。对于确定的事务,在适用的区域范围之内,由专门设置的机构执法即可实现对相关事务的调整,从而实现立法者的立法目的。其四,该部法律有相对独立的或专门的执行体系和执法机构。执法机构有专门的人员和经费,组织机构比较完整。在法律关系主体守法的情况下,权利主体依法行使权利,义务主体主动履行义务,执法主体依法行使职权、履行职责,没有出现纠纷、冲突的情况,该法律就可以自行运行。当法律关系主体出现不履行义务或者实施法律禁止的行为时,执法机构能够通过调查、强制、处罚等手段,保障法律的正常运行。只有在出现法律关系主体拒不承担法律责任或者构成犯罪的情况下,才由司法机关进行强制制裁。当法律关系主体之间就法律适用发生纠纷,才由上级机关或者司法机关予以解决。

当然,独立运行体制的"独立性"不是绝对的。一般而言,我们可以根据法的运行体制"独立"的程度,将独立运行体制分为"完全独立"的运行体制和"相对独立"的运行体制。完全独立的运行体制,仅仅适用于宪法。宪法具有最高法律效力,其他法律都必须依据宪法制定,宪法设立了立法、行政、司法等国家机关,负责行使各项国家权力。从理论上讲,其他法律只能附属于宪法运行,而宪法则可以在不需其他国家宪法或国际条约协助的情况下独立运行。除宪法以外,普通法律在实施的过程中,不可能完全与其他法律不发生任何关系。立法机关出于立法统一和立法效率的考虑,往往在法律的程序方面或者司法救济方面作统一的规定,即使是选择独立运行体制的法律,也会与其他法律共同适用相同或相似的程序规定和司法救济体制,这样的运行体制可以称之为相对独立的运行体制。除明确指出以外,我们所指的独立运行体制,实质上都是指相对独立的运行体制。

由于独立运行的规范性法律文件法律规范的要素完整,并设置独立的执法机构和执行体系,执法机构配备专门的人员和职权,所以独立运行的法律、法规往往实施效果较好,能够达到立法者的立法目的。独立运行体制的缺点也是存在的,主要是需要单独设置执法机构,配备工作人员和必要的设备等,需要支出一定的运行成本。在国家财政资源需要厉行节约、优化使用的情况下,一部法律是否采用独立运行体制,需要立法者综合考虑立法的目的和手段,比较该独立运行体制可能得到的收益与需要支出的成本,只有收益大于成本时,或者不采取独立运行体制带来的损失大于成本时,才可能采用独立运行体制。

1980 年 8 月 26 日,全国人大常委会批准同意国务院提出的《广东省经济特区条例》,标志着深圳等经济特区正式建立。为了保证深圳等经济特区的顺利建设,该条例特别设立了独立的运行体制,并设置专门的运行机构"广东省经济特区管理委员会"。委员会负责制订特区发展计划并组织实施;审核、批准客商在特区的投资项目;办理特区工商登记和土地核配;协调设在特区内的银行、保险、税务、海关、边检、邮电等机构的工作关系;为特区企业提供职工来源,并保护职工的正当权益;举办特区教育、文化、卫生和各项公益事业;维护特区治安,依法保护特区内人身和财产不受侵犯。委员会在普通行政机关之外独立负责特区的建设和行政管理,极大地提高了特区建设的步伐,有力地促进了特区的发展。❶

---

❶ 见"深圳经济特区成立 30 周年"专题,http://news. sina. com. cn/z/shenzhen2010/,最近访问时间: 2010-10-15。

1990 年全国人民代表大会在制定《香港特别行政区基本法》时,就面临为该法选择何种运行体制的问题。基本法在"一国两制"思想的指导下,允许香港特区保留资本主义制度。资本主义制度中的立法、行政、司法等法律制度与大陆实行的社会主义法律制度差异较大,全国人大在立法时充分考虑到了这种差异,为基本法设计了与大陆众多法律不同的独立运行体制。全国人大参考了香港在回归之前实行的英国式的君主立宪制,在充分尊重香港原有传统的情况下,通过基本法创设了特别行政区行政长官、立法会、行政机构、以终审法院为首的法院系统,全面实施基本法授予的"高度自治权"。❶

20 世纪 50 年代末 60 年代初,美国频频爆发重大的环境污染事件,环境问题成为美国社会普遍关注的问题。原有的法律体系不足以保护和改善美国的环境,因此美国国会通过制定《国家环境政策法》,并采用独立运行体制,以期通过该法的实施保护美国的环境。这部法律的独立运行体制主要表现在国家环境质量委员会和美国环境保护局的设立。国家环境质量委员会,是总统关于国家环境问题的咨询机构,又称为环境咨询委员会。委员会由三人组成,委员人选须由总统征得参议院同意后任命。总统从三人之中任命一人为委员会主席。《国家环境政策法》对委员人选的资历有很高的要求。每个委员都应当具有相应的训练、经验和造诣,有能力分析和解释各种环境发展趋势和信息;对联邦政府的计划和活动进行评价;对国家的科学、经济、社会、美学与文化等方面的需要和利益具有清晰的认识和责任感,并能就促进环境质量的改善提出各项国家政策。美国环境保护局,也是直属总统办公厅的联邦政府机构,负责全国的环境管理事务,它是由原属内部的联邦水质管理局、农业部的农业登记局、卫生教育福利部的空气污染控制局、固体废物管理局、环境控制局、农药研究所和标准制定局等15 个机构合并组成的。环境保护局下设五个专业室,分管环境规划与管理水、气环境的保护。为了保证执法质量,美国环境保护局内专门设有环境执法办公室,其环境执法队伍实行严格的环境检察官制度。另外,美国环境保护局在全国范围之内下设有 9 个区域办公室,机构体系比较完整。自从《国家环境政策法》实施以来,美国的环境恶化现象被逐步遏制,环境不断得到改善。虽然不能说这

---

❶　详见《中华人民共和国香港特别行政区基本法》,由中华人民共和国第七届全国人民代表大会第三次会议于 1990 年 4 月 4 日通过,自 1997 年 7 月 1 日起实施。

全是《国家环境政策法》的功劳,但这部法律的作用是不可磨灭的。这也说明这部法律所适用的独立运行体制是比较成功的。

(二)交叉运行体制

如果一部法律管辖的区域、调整的事务与社会关系与其他法律存在重合、交叉的情况,会出现多部法律对同一区域内的同一事务都进行管辖的现象。在行政管理中,行业管理体制或职能管理体制是导致出现法律交叉现象的主要原因。在这种管理体制之下,不同的行业机构分别管辖本行业的事务,不同的职能部门主要负责本部门职权的行使与职责的履行。这些机构尽管在同一区域行使权力,对同一事务进行管理,却互相并不存在隶属关系,也缺乏统一执法、协调执法的常设机制。虽然不同的执法机构也会相互支持、相互协调,但是,更为常见的现象是,不同的执法机构在执法的过程中各自为政,缺乏统一的行动,再加上不同地方、不同职能部门在资源开发利用、环境保护投入方面存在的局部利益,多个机构互相推诿、扯皮的现象时有发生,从而影响到法的运行效果。

经全国人大常委会修改并于 2000 年颁布实施的《中华人民共和国海洋环境保护法》确立了交叉运行的管理体制。该法第 5 条规定,作为《中华人民共和国环境保护法》主要执法部门的国家环境保护行政主管部门,对全国海洋环境保护工作实施指导、协调和监督,并负责全国防治陆源污染物和海岸工程建设项目对海洋污染损害的环境保护工作;国家海洋行政主管部门负责海洋环境的监督管理,组织海洋环境的调查、监测、监视、评价和科学研究,负责全国防治海洋工程建设项目和海洋倾倒废弃物对海洋污染损害的环境保护工作。作为《中华人民共和国海上交通安全法》执法部门的国家海事行政主管部门负责所辖港区水域内非军事船舶和港区水域外非渔业、非军事船舶污染海洋环境的监督管理,并负责污染事故的调查处理;对在中华人民共和国管辖海域航行、停泊和作业的外国籍船舶造成的污染事故登轮检查处理;作为《中华人民共和国渔业法》主要执法机构的国家渔业行政主管部门负责渔港水域内非军事船舶和渔港水域外渔业船舶污染海洋环境的监督管理,负责保护渔业水域生态环境工作,并调查处理前款规定的污染事故以外的渔业污染事故。另外,军队环境保护部门负责军事船舶污染海洋环境的监督管理及污染事故的调查处理。

海洋环境保护法的运行体制是与环境保护法、海上交通安全法、渔业法等交叉运行的体制。对于海洋环境保护,环境保护行政主管部门、海洋行政主管部门、海事行政主管部门、渔业行政主管部门、军队环境保护部门等若干国家机关都负有实施海环法的权力,都在海洋这个区域范围内行使权力,但各部门却分属不同的行业,分属不同的职能部门,互相并不存在直接的隶属关系。

(三)附属运行体制

如果一部法律在制定的时候,立法者并没有设置完整的法律规范要素,或者使其依附于某部更具权威性的法律,或者自身并不具备执行机构,需要借助其他法律的执行机构执行的,那么这部规范性法律文件的运行体制可以称之为附属运行体制。附属运行体制主要有两种情况:其一,该部规范性法律文件的法律规范三要素不完整,往往只有前提条件和行为模式要素,只对法律关系主体的行为进行一般指引,而缺乏法律后果要素。一旦发生违法的情形,单凭该部法律无法制裁违法者,只能依赖其他法律确定法律责任的内容进行制裁。其二,该部规范性法律文件是某部法律的实施细则或特别规定,只对某部法律进行细化或者补充。该规范性法律文件的效力等级低于被细化或补充的法律,需要与被细化或补充的法律一起规范法律关系主体的行为。

全国人大常委会于1982年制定并于1999年修改《中华人民共和国海洋环境保护法》第3条确立了"重点海域总量控制制度",该条规定:国家建立并实施重点海域排污总量控制制度,确定主要污染物排海总量控制指标,并对主要污染源分配排放控制数量。具体办法由国务院制定。海洋环境保护法的规定使总量控制制度成为海洋环境保护的重要制度,有利于海洋环境的保护。但该制度运行的具体办法却需要国务院另行制定,这使得重点海域总量控制制度成为附属于海洋环境保护法的特别规定,其运行体制属于典型的附属运行体制。

附属运行体制没有单独设立的执行机构和执法体系,其优点在于节约法律、法规执行的成本,但也存在明显的不足之处。由于缺乏有力的执行机构和执法体制,此类法律如果单独运行,其效果往往达不到立法者的目的。由于有些领域如果法律、法规不能有效地发挥作用,造成的损失也会非常巨大。因此,附属运行体制适用的面比较狭窄,主要适用于规范性法律文件需要发挥细化或补充作用的情形中,需要依附于其他法律发挥作用。

新中国成立后,我国制定了许多与海洋环境保护相关的法律、法规和规章,除地方性法规和规章以外,仅中央一级现行的法律、行政法规和部门规章就有一百余件。其中在维护海洋环境方面主要有《中华人民共和国海洋环境保护法》

（1982 年制定、1999 年修订）、《海洋石油勘探开发环境保护管理条例》（1983年）、《防止船舶污染海域管理条例》（1983 年）、《中华人民共和国水污染防治法》（1984 年通过、1996 年修改）、《海洋倾废管理条例》（1985 年）、《中华人民共和国航道管理条例》（1987 年通过、2008 年修改）、《中华人民共和国环境保护法》（1989 年）、《防止海岸工程建设项目污染损害海洋环境管理条例》（1990年）、《防止陆源污染物污染损害海洋环境管理条例》（1990 年）、《自然保护区条例》（1994 年）、《海洋自然保护区管理办法》（1994 年）、《海洋行政处罚实施办法》（2003 年）、《主要水污染物总量分配指导意见》（2006 年）、《海洋石油安全生产规程》（2006 年）等。保护海洋资源方面的规范性法律文件主要有《水产资源繁殖保护条例》（1979 年）、《中华人民共和国对外合作开采海洋石油资源条例》（1982 年）、《黄渤海、东海、南海区渔业资源增殖保护费征收使用暂行办法》（1989 年修正）、《中华人民共和国水生野生动物保护实施条例》（1993 年）、《中华人民共和国矿产资源法》（1996 年）、《黄渤海区对虾亲虾资源管理暂行规定》（1997 年修订）、《渔业行政处罚规定》（1998 年）、《中华人民共和国渔业法》（2001 年）、《中华人民共和国水法》（2002 年）、《无居民海岛保护与利用管理规定》（2003 年）、《渤海生物资源养护规定》（2004 年）、《防治海洋工程建设项目污染损害海洋环境管理条例》（2006 年）、《海洋标准化管理办法》（2007 年）、《海洋功能区划管理规定》（2007 年）、《中华人民共和国海岛保护法》（2009年）、《海上风电开发建设管理暂行办法》（2010 年）等。❶

从我国现行的涉及渤海的规范性法律文件来看，主要有如下几个特点：1. 除2004 年制定的《渤海生物资源养护规定》和少数几部部门规章以外，几乎没有专门适用渤海领域的专门法律、法规和规章。绝大多数法律、法规都是调整全国领域的，适用于全国范围的海洋环境保护。2. 仅有的几部专门调整渤海事务的行政规章，主要限于对渤海海域内的生物资源的开发和养护进行管理，没有对渤海环境保护与资源利用等进行全面的调整。3. 在法律效力位阶上，《渤海生物资源养护规定》等法律规范属于部门规章，其效力低于宪法和全国人大及其常委会制定的法律，也低于国务院制定的行政法规，甚至低于地方性法规。目前还没有一部效力等级较高的法律全面、综合性的调整渤海

---

❶　许维安：《我国海洋法体系的缺陷和对策》，《海洋开发与管理》2008 年第 1 期。

事务。4. 只有《中华人民共和国海洋环境保护法》等极少数法律规范具备完整的三要素,属于交叉运行体制,绝大多数规范性法律文件都要附属于其他法律运行。

通过分析不同法律运行体制的特点,我们可以发现,一般而言,适用于全国范围的、调整一般的人或一般事务的一般法,由于涉及的人和事务太多,管辖的范围太大,如果实行独立运行体制,运行的成本会非常高。而且不同法律设立的机构会出现重叠,导致效率的降低,国家资源的浪费。因此,对此类法律立法者一般不会选择独立运行体制,而是让调整相同或相近法律关系的法律相互交叉运行,实施制度共享,以节约运行成本。而对于调整特定的人或特殊事项的规范性法律文件,或者在某一个特定区域适用的特别法,由于涉及的人和事务比较集中,管辖的范围比较有限,实施独立运行体制的成本可以控制。此类法律实施独立运行体制,其实施效果会比较好。

第二节　渤海特别法应当选择相对独立的运行体制

渤海特别法的运行体制如何选择,是立法者在制定法律之时不得不进行综合的权衡、理性的思考与审慎的选择。但是,无论进行怎样的权衡、思考,在对渤海特别法的运行体制选择上,不能不考虑中国现行法律制度自身运行的实际,不能不考虑渤海区域环境治理的客观现实,不能不考虑渤海特别法本身运行的独特要求。笔者认为,拟议中的渤海特别法应当选择相对独立的运行体制,理由如下:

一、区域海洋管理应选择独立运行体制

随着海洋环境、资源与生态问题的恶化,如何有效应对不断加剧的环境资源危机,世界各国努力探索各种可行的方式方法,以缓解和克服海洋环境、资源与生态危机。在此过程中,以生态系统理论为基础的区域海洋管理,作为一种新的海洋管理模式,进入人们的视野。

区域海洋管理是以政府为核心的多元主体,基于维护海洋生态系统的完整性和区域发展整体利益的需要,综合运用法律、行政和经济等多种手段,统筹协调区域共同面临的海洋发展问题,促进区域内政府及其相关机构之间和区域内

各利益相关者之间涉海行为的利益协调而进行的管理活动。❶之所以对海洋实施区域性管理,是因为虽然海洋环境问题是全球性问题,但是,其具体表现却是区域性问题,需要从区域的层面制定解决问题的具体方案。海洋这一庞大的系统含有多个特征各异的海洋区域,而这些海洋区域的不同首先表现在自然特性的差异。因此,需要寻找更加适当的既考虑海洋区域地理环境,又能整合区域内各方利益和政策需求的管理方式。区域海洋管理作为一种全新的海洋管理模式,它通过综合考虑一个相对封闭的海洋生态系统中各种因素的相互作用来实现对海洋和海岸资源的可持续管理,有利于避免单一部门管理只注重本部门利益而忽视其他部门利益的情况发生。❷

美国在旧金山湾环境保护方面体现了区域海洋管理模式。从 19 世纪中期开始,美国的旧金山湾开始出现环境恶化问题,到 20 世纪中期以后,美国联邦政府和加利福尼亚州政府先后立法设立环保机构保护旧金山湾的环境。特别是加州于 1965 年通过了 McAteer-Petris 法案,并根据该法案成立了旧金山湾养护与发展委员会,该法案经过 1969 年修订,最终确立了旧金山湾养护与发展委员会在保护和促进旧金山湾并鼓励该湾的合理使用的专门性部门的法律地位。旧金山湾养护与发展委员会具体管理旧金山湾的填海和疏浚、保护苏珊沼泽、管理向岸 100 英尺的开发活动、减轻填海压力、监管执行联邦海岸带管理法,以及参加加利福尼亚溢油防治和响应计划。在湿地保护方面,旧金山湾养护与发展委员会负责就湿地的保护和恢复制订计划,并通过行使审批权保护湿地不受其他优先项目的损害。根据联邦海岸带管理法案,旧金山湾养护与发展委员会也是联邦指定的州海岸管理署。在一系列保护措施的作用下,旧金山湾的环境得到较好的改善。

以生态系统为基础的区域海洋管理理论的提出及应用,为渤海环境、资源与生态的科学管理提供了理论支持。一方面,它要求在对渤海事务进行管理时,必须遵循生态整体性原则,将整个渤海区域作为一个生态整体来看待,即渤海生态系统范围,不仅包括渤海海域本身以及渤海沿岸的三省一市,还包括对渤海整体环境与生态产生影响的辽河、海河和黄河三大河流流域系统在内。这样,渤海生

---

❶ 王琪、陈贞:《基于生态系统的海洋区域管理》,《海洋开发与管理》2009 年第 8 期。
❷ 徐祥民、于铭:《区域海洋管理:美国海洋管理的新篇章》,《中州学刊》2009 年第 1 期。

态系统的区域范围,不仅仅超出传统行政区域和部门的管辖范围,而且也超出河流治理中的以流域为基本单元的流域范围。另一方面,它要求在对渤海事务进行管理时,必须将整个渤海区域的所有事务,包括渤海环境污染防治、资源的可持续利用、生态保护以及岸线形态的维护、交通运输、军事国防等事务(调整范围项目已经说明了这一点)进行统筹管理,而不能分割,由不同的行业或职能部门分散实施。

与此相应,在渤海特别法运行体制的设置上,一是这种运行体制必须能够满足渤海特别法在地理区域管辖上的需要,即该运行体制能够涵盖整个渤海区域生态系统,该系统不仅包括渤海海区和渤海近海沿岸,还包括与渤海生态环境密切相关的整个流域系统;二是这种运行体制必须能够满足渤海特别法在管理事务范围上的需要,即通过该运行体制的实施,不仅要解决渤海区域的环境问题,而且还要考虑解决渤海区域范围的资源利用、生态保护、自然形态维护、海上交通运输安全等各项事务。

我国目前海洋管理实行的是以行政区划管理和行业管理为基础的管理模式。环渤海区域共有辽宁省、河北省、天津市和山东省三省一市,辽宁省与山东省分别设立海洋渔业厅作为海洋行政主管部门,河北省和天津市设立海洋局作为海洋行政主管部门,三省一市沿海的设区的市、市辖区和县也分别设立了各自的海洋(渔业)局作为海洋行政主管部门。县级海洋(渔业)局是海洋行政管理的基层执法机关,也是行使海洋行政管理权的主要部门。不同的执法部门管辖不同的渤海海域,分别执行渤海有关的法律、法规和规章,分别对本级人民政府和上级海洋行政主管部门负责。同属一省(直辖市)的地方海洋(渔业)局,在省级主管部门的统一领导下,执法时尚能相互协调,但不同省(直辖市)的地方海洋(渔业)局,所辖的渤海海域情况不同,所执行的地方规划、地方法规和规章不同,再加上信息沟通不畅等原因,不同省(直辖市)的地方海洋主管机构执法的差异,影响到渤海整体的环境保护。尤其在法律对地方政府环境责任规定不明、划分不清的情况下,地方政府从地方利益出发,往往具有更多地排放污染物和过度使用资源的倾向,从而形成典型的"公地悲剧"。

在海洋行业管理方面,立法机关根据不同的海洋管理行业,分别立法进行规范。如我国在海洋渔业管理方面制定有渔业法,在海洋环境保护方面制定了海洋环境法,在海上交通运输方面制定有海上交通安全法,在海域使用方面制定有海域使用管理法等，不一而足。《中华人民共和国环境保护法》是我国环境保护的总法，统率其他与环境保护相关的法律、法规。虽然该法适用于中华人民共和国领域和中华人民共和国管辖的其他海域，但主要还是适用于陆地环境的保护。负责实施该法的主要部门是国家环境保护部和地方各级人民政府的环保职能部门，主要是管理、保护陆地环境，对海洋环境保护更多的是指导、协调和监督。《中华人民共和国海洋环境保护法》主要是由国家海洋局及其下级职能部门实施的专门保护海洋环境的法律，负责海洋环境的监督管理，组织海洋环境的调查、监测、监视、评价和科学研究，负责全国防治海洋工程建设项目和海洋倾倒废弃物对海洋污染损害的环境保护工作。《中华人民共和国渔业法》是由国家渔业局及地方政府渔业部门负责实施的有关渔业资源利用和保护的法律规范。国家渔业局及其下属机构主要负责"加强渔业资源的保护、增殖、开发和合理利用，发展人工养殖，保障渔业生产者的合法权益，促进渔业生产的发展"，主要职能是包括渤海渔业资源在内的全国范围的渔业资源管理。《中华人民共和国海上交通安全法》是国家海事局负责实施的法律，国家海事局的主要职能是"加强海上交通管理，保障船舶、设施和人民财产的安全，维护国家权益"，诸如此类。现行的法律，在实行行业管理或职能管理的模式之下，保护海洋环境、保护渤海仅仅是这些国家机关的一部分职能，而且是次要的、附带的职能。对于海洋环境保护，环境保护行政主管部门、海洋行政部门、海事行政主管部门、渔业行政主管部门、军队环境保护部门等若干国家机关都负有实施海环法的权力。不同的职能部门互不隶属，各自行使各自的管理权，导致渤海事务管理的混乱，这是目前导致渤海环境保护乏力的重要原因。

渤海特别法不能实行职能保护的模式，只能实行区域保护的模式。"环境容量是环境区域污染自净能力的总量，只能根据环境区域来计算，不能按照行政区划来计算。环境问题所反映的人与自然的关系，要求我们打破行政区划的界限，以自然形成的一定流域、海域或者其他环境区域为一个环境单位，同时也就是一个保护单位，比如以长江流域、淮河流域、环渤海地区等各为一个环境保护单位。"❶能够影响渤海环境的区域，除渤海海域以及沿海的辽宁省、河北省、天津市、山东省四省市以外，可能通过入海河流影响到渤海环境保护的青海省、甘

---

❶　徐祥民：《关于建立排污权转让制度的几点思考》，《中州学刊》2002年第12期。

肃省、宁夏回族自治区、内蒙古自治区、陕西省、山西省、河南省等七省、自治区也应当纳入渤海特别法的调整范围。在整个区域范围之内，凡是与渤海保护有关的事务，都由渤海特别法予以调整，统筹兼顾，综合考虑。把原本属于不同行业、不同职能部门的相关管理权能集中起来，避免各自为政的混乱现象。

渤海特别法实行区域管理，必须选择独立运行的体制。立法机关应设立关于渤海事务管理的专门机构，将有关渤海事务的管理职能和管理权限集中到这个机构，凡是与保护渤海有关的权能，都由这个专门设置的机构行使。这个机构在行使的时候，综合考量，统筹兼顾，从最有利于保护渤海的角度管理渤海事务，从而能够避免不同职能部门各自为政的弊端，最大限度地保护好渤海。

二、现行法律、法规交叉运行体制的弊端

我国正在实行的《中华人民共和国海洋环境保护法》，是海洋环境保护的基本法律依据。该法确立了与环境保护法、海上交通安全法、渔业法等交叉运行的体制。交叉运行体制之下的海洋环境保护法，存在比较明显的弊端，比如陆海不能统筹。从有关渤海的现状来看，目前现行的有关渤海的法律运行效果并不理想。

以下数据可以在一定程度上支持这一判断：2007 年渤海"轻度污染，一、二类海水比例为 63.3%，与 2006 年比较，下降 6.3 个百分点；四类、劣四类海水为 22.4%，上升 0.7 个百分点。主要污染因子是无机氮和铅。""辽东湾、渤海湾……水质均为重度污染；一、二类海水比例均不足 40%。"[1]"2008 年，我国近岸海域总体污染程度依然较高。渤海较清洁海域面积 7560 平方公里，比 2007 年增加 300 平方公里。污染海域面积 13810 平方公里，约占渤海总面积的 18%，比 2007 年减少 3230 平方公里。严重污染海域主要集中在辽东湾、渤海湾和莱州湾近岸。主要污染物为无机氮、活性磷酸盐和石油类。"[2]"渤海三大湾夏季海水环境质量明显劣于渤海中部海域。莱州湾海水污染最为严重，其中夏季严重污染海域面积达 26%，主要污染物为无机氮、石油类和活性磷酸盐。渤海湾海水污染较重，其中夏季严重污染海域面积达 11%，主要污染物为无机氮和活性

---

[1]　《中国近岸海域环境质量公报》（2007 年）。
[2]　《2008 年中国海洋环境质量公报》。

磷酸盐。辽东湾海水污染相对较轻,主要污染物为活性磷酸盐和无机氮。"❶
2009 年渤海"未达到清洁海域水质标准的面积为 21550 平方公里,其中较清洁
海域面积 8970 平方公里,轻度污染海域面积 5660 平方公里,中度污染海域面积
4190 平方公里,严重污染海域面积 2730 平方公里。严重污染海域主要集中在
辽东湾、渤海湾和莱州湾近岸。主要污染物为无机氮、活性磷酸盐和石油类。"❷

　　2009 年 5 月 22 日,国务院审计署公告《渤海水污染防治审计调查结果》
(2009 年第 5 号)❸。审计署于 2008 年 3 月至 9 月,对环渤海地区 2006 至 2007
年水污染防治情况进行了专项审计调查,重点调查了天津、大连、营口、盘锦、锦
州、葫芦岛、唐山、秦皇岛、沧州、滨州、东营、潍坊和烟台 13 个市。审计调查结果
表明,"十五"以来,国务院各部门和 13 市政府高度重视渤海水污染防治工作,
采取多项措施加强渤海环境保护,取得了一定成效。审计调查发现的主要问题
有:水污染防治措施落实不完全到位,海域监督管理比较粗放,部分资金征管使
用不规范。为此,审计署提出了建议:1. 建立和完善严格的渤海海域保护制度
和机制,建立起跨部门、跨地区和跨流域的渤海环境治理协调机制,统筹区域和
流域环境治理工作;2. 加大产业结构调整和工业污染治理力度;3. 加大环渤海
地区污水处理设施建设投入力度;4. 加强排污费、污水处理费征收管理力度。

　　海域环境与其相邻接的陆域环境是一个具有内在联系、彼此制约的大的生
态系统。海洋环境污染和生态破坏表现虽然在海上,根源却主要在陆地,海洋污
染物 80% 左右来源于陆地。大量未经处理的工业废水和生活污水通过各种渠
道排入海中,加上河流携带的污染物质、沿海农业面源污染和养殖污水给海洋环
境造成了巨大压力。不合理地开发利用海岸带资源,盲目围海造地,乱建海岸工
程,更加剧了海洋生态恶化的进程。因此,海洋环境保护法必须把海陆统筹,海
洋环境治理与陆域环境治理结合起来进行规定,以加快陆地老污染源治理和防
治海岸工程产生新污染作为主要方向,以重点点源、农业面源、城市污水和养殖
污染治理为重点。❹ 只有将渤海沿岸和可能通过入海河流影响渤海环境保护的
省、自治区和直辖市全部纳入渤海特别法的调整范围,才可以从根本和源头上解

---

❶ 《2008 年渤海海洋环境质量公报》。
❷ 《2009 年中国海洋环境质量公报》。
❸ 《渤海水污染防治审计调查结果》(2009 年第 5 号)。
❹ 郭院:《论中国海洋环境保护法的理论和实践》,《中国海洋大学学报》(社会科学版)2008 年第 1 期。

决渤海的环境保护问题。

三、现有的执法机关系统执法条件的不足

渤海特别法涉及的事务非常多,主要有渤海污染防治、渤海资源开发利用、渤海生态保护等方面。在渤海污染防治方面,由于渤海污染包括陆源污染和海上污染两种,而渤海污染源80%是来自陆域,陆源污染的来源主要是工业、生活排污等点源污染以及农业面源污染。因此,防治污染方面既要防治来自海上的污染,更要防治来自陆域的污染。在渤海资源开发利用方面,既要合理开发石油等化石能源,又要合理开发渔业等生物资源。在渤海生态保护方面,则要逐步解决入海径流量减少、湿地面积减少、海岸带受侵蚀、赤潮、海洋生物种类明显减少等问题。

现有的涉及渤海的执法机关系统,无论是国家环境保护部、国土资源部及地方各级人民政府环境保护部门,还是国家海洋局、国家海事局、渔业局及其下属单位等,均不具备实施拟议中的渤海特别法的全部内容的条件和可能。其一,现有执法机关系统不具备渤海事务综合管理的权限。要充分实施渤海特别法,对渤海事务进行全面、综合的管理,需要涉及陆源、海域的管理权限,需要涉及污染防治、资源开发、生态保护的管理权限,需要行政规划、行政许可、行政处罚、行政强制、行政复议、行政诉讼等方面的权限。而目前各执法单位各自为政,各自在某个行业、某个区域内行使相关的管理执法权,缺乏统一的授权来全面管理渤海相关事务。其二,现有的执法机关系统不具备渤海事务管理的物质条件。渤海面临的问题已经相当严重,治理渤海污染、保护渤海生态甚至开发渤海资源等都需要大量的资金,渤海事务的管理需要财政的大力支持,需要大量的资金投入。目前,除国家级执法单位的财政由国务院统一预算以外,地方执法机关的财政无法统一。地方环境保护厅(局)、海洋渔业厅(局)隶属于地方人民政府,财政主要由地方自行负担。而涉及渤海的区域中,地方政府的经济状况并不在同一水平,渤海沿岸的省市尚能提供较雄厚的资金支持渤海环境的保护,而地处中西部的黄河流域其他省份,在财政支出方面显然无法和沿海省市相提并论。除实际的经济发展水平不一致以外,各地方政府的发展规划也不相同,有的地方能从长远角度出发,注重对渤海的长远保护,避免短期的盲目开发。但也不排除个别地方政府,为了快速发展本地方的经济,忽视渤海环境的保护和资源的可持续利

用。因此,渤海特别法的运行体制不能依附于现行的执法机关系统,不能实行附属运行体制。

美国的切萨比克湾保护模式体现了独立运行体制的执法条件优势。由马里兰州、宾夕法尼亚州、弗吉尼亚州立法当局组成的切萨比克湾委员会于 1980 年成立。1983 年,该委员会代表各有关州立法机关与弗吉尼亚州、马里兰州、宾夕法尼亚州、华盛顿特区以及美国环保署共同签署了《切萨比克湾协议》,确立了切萨比克湾计划,建立了切萨比克执行理事会。美国切萨比克湾的整治所以取得令人瞩目的成就,一个重要的原因是,美国联邦政府和有关州政府、市县政府都非常重视这项工程,并投入了大量资金。美国环境保护署向切萨比克湾整治项目投资从 1984 年财政年度的 461.3 万美元增加到 1993 年财政年度的 1943.5 万美元。在这 10 年中仅联邦环境保护署投入就达 1.23 亿美元。为了调动地方参与整治工程的积极性,联邦环境保护署主要将资金投入各州市,1993 年度投入各州市的资金占全部资金的 75%。根据规定,对环境保护署的投资,各州市必须根据不同情况投放 5%—50% 配套资金。因此,3 州 1 市政府每年要为切萨比克湾整治工程投入配套资金 1000 多万美元,大大增加了切萨比克湾整治工程的资金。切萨比克湾的环境已经得到良好的改善,体现了独立运行模式在资金等执法条件的优势。

四、责任管理体制需要独立运行的执行体制

所谓责任管理体制是相对于职能管理体制而言的,这种体制的重点是立法者在立法时,明确执法机关必须完成的目标,并根据目标授权执法机关相应的权限,根据目标的实现情况对执法机关进行考核。至于执法机关采取何种管理模式,立法者不予硬性规定,而是给予执法机关一定的自由裁量范围。责任管理体制不仅重视权力行使过程的合法性,更加重视法律运行结果的正当性,可以督促执法机关发挥积极性和主动性,通过各种管理方式,达到立法者设定的目标。责任管理体制是对传统管理体制的反思与完善。传统管理体制重点在于授权与监督,即授予执法机关以相应的执法权,执法机关依据相应的程序行使管理权,只要不违反法律就不会受到制裁,但执法的结果如何,不是执法机关考核的主要依据。传统管理体制下的执法机关,虽然也会严格执法,但由于最终的结果不属于考核的重点,因此缺乏积极性和主动性,致使立法者的立法目的难以实现。而在

责任管理体制下,对于被赋予行政权力而不积极履行,或虽有履行但未实现法定目标者,也要追究一定责任。

美国的切萨比克湾整治取得重要成就的另一个重要经验,就是确定了目标责任管理体制。在推进切萨比克湾整治的过程中,切萨比克湾委员会联合有关政府当局制定明确的目标,提出实现目标的具体措施,并在实施过程中对目标进行评估和调整。由于有了明确要求和具体指标,各方面的任务也就明确了。切萨比克湾各州市据此层层召开地方政府、农场、污水处理厂、地方规划官员、各流域整治负责人的会议,分别落实各地区的任务,制定了本地区各县镇、各流域减少营养输入量的任务、具体办法和对策。

目前我国涉及渤海的法律、法规及规章,主要还是传统的授权管理体制,而不是责任管理体制。如前所述,海洋环境保护法第5条分别授予环保部门、海洋部门、海事部门、渔政部门、军队环保部门在相应范围内的管理权限,建立起了一个复杂的相互交叉的管理体制。该法笼统规定了不同部门的各自"职权",但对这些部门在海洋环境保护中的具体职能和目标任务缺乏明确规定,即使这些部门依法行使职权,却无法从根本上改变渤海环境不断恶化的现状。海洋环境保护法第3条确立了"重点海域污排污总量控制"制度,对于渤海这样环境容量小的特殊海域来说,如能真正建立起排污总量控制制度,根据其环境容量分配排污指标,将对渤海污染防治具有根本性的意义。该条授权国务院就确定主要污染物排海总量控制指标、主要污染源分配排放控制数量制定具体的办法,但国务院至今仍未出台具体的办法,致使这一至关重要的制度至今没有取得良好的效果。而现有的立法对于国务院未积极履行授权事项应当承担什么样的法律责任缺乏规定,导致立法机关的立法目的落空。

渤海特别法应当适用责任管理体制。立法机关在立法时必须分配较为明确的治理任务与确定的完成时限要求,比如在一定期限之内渤海污染物减少多少、渔业资源增加多少、生态环境改善到什么程度等。这些目标在设立时应当进行科学的论证,在尊重客观规律的基础上予以量化,使其具有可操作性。立法机关根据目标,对执法机关充分授权,并且授权中应当包含相当的自由裁量权,允许执法机关发挥积极性和主动性,努力完成立法所设定的目标。立法机关还应当给予执法机关充分的财政保障,保证执法机关完成立法目标所需要的经费和资金。同时,立法机关还应当建立检查制度和环境目标责任追究制度,严格考核,一旦执法机关不能完成立法目标,那么执法机关的相关责任人在考核方面受到不利影响,甚至还应当承担相应的调离岗位、降级甚至撤职等法律责任。对于能够完成责任目标责任人,则给予奖励,作为公务员考核、职务晋升的依据。

综上,对渤海特别法的运行体制的设置,应考虑以下因素:首先,渤海特别法应当是全国人大或其常委会制定的法律,其效力等级应仅次于宪法,但高于国务院制定的行政法规,也高于地方人大及其常委会制定的地方性法规,更高于国务院部委的规章和地方政府的规章。只有渤海特别法具有"法律"的效力等级,才能统筹、协调关于渤海环境保护的相关法律,避免规范性法律文件之间存在的漏洞,消除不同规范性法律文件之间存在的矛盾,形成较为完善的渤海特别法律体系,达到保护渤海环境的目的。其次,渤海特别法的调整范围应当明确,除渤海海域以及沿海的辽宁省、河北省、天津市、山东省四省市以外,可能通过陆源影响到渤海环境保护的青海省、甘肃省、宁夏回族自治区、内蒙古自治区、陕西省、山西省、河南省等省、自治区也应当纳入渤海特别法的调整范围。渤海特别法必须坚持海陆统筹,只有将渤海沿岸和可能通过陆源影响渤海环境保护的省、自治区和直辖市全部纳入渤海特别法的调整范围,才可以从根本上、源头上解决渤海的环境保护问题。再次,渤海特别法的法律规范的要素应当完整。渤海特别法的法律规范应当具备前提条件、行为模式和法律后果三项要素,特别是法律后果部分应当明确而具体,这是渤海特别法能够独立运行的关键。除具有较为严重的社会危害性的、可能构成犯罪的行为需要由刑法规定以外,其他的法律后果都可由渤海特别法予以规定,并由专门的执法机构实施。渤海特别法不仅法律规范的实体要素应当完整,而且程序要素也应当完整。关于渤海环境保护相关法律事务,包括规划、许可、处罚、听证、指导等执法权力的行使程序等都应当明确而具体,具有可操作性。最后,渤海特别法应当设立专门的执行机构和执法体系。执行机构由全国人大或其常委会制定"渤海特别法"的同时一并设立,其名称可以称为"渤海综合管理委员会"等类似的名称。委员会由国务院与海洋管理有关的部门以及渤海地区省、自治区和直辖市委派的委员组成,全国人大常委会可以从具有资深环境与海洋保护的专家中任命部分委员。委员一经任命,独立行使职权,非依法定程序罢免不得免职。"委员会"有单独的经费,可以自行支配使用以确保其工作的开展。"委员会"依法享有管理渤海事务的职权,可以依法通过许可、规划、处罚、指导以及行政合同等方式行使职权、履行职责,并可依法对发生纠纷进行一定的裁判。当然,关于纠纷的终局裁决权依然可以由司法机关作出。

　　渤海特别法制定并实施以后,尽管其独立运行,但国家制定的有关涉及海洋或者涉及环境保护、资源利用的一般法律对渤海依然有效。只是根据"特别法优于一般法"的原则,在渤海应当优先适用渤海特别法,特别法没有规定的,才适用一般法。

第八章　渤海特别法的执行体制

法的生命在于施行。只有通过法的有效实施，才能实现法的目的，体现法的价值。一部法律要得到有效的实施，应当具备三个方面的条件：一是该法为良法。所谓良法，是指该部法律无论是从形式到内容，还是从实体到程序，都反映了经济、政治和社会的基本需求，体现了人们对特定社会关系进行法律调整的需要。二是要建立一个执行有效、运行良好的执行体制。法律不会自发产生社会调节作用，它的实施或施行通常需要有专门的、具有较高权威性的机构或部门来执行法律，推动法的实施，才能对人们的行为产生影响力和拘束力，从而达到法的目的，实现法的价值。三是民众具有较高的或良好的法律意识。法律对社会关系的调整最终要落实到具体的人的行为上，通过对广大民众的特定行为的调整来实现法的目的，这样，民众的法律意识与法治观念的高低、强弱会对法的实施产生直接的影响。

作为法的实施的关键要素，法的执行体制在法的价值实现中具有重要地位。一般来说，法的执行体制是指为实现特定立法的目的与任务，依法对特定事务的执行机构的设置、相互关系、执行权的划分等予以规定的制度总和。具体包括：执行机构的设立、机构间的相互关系、执行权的配置以及执法责任的落实等，其核心是执行机构的设置。在本章，我们主要就渤海特别法执行体制的模式选择、执行机构的设立、人员组成、职权与责任等问题进行论述。通过本课题的研究，希望能够为渤海特别法执行体制的构建提供理论支持，并通过执行机构的合理确立及有效运行，来促进渤海特别法立法目的的真正实现。

第一节　法的执行体制基本模式

依某一立法对执行权的配置在层级与范围上的不同，我们可以将法的执行体制划分为三种：一是集中执行体制；二是分散执行体制；三是集中与分散相结合的执行体制。

一、集中执行体制

集中执行体制，是指在执行权的配置上，以特定的管理事务为中心，建立一个层级单一、区域范围特定的、运行独立的执行机构，由该机构对特定事务进行全面、统一管理的执行体制。其主要特点体现为统一事务，统一机关，一统到底的执行模式。这种执行体制在执行机构的设置上，要求确立一个具有较高层级、具有较大权力和执行力，并能够体现执法目标责任的执行机构，由该机构对特定事务与活动实施统一管理。

这种执行体制的优点在于能够从整体和全局对特定事务进行全面规划、统筹管理，提高决策与执行效率。目前，世界大多数国家在对水资源进行管理过程中，都采取这种体制。正如有学者所说，采取集中执行的水资源管理体制，有利于"决策效果内部化、水资源利用效率高和信息交流充分，对水资源配置和运用情况易于合理掌握和调度"[1]。但不利之处在于，"可能导致公众参与减少、地方投资积极性下降以及对用户的需求和变动缺乏及时灵活的调整措施"[2]。以流域管理为特点，大都采用集中执行体制。比如，美国在田纳西河流域管理过程中，就是通过立法的方式设立田纳西流域管理局，由流域管理局对田纳西河流域内的航运、防洪、发电、水质保护、娱乐和土地利用等六个方面实施统一开发和管理，并取得显著的治理效果。

二、分散执行体制

分散执行体制，是指在执行权的配置上，基于特定事务管理上的部门分工和专业化管理的需要，将该项事务交由不同层级、不同部门分别管理的执行体制。具体而言，这种分散执行主要表现为两种情况：一是层级分散，具体表现为执行权由同一部门在不同层级所对应的管理机关来分别行使。目前，我国绝大多数立法都确立这样的一种执行体制。最为常见的表述就是"由县级以上人民政

---

[1] 邢利民：《国外流域水资源管理体制做法及其经验借鉴》，《生产力研究》2004 年第 7 期。
[2] 邢利民：《国外流域水资源管理体制做法及其经验借鉴》，《生产力研究》2004 年第 7 期。

府××部门对××事项或××行为进行监督管理"。二是部门分散,具体表现为执行权由不同的部门分别行使,并各自形成独立的执法机关体系,如《中华人民共和国海洋环境保护法》❶、《中华人民共和国水污染防治法》❷、《中华人民共和国大气污染防治法》❸等关于执行体制的设置。

由于中国地域辽阔,各地情况千差万别,以这样的方式来设置执行机构与配置执法权,符合中国的国情与社会实际,有利于调动各部门、各地方的积极性,动员各方力量,齐抓共管,参与对某一事务的管理。但是,对于某些特定事务,如流域或区域内的水污染防治问题,由于污染问题本身的特殊复杂性,如果分由不同的部门或同一部门的不同层级管理部门去执法,往往难以达到理想的防治效果。"多龙治水"即是对这一体制的生动写照。

三、集中与分散相结合的执行体制

集中与分散相结合的执行体制,是指在执行权的配置上,既有集中执行体制的特点,又有分散执行体制的特点。以我国水资源保护与水环境管理为例,在水资源的开发、利用与保护上,实行以流域管理为特点的集中执行体制;如《中华人民共和国水法》第 12 条规定,国家对水资源实行流域管理与行政区域管理相结合的管理体制。国务院水行政主管部门负责全国水资源的统一管理和监督工作。国务院水行政主管部门在国家确定的重要江河、湖泊设立的流域管理机构,在所管辖的范围内行使法律、行政法规规定的和国务院水行政主管部门授予的水资源管理和监督职责。县级以上地方人民政府水行政主管部门按照规定的权限,负责本行政区域内水资源的统一管理和监督工作。但是,在水污染防治与水环境保护上,又存在分散执行的特征。如前述的《中华人民共和国水污染防治

---

❶ 《中华人民共和国海洋环境保护法》第 5 条规定,由国务院环境保护行政主管部门对海洋环境污染防治实施统一监督管理,国家海洋行政主管部门、国家海事行政主管部门、国家渔业行政主管部门、军队环境保护部门各自依其职权对涉海环境保护事务实施监督管理。

❷ 《中华人民共和国水污染防治法》第 8 条规定,环境保护主管部门对水污染防治实施统一监督管理,交通部门海事管理机构、水行政、国土资源、卫生、建设、农业、渔业等部门以及重要江河、湖泊的流域水资源保护机构,在各自的职责范围内,对有关水污染防治实施监督管理。

❸ 《中华人民共和国大气污染防治法》第 4 条规定,环境保护行政主管部门对大气污染防治实施统一监督管理,各级公安、交通、铁道、渔业管理部门根据各自的职责,对机动车船污染大气实施监督管理,县级以上人民政府其他有关主管部门在各自职责范围内对大气污染防治实施监督管理。

法》《中华人民共和国海洋环境保护法》,大都体现了分散执行的特点。

集中与分散相结合的执行体制,与单纯的分散执行体制相比较,因其以流域为基本单元,对水资源实施统一管理,与区域水资源保护在地理范围上相一致,有利于实现对区域水资源的统筹考虑与综合管理,因而具有其优越性。但由于没有注意到水资源与水环境之间的内在关联性,而将二者人为分割,由不同的部门来实施管理和保护,就会出现关注水资源的不关注水环境或关注水环境的不关注水资源,难以实现对水资源与水环境的一体化保护与管理。我国在淮河治理过程中出现的困境与问题,即是这一执行体制的现实反映。

第二节　现行渤海管理相关法的执行体制

现行渤海管理相关法的执行体制,如果从模式上划分,可以将其归结为是一种分散执行模式。这种分散执行模式主要体现在,一方面通过立法对渤海的整体事务进行分割,依不同行业进行单独立法,然后,依不同的立法确立不同的部门或机构来分别实施、执行相关法律、法规,履行监督、管理职能。比如海洋渔业、海洋盐业、海上交通运输业立法及其执行体制。另一方面通过立法将同一事务的执行权分别交由不同的部门或机构(通常是依不同的行业性质)来行使,履行监督、管理职能。比如海洋环境保护这一事务分别由海洋、海事、渔业、环境保护、军队等部门分别执行。

对现行渤海管理相关法的执行体制设置的具体情况,我们遵循从一般到特殊这样的认识过程来进行识别与了解。相应地,对现行渤海管理相关法的执行体制可以分为两大类:一是依据我国海洋管理相关法所确立的执行体制。因为渤海作为我国整个涉海海域的一个重要组成部分,国家对于海洋管理进行立法所确立的执行体制,在执行机构、管理权限与范围上自然适用于渤海海域。另一类是我国针对渤海环境、资源、生态与海洋形态保护进行专门立法所确立的执行体制。

一、与渤海相关的海洋立法的执行体制

我国目前与渤海相关的海洋立法所确立的执行体制,大致可以概括为"以

行业管理为主、以职能管理为辅"的海洋立法执行模式。体现在立法方面,即主要是根据不同的涉海行业,分别立法进行规范。如我国在海洋渔业管理方面制定了《中华人民共和国渔业法》,在海上交通运输方面制定了《中华人民共和国海上交通安全法》等。同时,根据海洋管理的需要,根据不同的事务需求制定不同的法律规范,如在海洋环境保护方面制定了《中华人民共和国海洋环境法》,在海域使用管理方面制定了《中华人民共和国海域使用管理法》等,不一而足。与此相应,在执行体制的设置上,产生了以行业管理或职能管理为基本特征的海洋管理体制。

（一）以行业管理立法为基础所确立的执行体制

1.《渔业法》及其执行体制

海洋渔业是我国海洋经济的传统产业,也是支柱产业。为了加强海洋渔业资源的保护、增殖、开发和合理利用,发展人工养殖,促进渔业生产的发展,我国于1986年1月颁布了《中华人民共和国渔业法》(2000年10月31日修订),随后又颁布了《中华人民共和国渔业法实施细则》等法规,农业部及各省也相继制定了与渔业法及其实施细则相配套的法规、规章。与之相应,海洋渔业的行政管理体制和管理机构日益完善。在机构建设上,中央一级主管渔业和渔政的行政机关是农业部的渔业局,下设渔政渔港监督管理局(对外称中华人民共和国渔政渔港监督管理局)和渔业船舶检验局,并在黄渤海、东海和南海设立了三个直属农业部渔业局的海区渔政局,由这些管理机构对我国的海洋渔业资源的开发、利用和保护实施监督管理。

2.《盐业法》及其执行体制

海洋盐业是我国海洋经济的传统产业,我国海盐产量一直位居世界首位。自新中国成立至20世纪90年代,我国盐业一直实行计划管理体制。近年来,随着国内盐业市场需求的快速发展,海洋盐业也呈现出稳步增长的趋势,为了规范海洋盐业的持续、快速、健康发展,我国于1990年颁布了《中华人民共和国盐业管理条例》,根据规定轻工业部是国务院盐业行政主管部门,主管全国盐业工作,对全国盐业实行行业管理,进行统筹、规划、调节、协调、指导、监督和服务。省及省级以下人民政府盐业行政主管部门,由省、自治区、直辖市人民政府确定,主管本行政区域内的盐业工作。1990年7月13日轻工业部在《关于抓紧贯彻〈盐业管理条例〉的通知》中明确了"轻工业部授权中国盐业总公司行使盐业行政管理职能,负责组织贯彻实施《盐业管理条例》及有关盐政管理工作"。2003年8月23日根据《国务院办公厅关于印发国家发展和改革委员会主要职责、内设机构和人员编制规定的通知》精神,国家发展和改革委员会为国务院授权的国家盐业行政主管部门,盐业管理办公室是具体办事机构,设在国家发展和改革委员会工业司。国家发展和改革委员会盐业管理办公室主要职能是:承担全国盐业行政管理任务、对全国盐业发展进行指导;负责制定盐业发展中长期规划、发展政策以及年度计划的制定与实施工作;负责盐政管理和盐政执法的监督;对食盐实施专营管理等。全国大多数省(自治区、直辖市)盐业公司都实行省、市、县盐业公司垂直管理。

3.《海上交通安全法》及其执行体制

为保障海洋交通运输业的良性发展,保证正常航运、航道通畅以及海上交通安全,我国于1983年9月2日颁布了《中华人民共和国海上交通安全法》,并于1987年8月22日颁布了《中华人民共和国航道管理条例》(2008年12月27日修订)。依据规定,中华人民共和国港务监督机构对沿海水域的交通安全实施统一监督管理。1998年10月27日经国务院批准,在原中华人民共和国港务监督局(交通安全监督局)和原中华人民共和国船舶检验局(交通部船舶检验局)的基础上,将二者合并组建为中华人民共和国海事局(交通运输部海事局)。海事局为交通部直属机构,实行垂直管理体制。根据法律、法规的授权,海事局负责行使国家水上安全监督和防止船舶污染,船舶及海上设施检验、航海保障管理和行政执法,管理通航秩序、通航环境,组织、协调和指导水上搜寻救助,并履行交通部安全生产等管理职能。

(二)以职能管理立法为基础所确立的执行体制

1. 海洋环境污染防治立法及其执行体制

我国海域濒临太平洋,近海水域跨温带、亚热带和热带。邻接大陆有渤海、黄海、东海和南海,面积470多万平方公里。海岸线总长度3.2万多公里,其中大陆岸线长达1.8万公里。但目前中国海洋环境的总体状况不容乐观,沿岸海域特别是一些港口、海湾、河口以及靠近大城市的海域,由于城市生活污水和工农业废水未经处理直接排入海中,导致一些海域富营养化加重,赤潮灾害增多,对沿海养殖业造成威胁。同时,溢油事故、违章倾倒以及养殖污染等海洋环境污染等灾害的发生频率持续增加,使中国海洋环境污染损害不断加剧,海洋资源基础条件破坏严重。❶ 为了保护和改善海洋环境,防治污染损害,我国于 1974 年经国务院批准发布的《防治沿海水域污染暂行规定》是中国最早的海洋污染防治法律文件。之后于 1979 年颁布了《中华人民共和国环境保护法(试行)》(1989 年 12 月 26 日正式公布),1982 年 8 月 23 日颁布了《中华人民共和国海洋环境保护法》(1999 年 12 月 25 日修订)。再后来,我国颁布一系列的海洋环境保护与污染防治方面的法律、法规,如 1983 年 12 月 29 日颁布了《中华人民共和国海洋石油勘探开发环境保护管理条例》和《中华人民共和国防止船舶污染海域管理条例》,1984 年 5 月 11 日颁布了《中华人民共和国水污染防治法》(1996 年 5 月 15 日和 2008 年 2 月 28 日修订),1985 年 3 月 6 日颁布了《中华人民共和国海洋倾废管理条例》,1988 年 5 月 18 日颁布了《中华人民共和国防止拆船污染环境管理条例》,1990 年 5 月 25 日颁布了《中华人民共和国防治海岸工程建设项目污染损害海洋环境管理条例》和《中华人民共和国防治陆源污染物污染损害海洋环境管理条例》等。通过这些立法,基本确立了我国海洋环境污染防治监督管理体制,即国务院环境保护行政主管部门作为对全国环境保护工作统一监督管理的部门,对全国海洋环境保护工作实施指导、协调和监督,并负责全国防治陆源污染物和海岸工程建设项目对海洋污染损害的环境保护工作。国家海洋行政主管部门负责海洋环境的监督管理,组织海洋环境的调查、监测、监视、评价和科学研究,负责全国防治海洋工程建设项目和海洋倾倒废弃物对海洋污染损害的环境保护工作。国家海事行政主管部门负责所辖港区水域内非军事船舶和港区水域外非渔业、非军事船舶污染海洋环境的监督管理,并负责污染事故的调查处理;对在中华人民共和国管辖海域航行、停泊和作业的外国籍船舶造成的污染事故登轮检查处理。船舶污染事故给渔业造成损害的,应当吸收渔业行政主管部门参与调查处理。国家渔业行政主管部门负责渔港水域内非军事船舶和渔港水域外渔业船舶污染海洋环境的监督管理,负责保护渔业水域生态环境工作,并调查处理前款规定的污染事故以外的渔业污染事故。军队环境保护部门负责军事船舶污染海洋环境的监督管理及污染事故的调查处理。沿海县级以上地方人民政府行使海洋环境监督管理权的部门的职责,由省、自治区、直辖市人民政府根据本法及国务院有关规定确定。

---

❶ 徐祥民主编:《环境法学》,北京大学出版社 2005 年版,第 280 页。

2. 海洋矿产资源保护立法及其执行体制

海洋蕴藏的矿产资源十分丰富,其种类之繁多,含量之丰富,用"聚宝盆"来形容再贴切不过。在地球上已发现的百余种元素中,有 80 余种在海洋中存在,其中可提取的有 60 余种。这些丰富的矿产资源以不同的形式存在于海洋中:有海水中的"液体矿床";有海底富集的固体矿床;有从海底内部滚滚而来的油气资源。为了加强对矿产资源的勘察、合理开发和保护,实现对资源的可持续利用,我国于 1982 年 1 月 30 日颁布了《中华人民共和国对外合作开采海洋石油资源条例》(2001 年 9 月 23 日修订),1986 年 3 月 19 日颁布了《中华人民共和国矿产资源法》(1996 年 8 月 29 日修订),1992 年 2 月 25 日颁布了《中华人民共和国领海及毗连区法》,1998 年 6 月 29 日颁布了《中华人民共和国专属经济区和大陆架法》。依据法律、法规的规定,对海洋矿产资源的管理,由国务院地质矿产主管部门主管全国矿产资源勘察、开采的监督管理工作。1998 年 3 月,根据国务院机构改革方案,将地质矿产部与国家土地管理局合并,成立国土资源部。因此,在目前,对海洋矿产资源的勘察、开发、利用与保护的监督管理工作,主要由国土资源管理部门负责实施。

3. 海洋生态保护立法及其执行体制

海洋生态环境的健康、稳定与平衡是海洋生物生存和发展的基本条件,是海洋生态功能与价值得以有效利用的基础。海洋生态平衡的打破,一般来自两方面的原因:一方面是自然本身的变化,如自然灾害;另一方面是来自人类的活动,包括人类不合理的、超强度的开发利用海洋生物资源,例如近海区域的酷渔滥捕,使海洋渔业资源严重衰退。海洋环境空间不适当地利用,致使海域污染的发生和生态环境的恶化,如对沿海湿地的围垦必然改变海岸形态,降低海岸线的曲折度,危及红树林等生物资源,造成对海洋生态环境的破坏。海洋生物多样性的减少,是人类生存条件和生存环境恶化的一个信号,这一趋势目前还在加速发展的过程中,其影响固然直接危及当代人的利益,但更为主要的是对后代人未来持续发展产生的累积性后果。因此,只有加强海洋生态环境的保护,才能真正实现海洋资源的可持续利用。为了保护海洋生态系统的稳定、健康与可持续,国家采取有效措施,保护红树林、珊瑚礁、滨海湿地、海岛、海湾、入海河口、重要渔业水域等具有典型性、代表性的海洋生态系统,珍稀、濒危海洋生物的天然集中分布区,具有重要经济价值的海洋生物生存区域及有重大科学文化价值的海洋自然历史遗迹和自然景观。对具有重要经济、社会价值的已遭到破坏的海洋生态,进行整治和恢复。在立法上除了上述的《中华人民共和国环境保护法》和《中华人民共和国海洋环境保护法》等以外,于 1989 年 11 月 8 日颁布了《中华人民共和国野生动物保护法》,1994 年 10 月 9 日颁布了《中华人民共和国自然保护区条例》,1995 年 5 月 29 日颁布了《海洋自然保护区管理办法》,1996 年 9 月 30 日颁布了《中华人民共和国野生植物保护条例》,2001 年 10 月 27 日颁布了《中华人民共和国海域使用管理法》,2009 年 12 月 26 日颁布了《中华人民共和国海岛保护法》等法律法规。

根据这些规定,我国目前对于海洋生态保护的管理体制主要是:在海洋野生动植物保护方面,由国务院渔业行政主管部门主管全国水生野生动植物管理工作。在海洋自然保护区方面,由国家海洋行政主管部门负责研究、制定全国海洋自然保护区规划,审查国家级海洋自然保护区建区方案和报告,审批国家级海洋自然保护区总体建设规划,统一管理全国海洋自然保护区工作。在海洋形态维护方面的管理体制,对有居民海岛及其周边海域生态保护工作由国务院海洋主管部门和国务院其他有关部门依照法律和国务院规定的职责分工,对无居民海岛保护和开发利用的管理工作以及对全国海域使用的监督管理由国务院海洋主管部门负责。

二、渤海专门立法的执行体制

渤海由辽宁、河北、山东三省和天津市环抱,总共有 13 座环渤海城市。渤海是上承辽河、海(滦)河、黄河三大流域,下接黄海、东海生态体系的半封闭内海。渤海地理位置优越,自然资源丰富,主要海洋产业中海洋交通运输业、滨海旅游业、海洋渔业、海洋石油天然气、海洋工程建筑业比较发达。尤其是进入 21 世纪以来,随着环渤海地区城市化的加快以及经济产业布局的"趋海"性发展,渤海区域经济得到了快速的发展,渤海也迎来了新的开发热潮。环渤海区域被誉为继珠江三角洲和长江三角洲之后的中国经济增长第三极。但是,不可忽视的事实是,在渤海开发、利用过程中,也遇到了严重的环境、资源与生态问题。主要表现在:

渤海海域是我国污染最为严重的海洋区域。早在 1995 年时,渤海水域受污染的面积就已超过 56%,1996 年达到 60%,1997 年和 1998 年始终在 50% 以上。

进入21世纪以来,渤海污染问题依然没有得到有效遏制,渤海海域污染面积长期居高不下。渤海污染包括陆源污染和海上污染两种。其中,渤海污染源80%是来自陆域。陆源污染的来源主要是工业、生活排污等点源污染以及农业面源污染。在海上污染方面,渤海海上污染主要来自溢油风险、海水养殖、港口航运、油气勘探开发、海上倾倒等用海活动。❶

渤海资源开发利用问题。渤海资源开发利用过程中的资源破坏与浪费现象严重。在生物资源方面,由于多年来对海洋生物资源的过度开发利用,加之海洋捕捞、海水利用、农业围垦、盐田取水等对鱼虾贝藻幼体的损害及海洋环境污染、赤潮等对海洋生物资源的影响和破坏,造成渤海部分生物资源持续衰退。从资源的开发利用方式看,对渤海资源的开发利用简单粗放,浪费严重。一些适宜于综合利用的资源,往往只利用了其部分功能,一些适宜于多层次开发利用的资源,往往只开发利用其中一个或若干层次。

渤海生态保护问题。海洋生态环境破坏严重,生物多样性减少,生态系统长期处于不健康状态,这种状况已经影响到渤海生态系统服务功能的发挥。主要表现在:渤海入海河流径流量减少,渤海湿地面积锐减,渤海海岸线受到破坏,海岸侵蚀严重,赤潮灾害频发,海洋生物种类明显减少,生物栖息地大量丧失,甚至出现无底栖生物区,渤海生态系统健康长期处于非健康状态等问题。

针对渤海在开发、利用中存在的环境、资源与生态问题,党中央、国务院高度重视,通过制定一系列的政策、法规,以实现渤海环境、资源与生态的好转。在政策制定上,自1986年,国家环保局会同环渤海的"三省一市"及其17个省辖市组成渤海环境保护协作组,编写了《环渤海地区海洋环境保护规划》。1999年,渤海治理正式纳入全国环境保护"33211重点工程"❷和国家环境保护重点工作的决策议程。2000年,国家海洋局制定了《渤海综合整治"十五"计划实施方案》。2001年10月,国务院批复《渤海碧海行动计划》,要求有关方面认真实施。

---

❶ 国家发展和改革委员会等:《渤海环境保护总体规划(2008—2020年)》,2009年1月。

❷ "九五"期间,我国确定了污染治理工作的重点——集中力量解决危及人民生活、危害身体健康、严重影响景观、制约经济社会发展的环境问题。污染防治以水和大气为主,水污染防治重点抓三河(淮河、辽河、海河)、三湖(太湖、滇池、巢湖),大气污染防治重点抓"两控区"(二氧化硫污染控制区和酸雨控制区),城市环境保护重点抓北京市,海洋环境保护重点抓渤海。该环保工作简称"33211工程"。

2001 年,联合国开发规划署(UNDP)、全球环境基金(GEF)、国际海事组织(IMO)启动《建立东亚海环境保护及管理的伙伴关系——渤海示范区项目》,项目启动不久,国家海洋局、沿海"三省一市"政府共同签署了《渤海环境保护宣言》,初步建立了国家与地方政府、地方政府之间的合作伙伴关系。2002 年 8 月,经国务院批准发布实施了《全国海洋功能区划》,确定了渤海等七个重点海域的主要功能。2008 年 11 月,国务院批准发布了《渤海环境保护总体规划(2008—2020 年)》。

在立法上,主要有 1991 年 4 月 13 日农业部颁布的《渤海区渔业资源繁殖保护规定》,2003 年交通部颁布的《渤海海域船舶排污设备铅封程序规定》,2004年 2 月 12 日农业部颁布的《渤海生物资源养护规定》等。除了国务院各部委制定的行政规章以外,渤海沿海省市也出台了一些与渤海环境、资源与生态保护有关的法规、规章,如河北省制定了《河北省海域使用管理条例》(2006 年 11 月 25日颁布)、《河北省渔业船舶管理条例》(2003 年 7 月 18 日颁布)、《河北省渔业管理条例》(1990 年 9 月 8 日颁布)等;天津市制定了《天津市海域环境保护管理办法》(1996 年 1 月 19 日颁布)、《天津市海域使用管理条例》(2007 年 11 月 15日颁布)、《天津市渔业管理条例》(2003 年 10 月 30 日颁布)等等。另外,在辽宁、山东两省也出台一系列的与渤海环境污染防治、资源和生态保护有关的地方性法规、规章等。

目前,针对渤海专门设置的管理机构是国家海洋局北海分局,其主要职能之一是代表国家对渤海实施综合管理,为维护海洋权益、保障海洋资源的合理开发利用、保护海洋环境、防灾减灾提供服务。虽然立法规定了该机构对渤海实施综合管理,但在我国现行的渤海区域环境、资源与生态管理体制下,单纯依靠这样的一个机构显然难以达到渤海治理的效果。而是需要涉及渤海区域管理各部门、渤海流域内各省区以及各单位的相互协作,共同努力,才能实现渤海环境、资源与生态的保护目标。因此,在《渤海环境保护总体规划(2008—2020 年)》中要求国务院有关部门要履行职责,密切协作,加大工作力度,建立由三省一市人民政府和国务院发展和改革委员会、财政部、科技部、环境保护部、住房和城乡建设部、交通运输部、水利部、农业部、海洋局、林业局、全军环办等有关部门组成的渤海环境保护统筹协调机制。该协调机制由发展和改革委员会牵头,研究渤海环境保护工作的跨领域问题及其他重大问题,协调并督促《规划》及相关专项报告的制定及实施,开展《规划》评估和改进工作。

三、现行渤海管理相关法的执行体制实际运行效果分析

通过上述分析,可以将目前渤海相关立法的执行体制概括为是一种分散的、以行业管理和职能管理为主要特征的执行模式。即现行渤海的环境与资源管理机构涉及环境保护部门、海洋行政主管部门、交通部门、水利部门、农业部门、国土资源部门、林业管理部门、发展和改革委员会以及军事部门等,每个部门都根据相应的法律法规执行不同的管理职能。不可否认,这种执行模式在特定的历史条件下,有其存在的必然性与合理性。比如,它是陆地环境与资源管理部门的管理职能向海洋的自然延伸,与人类早期海洋开发活动的需要相适应;按照行业管理模式进行海洋管理可以针对不同涉海行业发展中的问题,制定出适合本行业发展的具体政策和措施,具有较强的针对性和可操作性;以行业为基础,对海洋进行专门管理,可以促进单项管理的规范化和高效性,符合专业化与社会分工的要求等。

但是,这种以行业管理和职能管理为基本特征的分散海洋管理体制的实际运行效果如何? 能否达到或实现海洋立法的目的或要求? 能否实现对渤海环境污染防治和资源生态保护的目的呢? 结果不无疑问。因为从目前国家颁布的涉及海洋的法律法规来看,主要有《环境保护法》和《海洋环境保护法》,《环境保护法》管理范围为我国陆域和全部海域;《海洋环境保护法》管理范围主要为沿海陆域、管辖海域。但大多数的立法并没有考虑到沿海陆域和海域是一个有机的整体,人为将陆域和海域割裂开来。以入海河流污染治理为例,尽管我国《环境保护法》规定,环境保护行政主管部门负责全国环境保护,但事实上渤海污染治理和管理按区段分而治之,入海口以下海域由海洋行政主管部门管理,入海口之上至入河口以下的区域水环境由水利行政主管部门为主的管理,入河口之上至陆域排放口则由环保行政主管部门为主的管理。水量、水质分部门管,河与岸、海与岸分部门管,流域与区域分部门和省市管。❶ 这种从立法上就人为割裂陆地和海洋这一完整的生态系统的做法,致使渤海与周边陆地、下游海域与上游流域互动与关联缺乏法律上的保障,导致上游陆地和河流污染长期得不到治理,下

---

❶ 张海文、刘岩等:《渤海区域环境管理立法研究》,海洋出版社 2009 年版,第 99 页。

游海洋污染加剧、生态环境恶化的恶性循环。❶ 从实际管理的情况来看,多部门、分散型的管理体制导致人员和机构重复建设,管理效率低下;法律法规规定的管辖范围划分过细、范围重叠致使法律适用不清,管理部门权责不明,影响了法律法规的执行效果。从这些法律、法规的实施效果来看,远没有达到立法者的立法目的及渤海环境、资源与生态保护的效果。渤海环境污染情况仍然严重,资源不合理利用现象屡见不鲜,生态保护情况也不容乐观。

渤海环境、资源与生态问题具有其特殊性、复杂性。这种特殊性主要体现为,渤海不仅在地理位置上具有独立性,而且其自身构成一个独立的生态系统,这种独特的环境、资源与生态特性要求对渤海区域实施以生态系统方法为基础的区域海洋管理模式;其复杂性则体现在,渤海问题,不仅有环境污染问题,而且有资源枯竭问题,还涉及生态破坏问题,这些问题相互联系,相互影响。对这些问题的解决,无论从哪一个方面单独采取行动,都难以达到有效的治理效果。由于渤海环境、资源与生态问题的特殊性与复杂性,决定了传统的以行业管理与职能管理为主要特征的渤海治理模式,无法有效缓解和克服渤海所面临的环境、资源与生态危机。

第三节　确立渤海特别法执行体制应考量的因素

渤海特别法执行体制的模式选择,对于实现渤海特别法的目标具有至关重要的作用。如何设置渤海特别法的执行体制,必然是研究的重中之重。但是,对渤海特别法执行体制的设置,既不是基于已有执行机构强烈的扩权动机,也不是基于研究者的个人偏好,而是应基于渤海特别法的立法目的、渤海自然地理环境的客观现实、渤海生态环境问题的根源以及在吸取以往渤海环境治理经验与教训的基础上,予以合理确立。

一、执行体制的设置应以实现渤海特别法之立法目的为首要考量因素

如上所述,渤海以及与渤海有关的环境污染防治、资源可持续利用、生态保护等不是没有法,我国早已有适用于渤海的法,据初步统计,包括《海洋环境法》

---

❶　张海文、刘岩等:《渤海区域环境管理立法研究》,海洋出版社2009年版,第151页。

在内的涉及渤海环境资源与生态保护的立法,至少有75部。在已经具备大量立法的情况下,为什么还要对渤海这一区域进行单独立法?一个重要的原因就在于已有的立法,无法有效应对日益严重的渤海环境污染与资源生态破坏的现实,无法有效解决和克服渤海环境、资源与生态危机。也就是说,现有法律法规体系在渤海实施上有极大的不适应性。这种不适应性主要表现在:现有立法主要是以部门或行政区域为基础并依此来确立渤海管理体制,这种条块分割式的管理体制,与渤海生态系统整体管理的要求相背离。基于生态系统理论为基础的渤海区域管理,要求将渤海作为一个生态系统整体予以考虑,并以此为基础,将渤海区域范围内的污染防治、资源可持续利用、生态保护、岸线形态维护等一系列问题进行统筹考虑和全面管理。这种理想与现实之间的差距,必然会导致依据现有行业管理立法所确立的任何一个部门、任何一个机构都无法实现对渤海区域整体事务的有效管理。

拟议中的渤海特别法,就是要抛弃传统的以行业或职能为主导的法律治理观念,而是把渤海作为一个生态环境整体来对待,将渤海作为一个独特的地理区域进行单独立法,克服渤海环境治理上的"公地悲剧"和"搭便车"等现象,解决不同区域、不同部门在渤海环境保护目标导向上不一致等问题,以实现对整体渤海区域环境的一体化管理。这种管理目标,要求必须建立以整个渤海全流域为管理范围的、具有较高层级和较强决策力、执行力的、统一的渤海事务执行机构,方能实现。

同时,还需要说明的是,我们所要制定的渤海特别法,与以往的立法存在着一个根本的不同,即以往的立法在运行体制的选择上,几乎都是一种附属运行体制或交叉运行体制,而渤海特别法在运行体制的选择上,是一种独立的运行体制。❶ 即渤海特别法无论是在执行机构的设立、执行权的配置还是执行机构运行的物质保障等方面,都与现行法的体制没有联系,至少是没有直接的联系。这

---

❶ 这种独立运行体制,并不是完全的、绝对的独立运行体制,而是相对于我国已有绝大多数立法所采取的交叉或附属运行体制而言。即渤海特别法的运行体制,一方面强调它的自足与独立,这种自足与独立主要体现在它对整体渤海事务享有高度的自治与管理权,能够依渤海环境、资源与生态的客观现实,自主确立治理目标,制定区域环境、资源与生态保护政策与法规,能够管理合理确立目标的实现手段与措施等;但另一方面,它的运行也需要已有行政体制如部门管理、区域管理的协调与配合,加强彼此之间的沟通与交流,促使渤海治理目标的实现。

种独立的运行体制使得渤海特别法能够独立自成体系,不必依赖其他法律、法规即可独立运行。基于对渤海特别法这种独立运行体制的思考,要求我们在对渤海特别法执行体制的模式进行选择时,必须能够满足渤海特别法独立运行这一特殊要求,即在已有渤海立法的执行体制之外,建立一个不需要依附已有体制、自足的,且能够独立实现渤海特别法立法目的的新的执行体制。

二、执行体制的设置应基于渤海自然地理环境的客观现实

渤海是我国唯一半封闭型内海,海域面积约 7.7 万平方公里,平均水深仅 18.7 米。其北、西、南三面分别被辽宁、河北、天津、山东所包围,仅东面经渤海海峡与黄海相连。从平面看,渤海呈"C"型,内径大出口窄。从地理环境上看,渤海与其他海域之间相对隔离,具有环境和生态上的相对完整性,构成一个独立的环境单位,或者说是一个独立的大生态系统。"环境的整体性,决定了环境事务的整体性。不管这种事务是保护环境,还是经营环境。……都必须由一个统一的机构来完成。"❶但是,由于历史、经济、文化或者军事上的原因,国家往往把一定地理区域划分为不同行政辖区,而这种辖区与自然形成的环境区域又不是一一对应的。如在渤海这一特定的环境区域内,其所涉及行政辖区不仅包括北京、天津、辽宁、河北、山东等省区,还包括辽河、海(滦)河、黄河三大流域所涉及的各个省区在内。这就导致了对渤海区域事务的管理,由这些省、自治区、直辖市分别执法、分散管理。"环境的自然属性决定了,人为的行政辖区在环境保护方面的意义不是十分重要的。环境问题所反映的人与自然的关系,要求我们打破行政区划的界限,以自然形成的一定流域、海域或者其他环境区域为一个环境单位,同时也就是一个保护单位。"❷渤海这种跨流域、跨行政区域的自然特性要求在渤海特别法执行体制的选择上,必须要设立一个统一的、具有高度权威性的、跨部门、跨行政区域、跨流域的执行机构,才能防止地方保护的弊端,实现对渤海区域生态环境的整体保护。

而且,在国际上,区域海洋管理理论的提出及应用,为渤海特别法执行体制的合理选择提供了理论支持。区域海洋管理是以政府为核心的多元主体,基于

---

❶ 徐祥民:《关于排污权转让制度的几点思考》,《环境保护》2002 年第 12 期。
❷ 徐祥民:《关于排污权转让制度的几点思考》,《环境保护》2002 年第 12 期。

维护海洋生态系统的完整性和区域发展整体利益的需要,综合运用法律、行政和经济等多种手段,统筹协调区域共同面临的海洋发展问题,促进区域内政府及其相关机构之间和区域内各利益相关者之间涉海行为的利益协调而进行的管理活动。❶ 之所以对海洋实施区域性管理,是因为虽然海洋环境问题是全球性问题,但是,其具体表现却是区域性问题,需要从区域的层面制定解决问题的具体方案。区域海洋管理要求在对渤海进行环境、资源与生态管理时,必须遵循生态整体性原则,将整个渤海区域作为一个生态整体来看待,即渤海生态系统范围,不仅包括渤海海域本身与渤海沿岸的三省一市,还包括对渤海整体环境与生态产生影响的辽河、海河和黄河三大河流流域系统在内。这样,渤海生态系统的区域范围,不仅超出传统行政区域和部门的管辖范围,而且也超出河流治理中的以流域为基本单元的流域范围。与此相应,在渤海特别法执行体制的设置上,不能仅着眼于渤海海区和渤海近海沿岸,而必须立足于整个渤海生态系统,并以此为基础进行统筹考虑、综合权衡,确立渤海特别法的执行体制。

三、执行体制的设置应综合考虑渤海生态环境问题的形成根源

从地理环境上看,渤海作为太平洋西岸、中国大陆边缘地区唯一的半闭海,它与其他海域之间相对隔离,正是渤海这种独特的自然地理状况,决定了渤海海水交换能力差、海水自净能力弱,海洋生态系统脆弱。据专家估计,渤海完成一次海水交换需要 30 年。然而,近些年来,环渤海地区一直是中国经济发展的热点区域,沿海城市化与临海工业发展迅猛,对渤海海洋环境造成巨大压力,近岸海域环境污染形势十分严峻,海洋资源开发与环境保护的矛盾日趋凸显。

中国国家海洋局北海分局于 2009 年 5 月 8 日发布《2008 年渤海海洋环境公报》。根据公报,2008 年,共监测陆源入海排污口 96 个。渤海陆源入海排污口超标排放情况依然严重,超标率为 82%。其中,山东省超标率最高,达 96%,河北省超标率最低,为 66%。渤海沿岸排污口环境污染影响严重的 A 级排污口有 11 个,占监测排污口总数的 12%;环境污染影响较重的 B 级排污口 14 个,占监测排污口总数的 15%;C 级排污口 19 个,占监测排污口总数的 20%。设置在海洋保护区的排污口全部超标排放,设置在渔业资源利用和养护区的排污口超

---

❶　王琪、陈贞:《基于生态系统的海洋区域管理》,《海洋开发与管理》2009 年第 8 期。

标排放达 91% ,设置在旅游区的排污口超标排放为 55% ,设置在其他功能区的排污口超标排放达 89% 。2008 年,渤海陆源入海排污口主要污染物为氨氮、COD_{Cr}、石油类和磷酸盐等。其中:莱州湾主要污染源为黄河、弥河、小清河和围滩河,主要污染物为氨氮、COD_{Cr}、石油类;辽东湾主要污染源为小凌河、大凌河和辽河,主要污染物为氨氮、COD_{Cr} 和磷酸盐。2008 年监测的渤海主要入海河流(黄河、小清河、大凌河、小凌河、大辽河等)入海污染物总量为 47 万吨,主要污染物为 COD_{Cr}、氨氮、磷酸盐、石油类、重金属等。其中,COD_{Cr} 44 万吨,约占总量的 93% ;氨氮 2.2 万吨,约占 5% ;磷酸盐 0.1 万吨,约占 0.2% ;油类、重金属、砷不足 0.1 万吨。❶

2009 年,渤海沿岸实施监测的陆源入海排污口(河)共 100 个,其中工业排污口 32 个,市政排污口 15 个,排污河 26 个,其他排污口 27 个。渤海沿岸排污口超标排放现象依然严重,超标率为 75% 。超标排放污染物主要为悬浮物、五日生化需氧量(BOD_5)、总磷和化学需氧量(COD_{Cr}),超标率分别为 31% 、29% 、28% 和 22% 。设置在养殖区、旅游区、港口航运区和其他功能区的排污口超标率最高,达 87% ,天津市次之,为 79% 。2009 年监测与评价结果表明,73% 的重点排污口邻近海域水质不能满足所处海域的海洋功能区要求,40% 的重点排污口邻近海域水质劣于第四类海水水质标准。与 2008 年相比,46% 的重点排污口邻近海域生态环境质量无明显变化,另有 27% 的重点排污口邻近海域生态环境质量有所改善,27% 的重点排污口邻近海域生态环境质量有所恶化。❷

表 8—1　2009 年渤海沿岸各省排污口超标排放情况

行政区	排污口(河)个数	达标排放排污口	超标排放排污口	超标率
山东	24	7	17	71%
河北	32	11	21	66%
天津	14	3	11	79%
辽宁	30	4	26	87%

---

❶ 《2008 年渤海海洋环境质量公报》。
❷ 《2009 年渤海海洋环境质量公报》。

表8—2　2009年渤海主要河流排放入海的污染物量

河流名称	CODcr	氨氮	总磷	石油类	重金属	污染物总量
黄河	433065	565	4085	6472	731	444918
小清河	356168	1229	307	1350	68	359122
大凌河	33075	778	194	8	5	34060
小凌河	964	74	5	0	3	1046
大辽河	19936	406	320	324	216	21202
双台子河	16887	803	310	87	16	18103
永定新河	17074	2739	202	281	24	20320
滦河	36797	599	150	218	25	37789

　　从这些数据可以看出,陆源污染是造成渤海环境污染的主要原因。渤海陆源污染物来源以区域划分主要有两方面:一是来自环渤海沿海13市的污染排放;二是来自环渤海地区上游城市污染排放。其中,上游城市排放的污染物主要通过辽河、海(滦)河、黄河三大水系进入渤海。渤海海域环境污染的这种特性,决定了对渤海环境治理必须克服传统"头疼医头,脚疼医脚,就渤海治理渤海"这种被动的、事后补救的环境治理模式,不能将渤海的治理范围仅局限于渤海本身以及渤海周边的省区,而忽视事实上会对渤海环境、资源与生态产生直接影响的上游省区和城市在渤海治理中的角色与作用。正如有学者所指出的,"通过入海河口进入海域中的陆源污染物,涉及整个流域,它已构成一个十分复杂的天然流域水环境系统。要控制污染物入海量必须对全流域的污染源进行综合管理,必须建立我国入海河流全流域水环境综合管理体制。"❶因此,必须将渤海区域的环境、资源与生态作为一个整体来对待,建立一个跨部门、跨行政区域、跨流域的渤海特别法执行体制,方能达到渤海生态环境治理的良好效果。

　　四、执行体制的设置应吸取以往渤海环境治理的经验教训

　　我国目前的海洋管理立法所确立的执行体制主要是一种行业管理与职能管理相结合的管理模式。在我国,海洋管理涉及海洋、环保、农业和交通等十多个

---

❶　赵章元、孔令辉:《渤海海域环境现状及保护对策》,《环境保护》2000年第2期。

部门,条块分割的局限性导致海洋管理演化为"各自为政"的局面。然而,海洋环境的污染和损害是不受行政划界和部门限制的,在一个行政区域和部门内发生的问题往往会通过流动的海水扩散到更大范围的区域生态系统,所以按照传统的行政区划进行的海洋管理以及依据资源的开发利用形成的行业管理无法有效地解决海洋发展中面临的环境与资源等问题。❶ 这一问题在渤海区域同样存在,主要表现在:

第一,现行渤海相关法的执行体制无法有效解决区域性、流域性的环境资源问题。

如前所述,渤海区域作为一个完整的自然地理单元和独特的人文地理单元,其在资源、环境与生态上相互影响,相互制约,形成一个有机统一的整体,这种整体性要求对渤海实施跨部门和跨行政区的综合管理。但现行的渤海管理体制无法有效解决区域性、流域性问题。一是,目前渤海资源与环境管理实行以行业管理和部门管理为特点的单项管理,环保、海洋、交通、农业、国土资源、军队等涉海部门在地位上互不隶属,在职能上相互独立,在涉及渤海事务管理上往往是各自单独执法,缺乏统一协调与整体配合,难以满足渤海综合管理的需求。二是,渤海海域、近岸陆域以及流域内各地方政府依各自职能对渤海整体事务实施分散执法,海域、陆域分而治之,环境、资源与生态事务分散管理,相关基础设施重复建设,基础数据、相关标准无法有效对接,法律、法规之间缺乏协调等❷。

现行的渤海区域管理体制无法有效解决区域性、流域性问题。渤海特别立法就是要打破陆海界限、流域界限、行政区划界限和各部门职能划分的界限,实行跨部门和跨行政区的综合管理,建立渤海区域高层决策和管理机构,统一协调管理渤海区域经济发展和环境保护活动。实行"以海定陆、河海统筹、海陆一体"的原则,以生态系统为基础,打破过去注意工程的、单一部门的、单要素的、以行政手段为主的条块管理模式。❸ 正如环保部副部长潘岳所说,"不建立一个跨地区、跨部门的流域管理机制,就不可能执行有效的水污染防治措施……这是解决当前水污染危机的迫在眉睫之事。"❹在渤海区域事务管理中,只有建立统

---

❶ 王琪、陈贞:《基于生态系统的海洋区域管理》,《海洋开发与管理》2009 年第 8 期。
❷ 张海文、刘岩等:《渤海区域环境管理立法研究》,海洋出版社 2009 年版,第 165 页。
❸ 张海文、刘岩等:《渤海区域环境管理立法研究》,海洋出版社 2009 年版,第 184—185 页。
❹ 潘岳:《有些地方政府挂牌保护污染大户》,《新京报》2007 年 7 月 4 日。

一的、具有足够权威的、跨部门、跨行政区域、跨流域的渤海特别法执行体制,统筹渤海区域整体事务,才能有效克服传统渤海环境治理上的弊端。

第二,现行渤海相关法的执行体制难以有效协调渤海区域资源环境管理中的利益冲突。

渤海区域范围广泛,包括不同的行政区域、不同的部门以及诸多的利益相关者。在现行的渤海管理体制下,不同部门、不同地方政府有着各自不同的利益需求,渤海——对于他们来说——具有"公用地"性质这一背景下,基于各部门利益和地区利益,各自为政,努力追求自身利益最大化。在此过程中,任何一个部门、机构或地方政府试图改善渤海环境资源问题的努力,都会在整体无序的这一现实下,使这种努力化为泡影。同时,由于对渤海区域环境、资源与生态问题的治理,涉及环境、资源的重新分配,这必然会触动既得利益者的利益,势必会遇到极大的阻力。所以,在既有渤海管理体制下,要解决渤海问题,不可行,也难为可能。

因此,对渤海环境资源管理体制的构建及其运行机制的设计,不仅要考虑渤海环境、资源与生态的自然属性和特征,而且要考虑该机构与特定的社会经济、政治、文化、法制观念之间的相互影响与相互制约,还需要考虑渤海事务管理中相关主体在渤海特别法实施运行中的利益立场和利益关系。因为"管理体制是利益配置与调整的系统化、程序化的制度,其运行机制是利益调整与配置、利益平衡的机制,也是在利益主体的参与互动下,相互妥协与制衡的动态系统"❶。只有建立跨部门、跨行政区域、跨流域的、具有高度权威性和较高协调能力的高层决策与综合管理机构,强调不同部门、不同行政区域和流域之间的协调和合作,才能保障渤海环境治理目标的真正实现。

从国外区域环境治理或流域水环境治理的实践来看,为了保障区域或流域规划治理目标的实现,许多国家经过长期实践探索出一条很重要的成功管理经验,就是以区域或流域为主体,建立适合整个区域或流域治理的管理体制。其主要做法是,一方面是建立强有力的区域或流域管理机构。如美国的田纳西流域管理局,就是一个具有高度权威性和独立性的流域管理机构,通过国家立法授权管理局对整个流域范围内的事务进行综合管理。流域管理局可以跨越一般的政

---

❶　李启家、姚似锦:《流域管理体制的构建与运行》,《环境保护》2002 年第 10 期。

治程序,直接向总统和国会汇报。田纳西流域管理局依法负责经营管理整个流域的经济事务,对全流域的水利工程和环境治理等事务进行统筹安排,独立自主为流域内自然、社会和经济的综合发展制定规划与实施办法等。对于田纳西流域管理局在流域范围内的经营与管理活动,该流域内的七个州不得干涉。这种独立性与自主权使得管理局能确保其管理活动不受地方、部门行政的外在干扰,有利于管理目标的实现与落实。另一方面是建立有效的协调机制,加强政府各部门、各地方政府间的协作。国际经验表明,一个强有力的、具有综合决策和协调手段的区域或流域管理机构是整治区域环境的基本条件。比如美国的切萨比克湾、欧洲的波罗的海以及北海,在其实施环境治理和生态保护过程中,都是通过建立一个强力、高效的决策与协调机构,来平衡和协调区域或流域内各利益相关方在区域环境治理中的利益与责任,各方通过有效地协调、沟通,使区域治理目标的制定最大限度地满足各方的利益,确保区域治理目标的顺利实现。渤海海域及其流域本身构成一个完整的生态系统。在该系统中存在着众多的利益相关者,这些利益相关者围绕资源的开发、利用、保护和管理,在许多方面都需要进行利益的协调。而这种协调工作的开展,需要确立一个具有较高层次和权威性、能够超越部门、地方利益之上的主体来实施。

通过以上论述,笔者认为,渤海特别法的执行体制设置的基本思路,首先应当建立一个跨部门、跨地区、跨流域的、具有高度的权威性与独立性的执法主体,作为渤海特别法的执行机构,由该机构全面统筹、综合权衡渤海区域整体环境、资源、生态保护事务,制定渤海环境、资源与生态保护目标以及实施目标的手段与措施,协调各利益相关方在渤海事务管理中的利益与矛盾;同时,在具体渤海事务的执行与落实上,仍需要以现有渤海事务管理机构或部门为依托,通过这些区域、部门管理机构的实际执法活动,来具体落实渤海环境整体事务的目标。简单来说,对渤海特别法的执行体制的设置,应当确立以集中为主、适度分散的执行模式是其最科学、最合理的选择。

第四节　渤海特别法执行体制设置的基本构想

通过以上分析,建立以集中为主、适度分散的渤海特别法的执行体制是最为恰当、合理的选择。但是,对于该体制的具体设置与运行,比如对执行机构的设置(包括机构设立时应当遵循什么样的原则、具体方案的选择、人员的构成等)、相互关系、执行权的划分、权限与责任等,需要我们做进一步的思考。

一、执行体制设置应遵循的原则

某一法律的执行体制往往与一定的历史阶段、特定的立法目的、管理职能和地区特性相适应,没有一种执行体制是各国通用、放之四海而皆准的,也没有一种执行体制是永远一成不变的,不同类型的环境资源立法所确立的执行体制反映了国家在自然规律与经济规律的作用下,为克服自然与社会的矛盾所作出的制度选择。但无论这种选择的最终结果如何,在具体实施与操作过程中,需要遵循一定的原则与要求。渤海特别法的执行体制作为一国政府行政管理体制的组成部分,在具体设置上,应当遵循以下原则:

(一)效率原则

效率原则是评价政府活动及其体制运行的重要标准之一。体制创新的目的就是要增强管理的有效性和提高管理机构的运行效率。管理系统的专门化和管理体制的单一权力机构,有利于降低决策和执行过程中的成本损耗,提高效率,克服无责任性和混乱性。目前我国海洋环境、资源与生态管理分别由环保、海洋、交通、水利、农业、国土资源、林业、军队等部门以及地方政府分割管理,虽有利于调动各部门、各地方的管理积极性,但也可能会导致一些管理部门利用一切可能机会追求部门、地方的短期效益的负面影响,其结果是导致海洋环境资源管理出现无序、混乱的局面。因此,赋予渤海事务执行机构以决策权、执行权、协调权和监督权,使其真正担负起统一管理的责任,从而有利于保证管理的效率,避免区域海洋管理体制因权力过于分散而导致低效率、无效率等问题。

(二)协调原则

渤海区域资源的公共性和资源使用方式的多元性,决定了渤海区域环境、资源与生态管理的任务不可能由渤海特别法执行机构独立完成,而必须与海洋行业或职能管理部门、区域内地方政府以及流域内各利益相关者相互协调配合。渤海特别法执行机构的设立,势必会与传统的海洋环境与资源管理机构存在权力与职责的交叉和重叠。要正确处理统一管理与分权的关系,在保证管理决策与执行效率的前提下,合理确立矛盾与冲突协调解决机制。特别是在法律上明确渤海特别法的执行机构的职责和权限,明确该机构与部门、地方行政管理的法律秩序和行为规范,妥善处理部门、区域、流域间的关系;明确渤海区域执行机构在渤海区域整体事务中负责指导、监督、协调的管理职能,区域内的其他部门和地方政府应在法定的职权范围内进行管理,同时接受渤海特别法执行机构的总体调控、指导和监督。

(三)民主决策原则

区域海洋管理从一定意义上是对区域内海洋环境、资源与生态这种公共资源的重新配置。在对特定区域内的公共资源的供给与配置中,不仅追求效率,而且要讲求合理,要有助于实现区域海洋管理的总体目标。民主决策是公平决策的必要条件,它的实现,需要广泛的合作和社会公众的普遍参与。因此,在设置渤海特别法的执行机构时,不仅要强调执行机构的集权性,以提高决策与执行效率,而且还要建立决策与执行过程中的协调合作机制,以确保决策过程的民主化与科学化。从而做到决策公平、公正、科学、合理。在渤海区域管理机构的构建中要注意各管理机构、区域内各地方政府、各管理相对人的民主权利,要在法律上赋予他们应有的地位和权(利)力并设置必要的程序,以保障这些权(利)力的实现。

二、方案的选择

基于渤海生态环境管理的现实情况,建立跨部门、跨行政区域、跨流域的渤海特别法的执行体制是实现渤海环境、资源和生态保护治理目标的理性选择。作为执行体制中最为核心的要素——执行机构的设置问题,是渤海特别法的目的能否实现的关键。即设立一个什么样的渤海特别法执行机构,来对渤海整体事务实施管理? 一种方案是在国务院部委层级新设一专门管理机构对渤海环境、资源与生态事务进行管理,但考虑国家政治体制改革,精简机构的这一趋势,要在中央一级政府再新设立一个部门对渤海区域进行治理,显然与中央政治体制改革的基本精神相背离;另一种方案是在已有部委体制下,如在环保部、海洋局、水利部或者发展和改革委员会下设一个渤海区域管理委员会,来履行渤海区域生态环境管理职责,但由于我国已有的教训使得以这种方案所确立的机构的独立性与执行力,实在令人怀疑。我国淮河、黄河、长江等七大水系所出现的环境与资源问题即是明证。

笔者认为,成立一个以渤海区域范围内的各行政区域和国家相关职能管理部门为主体的渤海综合管理委员会,由该委员会行使对整体渤海区域范围内的污染防治、资源可持续利用、生态保护以及自然形态维护等事务的管理职能,是确立渤海特别法执行机构一种相对合理,也较为可行的制度选择。说其合理,是因为渤海区域管理涉及国家利益和地方利益,涉及中央权力和地方权力的划分,也涉及流域内各行政区域人民的切身利益,只有把各利益相关方吸纳到决策的制定过程中来,决策的内容才易于为各方所认可并得到普遍执行。说其可行,是因为该委员会的设立,既不需要在现有行政体制范围之外新设机构或部门,与国家政府体制改革的基本精神相一致,又能够避免出现我国现有流域管理体制存在的问题与弊端。

作为渤海特别法关键设置的渤海综合管理委员会之所以叫综合管理委员会,而不是叫环境管理委员会❶、资源管理委员会、渔业管理委员会等,是因为这个管理委员会不是执行环境管理、资源管理等单一管理的机构,而是对渤海实行综合管理的机构。污染防治(也就是通常所说的环境保护)、资源可持续利用、生态保护、渤海自然形态保护等,都在这个机构的管理权限范围之内。此外,如果国家立法机关赋予这个机构以渤海综合管理机构的地位,那就意味着存在这样的可能,即它的具体职权的范围可以扩展到执行渤海管理的全部领域。也就是说,这个机构为履行渤海管理这个总的使命,可以决定渤海管理事务的范围。

专门为渤海管理设立的机关之所以按照委员会的模式建立,而不是建设一个像国家海洋局北海分局那样的分支机构,或者像地方政府设置的环保、工商等那样的职能部门,主要是出于三点思考:第一,上述"综合管理"的管理模式决定了这个机构不应该是任何一个国家职能部门的分支机构或下属机构。即使为了管理的需要可以把这个专门机构置于某个中央国家机关(比如环境保护部、国家海洋局)的领导之下,但其管理活动也不是这个被归属机构的管理活动的简单延伸或具体化。第二,渤海管理法的应然地域调整范围决定了渤海事务执行机构不能是现存某个地方(比如山东、河北、辽宁等)的职能部门。渤海管理法的地域调整范围根据区域范围的大小可以有三种不同的方案选择:其一,最小的

---

❶ "渤海区域环境管理立法研究"课题组设计的"专门机构"叫"渤海区域环境管理委员会"。见《渤海区域环境管理立法研究》,海洋出版社 2009 年版,第 238 页。

调整范围——渤海全海域,面积约7.7万平方公里;[1]其二,渤海海域和渤海近岸陆域;其三,渤海海域和入渤海河流的全流域。即使是按照最小地域调整范围来设计渤海特别法,这个法的执行机构也不能是山东、河北等省市的职能部门。第三,这个机构的管理任务靠简单传递上级国家机关的权力、下达上级机关的指示、执行法律确定的行为规范等是无法完成的。需要明确,对污染防治法、渔业法、矿产资源法、保护区法、港口法等所设定的行为规范的严格执行并不等于渤海管理一定产生良好的效果,即使我国相关立法已经为渤海管理的全部事务领域都设定了或即将设定行为规范。如果只要执行好现行的按照职能管理要求建立的法律就可以把渤海的事情办好,那就不需要再为渤海立法,从而也就没有必要讨论渤海专门管理机构的建设问题了。

三、执行机构的设置

渤海综合管理委员会是整个渤海区域环境与资源管理的决策中心,以实现渤海特别法立法目的为宗旨,对整体渤海区域资源、环境与生态保护等事务享有统一决策权、管理权和监督权,并对整个渤海区域管理事务的实施结果承担责任。渤海综合管理委员会的活动遵循以下原则:(1)政治民主;委员会由主席、副主席和若干委员组成,委员会成员地位完全平等,都有权发表意见,并且遵循少数服从多数的原则,实行平等协商、共同决策,委员的参与权和知情权得到充分保障。(2)行政统一;委员会由渤海各行政区域和国家相关职能管理部门的主要领导组成,享有最高权力,负有全面责任,权利、义务、责任三者统一,委员会的决议具有强制力和权威性。(3)法律授权;委员会依渤海特别法的规定设立,其权限范围也由特别法作出明确规定,其决议和决定对整个渤海区域具有法律约束力,相关执行主体必须依法行政。

为了能够有效履行对渤海的综合管理职能,渤海综合管理委员会的组成人员应当包括渤海全流域有关省、自治区的代表,以及与渤海事务管理有关的国家相关职能管理部门的负责人。渤海管理涉及的省、自治区、直辖市包括:山东、河北、天津、辽宁、北京、内蒙古、山西、河南、陕西、甘肃、宁夏、青海。这些省、自治区、直辖市派出的代表是委员会的主要部分。区域内省、自治区、直辖市派出的

---

[1] 《渤海环境保护总体规划(2008—2020)》第二章第一节。

代表既是派出省市的利益的代表,也是接受和执行委员会分派给相关派出省、自治区、直辖市的任务的代表。因为他们是派出省、自治区、直辖市利益的代表者,所以,他们会在委员会积极工作,给委员会的工作带来动力。他们又是接受和执行委员会分派给派出省、自治区、直辖市的任务的代表,所以,他们必须是对派出省、自治区、直辖市的相关工作具有影响力的人物,必须有足以代表派出省、自治区、直辖市的领导地位。

渤海综合管理执行委员会是渤海综合管理委员会下设的日常执行机构,向委员会负责并报告工作。执行委员会的组成人员应当由渤海区域内各省、自治区、直辖市委派代表,联同国家各相关职能部门如环保、国土资源、海洋、交通、水利等部门的代表所组成。在委员会闭会期间代表委员会行使职权,负责监督和保证委员会决议、决定的贯彻执行,并在委员会授权范围内制定政策、作出决定。每年定期召开会议,遇到特殊事情可以召开专题会议。

流域联席会是渤海综合管理委员会的咨询议事机构,它是整个渤海区域的各河流流域(主要包括辽河流域、海(滦)河流域、黄河流域),以流域地理范围为单元,由流域内的各利益相关方推选代表,组成流域联席会。流域联席会的职能主要是:就流域范围内的与整个渤海区域环境、资源与生态保护有关的问题进行沟通、交流、协商和协调。流域联席会在渤海区域治理中的作用主要体现在两个方面:一是在渤海综合管理委员会及其执行委员会作出决议、决定时,提供决策咨询,给流域内各利益相关方充分的决策参与和利益表达的机会,使委员会的决策更符合、更能体现区域内各方的利益与要求,是各方利益平衡的结果;二是对渤海综合管理委员会及其执行委员会的决议、决定的实施进行沟通、协调,确保决议、决定的真正贯彻与落实。

四、权限与责任

应当明确,渤海综合管理委员会在性质上主要不是直接面对作为公民、法人的行政相对人的执法机关,而是决定与渤海管理有关的省、自治区、直辖市从渤海里分享多少利益、为了渤海保护分担多大负担,决定实施怎样的渤海管理活动以及有关管理活动实施到什么程度的机关。它需要在各省、自治区、直辖市之间协调工作,也包括必要时对有关省、自治区、直辖市施加压力。基于这样的考虑,我们认为,渤海综合管理委员会的基本职能应当包括:(1)基于渤海特别法的立法目的与任务,制定区域内各项事务的治理目标与实现途径;(2)拟订区域内污染防治、资源利用与生态保护等方面的规划、法规和政策;(3)负责渤海特别法及相关法律、法规的组织实施和监督检查;(4)对区域内各省、自治区、直辖市的目标任务完成情况进行监督检查;(5)检查落实区域内的环境问责制度;(6)依特别法立法目的之要求应当由其进行管理的其他事务。

渤海综合管理执行委员会的基本职能有:(1)执行渤海综合管理委员会的各项决定;(2)组织实施和监督检查专项规划和计划的落实情况;(3)对区域内各省、自治区、直辖市执行国家有关法律法规的情况进行监督;(4)组织指导整个区域的联合环境执法活动;(5)组织实施该区域的战略环评和规划环评;(6)组织实施该区域的环境治理规划;(7)组织制定适用于该区域的污染防治措施和排污标准;(8)指导环境监测工作并定期发布区域内各省、自治区、直辖市环境监测信息;(9)指导和支持个人和其他组织参与环境保护活动。

五、渤海特别法执行体制与现行渤海管理体制之间的关系与协调

渤海综合管理委员会的设立,势必会给我们带来这样一些问题:渤海特别法的执行体制与现行渤海管理相关法所确立的执行体制是什么关系,二者在对渤海事务进行管理时是否存在权力冲突,如果有冲突,如何协调等问题。

事实上,渤海综合管理委员会可能涉及的各项管理事务,无一不在现行国家机关职能分工体系的覆盖之下。不管是环境保护还是资源管理;是生物资源管理还是非生物资源管理;是生物资源中的渔业资源管理还是渔业资源以外的其他生物资源管理等。不仅都处在某个职能部门的职权范围之内,而且有的还被多个职能部门交叉管理。国家行政机关组织设置和职能分工的现状说明,渤海特别法要创设的委员会的管理职能一定与现有国家机关的某些管理职能相重合。比如,委员会不能不实施渤海污染防治,而这项工作处于国家环保部的职权之下,也属于国家海洋局的职权范围之内。再比如,委员会不能不关心渤海生态保护问题,而生态保护,比如对河口区生态环境的保护,需要调节河流入海水量。对河流排海水量的调节说到底是对河流的管理,而此项管理职权属于水利部门。只要赋予委员会管理职权,其管理职权与现有国家职能部门的管理职权的重合就不可避免。因为它是原有的职能管理模式(纵的管理)与渤海特别法所设计的、也是不得不如此设计的区域管理模式(横的管理)二者之间的交叉所决

定的。

　　既然以渤海综合管理委员会为核心的渤海特别法执行机构,在职能、权限上与现行的渤海管理体制存在着交叉,那么,对这样的一种交叉甚至是冲突,如何进行有效协调呢? 笔者认为,渤海综合管理委员会的设置,既不是对现行渤海管理体制的完全颠覆和取代,也不是对现行渤海管理体制的简单固守与照搬;而是对现行渤海管理体制所进行的一种合理的扬弃与适度的超越。

　　首先,它是对现行渤海管理体制的合理扬弃。所谓"扬",是指在渤海事务管理上,仍需要尊重现行管理体制所确立的以行业管理和职能管理为主、体现专业化与社会分工的管理优势。因为,这些行业或职能管理部门经过长期的海洋管理实践,具有丰富的海洋管理经验,它的存在,有其合理性依据。渤海综合管理委员会对渤海整体事务的管理,需要以它们的大量执法实践为基础,需要它们的充分理解和支持,以及在此基础上的合作与协调,才能顺利进行。这里所说的"协调"主要是决策过程的协调,具体表现为在污染防治、资源可持续利用、生态保护、海洋自然形态维护、各项海洋产业的开发与管理等事务领域的决策上的协调,区域内省市及其所属市县相关利益和义务分配上的协调等。在此过程中,要坚决避免以往协调中"协而不调,协调机制形同虚设"的困境,使协调机制真正成为渤海区域内各相关利益主体在渤海管理事务决策中,实现民主决策与科学决策的有效工具。

　　所谓"弃",是指在渤海事务管理中,要坚决禁止和杜绝管理中的部门本位、地方保护,要彻底肃清现行渤海事务管理中部门、地方政府各自为政,以本部门、本地区利益为本位的狭隘与短视,确立以整体渤海环境、资源与生态利益的全面改善和提高为终极目标。这就需要加大对协调产生的决策的执行力,比如督促区内省市完成决议确定的减少近海捕捞船只总吨位的任务、检查相关河流区内省市断面水质是否达到了决议确定的水平等。这就要求渤海综合管理执行委员会来发挥其在渤海事务管理中的监督与问责职能,由其执行渤海综合管理委员会的决议,监督区内省市履行决议下达的工作任务,组织实施委员会确定的管理项目,执行渤海特别法规定的其他任务等。特别是要建立和落实目标责任制,对没有执行、执行措施不得力或执行效果不达标的地方政府主要负责人实行环境问责制。一定要避免在淮河治理过程中所出现的"只有目标、没有责任"的制度设计。

其次，它是对现行渤海管理体制的适度超越。这种超越主要体现在两个方面：

一是，渤海综合管理委员会对渤海所实施的管理，不是现行渤海管理中的行业管理、职能管理为基本模式的单个行业管理或者单项事务管理，而是一种整体性管理和综合性管理。说其是整体性管理，是因为渤海综合管理委员会所实施的管理涉及整个渤海区域范围，即这种管理不仅包括渤海海域本身和环渤海的三省一市等行政区域，还包括辽河、海（滦）河、黄河三大流域在内的所有区域。说其是综合性管理，是因为渤海综合管理委员会对渤海的管理事务，不仅包括渤海环境污染防治，还包括资源管理、生态保护、岸线形态维护等事务。

近些年来，以生态系统理论为基础的区域海洋管理，作为一种新的海洋管理模式，进入人们的视野，并被一些国家引入区域海洋管理实践，且取得良好的管理效果。区域海洋管理强调在对特定区域海洋实施管理时，必须遵循生态整体性原则，将整个海洋区域作为一个生态整体来看待。同时，区域海洋环境、资源与生态的内在关联性，也要求实施区域海洋管理时，将区域范围的所有事务进行一体化管理。渤海综合管理委员会对渤海所实施的整体性管理和综合性管理，符合区域海洋管理的基本理念与要求，是一种较为科学的区域海洋管理模式，是对传统单个行业管理或者单项事务管理的合理超越。

二是，渤海综合管理委员会对渤海所实施的管理，是一种负责任的管理。它是一种权责一致，能负责，且负得了责的管理。现行渤海管理相关法所确立的执行体制，是以传统行政法上"消极行政"为基本理论依据来设定执行机构的权限范围及程序要求。也就是说，对执行机构在实施渤海相关法律，对渤海事务进行管理时，只是规定了执行机构的权力来源、权力内容、权力行使的边界与要求以及权力不正当行使所应当承担的法律责任等。但是，对执行机构在实施相关法律时，是否达到立法目的或立法者所想要实现的目标，在所不问。而且，在事实上，执行机构对职权行使的结果能否达到或实现立法所确立的目标，没有任何保障。这是因为，现行渤海管理机构在对渤海事务实施管理时，权责利不统一。

依现行行政管理体制，地方政府仅对自己所在辖区内的生态环境负责，而对超出自己所在辖区之外的生态环境不负责，也负不了责，因为其管理权力仅限于其管辖的行政区域。但渤海作为一个独立的生态系统，对渤海生态环境与资源保护事务的管理，要以整个区域为基础来实施，并且对环境、资源与生态保护事务要进行统筹考虑,实施一体化管理。现行管理机构对此无能为力。也就是说,在目前这种管理体制下,任何一个单个的机构或部门都不对整体渤海区域的环境污染、资源与生态破坏负责,也没有办法负责,从而导致渤海治理的效果大打折扣。

渤海综合管理委员会是与渤海区域这一环境单位相对应的、独立的环境、资源与生态保护机构,由该委员会统筹规划和管理区域内的环境、资源与生态保护事务,并对实施后果承担责任,实现了权限与责任的统一。因此,渤海综合管理委员会不仅是对渤海环境、资源和生态负责的机关,而且是负得了责的机关,这是现行渤海管理机构所无法比拟的。

第九章　渤海特别法的执行权模式选择

作为一部以综合治理为内容的法律,能否充分调动所涉及的各行政部门、管理机构和相应级别政府的行政积极性,确保其不仅恪尽职守而且忠实勤勉地充分运用被赋予的权力,认真履行所肩负的职责,积极完成所承担的治理任务,关系着法律的实效,这是决定环境治理成败的关键。法律的执行力不是自我生成的,而是需要良好的执行权模式加以保障。

长期以来,行政法领域在以对行政机关"总体限权"为特征的"夜警国家"理念下,建立了以"赋权为主"的"授权法"模式,成为当今行政立法的主导模式。这种模式所构建出的"消极行政"并不适合于渤海治理这样以寻求"积极行政"为目的的法律。渤海特别法应秉持现代"福利国家"理念,以"服务政府"为目标,通过"权力责任法"执行权模式的设计,使管理者"积极行政","给付"良好的渤海环境。

第一节　执行权模式一般原理

所谓执行权模式,是指立法规定行政机关的行政权力和相应责任的方式或方法,它涉及特定法的执行机关在法律所规定的事务中做什么、如何做以及做到何种程度才算正当的问题。

在现代社会,依法行政是对行政机关行使职权的基本要求。无论权力的来源、权力的边界、权力的内容、权力的行使,以及因权力不当行使所可能引起的责任,都必须要有法律依据。但由于法律本身的抽象性,不同立法对这些内容的规定往往全面性不一、明确性程度不等,从而导致对行政机关的指引、约束、规范以及问责程度也具有相当的差异,并由此影响到行政机关在行政活动中的角色定位、积极性和活跃程度。

近代行政法自诞生以来,在理念上经历了由"夜警国家"向"福利国家"的转变,在执行权模式上,也在经历着从"授权法模式"向"权力责任法"模式的转型/过渡。

一、近代行政:"夜警国家"理念下的"授权法模式"

（一）概念与特征

授权法模式,是指法律只笼统赋予行政机关某种权力,但不对权力行使的结果设定明确指标或要求,也没有规定任务不能完成时的行政责任。这一模式的基本特征是,权力拥有者在行使权力方面只有"形式义务"——即在法定权限范围内依法定程序行使;而没有"实质义务"——保证权力行使实现立法目的或达到立法者想要的效果。换言之,行政机关只对职权是否"依法行使"负责,而不对职权行使的结果"是否良好"负责,只要依法而为,无论结果如何,都无过错可言,更无责任可追究。

我国目前有关行政权力设置与行使的法律主要都是授权法模式,其典型如《行政处罚法》。该法比较系统地规定了行政处罚的原则、种类与设定、实施机关、管辖和适用、处罚实施程序以及处罚的执行等内容,但对于实施行政处罚的具体目的和追求效果并没有明确说明,而只是笼统规定"行政处罚由具有行政处罚权的行政机关在法定职权范围内实施"❶。作为该法规定的行政机关责任主要条款的第55条规定:"行政机关实施行政处罚,有下列情形之一的,由上级行政机关或者有关部门责令改正,可以对直接负责的主管人员和其他直接责任人员依法给予行政处分:（一）没有法定的行政处罚依据的;（二）擅自改变行政处罚种类、幅度的;（三）违反法定的行政处罚程序的;（四）违反本法第十八条关于委托处罚的规定的。"这里的责任情形都是行为"违反法律的明确要求"。而从第56条、第62条所规定的更为具体的行政机关及相关人员承担责任的情形,无论"不依法使用罚款单据"、"扣留、私分罚款"、"索贿",还是"违法检查"、"以罚代刑"、"徇私舞弊、包庇纵容",❷也都是"严重违法"的行为。即使第62条规定的"执法人员玩忽职守,对应当予以制止和处罚的违法行为不予制止、处罚,致使公民、法人或者其他组织的合法权益、公共利益和社会秩序遭受损害的,对

---

❶ 《行政处罚法》第15条。
❷ 《行政处罚法》第56—61条。

直接负责的主管人员和其他直接责任人员依法给予行政处分;情节严重构成犯罪的,依法追究刑事责任"也是针对"玩忽职守"这一"法定应当作为而没有作为"且产生严重不利后果的规定。《治安管理处罚法》也是如此。该法赋予公安机关诸多管理权力,也对权力行使的程序作出了较明确的规定,但在责任方面,同样只有徇私舞弊、侵害他人等行为明显违法的情形之下才承担责任。❶ 在现实管理实践中起着重要作用的《行政许可法》的相关规定也与之类似。

依照这些规定,在我国,能够引起行政机关承担法律责任的唯一情形就是"行为违法",换言之,只要行政机关行为没有"违法",其行为就是"正当的"、不受任何法律责任追究的。这一点,在我国《行政诉讼法》、《行政复议法》这两部对于判断行政机关行为之"正当性"具有指标性意义的重要法律中得到了更进一步的确认。

《行政诉讼法》第 54 条第 2 项规定的应当"判决撤销或者部分撤销,并可以判决被告重新作出具体行政行为"的情形包括:(1)主要证据不足的;(2)适用法律、法规错误的;(3)违反法定程序的;(4)超越职权的;(5)滥用职权的。《行政复议法》第 28 条第 3 项规定的应当"决定撤销、变更或者确认该具体行政行为违法"的情形包括:(1)主要事实不清、证据不足的;(2)适用依据错误的;(3)违反法定程序的;(4)超越或者滥用职权的;(5)具体行政行为明显不当的。在这里,判断行政行为是否正当继而影响其被撤销还是维持的依据均在于"是否违法",对此,有学者将之概括为"主体合法、权限合法、内容合法、程序合法、形式合法"。❷

显然,在授权法模式下,合法即等于正当,不违法即等于称职,也即"合法即正当","无过即无责"。

(二)"夜警国家"、"有限政府"与"消极行政"——"授权法"模式的理论基础与实施条件

授权法模式的存在,有其深刻的理论基础和社会背景。现代国家在诞生之初,往往被视为一种"必要之恶",即人们为了诸如国防、治安等公共服务而不得不结成国家并让渡一部分权利给政府,但只限于"确有必要"的公共事务领域。

---

❶ 《治安管理处罚条例》第 112—117 条。
❷ 何海波:《行政行为的合法要件——兼议行政行为司法审查根据的重构》,《中国法学》2009 年第 4 期。

以亚当·斯密为代表的经济自由主义者更是奉行"管得最少的政府就是最好的政府"的信条,认为政府的职能就是维护国家主权和维持社会秩序,除了给国民提供国防、治安以及公平竞争的市场环境外,其他事务一概不得插手。在这种理念下,政府被定位于社会的"守夜人",因而又被称为"夜警国家"。

"夜警国家"理念下的政府是一种权限和范围极为狭窄的"有限政府",行政法的功能主要限定于约束权力,制约政府,行政权"只能为其消极目的而行使,不允许超过这一限度为积极地增进社会公共福利而行使"。❶ 而这一理念在行政法上典型体现为"法律保留原则"。"所谓法律保留原则,简单地讲就是指行政行为必须要有法律的依据,即行政机关只有在法律有明确规定的情况下才能作出积极的行政行为,否则就构成违法。"❷在法律保留原则下,行政权的设置和行使都要遵循严格的法定主义,行政机关只是权力机关制定的法律或命令的忠实执行者,而没有自己的意志和主动性,更没有积极地完成某种任务、实现某个目标的义务,"宪法告诉政府不要做什么,而不是它必须做什么。宪法制定者认为,政府的目的是充当警察和卫士,而不是提供衣食住行。"❸既然行政机关只需(也只能)消极、被动、按部就班地"依法行政",那么在责任追究方面,当然也要严格依据"法定"——只要行政机关没有违法行政,就不应当承担任何责任,更不能要求其对某种任务是否完成、某社会问题的治理效果等超越法律规定的"实质结果"负责。真正对社会治理的实际效果负责的限于政府首脑或政治领袖,❹是一

---

❶　杨建顺:《日本行政法通论》,中国法制出版社 1998 年版,第 329 页。

❷　黄学贤:《给付行政适用法律保留原则若干问题探讨》,《江海学刊》2005 年第 6 期。

❸　路易·亨金语,转引自杨小君:《二十世纪西方行政权的扩张》,《西北政法学院学报》1986 年第 2 期。

❹　传统的公共行政是建立在政治、行政分离和官僚制这两块基石上的。在传统的公共行政理论看来,政府与民众之间是一种代理人与委托人的关系,而民众是公共权力的主人。民众将公共权力以契约的形式托付给政府,由其代行公共管理的职责。在这样的代理关系下,政府又把公共执行权授予行政机构及其工作人员,并建立了严格的等级秩序和规范体系。于是,在传统的行政模式中,存在着两种不同的责任体系:政治责任与官僚(或管理)责任。第一种责任是经选举产生的政府对选民的责任;第二种责任主要表明官僚制组织对政府的责任。在这两种责任体制下,行政组织和官员只机械执行来自政治官员的决策,不直接向公民负责,其责任链主要表现为公务员通过各个部门的等级传递,在技术和程序上对政治领袖负责,而对民众负责只是最终表现在逻辑上和道义上。显然,在传统公共行政模式中,存在着一种体制性的责任错位:行政组织和官员虽然直接面对公民却不对公民负责,而真正的决策组织由于不直接面对公众而无法实现契约意义上的责任。因此,政府在实践中逃避责任也就不可避免,这是体制导致的结果。沈荣华、钟伟军:《论服务型政府的责任》,《中国行政管理》2005 年第 9 期。

种"政治责任"而非法律责任。

（三）"授权法"的优点与不足

在授权法模式下,行政机关的行为必须严格依照法律授权,不能越雷池一步,任何超出法律明确规定的越权行为都可能被认为"违法"而撤销,从而具有很强的限制恣意、约束权力的功能。同时,这一模式下,行政机关的责任事项也相对明确,是否"明显违法"一目了然,较少产生问责争议。

但是,这一模式的缺陷也很明显:

首先,行政机关问责情形少,责任追究难。在授权法模式下,除非行政机关明显违背了法律的明确要求,否则均难以追究其责任。这使得行政机关在没有明显违法,但权力行使不当的情形下难以受到法律的规制。尤其在许多法律只是笼统地授予行政机关职权,但对权力内容、行使程序缺乏具体规定的情况下,反而容易造成行政机关拥有大量权力而不受监督的状况。

其次,导致"消极行政"和"不作为"。授权法模式下的行政责任主要集中于权力行使过程中的"违法情形",而行政机关"不积极行使权力"的情形则不在其列,这很容易导致行政机关形成"不求有功,但求无过"的心态,为避免权力行使过程中的责任风险,干脆尽量不行使权力,消极怠工。

再次,极大限制行政机关的行政积极性和主动性。授权法模式下的行政机关,职权严格限于法定,但现实生活是复杂多样的,非简单的立法所能涵盖。当行政机关在实践中面临法律没有明确授权但对其行使职权、完成任务有积极意义的举措时,由于担心"合法性"问题,也通常不会采取,更没有动力和权力去对那些法律规定本身不适应实践的内容作出灵活变通。

最后,不能取得良好社会实效,难以圆满实现行政目标。行政的最终目的不是"执行法律"而是"社会福利",但在授权法模式下,"依法"或者说"不违反法律"本身成了行政的目的,真正需要追求的社会治理的实际效果反而成了"被遗忘的角落"。授权法模式下,社会治理低效或行政任务没有完成的责任只有少数政治领袖以引咎辞职、竞选失利等"道义责任"或"政治责任"形式承担,限于重大情形,且具有事后性、偶然性,不足以保障日常各类行政活动的高效运转。

二、现代行政与"权力责任法"模式

(一)"福利国家"与"服务政府":行政法理念转变与政府转型

进入 20 世纪以来,随着经济自由竞争时代的终结,国家在经济、社会事务中的影响越来越突出。无论是对经济的干预,对社会弱者的扶助,还是对各种社会问题的治理,越来越离不开政府的强有力干预,政府职能在为人们提供物质帮助和各项服务方面越来越突出。1938 年,德国行政法学家恩思特·福斯特发表《作为给付主体的行政》,提出了"生存照顾"和"给付行政"概念,认为公民有享受国家"生存照顾"的权利,政府有"给付"公民这种照顾以及相关社会福利的义务,给付行政和干预行政都是政府的重要职能,受到广泛赞同。在此基础上,西方社会又发展出了"福利国家"概念,用以指代那些政府会积极的干预社会和经济领域以保证民众福利为目标的国家,并作为衡量国家发展水平和政府现代化水平的重要指标。如今,"政府必须从事那些对于促进个人在体能、智能和精神方面的福利,以及国家的物质繁荣所必需的事务"❶已成为现代社会的普遍共识,"福利国家"也成为现代行政的发展趋势和代名词。

"福利国家"要求政府行政系统由对社会的控制转化为对公众提供更多的公共服务。❷福利国家理念下的政府,是一种"服务型政府"。服务型政府的基本结构主要表现为三个层次的变化:一是公务员责任机制的变化。公务员由传统机械地执行决策转变为积极、灵活、创新和有效率地执行决策,并导致公共管理者对自身行为的结果负责、对所属机构行为负责的责任机制;二是行政组织及其公务员责任导向的变化。行政组织及其公务员由过去间接向公众负责转变为直接向公众负责,并导致行政部门必须像企业关注顾客一样关注公众的需求,必须对多元社会主体提供良好的针对性服务;三是行政组织及其公务员责任范围的变化。政府从单纯的"守夜人",局限于维持公共秩序,处理国防、外交事务等,到重新界定政府的责任范围,其功能之一就是为公众提供优质服务和有效的公共物品。❸

(二)"积极行政"与"权力责任法"模式

如果说授权法模式在夜警国家所刻意塑造的"小政府、少干预"格局下尚有

---

❶ [法]莱昂·狄骥:《公法的变迁》,春风文艺出版社 1999 年版,第 38 页。
❷ 张淑芳:《社会行政法的范畴及规制模式研究》,《中国法学》2009 年第 6 期。
❸ 沈荣华等:《论服务型政府的责任》,《中国行政管理》2005 年第 9 期。

其相当程度的积极意义的话,那么,在现代行政已普遍向福利国家和服务政府转型的今天,尤其在那些必须政府发挥积极主动性和灵活创造性的社会公益领域,已经不合时宜。

福利国家的目标不是行政机关被动地、消极地等待出现重大问题之时加以填补和救济所能完成的,而必须行政机关积极地行使权力、调动资源、发挥影响去主动实现,此即所谓"积极行政"。积极行政的实现首先需要一个强有力的政府。一方面,行政权力在范围上空前扩张,广泛渗透于经济、社会事业诸领域;另一方面,由于社会领域事务的复杂性和不确定性,行政权力又不能被法律规定的过于僵硬,而必须具有相当的自由裁量空间,保持一定的弹性和灵活性。但是,仅有行政的强大还是远远不够的,不受约束和限制的权力总有脱离预定轨道而恣意妄为的危险,一味放权于政府,缺乏责任制约和有效监督,仍不能够真正保证尽职尽责、忠于职守的"积极行政"。由此,对于积极行政而言,有没有一种科学的、制度化的责任机制就显得至关重要。

服务型政府机制性责任的主要内涵大致包含三个方面:一是任何政府及其工作人员都必须对自己的行为负责,职权与责任须臾不可分离;二是有明确的责任主体,每一个公共服务行为都能准确无误地判明责任的归属与追究;三是有快速的责任反应能力,使政府官员背离责任的行为能通过有效的途径及时被揭露出来,从而得到及时制止。也就是说,从服务型政府的起点、进程到结果,责任始终伴随着权力的进程。通过这种有效的机制,可以防止政府在提供公共服务的过程中对社会与公众的基本权利造成侵害,也可以考察政府在提供公共产品时是否符合成本—收益的有效性原则。❶

要做到此点,就需要在立法中,一方面既规定政府或行政机关的权力范围,在明确职权内容和行使程序的同时,保留一定的灵活空间;另一方面,又须同时对行使该权力的目的、所欲达到的目标或应完成的任务作出较明确的规定,甚至对不能达到要求时的责任作出明确规定。这种立法模式,我们可称之为"权力责任法"模式。

"权力责任法"模式的基本特征是,不仅要授权,还要看行动;不仅考虑行为"合法性",还要看结果"正当性"。"一个合法的行政行为,应当是一个合格的行

---

❶ 沈荣华等:《论服务型政府的责任》,《中国行政管理》2005 年第 9 期。

政机关,在法定权限范围内,根据法定的条件和相应的事实,遵循正当的程序,作出内容得当的处理。"❶对于被赋予行政权力而不积极履行,或虽有履行但未实现法定目标者,也要追究一定责任。

以国务院 2003 年制定的《突发公共卫生事件应急条例》为例,该法第 16 条不仅规定了"国务院有关部门和县级以上地方人民政府及其有关部门,应当根据突发事件应急预案的要求,保证应急设施、设备、救治药品和医疗器械等物资储备"这一积极义务,还在第 46 条中对未完成这一义务的责任作出了明确规定:"……未依照本条例的规定,完成突发事件应急处理所需要的设施、设备、药品和医疗器械等物资的生产、供应、运输和储备的,对政府主要领导人和政府部门主要负责人依法给予降级或者撤职的行政处分……。"而 2008 年 5 月 1 日实施的《国务院信息公开条例》不仅规定了政府在信息公开方面的职权和程序,而且对公开的最低限度的任务作出了明确规定,"各级行政机关应当在每年 3 月 31 日前公布本行政机关的政府信息公开工作年度报告"。

总体来说,"权力责任法"模式具有这样几个特点:一是既授予行政机关权力,又对行政机关的具体任务和责任作出规定;二是责任方式灵活多样,除了行政处分、刑事责任等刚性责任之外,诸如明确的时限要求、信息公开、定期汇报、绩效考评等,只要能够对行政机关形成"压力"的举措均可;三是侧重实质结果和具体指标的完成情况。

(三)"权力责任法"模式的优点

"权力责任法"模式在赋予行政机关职权的同时,对其所须完成的"基本任务"做了明确指引并有责任保障,对于"积极行政"的实现,具有良好作用:

首先,扩大了政府责任的范围,对政府职权的监督职能增强。"权力责任法"模式不仅关注政府行为的"合法性",还关注权力行使的"正当性"及实际效果。对于政府而言,权力不再是可自由决定行使力度的"权利",而是必须良好实施的"职责",从而构成实质上对政府行政的深层监督。

其次,刺激积极行政,确保有所作为。在"权力责任法"模式下,行政机关必须充分运用被赋予的职权,实现法律所规定的"最低限度的目标"。行政行为正

---

❶ 何海波:《行政行为的合法要件——兼议行政行为司法审查根据的重构》,《中国法学》2009 年第 4 期。

当性的判断标准已经由过去的"但求无过"转变为"务必有功",从而有效地解决行政机关"消极怠工"的问题,大大减缓行政不作为的空间。

再次,把行政机关的责任客观化、明确化,形成制度化的问责机制,使行政问责规范化、常态化。政府的法律责任属客观责任。"客观责任源于法律、组织机构、社会对行政人员的角色期待,主观责任则根植于我们自己的忠诚、良知、认同的信念"。❶ 与通常政治责任的非确定性和任意性不同,法律责任则具有确定性、可预见性和可期待性,其在责任范围、承担方式、程度、程序、责任追究和救济等问题上较为明确,从而形成制度化的监督机制。尤其是,具有浓厚政治色彩的传统"问责","主要是集中于对重大责任事故的问责,集中于对疏于领导、监督、管理的问责,集中于在行政系统内的问责。"❷难以形成常规威慑力。"权力责任法"模式则能很好地解决这一问题。

最后,"权力责任法"模式在"赋权"与"限权"之间形成一种张力,比较好地解决了"积极行政"的内在矛盾。在积极行政目标下,对行政机关的权力不能规定得过于死板、僵硬,但又必须严格限制其真正为了公益目标而行使,尤其在行政权力大大扩展的情况下,没有相应的责任限制更加危险。"权力责任法"模式把对行政行为的关注重点从"过程"转向"结果",既调动了行政机关的行政积极性,又从结果上保证权力的行使不超出预定轨道,达到了灵活、务实"目的导向"的效果。

当然,需要注意的是,由于社会事务的复杂性和行政机关职能的差异,并不是所有事务都适合"权力责任法"模式。一般来说,"权力责任法"模式更适合于那些社会公益性明显、治理任务迫切且内容较明确的领域,而对行政机关的"积极行政责任"规定的详略程度,也要结合实际情况、因地制宜。

第二节　环境法的执行权模式

一、环境法更适合"权力责任法"模式

尽管人类环境保护的意识和活动由来已久,但是直到 20 世纪六七十年代以

---

❶ [英]特里·L.库柏:《行政伦理学——实现行政责任的途径》,张秀琴译,中国人民大学出版社 2001 年版,第 74 页。

❷ 田思源:《论政府责任法制化》,《清华大学学报》(哲学社会科学版)2006 年第 2 期。

来,以环境保护为主题的大规模的政府规制活动才开始出现,成为以保障劳动者和消费者的安全、健康、卫生以及保护环境、防止灾害为目的的社会性规制的主要议题之一。❶ 在西方轰轰烈烈的"环境社会运动"的推动下,政府应当对环境负责,应当通过积极行政为社会公众提供良好的"环境公共物品"的思想普遍传播。在美国,印第安纳大学教授林顿·卡德维尔在《公共管理评论》上发表"环境:公共政策的新焦点"一文,指出"环境"必须作为公共政策的核心焦点。法学教授约瑟夫·萨克斯提出"环境公共财产论"和"环境公共委托论",认为空气、水、阳光等人类生活所必需的环境要素,在当今受到严重的污染和破坏,以至威胁到人类的正常生活的情况下,应当被视为全体公民的公共财产,以信托的方式由人民"委托"政府代为管理,受到广泛接受。鉴于环境保护备受重视的趋势,德国学界甚至有人提出了"环境国家"的理念,将其作为"给付国家"之后的一种新国家类型。所谓环境国家,系指将环境保护视为国家制度赖以存在的正当性基础,国家如果无法履行环境保护的任务,将丧失其存在的正当性。❷ 总之,在现代社会,政府要对环境负责,为人民提供健康、良好环境的观念已经深入人心,❸并成为现代行政的应有之义。

如果说"环境国家"和"责任政府"使得环境行政成为必要,那么,在环境法中应当如何规定才能使政府的环境权力和相应责任达到良好配置状态呢?从环境事务的特点来看,显然"权力责任法"模式更具优势:

就其本质而言,环境事务属于典型的"社会事业"。现代环境规制不同于传统的国家安全保障或个人自由侵害防治等消极任务,而具有风险预防的性质,必须行政机关积极主动地采取措施、未雨绸缪,而不能消极等待问题出现之后再解决问题。另外,现代环境问题与科技高度关联而具有"决策于未知"的不确定性,环境利益具有涉及群体极其广泛的复杂性,以及环境危害的严重性、不可逆性,使得环境行政与传统行政相比更加依赖行政机关的责任感和积极性。"何谓风险和重大损害?何种程度的风险活动可以为规制提供正当化理由?对那些导致不确定潜在重大损害的风险活动应当实施何种规制标准?如何考量科学的

---

❶ 黄勇斌:《现代环境行政活动的开发性研究》,《求索》2010 年第 4 期。

❷ 李建良:《环境议题的形成与国家任务的变迁》,载《宪法体制与法治行政》,台湾地区三民书局 1998 年版,第 290 页。

❸ 巩固:《政府环境责任理论基础探析》,《中国地质大学学报》2008 年第 2 期。

不确定性？对此尚无一致的共识，而解决这些问题是实施规制的前提。这种不确定性使得立法无法像传统行政法治体系那样，通过构成要件与法律效果的精确界定，对行政规制加以控制。"❶而只能在大量赋权的同时，通过对行政任务的明确化和完成程度的量化，以及相应的责任追究来保证行政机关"既要灵活，又要作为"。

二、我国环境法中的"权力责任法"模式相关规定

或许是出于环境行政的"天性"，在我国法律中，"权力责任法"模式虽然总体并不多见，但相关条文在环境资源有关立法中并不罕见，尽管许多条文的结构尚不够完善而影响了其积极作用的充分发挥。主要表现在下列几点：

一些立法明确规定了行政机关的环境责任。《环境保护法》第 16 条明确规定："地方各级人民政府，应当对本辖区的环境质量负责，采取措施改善环境质量。"《大气污染防治法》第 3 条规定："国家采取措施，有计划地控制或者逐步削减各地方主要大气污染物的排放总量。地方各级人民政府对本辖区的大气环境质量负责，制定规划，采取措施，使本辖区的大气环境质量达到规定的标准。"《水污染防治法》第 4 条第 2 款："县级以上地方人民政府应当采取防治水污染的对策和措施，对本行政区域的水环境质量负责。"《固体废物污染防治法》、《放射性污染防治法》等法律中也有类似规定。《国务院关于环境保护若干问题的决定》也明确指出："地方各级人民政府对本辖区环境质量负责，实行环境质量行政领导负责制。"这些条款虽然没有对政府环境责任的具体内容、负责程度和承担方式作出具有可操作性的具体规定，但毕竟在法律上把政府责任与环境质量连接在一起，具有一定意义。

一些立法对行政机关在特定情形下的行政内容或治理任务作出了明确规定，有的还提出了明确的时限要求。如《放射性污染防治法》第 5 条："县级以上人民政府应当将放射性污染防治工作纳入环境保护规划。"《大气污染防治法》第 17 条第 3 款规定："未达到大气环境质量标准的大气污染防治重点城市，应当按照国务院或者国务院环境保护行政主管部门规定的期限，达到大气环境质量标准。该城市人民政府应当制定限期达标规划，并可以根据国务院的授权或者

---

❶ 黄勇斌：《现代环境行政活动的开发性研究》，《求索》2010 年第 4 期。

规定,采取更加严格的措施,按期实现达标规划。"第 43 条:"城市人民政府应当采取绿化责任制、加强建设施工管理、扩大地面铺装面积、控制渣土堆放和清洁运输等措施,提高人均占有绿地面积,减少市区裸露地面和地面尘土,防治城市扬尘污染。"《水污染防治法》第 4 条规定:"县级以上人民政府应当将水环境保护工作纳入国民经济和社会发展规划。"第 18 条第 2 款规定:"省、自治区、直辖市人民政府应当按照国务院的规定削减和控制本行政区域的重点水污染物排放总量,并将重点水污染物排放总量控制指标分解落实到市、县人民政府。市、县人民政府根据本行政区域重点水污染物排放总量控制指标的要求,将重点水污染物排放总量控制指标分解落实到排污单位。具体办法和实施步骤由国务院规定。"1998 年《广东省珠江三角洲水质保护条例》第 24 条第 2 款规定:"边界断面水质超标的市、县必须在接到报告之日起一个月内采取有效防治措施,削减污染物排放量。逾期不采取有效防治措施的,由其共同的上级人民政府责令限期治理。"

还有一些立法明确规定了行政机关"不作为"或"消极行政"时的责任。如《水污染防治法》第 69 条:"环境保护主管部门或者其他依照本法规定行使监督管理权的部门,不依法作出行政许可或者办理批准文件的,发现违法行为或者接到对违法行为的举报后不予查处的,或者有其他未依照本法规定履行职责的行为的,对直接负责的主管人员和其他直接责任人员依法给予处分。"《固体废物污染环境防治法》第 67 条规定:"县级以上人民政府环境保护行政主管部门或者其他固体废物污染环境防治工作的监督管理部门违反本法规定,有下列行为之一的,由本级人民政府或者上级人民政府有关行政主管部门责令改正,对负有责任的主管人员和其他直接责任人员依法给予行政处分;构成犯罪的,依法追究刑事责任:(一)不依法作出行政许可或者办理批准文件的;(二)发现违法行为或者接到对违法行为的举报后不予查处的;(三)有不依法履行监督管理职责的其他行为的。"《放射性污染防治法》第 48 条:"放射性污染防治监督管理人员违反法律规定,利用职务上的便利收受他人财物、谋取其他利益,或者玩忽职守,有下列行为之一的,依法给予行政处分;构成犯罪的,依法追究刑事责任:(一)对不符合法定条件的单位颁发许可证和办理批准文件的;(二)不依法履行监督管理职责的;(三)发现违法行为不予查处的。"

尤其值得一提的是,立法者已经越来越多地意识到政府责任、绩效考核对于环境治理的意义,开始尝试把环境保护目标纳入政绩考核体系之中。如《水污染防治法》第 5 条规定:"国家实行水环境保护目标责任制和考核评价制度,将水环境保护目标完成情况作为对地方人民政府及其负责人考核评价的内容。"《大气污染防治法》第 43 条第 3 款:"国务院有关行政主管部门应当将城市扬尘污染的控制状况作为城市环境综合整治考核的依据之一。"

不过,我国目前环境立法中的"权力责任法"模式总体尚处于初级阶段,对于行政任务的规定仍然较为笼统,缺乏明确时限要求,尤其是几乎没有明确的责任规定,也缺乏对执行机关的有效监督机制。另外,"承担环境保护责任的主体单一,即一律是由环境保护监管人员或其他有关行政机关的工作人员来承担相关法律责任,而作为监管者的行政机关本身却没有承担法律责任的方式。这客观上为行政机关逃避责任提供了方便。"❶

三、国外环境法中的"权力责任法"模式借鉴

与我国相比,西方国家的环境法体现出更加务实、具体、可操作的特征,其环境立法往往首先设立专门的执行机构或者赋予已有行政机关在某领域的监管职权,继而对该机构行使职权的程序和所要实施的任务作出非常明确的、具有时限的规定,并通过追究责任、定期报告、信息披露、复查程序等手段保证任务的实施。下面简略结合美国和澳大利亚相关法律的实例加以说明。

(一)美国环境法中的"权力责任法"模式

作为美国环境治理的基石性法律,《国家环境政策法》的意义非同寻常。这部法律主要规定了三件事,宣布美国的国家环境政策、设立国家环境质量委员会、建立环境影响评价程序。其中该法第 4341 条规定:"总统应当自 1970 年 7 月 1 日起,每年度向国会提交环境质量报告"。第 4344 条详细规定了环境质量委员会的"责任与职能",并要求其"就环境的状态和情况每年至少向总统汇报一次"。尤其值得一提的是,为保证行政行为与国家环境政策法的一致性,该法第 4333 条特别规定"所有联邦政府机构均应当对其现有的法定职权、行政法规定以及各项现行政策和程序进行一次清理,以确定其是否存在有妨害充分执行本法宗旨和规定的任何缺陷或矛盾,并应当就清理结果在不迟于 1971 年 7 月 1

---

❶ 吕忠梅:《监管环境监管者:立法缺失及制度构建》,《法商研究》2009 年第 5 期。

日以前,向总统报告其职权和各项政策符合本法所规定的意图、宗旨和程序。"《污染预防法》首先通过第 1313 条第 1 款设定了一个专门实施该法的部门,"为实施本法的职责,局长应在环境保护局内设立一个部门。该部门独立于环境保护局的单媒体项目部门,为了促进源消减的多媒体办法,该部门有权对单媒体项目部门的行为予以评论和建设"。继而在第 2 款中详细规定了该部门在"源削减"中的具体"职能",要求"在合适的方面,确定可量化的、反映本法政策的具体目标,为达到这些目标的具体任务,主要任务完成的期限,所需财力,各个部门职责,以及能使在达到目标的过程中取得规则进步的方法"。然后通过第 1314 条、第 1315 条、第 1316 条为"源消减"在权力、资金、技术、信息等方面提供支持。尤其值得一提的是,为保证对环境保护局执行该法的效果进行监督,该法第 1317 条设立了"国家环境保护局报告"制度,明确要求"自 1990 年 11 月 5 日始,18 个月以内,及以后每 2 年一次,局长应当向国会提供一份根据本卷第 1313 条第 2 款部分促进'源消减'策略实施的具体操作活动,以及这些活动的效果",并对报告的内容做了非常详细的规定。

《国家环境教育法》涉及国家环境保护局等联邦机构,同时设置了"环境教育机构"、"环境教育顾问委员会"、"环境教育联邦特别工组"、"国家环境教育和培训基金会"等机构,规定了"环境教育和培训项目"、"环境实习与奖学金"等项目。对于其中的每一项,该法都具体规定了其"义务和职责"或"职能和活动",并通过详细规定时限、设置任务指标、建立报告制度等方式加以控制。如第 5505 条第 4 款规定"在 1990 年 1 月 16 日前,执行机构应该出台规则确保本条款所授权的项目中每一个环节能够有序进行"。第 5 款规定"自本章所提第一批可行方案实行之日起 90 天内,或该年自该日起,执行部门应该制定一份征集环境教育授权的通告"。第 5506 条第 3 款对环境保护局所提供的实习和奖学金的最小数量订立了明确指标:"执行机构应该尽可能每年切合实际地支持不少于 250 个实习机会以及每年支持不少于 50 个奖学金机会。"第 5508 条第 4 款则规定"顾问委员会应在从 1990 年 11 月 16 日算起的 24 个月之内,向国会提交公共综述和评论,并在此后每两年提交一份报告",并对报告的要点做了详细规定。

尤其值得一提的是,在《海岸带管理法》中,不仅延续了通过详细规定执行内容和工作报告制度监督实施的做法,而且还规定了两类对"不积极行政"的地方政府的惩罚责任。一是第 1456 条第 7 款规定的,对于不依法采取改善海岸带措施的州吊销享受拨款的资格:"若部长确定该州未依照拨款有关条款承诺应采取的行动,则部长应依照本条暂时吊销该州至少一年继续享有拨款的资格"。另一是第 1458 条第 4 款,撤销对不依计划开展行动的州的管理计划的批准:"若部长认定该沿海的州未能如本条第 3 款第 2 项第(1)小节开展行动,则部长应撤销对该州管理计划的批准,及依照本卷用于该州的经济援助和未耗尽的部分。"尤其值得一提的是,在为治理切萨比克湾而签署的《切萨比克湾协议》中,不仅确定了委员会的具体行动领域,还为每一个领域设立了具有时限的奋斗目标,以确保任务得到真正落实。❶

(二)澳大利亚环境中的"权力责任法"模式

澳大利亚环境法与美国环境法一样,非常注重通过对行政任务的细致规定、时限要求、发布公告或定期报告,以及控制财政拨款等方面对行政机关形成"压力"和督促,这在澳大利亚杰维斯湾的治理中体现十分明显,此不赘述。这里介绍几个特色制度:

《国家环境保护委员会法》中的"自我审查"机制。《国家环境保护委员会法》是澳大利亚环境保护领域的一项基本法,该法设置了澳大利亚"专门负责制定国家环境保护政策的独立机构"——"国家环境保护委员会",并奠定了该国基本的环境管理框架。在对委员会的"监管"上,除前述各类"常规举措"之外,该法第 64 条还特别规定了"法案的实施情况审查"。"本法开始实施五年后,启动对本法实施情况的审查。第 1 款委员会应当启动审查程序:1. 就本法以及与本法相关的其他每项法律的实施情况进行审查。2. 就每一项此类法案中第 3 条所列出的目标的实现程度进行审查。在本法案实施五年后尽快启动审查程序。第 2 款审查报告应当在本法案开始实施五年后的 12 个月内提交给议会各院。随后的五年年度审查。第 3 款在根据本条第 1 款规定启动审查之后的每五年末,委员会都应当启动本条第 1 款所规定的法规进行进一步审查。第 4 款每一次进一步审查的报告应当在相关期限之后的 12 个月内提交议会各院。"在这样严格的审查程序下,"国家环境保护委员会"的工作积极性可想而知。

《大堡礁海洋公园法》中的"利益披露"制度。《大堡礁海洋公园法》是为保

---

❶ 《2000 年切萨比克湾协议》,http://www. chesapeakebay. net/content/publications/cbp_12081. PDF。

护以大堡礁为中心的海域所制定的专门法。为实现对该海域的有效管理,该法特设了"大堡礁海洋公园局"和"大堡礁顾问委员会"两个具体机构,除对这些机构的职责、成员资格、任期、报酬、权力、职责进行规定外,该法还特别规定了相关人员的"利益披露"制度。第16A条规定了"披露主席利益","主席应书面告知部长关于其直接或间接获得的金钱利益,这些利益是主席在任何业务中或在任何实施业务的法人团体中已经获得或可能获得的"。第27A条规定了"披露成员利益",第1款"如果某委员会成员在委员会正在考虑或将要考虑的事务上,具有直接或间接的金钱利益,那么该成员在了解有关事实之后,尽快在委员会会议上披露成员利益的性质。"第2款"第1款中的披露应被记录在委员会会议的会议纪要上,并且,除非部长另有决定,否则该委员会成员不得:参与该事务有关的任何委员会审议;或者参与该事务有关的任何委员会决定。"

《诺福克群岛法》中的"宣誓"制度。《诺福克群岛法》涉及"行政部门"、"行政委员会"、"立法议会"和"司法系统"诸多管理部门,为保证相关人员的行为,该法第10条、第15条、第32条、第57条分别建立了针对行政长官、行政委员会成员和行政人员、立法会议员、法官的"宣誓或证词"制度,要求这些人员在就职之前必须根据特定形式分别作出并签署"效忠宣誓书或证词"和"就职宣誓书和证词"。其内容如:

效忠宣誓(及证词):我,某某,宣誓除非经过法律授权,否则我不会泄露由于我具有诺福克群岛行政委员会的成员身份而获得的任何信息(包括任何文件的内容):上帝保佑!

就职宣誓(及证词):我,某某,庄重并真诚地许诺并声明:作为诺福克群岛立法议会的成员,我将提供诚实信用的服务。

这些宣誓及证词虽然并没有明确的法律责任效力,但对于就任的管理者还是能够形成相当程度的心理暗示和威慑效应;从另一个层面看,也能够形成一定程度的职业崇高感和自我警醒意识,对于积极行政,具有促进作用。

四、环境法中"权力责任法"模式的基本特征分析

综合前述来看,环境法中的"权力责任法"模式强调四点要素:一是任务明确,对行政机关在什么时间做什么事,什么时间段之内完成什么任务应有较为明确的规定。二是治理指标量化,对行政权力行使的结果达到什么程度应尽量设

立可量化的、可测量的并且可不断改进的数据或指标。三是压力机制,能否通过各种方式使得执行机关感受到执行任务的紧迫性和必要性,是决定法律执行力的关键。这里的压力不一定是明确的、直接的责任,各类定期报告、计划修订、优惠取消甚至宣誓等,都可以构成相当程度的压力。四是建立检查和监督机制,对于权力的行使状况、制度的实施情况必须要向公众公开披露,并建立常规性的反馈和检验机制。通过前面的对比可以看到,在这些方面,我国环境法与西方国家环境法还具有相当大的差距,这是我国环境法普遍遭遇实施困境的重要原因。

当然,我们也要认识到环境事务的复杂性和不同行政事务的特殊性,根据实际情况,因地制宜地设计制度,寻求真正适合国情和具体治理领域的权力责任机制。一般而言,在面向普遍情形的一般法中,为保持制度的普遍适用性和灵活性,以及法条精简的需要,除对主要机关和基本制度的规定外,法律条文可以笼统、抽象,允许一定的模糊性,或者通过委托下级机关具体制定实施细则的方式加以弥补。而在那些为实现某种特定治理任务或管理某特定生态区域而制定的专门法中,则应当尽量明确、具体,尤其对于那些为实施专项治理特意设立或授权的机关,必须要对其任务加以明确规定,附以时间表和路线图,并且建立全面的、贯穿全过程的监督机制和责任机制,以确保其任务的实现。

第三节　渤海特别法应采用"权力责任法"模式

一、传统"授权法"模式是渤海治理不力的重要原因

渤海治理困境之一在于制度执行不力。虽然目前我国尚没有专门针对渤海环境保护进行特别立法,但在海洋治理方面的法律法规并不少。尤其自20世纪90年代以来,我国有关海洋环境保护的法律、法规和规章陆续出台,制度体系不断完善。环渤海地方政府也分别针对本区域内的海洋治理出台了大量地方法规、规章。据有学者统计,"目前渤海环境保护方面的配套法规、规章已达70多部。"❶这些法律法规如果都能够得到良好执行,即使渤海问题不一定全都解决,但其质量状况不会如今天这样糟糕,以至于出现在多年治理之后,仍然存在"2009年渤海沿岸排污口超标排放现象依然严重,75%的监测排污口存在超标

---

❶　张海文:《渤海区域环境管理立法研究》,海洋出版社2009年版,第106页。

排放"的现象。❶

相关法律之所以执行不力,除却管理体制等方面的原因外,以"授权法"为主的执行权模式也是重要原因。

(一)《海洋环境保护法》执行权模式的不足

作为我国海洋环境保护的基本法,《海洋环境保护法》在海洋环境保护方面构架出了较为合理的制度框架,但由于在执行权模式上几乎全部是"授权法",难以对各执行机关形成有效"压力",导致许多立意很好的条款形同虚设,一些极为必要的制度难以实施。例如,"重点海域排污总量控制"对于渤海治理具有根本性意义。对于渤海这样环境容量小、排污压力大的特殊海域来说,如能真正建立起排污总量控制制度,根据其环境容量分配排污指标,可以说相当于治理任务完成了一大半。但《海洋环境保护法》第 3 条虽然有明确规定:"国家建立并实施重点海域排污总量控制制度,确定主要污染物排海总量控制指标,并对主要污染源分配排放控制数量。具体办法由国务院制定。"但对于国务院负责制定该办法的具体机关、制定时效及相关责任没有任何规定,致使这一办法至今尚未出台,这一至关重要的制度至今尚未实践。

该法第 5 条分别授予环保部门、海洋部门、海事部门、渔政部门、军队环保部门在相应范围内的管理权限,建立起了一个极其繁复、不乏重叠的管理体制,但只是笼统规定了不同部门的各自"职权",对这些部门在海洋环境保护中的具体职能和积极任务缺乏明确规定,总体上还是以"消极行政"为主。尤其是由于事项规定不清楚、体制划分不科学,又缺乏问责机制,导致一些管理真空。如依该法第 18 条第 2 款、第 3 款之规定,同为油污污染,如为海洋石油勘探所致则由海洋部门管理,船舶溢油污染则由海事部门管理,这直接导致出现来源不明的油污事件时往往无人问津。

该法第 7 条第 2 款规定"毗邻重点海域的有关沿海省、自治区、直辖市人民政府及行使海洋环境监督管理权的部门,可以建立海洋环境保护区域合作组织,负责实施重点海域区域性海洋环境保护规划、海洋环境污染的防治和海洋生态保护工作"。这一制度如能有效实施,对于渤海治理而言,也具有重要意义,甚至可以很大程度上起到相当于渤海特别法及渤海综合管理委员会的作用。但该

---

❶ 《〈2009 年渤海海洋环境公报〉发布》,《中国海洋报》2010 年 5 月 11 日。

条规定实在太过笼统,既没有明确适用的具体情形,又没有规定负责的主导机关、具体任务、完成时限和相关责任,在我国目前条块分割、地方分立的格局下,根本没有哪个地方政府或部门会主动站出来积极承担这一"光荣任务"。

该法第14条规定海洋部门主导建立全国海洋环境质量监测网络制度,其他相关部门负责相关水域及入海河口、主要排污口的监测,这对及时监测海洋环境变化,并以此为基础追究相应部门职责具有重要意义。但法律仍然只是笼统规定,对具体任务、完成阶段、任务指标、完成时限没有任何规定,导致该网络在实践中得不到相关部门的积极配合,仅在个别重点海域试点,没有普遍推行。

在其他制度方面,如"制订污染事故应急计划"、"海上联合执法"、"海洋生态保护"、"排污口设置"、"城市污水综合整治"、"海洋倾废管理"、"船舶油污防治"等方面都存在类似情形。

(二)渤海治理地方法中执行权模式的不足

目前环渤海三省一市都专门制定了适用于本省级行政区的"环境保护条例",其中山东、辽宁、天津更是专门制定了针对海洋环境或海域环境的地方立法,《辽宁省海洋环境保护办法》(2006年)、《山东省海洋环境保护条例》(2004年)、《天津市海域环境保护管理办法》(1996年)。

本来,地方立法作为对国家法的细化补充,应该具有很强的具体性,内容应该相当明确,并确保可操作。但从这些立法的规定来看,情形并不容乐观。不仅各省市的"环境保护条例"多数条款与《环境保护法》大致雷同,只是将相关权责条款下放到"区县"而已,就是各类直接针对海洋环境保护的地方立法,也几乎是《海洋环境保护法》的翻版,同质性很强,没有体现出地方立法所应有的实践性特色。

下面以颁布时间最晚,"按理说"也应该最为完备的《辽宁省海洋环境保护办法》(以下简称《办法》)为例加以说明。

《办法》共37条,第1条为立法目的,第2条为调整范围,第3条为部门职责划分,从第4条,以及第12、15、17、18、20、23、28条分别规定了各级政府及相关部门在海洋治理中的"积极义务",包括"加强宣传教育和支持技术开发"、"制定海洋环境保护规划和重点海域环境保护规划以及重点海域名录"、"制定地方海洋环境质量标准"、"监测海洋环境质量并定期发布信息"、"制定海洋灾害应急预案"、"制定海上污染事故应急预案"、"海上联合执法"、"建立海洋特别保护区"、"加强重点海域保护"、"编制人工鱼礁建设总体规划及技术规范"、"海洋生态修复"、"制定重点海域污染物排海总量控制指标和主要污染源排放控制计划"、"建设和完善排水管网"、"清初海难污染"、"重大项目环评听证"。

这些规定,大多数都是对《国家海洋环境保护法》的重复,没有体现出地方特色;几乎是一个条款一个制度,内容非常笼统;而在条文结构上,几乎都是"某某机关可以……"、"某某机关应当……"式的概括条款,既无具体程序,也无明确任务,至于实施时间、实施责任更是严重缺失,严重影响其执行力。例如,《办法》第18条规定:"我省重点海域污染物排海总量控制指标和主要污染源排放控制计划,应当根据我省海洋环境容量、海洋功能区划和国家确定的主要污染物排海总量控制指标制定。沿海市、县政府应当根据上一级政府确定的重点海域污染物排海总量控制指标和主要污染源排放控制计划,制定本地区重点海域污染物排海总量控制实施方案,并报上一级政府备案。"由于"时间"缺失,许多地区至今也没有制定实施方案。各种标准、方案、预案、计划、网络、基础建设方面的规定,都存在类似问题。

而对于一些内容极具概括性和综合性的举措而言,如果没有明确的任务要求、具体的衡量指标以及相应的配套支持,其规定更是形同虚设,"说了跟没说一样"。如第4条规定的:"政府及有关部门应当加强海洋环境保护法律、法规的宣传教育,提高全社会海洋环境保护意识,支持海洋环境科学技术的研究开发和先进适用技术的推广应用,鼓励单位和个人投资海洋生态环境的保护、恢复、建设和治理,广泛开展海洋环境保护的对外合作与交流,促进海洋环境保护产业的发展。"这里的所谓"宣传教育、支持技术开发"极其宽泛,如没有具体的指标,毫无意义。第12条规定的"沿海县以上政府应当采取措施,加强对下列区域的保护:……"更是只有号召性的政策宣示意义,而不具有任何法律效果。

至于责任方面,《办法》第35条规定的行政机关责任情形包括:"(一)发现海上污染事故或者违反本办法规定行为,未依法予以制止或者未采取有效防止措施的;(二)违反规定批准、审核或者核准海洋环境影响报告书的;(三)海岸工程、海洋工程的环境影响报告书未经批准、审核或者核准,有关审批部门批准其建设的;(四)其他徇私舞弊、滥用职权、玩忽职守行为的。"主要都是针对"明显违法"的情形,对于前面所规定的大量"积极义务",几乎毫不涉及。另外,《办法》也没有建立任何针对行政机关职权行使绩效的反馈、检查、公开机制。

在这样的执行权模式下,法的实施效果可想而知。如果说作为一般层面的国家法规定笼统尚有情可原的话,以具体实施为己任的地方法如此则实不应该。

(三)渤海治理规划中执行权模式的不足

在渤海治理中,各类跨区域的针对渤海某方面问题的各种专项治理规划也是非常重要的规范性文件。如农业部主持制定的《渤海沿海资源管理行动计划》、由国家环保总局主持制定的《渤海碧海行动计划》、国家海洋局主持制定的《渤海综合整治规划》、全球环境基金指导制定的《渤海环境管理战略》等。

与通常法律法规相比,这些专门针对渤海治理的专项规划,表现出很强的科学性、具体性、明确性,往往都提出了非常明确的目标、有具体时段的任务、实现目标的具体举措、可能的支持条件等。有些条款还非常明确,如《渤海碧海行动计划》就有这样一些规定:"2002年1月1日前,环渤海十三市全面推广使用无磷洗涤用品,禁止销售使用含磷洗涤用品"、"2005年前,大、中型渔船安装油水分离器,实现达标排放"、"2001年底前,海上石油平台含油废水必须做到达标排放,钻井禁用油基泥浆"等。但可惜的是,这些规划不具有法律效力,只是一种协调性文件,所以难以对作为执行者的行政机关规定硬性的责任要求,也难以对相应负责机关提出更加明确的任务、事项要求,只规定了"联合检查"、"把渤海治理情况纳入政府工作报告"等"软性"方式进行,效力难免折扣。对于一些较易实现的目标,如禁磷等,还能得到落实。对于一些需要地方政府付出较大代价的目标,如"建立并实施渤海陆源入海污染物排放总量控制制度",就难以保证效果了。可见,目前渤海治理法律法规虽多,但由于执行权模式设置不当,许多"看起来很美"的制度并没有真正得以落实,这是导致目前渤海现状的制度根源之一,也是渤海特别法所要着力解决的问题。

二、渤海特别法采用"权力责任法"模式的必要性分析

(一)渤海治理之"积极行政"的需要

"治理"不同于面向一般情形的"管理",治理是针对已经出现的迫切问题采取专门性措施加以整治和解决,它需要行政机关的积极行政,而不能只是简单地授予职权,坐待"无为而治"。对于渤海环境的严峻程度,专家已发出警告:渤海的环境污染已到了临界点,如果再不采取果断措施遏止污染,渤海将在十年后变成"死海"。那时,即便不向渤海排入一滴污水,单靠其与外界水体交换恢复清

洁,至少也需要二百年。❶ 在这样的情况下,渤海特别法所需要重点规制的,首先是针对重点问题的"治理"而不是常规性的"管理",其内容主要是对恶劣情况的扭转和改善,而不是消极的"防止恶化"。而要实现此点,有赖于行政机关的积极行政。

"年入海污水量 28 亿吨,占全国排海污水总量的 32%;各类污染物质 70 多万吨,占全国入海污染物质总量的 47.7%"。❷ 污染物排放总量大大超过其环境容量,是渤海面临的首要问题。因此,实施"污染物总量控制",要求各地区不断削减入海污染物总量是渤海治理的首要任务和基本要求。但对于这一涉及问题众多、在短期内又必然会对地方经济带来一定程度影响的任务,如果不对各级政府分配具体任务,提出明确的指标要求,并辅以一定的责任,仅靠"各地政府应采取措施逐步削减入海污染物总量"这样的笼统授权规定,是基本上不可能得到认真实施的。而对于各类对渤海不同"区位"或"领域"拥有监管职权的部门,如环保部门、水利部门、海洋部门、海事部门等,如不对其权力行使所应达到的基本效果或者出现问题时的责任作出明确规定,这些部门也难有足够的积极性充分行使手中的权力,尤其是在目前我国的海洋管理体制划分不够科学,存在一些权力真空和模糊地带的情况下。对此,有学者明确指出,"渤海目前的环境治理需要的不再是一般法律原则,而是下达给各地的具体任务、各地应承担的具体责任。"❸在与渤海情形类似的莱茵河的治理中,对治理起着关键性指导作用的《莱茵河 2000 年行动计划》专门规定了详细的阶段性治理目标,如要求所有污染物质必须在 1995 年之前削减 50% 以上,到 2000 年大马哈鱼、鲑鱼等洄游鱼种回到莱茵河等。这些带有明确时限要求的具体目标,对于督促各相关主体积极行使权力、履行职责无疑具有重要作用,是莱茵河治理成功的重要因素之一。

另外,从生态损害的"不可逆性"出发,渤海治理也需要各部门,如海洋监测部门,见微知著、防微杜渐,不断采取灵活措施,对各种"隐性"问题加以积极干预,预防生态风险,而不能等待情况出现之后再去被动应付。为此,需要一定的

---

❶　周珂、吕霞:《关于制定渤海环境保护单行法必要性的思考》,《昆明理工大学学报》(社会科学版) 2007 年第 3 期。

❷　周波等:《渤海污染现状与治理对策研究》,《中国环境管理干部学院学报》2006 年第 4 期。

❸　周珂、吕霞:《关于制定渤海环境保护单行法必要性的思考》,《昆明理工大学学报》(社会科学版) 2007 年第 3 期。

"结果型责任",而不能仅是"违法型责任"。

（二）渤海治理之"综合管理"的需要

渤海治理的基本思路是,打破传统行政区划限制,把渤海作为一个"生态系统整体"来对待,按照"整体"需要出发,调动各方面力量,运用各种手段进行综合管理。对此,虽然法律设置"渤海环境保护委员会"这样的综合管理机构,但在我国目前这种对海洋事务从事项领域到行政区划都做了过于详细的"条块分割"的管理体制下,要真正做到使各行政机关的活动共同服务于渤海整体生态这一大局,还必须有明确的任务分配和责任约束。

从事项范围来看,渤海面临的主要问题有环境污染、海岸带生境破坏、入海淡水减少和生物多样性丧失四个方面。[1] 这些问题虽然内容不同,但相互联系,相互影响。例如,海洋污染和入海淡水"此消彼长",如果入海淡水大量减少,海洋纳污能力也会降低,污染治理需要更加严格;而破坏海岸带生境的海岸工程,对海洋生物多样性的丧失构成直接威胁,并继而影响到渔业捕捞是否"过度"的问题;各类污染对生态破坏、生物多样性丧失的作用也非常直接。由此,对这些事务的管理应当有基于生态系统整体的综合考量和相互配合。但目前,对这些事项的规制散见于不同法律及诸法规、规章之中,缺乏统一考虑,制度内容往往限于该事项的最直接因素,属于典型的"头痛医头"。

从管理体制来看,我国现行以部门管理为主的海洋管理体制,划分很细。仅《海洋环境保护法》规定的涉海部门就有环保部门、海洋部门、海事部门、渔政部门、军队环保部门等,除此之外,农业、交通、林业、水利、规划、建设等部门也都和海洋治理密切相关。这导致海洋管理"区段"分明,"部门之见和各自为政的现象根深蒂固"。[2] 以入海河流污染管理为例,陆域排放口至入河口由环保部门管理,入河口至入海口由水利部门管理,入海口以下海域则由海洋部门管理,水量与水质、河与岸、海与岸、普通港与渔港等,也都是分部门管理,以至于被戏称为"海洋部门不上岸、环保部门不下海、管排污的不管治理、管治理的管不了排污"。

再次,从地方关系来看,环渤海地区行政区划复杂,地区分割严重。该地区

---

❶ 张海文:《渤海区域环境管理立法研究》,海洋出版社 2009 年版,第 56—65 页。

❷ 《渤海沿海资源行动计划》,第 5 页。

涉及 13 个城市,跨越 5 个省级行政区。虽然多数地区制定了与渤海治理相关的地方法规或规章,但"各个省市往往各自为战,最终不能实现整体环境改善的效果"❶。尤其在法律对地方政府环境责任规定不明、划分不清的情况下,地方政府从地方利益出发,往往具有更多地排污和使用资源的内在冲动,形成典型的"公地悲剧"。例如,陆源污染向来是渤海问题的重中之重,占到其污染总量的九成左右,❷而陆源污染的直接管理者正是各级地方政府及其环保部门。也正因为此,经过多年治理,我们还是看到"2009 年渤海沿岸排污口超标排放现象依然严重,75% 的监测排污口存在超标排放现象"。❸ 尤其值得注意的是,近年来,随着国家"环渤海经济圈"战略的日渐清晰,环渤海各省市摩拳擦掌、争先恐后,纷纷制定了以海洋开发为中心的经济计划或产业发展规划,试图挤上经济发展的快车道。但这些规划多数均以重化工业、加工制造、船舶码头等产业为主,且重复程度很高,缺乏从渤海环境整体出发的通盘考虑,更没有从生态角度与兄弟省市互相配合的科学布局,令人担忧。

对于这些问题,只有通过"权力责任法"模式设置,从保护渤海生态系统整体的需要出发,明确"分配"各行政机关和地方政府以相应的治理任务,并辅以切实的责任保障,才能真正把处于分散状态各种管理力量统合在一起,实现渤海生态环境的整体保护。

(三)渤海治理之"加强协调"的需要

海洋管理涉及部门和利益主体众多,具有高度复杂性和问题综合性,必须建立完善的协调机制和充分的利益表达机制,才能解决争议,形成合力,使各相关主体对法律具有基本认同,从而确保有效实施。现行立法只对特殊情形下的重大问题的协调作出了概括规定,❹缺乏常规性协调机制,也是导致治理不力的重要原因。建立具体、可操作的常规协调机制,解决不同部门和地区之间的矛盾,使之形成合力,是渤海特别法的核心任务之一。而要实现此点,"权力责任法"

---

❶ 刘元旭:《渤海"治污"为何越治理越恶化》,《今日国土》2006 年第 3 期。
❷ 参见周波等:《渤海污染现状与治理对策研究》,《中国环境管理干部学院学报》2006 年第 4 期。
❸ 《〈2009 年渤海海洋环境公报〉发布》,《中国海洋报》2010 年 5 月 11 日。
❹ 《海洋环境保护法》第 8 条:跨区域的海洋环境保护工作,由有关沿海地方人民政府协商解决,或者由上级人民政府协调解决。跨部门的重大海洋环境保护工作,由国务院环境保护行政主管部门协调;协调未能解决的,由国务院作出决定。

模式也是必不可少的。

在部门之间,缺乏有效的协调机制,不仅无法发挥"集团效应",有时还因权力争议造成内耗。首先,不同涉海部门之间没有常规性的"联动机制",难以及时交流信息,难以根据生态系统整体制定共同目标、合理分配任务以形成合力。其次,一些管理权限的"模糊地带"由于缺乏协调机制,长期得不到有效解决。如前述在入海河流的入海口区域的管理问题上,就长期存在水利部门和海洋部门之争;在出现原因复杂的油污污染时,海洋部门与海事部门又常出现管辖权争执。而对于那些具有综合性的问题(如赤潮),没有良好的协调机制几乎难以解决任何问题。再次,对于一些需要部门协作的事项,立法虽有所规定,但往往过于笼统,难以实践。例如,海岸工程和海洋工程的环境影响评价涉及环保、海事、海洋、渔业以及军队环保部门,法律要求审批部门在批准报告书之前要征求其他部门意见,原本很好,但规定过于笼统,缺乏可操作性,实效不佳。又如,在海洋倾倒区的设置上,法律规定海洋部门在选划海洋倾倒区和批准临时性海洋倾倒区之前,必须征求海事、渔业部门意见,但同样因缺乏具体的程序性规定而难以实施。

在地方之间,协调机制更加重要。对于环渤海各省市而言,渤海就是一个典型的"公地",没有对各地方责任、利益的明确界定和合理分配,地方政府在渤海治理上就难以形成合力,甚至产生恶性竞争。渤海治理之难,其根本原因实在于此。❶ 这种责、权、利的界定和分配,仅靠上级政府的强令难以得到良好实施,❷也难保证公平,而必须通过制度渠道为各地方表达意见、沟通协商、争取利益甚至依法博弈提供一个平台和机制。在各国区域海洋法中,如何把不同地区的行政首长联合起来进行有效协商向来是制度设计的重中之重,而我国法律在此方面,还未有任何制度性规定,可谓严重缺失。尤其需要注意的是,这里的协商,其内容并不限于甚至不主要是治理某海域的具体措施,❸而更主要是对产业发展规划与布局、开发利用海洋资源的方式和收益分配、生态补偿等涉海经济性问题

---

❶ 如对渤海治理具有关键意义的污染物总量排海制度之难行,根本原因就在于地区污染物总量指标分配之难定;而地区指标分配之难定,根本原因在于其与地区经济利益的密切相关。

❷ 否则仍难免虚与委蛇,正所谓"上有政策,下有对策"。

❸ 《防治陆源污染物污染损害海洋环境管理条例》第 21 条,沿海相邻或者相向地区向同一海域排放陆源污染物的,由有关地方人民政府协商制定共同防治陆源污染物污染损害海洋环境的措施。

的协商。毕竟,对于海洋保护而言,后者才是根本原因。

另外,管理者与各种利益相关者(如海域使用权人、渔民、海岸工程建设者、排污或倾废者、普通公众)之间的协调机制也非常重要。没有与利益相关者的交流,难以保障措施的适度;没有对相关者利益的考虑和照顾,管理制度难免遭受抵制,难以得到顺利实施;而信息公开和公众参与,对于管理制度的有效实施而言,更是具有非同一般的重要意义。目前我国海洋法在此方面的规定几乎缺失,只有在鼓励检举和技术开发方面,有一些原则性规定。这直接导致在渤海治理中,我们几乎很难听到公众的声音,看到公众的影子。

对于部门之间、地方之间、部门与地方之间的协调,法律仅仅设置一个作为沟通平台的"协调机制"是不够的,如果没有明确的治理任务和责任风险,即使有了常规协调机制,行政机关之间的沟通意愿也未必强烈,❶尤其是未必真正从如何更好地解决任务的角度出发去协商,而具有把协调机制作为表达自我意愿、争取部门或地方利益的平台,从而在根本上背离渤海特别法的初衷。而对于行政机关与各利益相关者的协调,如信息公开、听证、广泛的公众参与机制等,更是需要行政机关"自我加压",积极履行才能实现的,仅有笼统的授权性规定没有意义。对此,我国《政府信息公开条例》、《环境信息公开办法》都对相应机关必须要公开的基本信息的内容、方式、程序甚至时限作出了明确要求,值得渤海特别法借鉴。渤海特别法应在此基础上更进一步,对不同行政机关的信息公开和公众参与制度建设提出具体要求,并通过责任设置保障落实。

(四)渤海综合管理委员会之"以身作则"的需要

渤海综合管理委员会作为渤海治理的全权机构和专门机关,对其职权规定,也必须采取"权力责任法"模式。首先,这一机关拥有渤海治理大权,当然也要承担相应责任,这是最基本的。能否确保这一机关"不辱使命",充分运用被赋予的权力,积极行政、有所作为,是渤海特别法受到认真对待和良好实施的首要前提。其次,渤海综合管理委员会作为一个监督管理诸多部门和跨行政区划的各级政府的综合管理机构和协调机构,本身必须尽职尽责、以身作则,才能获得被监管者的认同。最后,渤海综合管理委员会作为渤海治理的专门机关,是为治

---

❶　如海岸工程或海洋工程环评所涉及的诸部门之间的"征求意见"。

理渤海而设,不同于从事日常管理的一般机关,其任务、职责必须规定明确。渤海特别法应当对渤海治理作出一个较长时期的全盘规划,提出不同时段的治理任务,在渤海综合管理委员会的主导下分步骤、有重点地逐步推进,在每年度或相应治理周期内都必须要有明确任务和相应责任。

三、渤海特别法采用"权力责任法"模式的可行性分析

如前所述,"权力责任法"模式虽然有其优势,但并非适合于任何情形,其实施也需要一定条件,那么,渤海特别法中是否具备实施"权力责任法"模式的条件呢? 我们的答案是肯定的。

首先,渤海特别法是针对渤海治理这一"专项任务"而设,其内容是针对导致目前渤海恶化的各种问题加以解决,对影响渤海的各类行为加以规制,内容相对明确,任务相对具体。可以也应当把这些任务分解到相应行政机关,要求其确保实施。

其次,渤海特别法设有渤海综合管理委员会这一专门机构,既有监督、管理、协调的权力,又有拨款资助、政策扶持等"资源",能够采取灵活多样的手段保障和激励行政机关积极行政。

再次,渤海特别法适用范围限于环渤海地区,面积相对较小,涉及主体相对较少,可以在目前国家整个海洋管理格局难以发生根本改变的情况下,进行局部变革。

最后,渤海特别法是适用于渤海地区的"特别法",具有"特事特办"的优先权,可以在目前我国环境法尚未普遍实施"权力责任法"模式的情况下,突破一般法的限制,根据实践需要,进行创新。

另外,近年来,随着国家对渤海治理的重视,各相关部门和地方政府在渤海治理方面进行了大量实践探索,已经取得了一些共识,完成了一些任务,进行了一些分工与配合,并在实践中形成了一些"软性"约束。尤其是如《碧海行动计划》之类的治理规划,对不同行政机关的治理任务提出了明确要求,对其职责范围有较为详细的划分,虽然不具有法律约束力,但具有很好的借鉴意义,为渤海特别法"权力责任法"模式的设置打下了良好的理论基础。

第四节　渤海特别法"权力责任法"模式的构建

一、涉及主体

渤海特别法"权力责任法"模式涉及的主体,是指要在特别法中授予权力、明确任务、规定责任的行政机关,主要应包括三类:

一是渤海综合管理委员会。渤海综合管理委员会作为特别法特别设立的掌管渤海环境治理的专门机关,其职权、任务、责任都必须相当明确。理由前已述及,此不赘述。

二是各涉海部门。渤海特别法对各涉海部门权责的规定,具有两重含义。首先,我国现行传统部门职权划分存在诸多不合理之处,渤海特别法将通过对这些部门在渤海治理中具体任务的"分配"起到"重构"管理体制的实际效果。其次,通过责任条款的设置,才能保证渤海综合管理委员会协调、管理和监督这些部门的足够权威,也才能保证这些部门在委员会的协调和监管下从渤海生态环境保护的整体需要出发行使职权。

三是各级地方政府。能否调动环渤海地区三省一市诸城市政府的行政积极性,确保各类行政资源切实投入,是决定渤海治理成败关键。对此,不仅要授予各地方在污染治理、生态保护方面充分的自主权,如提高本行政区排污标准、划定特定的重点保护区等;还必须要明确各个地方政府对辖区内渤海海域的质量负责,以及根据渤海生态区位的差异而各自承担的治理任务。地方政府除了要督促本辖区内各涉海部门积极履行职责以外,更重要的是在制定本地区"经济与社会发展规划"等重要政策文件以及其他关系地区整体发展的重要决策时把对渤海的环境影响考虑其中,明确治理任务和欲达的目标,并把治理任务的完成情况作为向人大报告的政府工作的重要组成部分。

二、具体制度

渤海特别法中的"权力责任法"模式应着重从明确各自职权,分配任务并确定完成时限,细化治理指标,以及尽可能地加以责任约束这四方面进行。其中,应构建的主要制度和实施举措包括:

分配明确的治理任务与确定的完成时限要求。对不同部门和各级政府在渤海治理中所应承担的具体任务作出明确规定,如每年削减排海污染物的总量或比例、应当建成的污染处理设施、辖区河流及海域水质应达到的标准等,从渤海治理的全局出发,结合地区实际,规定合理的完成时限。

建立环境责任追究制度。这里的环境责任追究,一方面,首先是针对各类有权机关的"不作为"行为,对于出现法律规定的行政情形而不积极行使职权的,务必追究其行政责任,受到影响的相对人可以直接提起"不作为"之诉。另一方面,也是更加重要的,是对于没有完成前述法定治理任务或达到应有的环境指标的机关,也要追究相应责任,从而突破承担行政责任以"违法"为必要的藩篱,使行政机关直接对其行政效果负责。

建立环境行政绩效评价体系。任何组织都有天然的"逐利性",行政机关也不例外。不改变以 GDP 为中心的政绩考评体系,各级地方政府不会真正把工作重心放到环境治理中来,并由此导致各涉海部门的工作重心扭曲为"配合"地方发展。对此,渤海特别法应尝试建立一套科学的政绩评价机制,把环境治理任务的完成情况作为评价政府绩效和部门业绩,并继而影响官员升迁的重要指标。同时,也要健全行政机关内部责任追究机制,对那些行为虽然没有明显违法,但治理工作长期没有起色的部门和相关人员给以一定的行政处分,如降级、撤职、警告等。

建立全方位的激励和惩罚机制。渤海委员会应充分利用掌握的财政、政策等资源。对于治理任务完成好的地方和部门,应给予一定程度的支持和奖励,如荣誉证书、嘉奖、增强话语权等,并对该地区的治理项目给以相应配套资金的支持,加大生态补偿力度。而对于治理任务完成差或有严重失职行为的地方和部门,除类似于通报批评、张榜公布等精神惩罚外,也包括收回或停拨治理资金,严格该地区建设项目和发展规划审批等财政、政策方面的"惩罚"。

建立环境治理信息披露与工作汇报制度。明确规定各级政府、各相关部门在渤海治理相关领域的信息公开义务,包括公开的内容、公开的程序、公开的时间、公开的方法等,并规定对重大决策或行政活动实行公开听证制度,确保信息公开和公众参与。同时,要建立完备的渤海治理工作汇报制度,对各级政府和各相关部门,都应规定不低于一年的汇报周期,要求他们对同级人大、上级部门详细汇报上一年度或治理周期内所从事的活动、取得的成效、付出的成本和面临的问题,总结经验、吸取教训,并拟定下一年的治理计划。各省(市)和部门行政负责人要直接向渤海委员会进行汇报。汇报内容同时向社会公开。

健全和落实行政首长与主要管理人员环境责任负责制。其中包括弹劾与质询、引咎辞职和宣誓制度。弹劾与质询，既包括地方人大对本级政府治理任务完成情况的质询，也包括上级部门对下级部门治理任务完成情况的质询，还包括渤海委员会对各级政府及相关部门负责人的弹劾与质询。对于出现重大责任事故，或因本职任务没有完成而严重影响渤海治理全局的地方政府或部门，应建立行政首长引咎辞职制度。同时，对于渤海委员会的成员、各省市直接从事渤海治理工作的高级领导人以及委员会派驻各地执行监督工作的人员，应尝试建立"任职宣誓"制度，以增强其职业荣誉感和自我警醒意识。

建立常规性环境治理与实施绩效检查机制。由渤海委员会牵头，各省市政府及相关部门抽调人员组成"渤海治理任务检查小组"，对各级政府和部门的执行情况、任务落实情况进行定期检查和不定期抽查。

最后，还要建立完善的社会监督机制，在渤海委员会中设置受理公众投诉的专门机构，全面接受公众监督，听取群众意见，对制度执行不力或有阳奉阴违的情况及时查处。

三、实现方式

上述制度的主要内容都应在渤海特别法中得到明确体现，以法律方式规定下来。同时，有条件的时候，应制定更加细化、更具操作性的《渤海治理绩效考评实施细则》，对所涉及的各级政府、各相关部门的责任确定和绩效考评作出更加细致、全面的规定。

参考文献

一、中文类文献

（一）著作

1. 陈泉生主编：《环境法原理》，法律出版社 2002 年版。

2. 陈宜瑜、王毅、李利锋、于秀波等编著：《中国流域综合管理战略研究》，科学出版社 2007 年版。

3. 蔡守秋主编：《环境资源法学教程》，武汉大学出版社 2000 年版。

4. 蔡守秋主编：《欧盟环境政策法律研究》，武汉大学出版社 2002 年版。

5. 曹康泰：《中华人民共和国立法法释义》，中国法制出版社 2000 年版。

6. 葛洪义主编：《法理学》，中国政法大学出版社 2007 年版。

7. 何广顺等：《基于区域经济发展的渤海环境立法研究》，海洋出版社 2009 年版。

8. 何俊仕、尉成海、王教河编著：《流域与区域相结合水资源管理理论与实践》，水利水电出版社 2006 年版。

9. 黄海军、李凡等：《黄河三角洲与渤海、黄海陆海相互作用研究》，科学出版社 2005 年版。

10. 姜明安主编：《行政执法研究》，北京大学出版社 2004 年版。

11. 李爱年：《环境法的伦理审视》，科学出版社 2006 年版。

12. 李挚萍：《环境法的新发展———管理与民主之互动》，人民法院出版社 2006 年版。

13. 刘惠荣主编：《国际环境法》，中国法制出版社 2006 年版。

14. 刘中民等：《国际海洋环境制度导论》，海洋出版社 2007 年版。

15. 鹿守本：《海洋管理通论》，海洋出版社 1997 年版。

16. 韩德培主编：《环境资源法论丛》（第 1 卷），法律出版社 2001 年版。

17. 韩德培主编：《环境资源法论丛》（第 2 卷），法律出版社 2002 年版。

18. 吕忠梅、徐祥民主编：《环境资源法论丛》（第 3 卷），法律出版社 2003 年版。

19. 吕忠梅、徐祥民主编：《环境资源法论丛》（第 4 卷），法律出版社 2004 年版。

20. 吕忠梅主编：《环境资源法论丛》（第 5 卷），法律出版社 2005 年版。

21. 吕忠梅主编:《环境资源法论丛》(第 6 卷),法律出版社 2006 年版。

22. 吕忠梅主编:《环境资源法论丛》(第 7 卷),法律出版社 2007 年版。

23. 吕忠梅主编:《环境资源法论丛》(第 8 卷),法律出版社 2008 年版。

24. 吕忠梅等:《长江流域水资源保护立法研究》,武汉大学出版社 2006 年版。

25. 吕忠梅:《超越与保守:可持续发展视野下的环境法创新》,法律出版社 2003 年版。

26. 吕忠梅主编:《环境法原理》,复旦大学出版社 2007 年版。

27. 梅雪芹主编:《和平之景——人类社会环境问题与环境保护》,南京出版社 2006 年版。

28. 朴光洙主编:《环境法与环境执法》,中国环境科学出版社 2008 年版。

29. 乔光建:《区域水资源保护探索与实践》,水利水电出版社 2007 年版。

30. 孙湘平编著:《中国近海区域海洋》,海洋出版社 200 年版。

31. 王干:《流域环境管理制度研究》,华中科技大学出版社 2008 年版。

32. 王文举等:《淮河流域水污染治理与水资源可持续利用研究》,合肥工业大学出版社 2009 年版。

33. 王振清主编:《海洋行政执法研究》,海洋出版社 2008 年版。

34. 王灿发主编:《环境法学教程》,中国政法大学出版社 1997 年版。

35. 王灿发主编:《中国环境行政执法手册》,中国人民大学出版社 2009 年版。

36. 王有强、司毅铭、张道军:《流域水资源保护与可持续利用》,黄河水利出版社 2005 年版。

37. 王曙光:《论中国海洋管理》,海洋出版社 2004 年版。

38. 王曙光:《海洋开发战略研究》,海洋出版社 2004 年版。

39. 王树义主编:《环境法系列专题研究》,科学出版社 2006 年版。

40. 王振清主编:《海洋行政执法研究》,海洋出版社 2008 年版。

41. 王曦:《美国环境法概论》,武汉大学出版社 1992 年版。

42. 王志远、蒋铁民:《渤黄海区域海洋管理》,海洋出版社 2003 年版。

43. 汪劲:《环境法律的理念与价值追求》,法律出版社 2000 年版。

44. 汪劲、田秦:《绿色正义——环境的法律保护》,广州出版社 2000 年版。

45. 韦庆远:《中国政治制度史》,中国人民大学出版社 1989 年版。

46. 肖剑明、欧阳光明:《比较环境法专论》,中国环境科学出版社 2001 年版。

47. 徐国平:《船舶油污损害赔偿法律制度研究》,北京大学出版社 2006 年版。

48. 徐祥民主编:《环境法学》,北京大学出版社 2005 年版。

49. 徐祥民主编:《海洋权益与海洋发展战略》,海洋出版社 2008 年版。

50. 徐祥民主编:《中国环境资源保护法的产生与发展》,海洋出版社 2007 年版。

51. 徐祥民主编:《环境与资源保护法学》,海洋出版社 2008 年版。

52. 徐祥民、王光和主编:《生态文明视野下的环境法理论与实践》,山东大学出版社 2007 年版。

53. 徐祥民、王诗成主编:《污染防治与生物多样性保护》,山东大学出版社 2009 年版。

54. 徐祥民、田其云等:《海洋环境的法律保护研究》,中国海洋大学出版社 2006 年版。

55. 徐祥民主编:《中国环境资源法学评论》(第 1 卷),中国政法大学出版社 2006 年版。

56. 徐祥民主编:《中国环境资源法学评论》(2006 卷),人民出版社 2007 年版。

57. 徐祥民主编:《中国环境资源法学评论》(2007 卷),人民出版社 2008 年版。

58. 徐祥民主编:《中国环境法学评论》(2008 卷),人民出版社 2009 年版。

59. 徐祥民主编:《中国环境法学评论》(2009 卷),科学出版社 2010 年版。

60. 徐祥民主编:《中国环境法学评论》(2010 卷),科学出版社 2011 年版。

61. 杨桂山、于秀波等:《流域综合管理导论》,科学出版社 2006 年版。

62. 杨建顺:《日本行政法通论》,中国法制出版社 1998 年版。

63. 叶俊荣:《环境政策与法律》,月旦出版公司 1993 年版。

64. 应松年主编:《当代中国行政法》,中国方正出版社 2005 年版。

65. 袁弘任等编著:《水资源保护及其立法》,水利水电出版社 2002 年版。

66. 张海文、刘岩等:《渤海区域环境管理立法研究》,海洋出版社 2009 年版。

67. 张宏生主编:《海洋行政执法必读》,海洋出版社 2004 年版。

68. 张文显主编:《法理学》,法律出版社 2007 年版。

69. 郑敬高等:《海洋行政管理》,青岛海洋大学出版社 2002 年版。

70. 郑少华:《生态主义法哲学》,法律出版社 2002 年版。

71. [法]莱昂·狄骥:《公法的变迁》,春风文艺出版社 1999 年版。

72. [法]亚历山大·基斯:《国际环境法》,张若思编译,法律出版社 2000 年版。

73. [法]托克维尔:《论美国的民主》(下卷),商务印书馆 1988 年版。

74. [英]特里·L. 库柏:《行政伦理学——实现行政责任的途径》,张秀琴译,中国人民大学出版社 2001 年版。

75. [加]E. M. 鲍基斯:《海洋管理与联合国》,海洋出版社 1996 年版。

76. [美]E. 博登海默:《法理学-法律哲学与法律方法》,邓正来译,中国政法大学出版社 2004 年版。

77. [美]理查德·A. 波斯纳:《法律的经济分析》(上下册),蒋兆康译,中国大百科全书出版社 1997 年版。

78. [美]赫尔曼·E. 戴利、肯尼思·N. 汤森编:《珍惜地球——经济学、生态学、伦理学》,马杰等译,商务印书馆 2001 年版。

79. [美]J. M. 阿姆斯特朗、P. C. 赖纳:《美国海洋管理》,海洋出版社 1986 年版。

80. ［美］丹尼尔·A. 雷恩:《管理思想的演变》,中国社会科学出版社 2000 年版。

81. ［日］原田尚彦:《环境法》,法律出版社 1999 年版。

(二)论文

1. 陈天祥:《大部门体制:政府机构改革的新思路》,《学术研究》2008 年第 2 期。

2. 陈东胜:《海洋综合管理基本概念、要素和特点》,《广东科技》1998 年第 12 期。

3. 董志文、张广海:《我国海洋旅游业的发展策略研究》,《经济论坛》2004 年第 21 期。

4. 杜碧兰:《日本濑户内海环境立法与管理及其对我国渤海政治的借鉴作用》,《海洋发展战略研究动态》2003 年第 8 期。

5. 巩固:《政府环境责任理论基础探析》,《中国地质大学学报》2008 年第 2 期。

6. 何海波:《行政行为的合法要件——兼议行政行为司法审查根据的重构》,《中国法学》2009 年第 4 期。

7. 黄学贤:《给付行政适用法律保留原则若干问题探讨》,《江海学刊》2005 年第 6 期。

8. 黄勇斌:《现代环境行政活动的开发性研究》,《求索》2010 年第 4 期。

9. 黄真理:《莱茵河环境保护的跨国协调和管理》,《科技导报》2000 年第 5 期。

10. 姜彤:《莱茵河流域水环境管理的经验对长江中下游综合治理的启示》,《水资源保护》2002 年第 3 期。

11. 李积万:《我国政府部门间协调机制的探析》,《汕头大学学报》(人文社会科学版)2008 年第 6 期。

12. 李明春:《环渤海岸线 30 年缩短 260 公里》,《中国海洋报》2007 年 5 月 25 日。

13. 李启家、姚似锦:《流域管理体制的构建与运行》,《环境保护》2002 年第 10 期。

14. 刘元旭:《渤海"治污"为何越治理越恶化》,《今日国土》2006 年第 3 期。

15. 刘耀林:《当前海洋渔政管理面临的问题与对策》,《河北渔业》2003 年第 1 期。

16. 吕彤轩、丁化美:《田纳西河流域管理介绍》,《中国三峡建设》2004 年第 5 期。

17. 吕忠梅:《监管环境监管者:立法缺失及制度构建》,《法商研究》2009 年第 5 期。

18. 马英杰、徐祥民:《试论我国海洋生物多样性保护的法律制度》,《海洋开发与管理》2002 年第 2 期。

19. 丘君、赵景柱、邓红兵等:《基于生态系统的海洋管理:原则、实践和建议》,《海洋环境科学》2008 年第 1 期。

20. 沈荣华等:《论服务型政府的责任》,《中国行政管理》2005 年第 9 期。

21. 孙东亚、董哲仁、赵进勇:《河流生态修复的适应性管理方法》,《水利水电技术》2007 年第 2 期。

22. 田思源:《论政府责任法制化》,《清华大学学报(哲学社会科学版)》2006 年第 2 期。

23. 王灿发：《论我国环境管理体制立法存在的问题及其完善途径》，《政法论坛》2003 年第 4 期。

24. 王斌：《中国海洋环境现状及保护对策》，《环境保护》2006 年第 20 期。

25. 王刚：《我国海洋环境应急管理的政府协调机制探析》，《云南行政学院学报》2010 年第 3 期。

26. 王娜、王诗成：《胶莱两湾沿岸湿地现状及保护策略》，《齐鲁渔业》2008 年第 1 期。

27. 王琪、陈贞：《基于生态系统的海洋区域管理》，《海洋开发与管理》2009 年第 8 期。

28. 王同生：《莱茵河的水资源保护和流域治理》，《水资源保护》2002 年第 4 期。

29. 汪帮军：《试论我国海洋管理体制的发展方向》，《水运管理》2003 年第 3 期。

30. 吴姗姗、刘容子、齐连明、梁湘波：《渤海海域生态系统服务功能价值评估》，《中国人口、资源与环境》2008 年第 2 期。

31. 邢利民：《国外流域水资源管理体制做法及其经验借鉴》，《生产力研究》2004 年第 7 期。

32. 许维安：《我国海洋法体系的缺陷和对策》，《海洋开发与管理》2008 年第 1 期。

33. 徐祥民：《关于建立排污权转让制度的几点思考》，《中州学刊》2002 年第 12 期。

34. 徐祥民：《被决定的法理——法学理论在生态文明中的革命》，《法学论坛》2007 年第 1 期。

35. 徐祥民、高益民：《从生态文明的要求看环境法的修改》，《中州学刊》2008 年第 2 期。

36. 徐祥民、巩固：《关于环境法体系问题的几点思考》，《法学论坛》2009 年第 2 期。

37. 徐祥民、李海清、李懋宁：《生态保护优先：制定海岛法应贯彻的基本原则》，《海洋开发与管理》2006 年第 2 期。

38. 徐祥民、马英杰：《论我国海洋特殊区域的分类保护》，《海洋开发与管理》2004 年第 4 期。

39. 徐祥民、于铭：《区域海洋管理：美国海洋管理的新篇章》，《中州学刊》2009 年第 1 期。

40. 杨小君：《二十世纪西方行政权的扩张》，《西北政法学院学报》1986 年第 2 期。

41. 于庆东、李岿然：《渤海海洋资源与环境的可持续利用》，《海洋科学》1998 年第 5 期。

42. 张淑芳：《社会行政法的范畴及规制模式研究》，《中国法学》2009 年第 6 期。

43. 张创新、崔雪峰：《大部制改革与小政府模式辨析》，《中国行政管理》2008 年第 5 期。

44. 赵章元、孔令辉：《渤海海域环境现状及保护对策》，《环境保护》2000 年第 2 期。

45. 周珂、吕霞：《关于制定渤海环境保护单行法必要性的思考》，《昆明理工大学学报（社会科学版）》2007 年第 3 期。

46. 周波等：《渤海污染现状与治理对策研究》，《中国环境管理干部学院学报》2006 年第 4 期。

47. 朱贤姬等:《中韩海洋环境管理的要素特征及比对分析》,《海洋环境科学》2008 年第 6 期。

48. [韩]李吉熏、林熏洙:《韩国的海岸带综合管理》,《海洋开发与管理》2002 年第 1 期。

(三)其他

1.《中国海洋事业的发展》白皮书。

2.《中国海洋 21 世纪议程》。

3.《中国海洋环境质量公报》(2001—2009)。

4.《中国海洋行政执法统计年鉴》(2001—2007)。

5.《中国近岸海域环境质量公报》(2004—2009)。

6.《中国环境状况公报》(2005—2009)。

7.《渤海海洋环境质量公报》(2008—2009)。

8.《2008 年海洋经济统计公报》。

9.《渤海环境宣言》。

10.《渤海综合整治行动规划》。

11.《渤海碧海行动计划》。

12.《渤海环境保护总体规划(2008—2020 年)》。

13.《2000 年切萨比克湾协议》。

14.《濑户内海环境保护特别措施法》。

15.《1997 年海洋公园法》(澳大利亚)。

16.《1999 年海洋公园(功能区划)条例》(澳大利亚)。

17.《国家环境政策法》(美国)。

18.《奥斯陆公约》。

19.《巴黎公约》。

20.《奥斯陆—巴黎公约》。

21.《赫尔辛基公约》。

22.《布加勒斯特公约》。

23.《莱茵河保护国际公约》。

24.《田纳西流域管理法》。

25.《淮河片水资源公报》(2005—2008)。

26. 谈国良、万军:《美国田纳西河的流域管理》,2002 年中国水利杂志专家委员会会议暨水资源管理与可持续发展高层研讨会论文。

27. 全国人大环资委主编:《世界环境法汇编》(美国卷 1—2、澳大利亚卷 1—2),中国档案出版社 2007 年版。

28. 国家环境保护总局政策法规司编:《环境行政执法手册》,中国环境科学出版社 2001 年版。

29. 国家海洋局海洋发展战略研究所课题组:《中国海洋发展报告(2010)》,海洋出版社 2010 年版。

30. 国家海洋局:《中国海洋统计年鉴 2008》,海洋出版社 2009 年版。

31. 国家审计署:《渤海水污染防治审计调查结果》,2009 年 5 月 22 日。

32. 李海清:《特别法与渤海环境管理》,中国海洋大学 2006 年博士学位论文。

33. 秦娟、吴增祥:《山东发现商晚期制盐遗址专家称或改中国盐史》,新华网,2008 年 12 月 16 日。

34. 中国海洋年鉴编纂委员会:《2008 中国海洋年鉴》,海洋出版社 2008 年版。

二、外文类文献

(一)著作

1. Alanna Mitchell, Seasick:Ocean Change and the Extinction of Life on Earth, 2009.

2. Aleksandr V. Souvorov, Marine Ecologonomics:The Ecology and Economics of Marine Natural Resources Management (Developments in Environmental Economics), 1999.

3. Biliana Cicin-Sain, Robert Knecht, and Gunnar Kullenberg, Integrated Coastal and Ocean Management:Concepts and Practices, 1998.

4. B. U. Haq, Gunnar Kullenberg, and Jan H. Stel, Coastal Zone Management Imperative for Maritime Developing Nations, 2010.

5. Carl J. Sindermann, Ocean Pollution:Effects on Living Resources and Humans (Marine Science), 1995.

6. Committee on the Causes and Management of Eutrophication, Ocean Studies Board, Water Science and Technology Board, and National Research Council, Clean Coastal Waters:Understanding and Reducing the Effects of Nutrient Pollution, 2000.

7. David Helvarg, Jim Toomey, and Philippe Cousteau, 50 Ways to Save the Ocean (Inner Ocean Action Guide), 2006.

8. Erlend Moksness, Einar Dahl, and Josianne G. Stttrup, Integrated Coastal Zone Management, 2009.

9. Ernst G. Frankel, Ocean Environmental Management:A Primer on the Role of the Oceans and How to Maintain Their Contributions to Life on Earth, 1995.

10. Ian L. Boyd, W. Don Bowen, and Sara J. Iverson, Marine Mammal Ecology and

Conservation: A Handbook of Techniques (Techniques in Ecology and Conservation), 2010.

11. Ireland, A review of the safety regulation of adventure/activity centres in Ireland: Report of the interdepartmental working group to the Minister for the Marine and Natural Resources, 1999.

12. Ireland, Report of the Investigation of Marine Casualties Policy Review Group: Report to the Minister for the Marine and Natural Resources, 1998.

13. Jeffrey S. Levinton, Marine Biology: Function, Biodiversity, Ecology, 2008.

14. Jesús I. Díaz, Ocean Circulation and Pollution Control – A Mathematical and Numerical Investigation: A Diderot Mathematical Forum, 2003.

15. Jinming Song, Biogeochemical Processes of Biogenic Elements in China Marginal Seas, 2010.

16. Jin Xianshi, Living Resources and Inhabit Environment in the Yellow and Bohai Sea, 2005.

17. John R. Twiss and Randall R. Reeves, Conservation and Management of Marine Mammals, 1999.

18. Kimberley C. Patton, The Sea Can Wash Away All Evils: Modern Marine Pollution and the Ancient Cathartic Ocean, 2006.

19. Marco Colazingari, Marine Natural Resources and Technological Development: An Economic Analysis of the Wealth from the Oceans (Routledge Studies in Development and Society), 2007.

20. Martin Reuss, Water Resources Administration in the United States: Policy, Practice, and Emerging Issues: Selected Papers from the American Water Resources Associ, 1993.

21. Robert Mendelsohn and Daigee Shaw, The Economics of Pollution Control in the Asia Pacific (New Horizons in Environmental Economics), 1996.

22. Stephen Cunnane and Kathlyn Stewart, Human Brain Evolution: The Influence of Freshwater and Marine Food Resources, 2010.

23. Sue Kidd, Andy Plater, and Chris Frid, the Ecosystem Approach to Marine Planning and Management, 2010.

24. Tang Qisheng and Meng Tianxiang, Atlas of the Ecological Environment and Living Resources in the Bohai Sea, 1997.

25. Timothy Beatley, David Brower, and Anna K. Schwab, An Introduction to Coastal Zone Management, 2002.

(二)论文

1. Dalton T M., An approach for integrating economic impact analysis into the evaluation of

potential marine protected area sites, 2004.

2. Ingrid Nugent, Laura Cantral, Charting a Course toward Ecosystem-based Management in the Gulf of Mexio, Duke Environmental Law & Policy Forum, Spring 2006.

3. Ireland, Report of the Task Force on Dumping of Radioactive Material in the Maritime Area to the Minister for the Marine and Natural Resources, 1999.

4. L. Liang, B. He, G. Jiang, and D. Chen, Evaluation of mollusks as biomonitors to investigate heavy metal contaminations along the Chinese Bohai Sea, 2004.

5. Morrisseyw. An ecosystem-based approach to managing America's resources: A view from the U. S. Capitol Hill. Landscape and Urban Planning, 1998.

6. San Francisco Bay Conservation and Development Commission: A Sea Level Rise Strategy for the San Francisco Bay Region, 2008.

7. Scientists and Policy Experts to Provide Information about Coasts and Oceans to U. S. Policy-makers, Scientific Consensus Statement on Marine Ecosystem-Based Management, 2005.

8. Slocombe D S. Lessons from experience withecosystem-based management, landscape and urban planning, 1998.

9. U. S. Commission on Ocean Policy, An Ocean Blueprint for the 21st Century, Final Report, Washington, DC, 2004.

10. W. X. Liu, J. L. Chen, X. M. Lin, and S. Tao, Distribution and characteristics of organic micropollutants in surface sediments from Bohai Sea.

11. W. Liu, J. Chen, X. Lin, and Y. Fan, Residual concentrations of micropollutants in benthic mussels in the coastal areas of Bohai Sea, North China, 2007.

12. Y. Wang, L. Liang, J. Shi, and G. Jiang, Study on the contamination of heavy metals and their correlations in mollusks collected from coastal sites along the Chinese Bohai Sea.

13. Y. Wang, R. Yang, and G. Jiang, Investigation of organochlorine pesticides (OCPs) in mollusks collected from coastal sites along the Chinese Bohai Sea from 2002 to 2004, 2007.

14. Z. Zhang, M. Zhu, Z. Wang, and J. Wang, Monitoring and managing pollution load in Bohai Sea, PR China, 2006

15. Dan Robinson, NOAA Coastal Management Fellow, San Francisco Bay Conservation and Development Commission: Acclimating to a new Bay Area: Ecosystem - Based Approaches To management for the San Francisco Bay.

后　记

　　《渤海管理法的体制问题研究》是国家海洋局资助的"渤海管理立法"项目的系列研究成果之一。

　　参加本项成果研究的有国家海洋局政策法规和规划司的王殿昌、魏国旗、沈君、王晓霞、宗晓霞、孟庆垒等同志,南开大学的申进忠教授,浙江工商大学的巩固副教授和中国海洋大学的徐祥民、李冰强、王琪、时军、张红杰、于铭、孙明烈、王刚、毛仲荣、李瑶、张华平、何召壮、牟玥、朱雯、徐建利等师生。

　　在成稿阶段主要执笔人的分工如下:前　言　徐祥民;第一章　王刚;第二章王琪;第三章　申进忠;第四章　于铭、毛仲荣、牟玥;第五章　李瑶、张华平、何召壮;第六章　李冰强;第七章　孙明烈;第八章　李冰强;第九章　巩固、时军;全书统稿　徐祥民。

作　者

2011 年 9 月

责任编辑:张　立
装帧设计:周涛勇
责任校对:吕　飞

图书在版编目(CIP)数据

渤海管理法的体制问题研究/徐祥民 等著. -北京:人民出版社,2011.12
ISBN 978－7－01－010384－6

Ⅰ.①渤…　Ⅱ.①徐…　Ⅲ.①渤海-环境保护-立法-研究　②渤海-资源保护-立法-研究　Ⅳ.①D922.66

中国版本图书馆 CIP 数据核字(2011)第 227554 号

渤海管理法的体制问题研究
BOHAI GUANLIFA DE TIZHI WENTI YANJIU

徐祥民　李冰强 等著

人民出版社 出版发行
(100706　北京朝阳门内大街 166 号)

北京新魏印刷厂印刷　　新华书店经销

2011 年 12 月第 1 版　2011 年 12 月北京第 1 次印刷
开本:710 毫米×1000 毫米 1/16　印张:16
字数:270 千字　印数:0,001-3,000 册

ISBN 978－7－01－010384－6　定价:35.00 元

邮购地址 100706　北京朝阳门内大街 166 号
人民东方图书销售中心　电话 (010)65250042　65289539

少年探索者

200个生动有趣的
历史 文化 知识

谈 旭◎主编

北京工业大学出版社

图书在版编目（CIP）数据

200个生动有趣的历史文化知识 / 谈旭主编. — 北京：
北京工业大学出版社，2018.7
（少年探索者）
ISBN 978-7-5639-5922-8

Ⅰ.①2… Ⅱ.①谈… Ⅲ.①世界史–少年读物
Ⅳ.①K109

中国版本图书馆 CIP 数据核字（2018）第 001197 号

200 个生动有趣的历史文化知识

主　　编：谈　旭
责任编辑：钱子亮
封面设计：芒　果
出版发行：北京工业大学出版社
　　　　　　（北京市朝阳区平乐园 100 号　邮编：100124）
　　　　　　010-67391722（传真）bgdcbs@sina.com
出 版 人：郝　勇
经销单位：全国各地新华书店
承印单位：北京柯蓝博泰印务有限公司
开　　本：710 毫米×1000 毫米　1/16
印　　张：16
字　　数：204 千字
版　　次：2018 年 7 月第 1 版
印　　次：2018 年 7 月第 1 次印刷
标准书号：ISBN 978-7-5639-5922-8
定　　价：39.80 元

前　言

　　世界历史文化浩瀚繁杂，很多人认为需要花很多时间和精力，才能加以了解和掌握。

　　但实际上并没有这么复杂。只要通过大轮廓去把握，那么世界历史文化就会在我们面前变得清晰起来。

　　腓尼基被称为"紫红之国"，其拼音文字是如何发明的？埃及的底比斯为什么被称为神奇古都，埃及金字塔旁边的斯芬克斯狮身人面像又为什么没有鼻子？古希腊的雅典暴发过大瘟疫，谁是这一史实的记录者？15 世纪和 16 世纪时英国暴发过"汗热病"，为什么这种病毒只对英国人感兴趣？

　　亚历山大港灯塔、阿耳忒弥斯神庙、"空中花园"、巴比伦古城、英国巨石阵、罗得岛太阳神铜像、古罗马斗兽场……这些古迹名胜都是如何建造的？

　　英国名人丘吉尔和牛顿为什么也曾沉迷于股市？给法国皇帝拿破仑当秘书为什么成了一项可怕的差事？美国总统华盛顿为什么说自己"像是走向刑场的囚犯"？

　　…………

　　这些历史故事、古迹奇观、名人趣闻，还有文化艺术、科技发明、军事秘闻、历史迷案和别样文化，使得世界历史文化变得丰富而生动起来。本书要做的,就是尽力把这些历史文化现象呈现在读者面前。这份努力,也使本书表现出一些鲜明的特点。

首先,本书总结出了一系列简便易学、实用有效的"微历史""微文化"知识点,与同类书相比,虽都是选取历史片段、勾勒历史故事,但本书的选材面非常广泛,从而使本书的信息量颇为庞大。其次,本书在叙述时,力求尊重史实,不妄加评论,让读者做阅读的主人,自己去思考、去感悟。最后,本书在讲述一些历史故事时,力求使用活泼生动的语句,使这些故事更具有可读性。这也是本书的最大特色。

世界历史文化的长河源远流长,创造了很多的辉煌记忆,也遮盖了很多的历史真相。就让本书陪着读者,特别是青少年读者,一起来探寻过往、启迪新思,对我们生活在其中的这个世界有更深入、更广泛的了解。

目　录

第二章　古迹奇观——揭开尘封已久的盛世荣华

第三章　耐人寻味——窥探光环背后的名人逸事

第四章　遗韵悠长——解读文化艺术的魅力

第五章　功不可没——探寻那些改变生活的科技发明

第六章 谍海迷踪——破译鲜为人知的军事秘闻

第七章　迷雾重重——探索那些悬而未解的历史迷案

第八章 追本溯源——感受千姿百态的别样文化

第一章

史 海 探 秘

——探究历史背后的真相

腓尼基为什么被称为"紫红之国"？

距今大约 4000 年前，在今叙利亚和黎巴嫩沿海地方，有一个古城邦国家，古希腊人称它为"腓尼基"，意思是"紫红之国"。

原来在当时，贵族和僧侣都喜欢穿紫红色的长袍，但只有腓尼基人的紫红色衣服似乎始终不褪色，即使衣服穿旧了，那颜色也和新的一样。于是，人们就纷纷向腓尼基人购买这种色彩鲜艳的布料做衣服。

这种紫红色染料为什么不褪色呢？这里还有一个故事。

据说，在地中海沿岸有一个牧人养了一条狗。一天，这条狗从岸边衔回一个贝壳，用力一咬，顿时嘴里和鼻子上都染上紫红色的汁水。牧人以为狗受伤了，就赶忙给它清洗，可是洗来洗去，狗的嘴和鼻子仍是一片紫红。牧人感到纳闷，仔细查看贝壳，发现贝壳里也是紫红色的。于是，牧人就去海边寻找这种贝壳，结果，这种紫红色的染料就这样被发现了。

这种贝壳里的天然染料因为本身不褪色而受到人们的青睐，身价也高起来。用它染成的绛紫色布料走俏于地中海沿岸，腓尼基人弃农、弃牧，开始经商。他们的身影也随着布匹遍布地中海沿岸，同时也锻炼出了一批优秀的航海家，被人们称为"地中海上的马车夫"。

公元前 15 世纪，腓尼基人的商船已驰骋于整个地中海了。他们的商业活动于公元前 9 世纪达到了繁荣阶段。同时也有不少腓尼基商人做贩卖奴隶的罪恶勾当。商船穿梭往来，使腓尼基成为当时各国商品交换的中转站。腓尼基人环绕非洲的航行，是人类的第一次航海壮举。

腓尼基人还创造了文字。考古学家们在乌加里特城旧址发现了数以千计的腓尼基人文字泥板。学者已破解了一些泥板上记录的诗篇。

腓尼基拼音文字是怎样发明的?

腓尼基人是一个古老民族,生活在今天地中海东岸黎巴嫩和叙利亚沿海一带。当时埃及和两河流域的文字早就有一部分发展为音节符号,埃及文字还由此出现标示辅音的 24 个字母。但是两种文字中都有好几百个字符,埃及文字还保持象形体,结构复杂,使用不便。地处便用这两种文字的人之间的腓尼基人受到它们的共同影响,取埃及文字的辅音符号而摈弃其象形体,发明出了 22 个辅音字母。从此文字不再为祭司所垄断,从而避免了玛雅文化那样的命运。

与此同时,希腊人正彷徨于早期从埃及学来的象形—表音混合文字中。到了公元前 1000 年时,腓尼基文字传入希腊,他们马上放弃了原有的文字,在腓尼基文字的基础上进一步发明了元音字母,世界上第一套完整的拼音文字诞生了。

为什么说底比斯是神奇古都?

1799 年,拿破仑带领着法国远征军到达非洲北部,准备攻击英属埃及殖民地。拿破仑手下一个青年军官带领士兵在尼罗河口的罗塞苔城附近修建防御工事的时候,无意间发现了一块石碑。碑上用两种文字三种字体刻着同一篇碑文,最上面用的是古埃及象形文字,中间是古埃及草书体象形文字,下面是希腊文字。

这就是后来被世人称为"罗塞塔碑"的著名石碑。

当时年仅 11 岁的法国少年商博良决心揭开"罗塞塔碑"上古埃及文字的秘密。到了 1822 年,埃及的象形文字之谜,终于被商博良解开了。

从此以后,人们对古埃及的了解也越来越深入,对古埃及的兴趣也越来越浓厚。神奇古都底比斯,就是在这样的背景下,被人们所发现和认识的。

底比斯是一座神奇的古城,它的兴衰是古埃及兴衰的缩影。从公元前 2134 年左右,埃及第 11 王朝法老孟苏好带布兴建底比斯作为都城开始,直到公元前 27 年,底比斯被一场大地震彻底摧毁时止,在 2000 多年的岁月里,底比斯在古埃及的发展史上始终起着重要的作用。底比斯不仅是埃及法老们生前的都城,也是法老们死后的冥府。

拉美西斯二世时期建造的底比斯阿蒙神庙主殿总面积达 5000 平方米,有 134 根圆柱,中间最高的 12 根大圆柱高达 21 米,规模之大,世所罕见。古埃及人又在西底比斯修建了一系列工程浩大的陵墓,其中尤以著名的拉美西斯二世墓和图坦卡蒙墓最为豪华。

由于法老的陵墓经常受到盗墓者的侵袭,所以法老们决定不再建造巍然屹立的金字塔陵墓,而是把荒山作为天然金字塔,沿着山坡的侧面开凿地道,修建豪华的地下陵寝。在西底比斯一个不显眼却又盛产石灰岩的山谷里,法老和权贵们为自己修造了一座座陵墓。这个山谷被后人称为"帝王谷"。

随着时间的推移,这里的陵墓还是没有逃脱盗墓者的洗劫。但是,有一座陵墓却神奇地逃脱了厄运,在沉睡了 3300 多年之后,到 1922 年被英国考古学家卡特博士发现,这就是法老图坦卡蒙的陵墓。

日耳曼部落为什么要大迁徙?

日耳曼人最早居住在波罗的海南岸与斯堪的纳维亚半岛南部。公元前 10 世纪,他们开始不断向外扩张。

公元 1 世纪,日耳曼人分化成许多部落联盟,如东哥特人、西哥特人、法兰克人、汪达尔人等。从 4 世纪后半期开始,受匈奴人西迁的影响,日耳曼人开始大规模的迁徙。

西哥特人为避匈奴人,请求进入罗马帝国避难,罗马人同意了他们的要求,并答应分给他们土地、供应他们粮食,而西哥特人则同意为罗马提供兵源。但是,罗马人不仅没有履行诺言,反而对西哥特人进行沉重的盘剥。西哥特人怒而反抗,并于公元 410 年攻陷罗马城,西罗马帝国也因此衰落更甚。

汪达尔人为避匈奴人西进,进入了西班牙境内。后来,西哥特人攻入西班牙,汪达尔人无处可去,便渡海来到北非,推翻了罗马帝国在北非的统治。

法兰克人西迁,占据了现在法国的土地,建立了强大的法兰克王国,定都巴黎。到 6 世纪,法兰克王国已拥有和现在法国的大致相同的疆域,成为当时欧洲最强大的国家。

盎格鲁人和撒克逊人因为语言和风俗都很相近,所以历史上通称为盎格鲁—撒克逊人。匈奴西进时,由于法兰克国家非常强大,盎格鲁—撒克逊人无法进入高卢,他们便渡海进入不列颠。到 7 世纪初,不列颠岛的大部分被他们占领。

斯芬克斯为什么没有鼻子?

著名的斯芬克斯狮身人面像位于埃及开罗市西侧的吉萨区,在哈夫拉金字塔的南面。斯芬克斯本是希腊神话中的带翼狮身女怪,在欧洲很多国家的古代雕塑中都有她的身影。吉萨的这尊斯芬克斯应是世界上最大最著名的一座,而且雕像是由一整块巨型岩石雕制而成的。据说这尊斯芬克斯狮身人面像的头像是按照法老哈夫拉的样子雕成的,是看护他的永住地——哈夫拉金字塔的守护神。

现在的狮身人面像鼻子深陷,胸部和全身"肌肉"松弛,遍体鳞伤。

关于斯芬克斯的鼻子,流传着各种带有感情色彩的传说,但这些说法都没有确切的史料记载。

说法一:大规模修筑金字塔使广大人民愤恨不已,纷纷发动起义暴动。于是斯芬克斯成了人们的出气筒,它的胡子、鼻子就是在古埃及时期被工人们敲掉的。

说法二:一个阿拉伯酋长用加农炮轰击狮身人面像,把狮身人面像的鼻子给打掉了。所以现在我们看到的人面狮身像,鼻边跟嘴角是稍有一点缺陷的。

说法三:1798 年,拿破仑入侵埃及时,趾高气扬,许多人都拜倒在他面前,唯有斯芬克斯雄视东方,毫无低头称臣之意。拿破仑大怒,命手下炮轰狮身人面像,轰掉了它的鼻子。

说法四:古埃及人在法老的威胁下,被迫向斯芬克斯低头朝拜。一些反对偶像崇拜的勇敢者用镐头破坏了它的面容,使斯芬克斯变成了今天我们看到的模样。

谁最先算出地球的周长?

2000 多年前就已经有人用简单的测量工具计算出了地球的周长,这个人就是古希腊的埃拉托色尼。

埃拉托色尼发现离亚历山大城约 800 千米的塞恩城(今埃及阿斯旺附近),夏日正午的阳光可以一直照到井底,因而这时候地面上的所有直立物都应该没有影子。但是,亚历山大城地面上的直立物却有一段很短的影子。他认为,直立物的影子是由亚历山大城的阳光与直立物形成的夹角所造成的。从地球是圆球和阳光直线传播这两个前提出发,从假想的地心向塞恩城和亚历山大城引两条直线,其中的夹角应等于亚历山大城的阳光与直立物形成的夹角。按照相似三角形的比例关系,已知两地之间的距离,便能测出地球的圆周长。埃拉托色尼测出夹角约为 7 度,是地球圆周角(360 度)的 1/50 左右,由此推算地球的周长大约为 4 万千米,这与实际的地球周长(40076 千米)相差无几。

他还算出太阳与地球间的距离为 1.47 亿千米,和实际距离 1.49 亿千米也惊人地相近。

达摩克利斯之剑悬在谁的头顶上?

公元前 4 世纪,西西里东部的叙拉古王迪奥尼修斯打垮了贵族势力,建立了雅典式的民主政权,但遭到了贵族的不满和反对。这使他感到自己虽然权力很大,但地位并不牢靠。

有一次,他与宠臣达摩克利斯谈了这个问题,并且用形象的办法向他表明自己的看法。他为了满足一下宠臣达摩克利斯的贪欲,把宫殿交托给他,并赋予他完全的权力来实现他的任何欲望。

这个追求虚荣、热衷名利的达摩克利斯在大庆宴会时,抬头看到自己座位上方的天花板下,沉甸甸地悬着一把锋利的长剑,剑柄只用一根马鬃系着,眼看就要掉在头上,吓得离席而逃。这时迪奥尼修斯便走出来说道:"达摩克利斯头上的这把利剑,就是每分钟都在威胁国王的危险的象征,至于国王的幸福和安乐,只不过是外表的现象而已。"

后来,人们用"达摩克利斯之剑"比喻安逸、祥和背后所存在的杀机和危险。

谁是雅典瘟疫的记录者?

公元前 5 世纪下半叶,一场瘟疫在非洲大陆的埃塞俄比亚降临,通过商旅和船队依次流传到埃及、利比亚、波斯帝国诸行省,最后于公元前430 年的春天在希腊世界的文明重镇雅典骤然暴发。时值雅典宿敌斯巴达国王阿基达马斯引军兵临雅典城,举世闻名的伯罗奔尼撒战争刚刚进入第二年。深受瘟疫和战争的双重窘迫,雅典似乎末日将至。

很多人想起斯巴达人在战争伊始从德而菲神庙求得的那个可怕的神谕:"斯巴达人问神,是否可以和雅典人进行战争,神的回答是肯定的,并且说他将保佑他们,不管他们是否向神祈祷,胜利终将属于斯巴达。"雅典的覆亡似乎是神所注定的。

那场瘟疫很可怕。斯巴达的围城军队发现雅典人忽然建造起了无数的新坟,诧异之下询问雅典的逃兵才知道瘟疫正肆虐城中。阿基达马斯国王急令撤兵,伯罗奔尼撒战争暂告停火,被死亡笼罩的雅典城却更显孤单无助。

城里死了很多人,连雅典的"第一公民"民主领袖伯利克里也未能幸免。然而,有一个人奇迹般地活了下来,他后来用笔把记忆中的这场灭顶瘟疫写下来,传给了后人。这个人就是后来率军远征安菲古城的雅典将军修西底德。

失踪的"雷米特杯"到底在何方?

只要热衷于世界杯的球迷,就没有不知道"雷米特金杯"的。但是你知道"雷米特金杯"失踪之事吗?

世界杯赛从 1930 年至今有过两座奖杯——"雷米特杯"和"大力神杯"。从 1930 年第一届到 1970 年第 9 届，使用的奖杯都是"雷米特杯"，此后用的则是"大力神杯"。

1930 年第一届世界杯举行前，法国雕塑家亚伯·拉弗勒尔设计了"雷米特杯"的造型，这是一座以八边形大理石底座托起的奖杯，主体是古希腊胜利女神尼凯的形象，尼凯身着长裙，展开她特有的翅膀，并用双手托举起一只大杯，象征着胜利和荣誉。奖杯由纯银制成，外面镶金，高 35 厘米、重约 3.8 千克，底座四面各镶了一块金牌，上面用来铭刻冠军队的名字。"雷米特杯"最初的名字就是"世界杯"，1950 年，为了表彰国际足联主席雷米特创立这项大赛，这尊奖杯被命名为"雷米特杯"。按照规定，第一支三次赢得世界杯的球队将可以永久保留"雷米特杯"。

从 1930 年到 1970 年间的 9 届世界杯，一共有 5 个国家举起过"雷米特金杯"，其中巴西队分别在 1958、1962 和 1970 年三次夺得世界杯冠军，从而永久占有了"雷米特杯"。

"雷米特杯"的命运颇为坎坷，又充满了传奇色彩。"二战"期间，奖杯一度"失踪"，国际足联副主席巴拉西将它藏在自己床下的鞋盒里，这才使它幸免于落入占领军的手里。1966 年 3 月世界杯开幕前，"雷米特杯"在英格兰巡回展出，其间再次失踪，英格兰为此展开全面搜寻，结果奖杯被一条名为"皮克尔斯"的狗从一排树篱下寻找到。皮克尔斯因此成了"民族英雄"，狗的主人也被重奖 3000 英镑，比最后捧得世界杯的英格兰队球员获得的奖金还多。

1983 年 12 月 19 日，三名蒙面男子闯入巴西足协总部，打倒警卫并盗走了这座金杯。此案在当时引起轩然大波。巴西"球王"贝利也出面积极呼吁当事人归还"雷米特杯"，但最后警方发现罪犯竟然已将这座象征着荣誉和骄傲的"雷米特杯"熔化成金属块。巴西人得到了"雷米特杯"的永久保留权，但却没能真的将它永久留住。1984 年，巴西足协制作了一件复制品。现在我们能看到的就是这件复制品。

为何说"条条大道通罗马"?

西方有一句闻名世界的谚语:"条条大道通罗马。"这句谚语的起源就来自古罗马大道的修建。在古代罗马的建筑奇迹中最著名的就是罗马大道——以首都罗马为中心面向全国的四通八达的公路网。

罗马在古代是意大利中部的一个小城,后来逐步向外扩张,势力遍及整个地中海地区并扩展到大西洋方向和欧洲大陆内部,建立了罗马帝国。

公元 1~2 世纪之交,罗马帝国国势和人口达到高峰,建立了规模宏大的古代交通运输网。罗马人共筑硬面公路 8 万千米,其中著名的有阿庇亚大道、波匹利亚大道、奥莱莉亚大道、弗拉米尼亚大道、埃米利亚大道、瓦莱里亚大道和拉丁大道,等等,另有无数条支线通往帝国各行省。这些道路四通八达,故有"条条大道通罗马"之说。

为什么"汗热病"只对英国人感兴趣?

病毒来无影去无踪,只对英国人感兴趣的病毒,究竟是什么呢?

1485 年 8 月,亨利·都铎在博思沃思原野上打败了约克王朝的国王查理三世,结束了英国的"玫瑰战争"。但当凯旋的军队进入伦敦时,一种前所未闻的病毒也被带了进来。

染上这种病毒的人,发病之初浑身发冷、颤抖,有的还伴随着头疼、背痛、干渴、食欲缺乏、呼吸短促或高烧。几小时后,病人或是立即痊愈或是在昏迷中死去。

在短短的三个星期内，这一病毒夺去了伦敦两个市长、4 个高级市政官、许多贵族和无数平民的生命。亨利·都铎七世的加冕典礼也不得不因此推迟。牛津大学被迫停课 6 个星期，学校的教员和学生不是在床上死去，就是逃离城市到乡下躲避灾难。

这是一种什么样的病毒呢？

1552 年，英国著名的医生约翰·凯厄斯在《汗厥症治疗刍议》中探讨了这一病毒，即英国汗热病病毒。1551 年 4 月，凯厄斯曾目睹了这一残酷的病毒在英格兰中西部的什鲁斯伯里爆发，然后从那向东南蔓延到英吉利海峡，向北扩散到苏格兰边界，最后在 9 月份的时候突然消失。

这一病毒在中世纪之前从没有出现过。1485 年首次出现以后，1508 年的夏天，再次卷土重来，它的这次突然出现，竟然把国王也吓得魂不附体，来回几次变换住所，以逃脱死神的追赶。还好这次病毒在中秋时节就神秘地消失了。

此后的天下一直都很太平。然而，1517 年，汗热病再一次神奇地出现在英国人面前。这次，伦敦街头丧钟不断。亨利八世的大法官沃尔西就险遭它的毒手，牛津大学 400 多名学生被它夺去了生命，著名的政治家托马斯·摩尔曾在信中感叹道："我相信，血战沙场也比待在伦敦城内要安全得多。"

最让人感到奇怪的是，汗热病似乎只对英国人感兴趣，病毒爆发了 6 次，只有 1582 年那一次传到了欧洲大陆，其他 5 次都只在英国境内爆发。

狮身人面像是谁的杰作？

在开罗的法国考古研究所研究人员瓦希尔·多布雷夫对埃及吉萨区的金字塔和守卫着金字塔的半人半兽的狮身人面像进行了 20 年的研究，

他得出结论:"狮身人面像是一位被人们忘记的古埃及法老王的杰作。"

许多年来,人们一直认为埃及法老王哈夫拉四世根据自己的肖像建造了这个"纪念碑",因为他的金字塔就在狮身人面像后面。可是多布雷夫认为,事实上,狮身人面像是 4500 多年前由德吉德夫雷建造的,德吉德夫雷是哈夫拉的同父异母兄弟,也是胡夫的儿子,而胡夫是大金字塔的建造者。多布雷夫说,胡夫死后,古埃及的人民非常疲倦,因为他们花了好几个世纪建造金字塔。多布雷夫认为,继承了胡夫王位的德吉德夫雷根据父亲的肖像建造了狮身人面像这座"纪念碑",把他看成是太阳神拉,这是德吉德夫雷的宣传手段之一,目的是恢复人们对这个王朝的敬畏。多布雷夫说,不像现在的游客从东面、从开罗到吉萨高地参观金字塔,古代的埃及人是从南面的古王国首都孟斐斯到达那里的,从这个方向可以看到狮身人面像的轮廓,胡夫的大金字塔在其后面。德吉德夫雷是第一个把太阳神拉的名字写进自己的金字塔中的法老王,这就支持了这样一种理论,那就是他建造了狮身人面像,把自己的父亲描绘成神。

马可·波罗到过中国吗?

17 岁时,马可·波罗跟随父亲和叔叔,途径中东,历时 4 年多来到中国,在中国游历了 17 年,回国后出了一本《马可·波罗游记》,自此激起了欧洲人对东方的热烈向往,对以后新航路的开辟产生了巨大的影响。然而,学术界却对《马可·波罗游记》的真实性存在怀疑。那么《马可·波罗游记》到底描述的是不是当时真实的中国呢?

《马可·波罗游记》又叫《东方见闻录》,是距今 700 年前的一位名叫马可·波罗的威尼斯商人留下的一本有趣的游记,书中描绘了那个伟大而神秘的东方古国——中国。按照马可·波罗的说法,他是在 1271 年,那年他 17 岁,跟随父亲尼古拉和叔叔马飞阿,从意大利的威尼斯出发,途经伊拉克、伊朗和阿富汗,历经 3 年到达了中国与阿富汗交界的帕米尔高原,然后进入中国腹地参观旅行,直到 1295 年才从中国回到欧洲。

这本游记的面世震惊了整个欧洲,甚至可以说它是欧洲大航海运动的思想启蒙。一时之间,人们争相传阅。1492 年,正是这本游记,鼓舞着伟大的航海家哥伦布扬帆出海,踏上寻找富庶东方之路。

在一些人将《马可·波罗游记》奉为至宝的同时,也有人怀疑《马可·波罗游记》的真实性。在当时中国和欧洲交通不畅的情况下,马可·波罗能否远去中国游历实在令人怀疑。正如大英博物馆中国馆馆长弗朗西斯·伍德在《马可·波罗到过中国吗?》一书中,提出了她的著名质疑:"马可·波罗根本没到过中国!他对中国的印象,仅限于道听途说,马可·波罗在游记中记录的内容都是假的,马可·波罗是一个欺骗了世界 700 年的说谎者。"

关于《马可·波罗游记》真实性的争论的关键点在于以下几个方面。

(1)长城

众所周知,长城是中国最为典型的象征。而《马可·波罗游记》却始终没有提及长城的只言片语。这就引起了人们对《马可·波罗游记》的真实性的怀疑。欧洲人眼里的长城应该是明长城,我们现在所说的长城也指的是明长城,因为它是现在保存相对比较完整的长城。但在明代以前,各个时代的长城大多残毁不全,可能马可·波罗看到的长城就是这个样子,没有引起他的注意。

(2)中医、茶叶等中国代表物

此外,《马可·波罗游记》也从未提起中国人司空见惯的中医、茶叶和汉字(书法)、筷子等中国典型的象征物,这也值得怀疑。但有人反驳说,那是马可·波罗在中国时,主要与蒙古人相处,不了解汉族文化习惯的缘故。

但是,马可·波罗自称到过中国南方许多地区,不可能不接触汉族人,更不可能不接触中国的汉字。但也有人反驳认为,这是因为马可·波罗精通波斯语,而当时中国元朝的官方语言就有波斯语,因此他得以在中国的统治阶层中生活,没有学习汉语的需要。

(3)与中国的历史记载不符合

《马可·波罗游记》中有着马可·波罗等三人献计帮助元朝军队攻克南宋襄阳城的记载,但根据历史记载,元朝军队攻克南宋襄阳城的时候,马可·波罗一行还没到达中国。而且,马可·波罗自称在扬州生活了三年,并曾担任这里的地方官,但在扬州地方志上却找不到他的名字。更令人感到奇怪的是,马可·波罗从未赞美过扬州,却赞美杭州为世界上最美好、最高贵的"天堂之城"。翻遍了当时所有的中国历史文献,也不曾寻得关于马可·波罗一家的半点蛛丝马迹。

有人反驳认为,《马可·波罗游记》的整理者鲁思蒂谦是位传奇小说家,他可能出于小说可读性的考虑,而虚构了某些故事情节。而马可·波罗一家之所以未能在中国历史记载中出现,是因为他们当时在中国的地位实在是微不足道,不值得记录在官方档案之中。

总之,《马可·波罗游记》确实存在种种疑点,因此可知《马可·波罗游记》在创作过程中确实加入了一些主观虚构,但对于其真实性的争论始终没有定论。

撒尿小孩铜像有什么来历?

布鲁塞尔撒尿小孩铜像是布鲁塞尔标志性建筑之一,位于市中心广场上叫"狗街"的转弯处。雕像刻画的小男孩后来成为比利时的"国家英雄"。雕像建于 1619 年,1747 年法国路易十五为了"雅观"起见,曾给他披上过衣服。

关于该雕像的传说有好几种，其中流传最广的说法是，在一次比利时人民反侵略战争期间，战败的西班牙入侵者在逃离该市之际，点燃了通往市政厅地下火药库的导火索，企图将市中心夷为平地。当时一个名叫于廉的小男孩发现正在燃烧的导火索，急中生智，立刻撒泡尿将导火索浇灭，使该市幸免于难，但小于廉却中弹身亡。人民为纪念这位小英雄而创作了此尊铜像。

另一种传说是，中世纪有伙强盗在布鲁塞尔燃起漫天大火，此时有位神童从天而降，撒了一泡尿将大火浇灭，挽救了人民的生命财产，后来人们立起铜像进行纪念。小于廉的塑像极为生动逼真，他赤身露体、叉腰挺肚，泰然自若地不断撒尿，十分惹人喜爱。一些欧美国家每年举办狂欢节时，便模仿小于廉的形象大撒啤酒，引得参加狂欢的人们争相狂饮，现场一派热闹异常的动人情景。

谁最早通过麦哲伦海峡进入太平洋？

1519 年 9 月，麦哲伦率领 5 条船只组成的船队，从西班牙塞维利亚城的港口出发，开始了环球远洋探航。经过两个多月的海上漂泊，船队越过大西洋来到巴西海岸。船队沿海岸向南继续航行，在第二年 1 月来到了一个宽阔的大海湾。

"海峡找到了!""海峡找到了!"海员们高兴地欢呼起来，以为已到达了美洲的南端，可以进入新的大洋了。然而随着船队在海湾中的前进，他们发现海水变成了淡水，原来此处只是一个宽广的河口，这就是今天乌拉圭与阿根廷之间的的拉普拉塔河的出海口。

船队继续向南前进。南半球与北半球的季节刚好相反，3 月的南美洲已临近冬季,风雪交加,航行极其困难。月底,航队来到圣胡利安港,并在这里抛锚过冬。由于几次探索海峡的失败,大多数海员都灰心丧气,有三个船长也借机反对麦哲伦。麦哲伦为此设下计谋平定了这次叛乱,避免了探航半途而废的结局。

经过近 5 个月的休整,到了 8 月,又到了这个地区春暖花开的季节,麦哲伦又率领船队出发了。由于有一艘船在 5 月份的探航中沉没,此时只剩下 4 条船了。两个月后,船队在南纬 52 度处发现了一个海峡。这个海峡弯弯曲曲、忽窄忽宽,港汊交错、波涛汹涌。麦哲伦派出一艘船去探航,然而,这艘船却调转船头逃回了西班牙。麦哲伦只好率领着剩下的三条船像走迷宫似的在海峡中摸索着前进。麦哲伦以坚强的意志率领船队前进。在这个海峡中迂回航行一个月后,他们终于驶出海峡西口,见到了浩瀚的大海。向来以沉着、坚定著称的麦哲伦激动得掉下了眼泪。

为了纪念麦哲伦这次探航的功绩,后人把这条海峡命名为“麦哲伦海峡”。

最早建立法国国家公路网的首相是谁?

1726 年,路易十五解散了正在准备与西班牙和奥地利作战的波旁公爵内阁,提拔少时的家庭教师弗勒里主教担任首相。弗勒里致力于稳定法国货币、平衡财政预算、改进交通。截至 1738 年,弗勒里已为法国建立了一个国家公路网系统,其设计的星型样式至今仍然是法国国道网络的主要架构。到 18 世纪的中期,法国拥有当时在世界上最现代和最广泛的公路网,并且大部分公路至今仍在使用。

"泰坦尼克"号是怎样沉没的？

"泰坦尼克"号船体底部特别的双层设计,再加上彼此分隔的 16 个水密舱,使得"泰坦尼克"号在当时被认为是永不沉没的。1912 年 4 月 14 日的午夜前夕,正航行在纽芬兰外海冰山出没地区、以全速前进的"泰坦尼克"号,右舷突然撞上了一座冰山,船身轻微震动了一下。有人以为遇上了大浪,有人以为是触礁了,还有人以为是螺旋桨发生了故障。但是下面船舱的乘客感觉到的震动要剧烈得多。冰冷刺骨的海水正从不知道的什么地方漫过门缝。船很快停了下来,检查过所有水密舱之后,得到的结果是船离沉没还剩一两个小时。0 点 15 分,"泰坦尼克"号发出了的呼救信号。0 点 55 分,"泰坦尼克"号的船头已经没入水中。2 点 20 分,船头部分沉入海中,后半截则砸回海面,然后紧跟着"泰坦尼克"号前半部分一道沉入了水中。船上的 2224 名乘客中,有 1513 位丧生。在凌晨 4 点钟左右被"喀尔帕西亚"号邮轮救起的幸存者描述了当时船上奋勇救人和混乱求生交织在一起的难忘场面。

你知道盖世太保的由来吗？

盖世太保原是戈林 1933 年 4 月 26 日为普鲁士邦设立的,以代替普鲁士邦原来的政治警察。他起初打算只把它称为秘密警察处,后来一个不出名的邮局职员奉命为这个新机构设计一种免费递送的邮票图栏,他提议把它叫作国家秘密警察,简称"Gestapo",中文音译即为"盖世太保",无意中创造了一个先是在德国后来又在国外令人谈之色变的名称。

1934 年 4 月,希姆莱任普鲁士警察总监和盖世太保首脑。1936 年 6

月,希姆莱任德国警察总监、盖世太保首脑和党卫队帝国长官,具体组织实施法西斯恐怖统治。希姆莱将警察系统改组为保安警察总局(下辖秘密警察局和刑事警察局)、治安警察总局和风纪警察总局。1936 年 10月,全国政治警察统一名称为国家秘密警察。1939 年,秘密警察局转隶德国中央保安局。秘密警察共有3 万余名成员,渗透并控制着德国社会的各个领域和德占区,拥有大量监狱和集中营,利用发布监护拘留令和押送集中营的特权,大肆迫害和残杀犹太人、共产党人、民主人士和无辜居民。

盖世太保参与制造 1938 年的"布洛姆贝格事件"和"弗里奇事件",导致德国国防部长布洛姆贝格和陆军总司令弗里奇的去职;参与吞并奥地利和侵占捷克斯洛伐克;参与制造所谓波军士兵袭击德国格莱维茨广播电台、造成波兰进攻德国的假象的事件;组织实施对犹太人的所谓"最后解决",在欧洲范围内制造全面恐怖。盖世太保在纳粹德国战败后被取缔,1946 年被纽伦堡国际军事法庭宣判为犯罪组织。

希特勒为什么迫害犹太人?

在西方文化中,自古就存在着一种排犹的情绪,犹太人被说成是出卖耶稣的人、投机商人和不洁的人。犹太民族原为古代闪族的一支,曾建立以色列王国及犹太王国,后来它们被罗马帝国所灭,导致犹太人四处迁徙,散居世界各地。

犹太人没有自己的国家和土地,只能靠经商维持生计。而在中世纪的西欧,商业是人们鄙视的行业。所以,犹太人迁到西欧后,遭到当地封建主的歧视。公元 13 世纪至 15 世纪,欧洲逐渐进入资本主义社会,当地新兴资产阶级同那些经商致富的犹太人资本家产生了利益冲突,噩运再次降临到犹太人身上。现实利益的冲突加上宗教信仰的差异，使大批犹太人被迫流亡东欧及世界其他地区，开始了历史上的犹太人第二次逃亡。

希特勒反犹，首先导源于他的种族优劣论。他认为，雅利安人，即北欧日耳曼人是文明的创造者和维护者，犹太人是劣等民族、文明的破坏者和人类寄生虫，声称地球应该由日耳曼优等种族进行统治。希特勒上台后，反犹又增加了政治和经济因素。在政治上，希特勒政府宣扬犹太人培植的最坏的祸根是民主主义、马克思主义和苏维埃国家。所以，不仅要反对犹太人、反对马克思主义，而且要对犹太人加以消灭。在经济上，通过反犹能够没收犹太人资产，反犹能够稳定国内局势。

希特勒法西斯政府迫害犹太人经历了一个反犹、排犹和灭犹的过程。1933—1935年，当局颁布各种法律，禁止犹太人担任官吏、教师和军人，限制其从事自由职业，剥夺犹太人公民权；禁止同雅利安人通婚；禁止书写德语。1938年11月，当局制造"水晶之夜"，捣毁犹太人商店、教堂和住所。随后希特勒政府决定将犹太人排斥出一切经济部门，关闭全部犹太人商店，强行对犹太人经营的企业实行"雅利安化"。自1939年起，当局强迫犹太人大规模移居国外。

"二战"期间，600万犹太人惨遭杀害，希特勒是罪魁祸首。希特勒对犹太人特有的种族仇恨和政治嫉恨，是政治狂人病态心理的一种特殊反映。而导致希特勒严重病态心理的"菌种"来自于历史成见和宗教情结，恰好又得到当时德国社会环境的孕育。确切地说，希特勒的严重病态心理与当时德国社会政治生活的疯狂病态是相辅相成的。正如一些历史学家指出的，德国纳粹屠杀犹太人的罪行，是"德国虚伪的政治家为其侵略战争对民众进行系统的政治愚弄和教化的结果"。

"前事不忘，后事之师"，历史是一面镜子。但愿世界永久和平，让所有民族平等和睦地生活在同一片蓝天下。

谁是登陆月球第一人？

阿波罗载人登月工程是美国国家航空和航天局（NASA）在 20 世纪六七十年代组织实施的载人登月工程，又称"阿波罗计划"。阿波罗计划采用月球轨道交会法，用强大的土星 5 号运载火箭——把 50 吨重的航天器送入月球轨道。航天器本身装有较小的火箭发动机，当它接近月球时，能使航天器减速进入绕月轨道。而且，航天器的一部分——装有火箭发动机的登月舱能脱离航天器，载着宇航员登上月球，并返回绕月轨道与航天器再次结合，然后返回地球。

工程开始于 1961 年 5 月，至 1972 年 12 月第 6 次登月成功结束，历时约 11 年，耗资 255 亿美元。在工程高峰时期，参加工程的有 2 万家企业、200 多所大学和 80 多个科研机构，总人数超过 30 万人。

1969 年 7 月，阿波罗 11 号终于在月球着陆，使逐步推进的阿波罗登月计划达到高潮，尼尔·阿姆斯特朗也成为登陆月球第一人，美国在月球探测中取得了最为辉煌的成果。在随后的三年多时间里，阿波罗计划又先后进行了 6 次载人登月飞行，其中 1970 年 4 月发射的阿波罗 13 号，虽因氧气瓶爆炸发生事故，但仍然安全回到了地球。

到 1972 年 12 月阿波罗计划的最后一次飞行——阿波罗 17 号登月为止，先后有 12 名宇航员登上月球表面。这一系列"访问"大大丰富了人类对月球的认识。各次阿波罗飞行都对月球表面进行广泛考察，搜集了大量月球岩石、土壤标本，其中从月球上带回地球的月岩样品就达 440 千克。阿波罗飞行同时把许多仪器安装在了月球上，以进行科学研究，如太阳风实验和月震测量等。

联合国于何时正式成立?

联合国创建于世界反法西斯战争的凯歌声中。联合国这一名称是美国总统罗斯福提出的。

1942 年 1 月 1 日,正在对德国、意大利、日本法西斯作战的中国、美国、英国、苏联等 26 国代表在华盛顿发表了《联合国家宣言》。

1945 年 4 月 25 日,来自 50 个国家的代表在美国旧金山召开"联合国家国际组织会议"。6 月 16 日,50 个国家的代表签署了《联合国宪章》,后又有波兰补签。同年 10 月 24 日,中国、法国、苏联、英国、美国和其他多数签字国递交了批准书后,宪章开始生效,联合国正式成立。

1947 年,联合国大会决定,10 月 24 日为联合国日。1946 年 1 月 10 日—2 月 14 日,第一届联合国大会第一阶段会议在伦敦举行。51 个创始会员国的代表参加了这次会议,联合国组织系统正式开始运作。

联合国对所有接受《联合国宪章》规定的义务以及履行这些义务的"热爱和平的国家"开放。目前联合国共有 193 个成员国。

谁是埃及史上首位女法老?

哈特谢普苏特是开创古埃及一代盛世的第 18 王朝法老图特摩斯一世与王后唯一的孩子。她从小聪明伶俐、果敢坚强、深谙权术。她常以自己是法老唯一的正统继承人为荣,梦想有朝一日统治强盛的埃及。

公元前 1512 年,图特摩斯一世去世。他与王妃所生的长子和哈特谢普苏特结婚,继承了王位,是为图特摩斯二世。二世体弱多病,无心治国,继位不久,大权就落到哈特谢普苏特的身上。

几年后，二世病死。此时的哈特谢普苏特根基不稳，无法实现其抱负。她安排二世与妃子所生的一个 10 岁男孩与自己的女儿完婚后继位，是为图特摩斯三世，她自己则以摄政王身份，全权管理国家事务。三世慢慢长大，心怀雄心，不愿再做傀儡。于是，哈特谢普苏特赶在三世成年正式亲政之前，将他流放到偏远地方。至此，哈特谢普苏特成为法老已万事俱备，只需要打破女性无法当朝的传统。于是，她联合僧侣编造身世，称自己是太阳神阿蒙之女，太阳神为了让自己的后代统治埃及，化身图特摩斯一世与王后产下一女，如今，这位女子已历经磨难，可以成为统治埃及的法老了。她还在神庙的石碑顶部放置许多金盘，反射太阳光芒，以向世人证明她与太阳神的亲密关系。接着，她开始女扮男装，下令所有人用男性代名词称呼她。哈特谢普苏特如愿成为埃及首位、也是唯一一位女法老。当上法老后，她励精图治，使古埃及继续保持强盛。为了奖赏神庙中的僧侣，她复修了许多古建筑、祠庙，赠送给神庙 4 座 30 余米高的石雕方尖碑，并为太阳神吟诗作赋。

美国总统府为什么称为"白宫"？

白宫位于华盛顿市区中心宾夕法尼亚大街 1600 号，北接拉斐特广场，南邻爱丽普斯公园，与高耸的华盛顿纪念碑相望，是一座白色的二层楼房。白宫从前并不是白色的，也不称白宫，而被称作"总统大厦"或"总统之宫"。

1792 年始建时白宫是一栋灰色的沙石建筑。从 1800 年起，它是美国总统在任期内办公并和家人居住的地方。

1812 年第二次美英战争爆发，英国军队入侵华盛顿。1814 年 8 月 24 日，英军焚毁了这座建筑物，只留下了一副空架子。1817 年重新修复时为了掩饰烈火焚烧的痕迹,门罗总统下令在灰色沙石上漆上一层白色的油漆。此后这栋总统官邸一直被称为"白宫"。1902 年,美国总统西奥多·罗斯福正式把它命名为"白宫",后成为美国政府的代名词。

14 世纪时是谁行经了 44 个国家?

伊本·白图泰(1304—1377 年),摩洛哥人,大旅行家,1304 年 2 月 24 日出生于摩洛哥丹吉尔的一个柏柏尔人家庭。20 岁左右时,他去麦加朝圣。从此,他踏上了一条长达 12 万千米的旅途,经过了 44 个国家。

首先,他沿着北非海岸旅行,穿过现今摩洛哥、阿尔及利亚、突尼斯、利比亚和埃及的国土,到达开罗。从开罗到麦加有三条路线,白图泰选择了最短且最不常用的那一条,即从今日苏丹的苏丹港过红海去麦加。就在他到达苏丹的时候,当地爆发了针对埃及马穆鲁克统治者的叛乱,于是白图泰只得折回开罗。在路上,据说他碰到了一位"圣人",预言他除非先去叙利亚,否则永远到不了麦加。这样,白图泰就决定先去大马士革,沿途参拜耶路撒冷等圣地后,再转向去麦加。

在大马士革度过斋月后,白图泰顺利地同一支商队抵达了麦地那和麦加,完成了朝圣。这个时候,已经迷上旅行的他,决定不再回家,而朝下一个目的地、当时在伊利汗国统治下的巴格达前进。

白图泰穿过现今沙特阿拉伯境内的茫茫沙漠,抵达了巴士拉,然后他转向东北,朝拜了圣地伊斯法罕,再折回西南,经过设拉子、纳杰夫,抵达巴格达。当时的巴格达尚未从旭烈兀的劫掠中恢复过来,仍是一片破败景象。白图泰在巴格达遇见了伊利汗国的大汗不赛因,随着他一同去了伊利汗国首都大不里士。在蒙古入侵之时,大不里士没有抵抗即开城,因此没有受到什么兵灾,加之位于丝绸之路上,所以当时大不里士成了西亚首屈一指的商贸中心。在此之后,白图泰回到了麦加,做第二次的朝圣。

白图泰的足迹,几乎踏遍了当时伊斯兰世界的每一个国家。在蒸汽时代到来以前,他可能是旅行路程最长的人。在阿拉伯世界,白图泰获得了崇高的声名,摩洛哥人将其作为英雄加以纪念。近代天文学家以其名字命名了月球上的一座环形山。

水门事件是怎么回事?

水门事件指美国共和党政府在 1972 年总统竞选运动中的非法活动暴露后酿成的政治丑闻,因事发于华盛顿的水门大厦而得名。1972 年 6 月 17 日,有 5 个人因潜入水门大厦内的民主党全国总部而被捕。随后的调查表明,共和党的尼克松政府为破坏选举的进程采取了一系列的行动,闯入水门只是其中之一。由于此事,尼克松于 1974 年 8 月 8 日宣布于次日辞职,从而成为美国史上首位辞职的总统。

在 5 个人被捕后几天,前白宫助理小亨特和争取总统连任委员会总顾问利迪即被指控犯有盗窃罪和窃听罪。1973 年 1 月,美国哥伦比亚特区地方法院首席法官赛里卡主持审讯 7 名被告。7 名被告中有 5 人认罪,另外两人由陪审团定罪。1973 年 3 月 23 日宣判时,赛里卡法官宣读了被告之一麦科德的来信,信中指控白宫至今仍在掩盖它与闯入水门的关系。麦科德还说白宫曾对 7 名被告施加压力,要他们认罪并保持缄默。在白宫显然有牵连的情况下,尼克松总统于 1973 年 4 月 17 日宣布他已开始一次新的调查。4 月 30 日,尼克松公开声明他对卷入此案的白宫工作人员的行动负有责任。他接受了顾问霍尔德曼和埃利希曼以及司法部部长克兰丁斯特的辞职,并宣布解除白宫律师迪安的职务。然而,尼克松一口咬定他对政治谍报活动以及掩盖错误的努力毫不知情。他选择哈佛大学法学教授考克斯为水门事件的特别检察官。后来调察中心转向参议院，开始由参议院总统竞选活动特别委员会（由参议员小欧文领导）举行由电视播放的公众听证会。欧文委员会根据证词判定白宫和竞选委员会成员有罪。然而，只有迪安一个人证明尼克松总统直接卷入掩盖活动。

1973 年 7 月 16 日前白宫工作人员巴特菲尔德揭露："在总统办公室的谈话都录了音。"尼克松以行政特权和国家安全为由拒绝交出录音带。最终，新任命的特别检察官在白宫被迫交出的录音带中找到了新证据，有一盘录音带上清楚地记录着水门事件发生后 6 天，尼克松指示他的助手，让中央情报局阻挠联邦调查局调查水门事件，这是尼克松掩盖事实真相的铁证。整个白宫被惊得目瞪口呆，他们一直相信总统的清白，一直超出自己的职权范围来保护总统，而总统却从一开始就掩盖真相，并欺骗他的顾问、公众、国会甚至自己的家庭达两年之久，每个人都感到被出卖了，就连共和党的一批参议员、众议员也建议尼克松辞职，尼克松终于到了众叛亲离的地步。

谁是第一位遭暗杀的美国总统？

亚伯拉罕·林肯（1809—1865 年），美国第 16 任总统，任期为 1861 年 3 月 4 日至 1865 年 4 月 15 日。林肯是首位共和党籍总统。在其总统任内，美国爆发了内战，史称南北战争。林肯政府击败了南方分裂势力，废除了奴隶制度，维护了国家的统一。1865 年 4 月 14 日晚，林肯在华盛顿的福特剧院遇刺，于第二天去世。5 月 4 日，林肯葬于橡树岭公墓。

林肯是第一位遭到刺杀的美国总统，更是一位出身贫寒的伟大总统。

路易十四为何修建凡尔赛宫?

1660 年,法国国王路易十四参观财政大臣富凯的沃子爵城堡,为其房屋与花园的宏伟壮丽所折服,当时王室在巴黎郊外的行宫无一处可与其相提并论。于是,路易十四怒其不尽职守,以贪污罪将富凯投入巴士底狱,并命令沃子爵城堡的设计师勒诺特和著名建筑师勒沃为其设计新的行宫。当时的路易十四已决定将王室宫廷迁出因市民不断暴动以反抗王室而混乱喧闹的巴黎城,经考察权衡决定以路易十三在凡尔赛的狩猎行宫为基础建造新宫殿,并为此征购了 6.7 万平方千米的土地。1667 年,勒诺特设计凡尔赛行宫的花园及喷泉,勒沃在狩猎行宫的西、北、南三面添建新宫殿,将原来的狩猎行宫包围起来。原行宫的东面被保留下来作为主要入口,修建了大理石庭院。

1674 年,建筑师孟莎从勒沃手中接管了凡尔赛宫工程,他增建了宫殿的南北两翼、教堂、橘园和大小马厩等附属建筑,并在宫前修建了三条放射状大道。为了吸引居民到凡尔赛定居,他还在凡尔赛镇修建了大量住宅和办公用房。为确保凡尔赛宫的建设顺利进行,路易十四下令 10 年之内在全国范围内禁止其他新建建筑使用石料。

1682 年 5 月 6 日,路易十四宣布将法兰西宫廷从巴黎迁往凡尔赛。1688 年,凡尔赛宫主体部分建筑工程完工。1710 年,整个凡尔赛宫殿和花园的建设全部完成并旋即成为欧洲最大、最雄伟、最豪华的宫殿建筑和法国乃至欧洲的贵族活动中心、艺术中心和文化时尚的发源地。在其全盛时期,宫中居住的王子王孙、贵妇、亲王贵族、主教及其侍从仆人竟达36000 人之多。在凡尔赛还驻扎有瑞士百人卫队、苏格兰卫队、宫廷警察、6000 名王室卫队、4000 名步兵和 4000 名骑兵。为了安置其众多的情妇,路易十四还修建了大特里亚农宫和马尔利宫。

第二章

古 迹 奇 观

——揭开尘封已久的盛世荣华

你知道"金字塔"名字的由来吗？

金字塔是埃及有着 7000 年文明史古国身份的象征,它们至今仍然巍然屹立在广袤无垠的大漠边缘,犹如苍穹中永不熄灭的星辰,被人们誉为"世界七大奇迹"之一。

埃及人自古就有灵魂不灭的观念,他们把死亡看成到另一个世界生活。因此,历代埃及法老,都从登基伊始,便开始为自己建造死后的另一个世界——陵墓。保留至今的古埃及金字塔,就是法老的坟墓。当时的人们认为,一级一级升高的金字塔就像是升天的梯子,法老死后会成为神,他要踏着这架梯子升到天国去。后来,人们发掘出的金字塔铭文上说:"为他(法老)建造起上天的天梯,使他由此就可以登上天堂。"

据记载,金字塔的修建期从古王国初期直至托勒密王朝结束,前后长达 2700 年。其中以古王国时期(约前 2686—前 2181 年)的金字塔最为雄伟壮观。这些方锥形的巨大陵墓远远望去颇似汉字的"金",故译作"金字塔"。

古埃及王国第 4 王朝法老胡夫,为自己建造了现今世界上最大的金字塔。该金字塔塔高 146.6 米,塔基每边宽 231 米,塔基面积达 5.3 万平方米,塔身由平均重达 2.5 吨的巨石叠成,共计使用了 230 万块巨石。石与石的连接没有使用灰浆,而是一块石头直接放到另一块石头上面,虽历时数千年,人们也难用一把锋利的刀刃插入石缝中。

金字塔不仅外观宏伟,而且内部结构也颇为精致复杂。墓室内有大量的绘画和雕刻,还配有石阶和甬道。

据说,当年为建造这座陵墓动用了 10 万多人,耗时 30 余年,无数人为建造它而献出了自己的生命。金字塔并不是一座孤立的建筑,而是一个巨型的墓葬建筑群体的一个组成部分。除了金字塔外,还有紧邻的奠堂,一条通往尼罗河河谷保护神神庙的通道,有的还建有一条通向尼罗河的渠道。迄今为止已经发现了大约 80 座这样的法老金字塔,但大部分已残破。如今,世界各地的游人来到埃及,都会前往开罗附近的吉萨,一睹金字塔的风采。

金字塔就像一座纪念碑,不仅显示了古代埃及法老的威严,更显示了古代尼罗河文明的辉煌和劳动人民非凡的智慧和创造力。

"木乃伊"为什么能千年不腐?

古埃及人有着发达的解剖学知识和浓厚的宗教观念。他们认为人的灵魂是不灭的,为了更好地在另一个世界生存,他们在处理死者身体方面,表现出了非凡的创造力。"木乃伊"是"干尸"的音译。最早使用这种殡葬方法的就是古埃及人。

在古埃及,木乃伊的制作方法随时代而变化,但总不外乎切除尸体的内脏,然后用树脂涂抹,并用细麻布包裹,最后才进行埋葬。

木乃伊的制作,主要采用埃及某些地区特别是奈特龙洼地出产的氧化钠,使尸体完全干燥。制作师先通过尸体的鼻腔吸出脑髓,注入药物清洗脑部,然后在腹部用刀切开一个口子,取出内脏,再用椰子酒和捣碎的香料冲刷体腔,填入树脂、浸过树脂的亚麻布和木屑等物,然后照原样缝好。尸体需全部埋入氧化钠中干燥。70 天后,制作师取出尸体进行清洗,涂上油膏和香料,用大量的亚麻布包裹严密,外面涂上树脂。包裹时,从手指和脚趾开始,乃至四肢、全身。其间,要特别小心防止指甲脱落。腹部的切口处盖一只碟子,它象征荷拉斯"完好的眼睛"。这样包裹好的木乃伊,保持着脱水前的形状。做好的木乃伊一般都置于封闭的墓室中,有的保存千年而不腐烂,可谓古代埃及人创造的一大奇迹。

直到罗马帝国时期,基督教在埃及占据主导地位的公元 4 世纪以后,制作木乃伊的习俗才被废止。

亚历山大港灯塔为何被誉为世界奇迹?

亚历山大港灯塔是世界七大奇迹中,唯一不带宗教色彩,纯粹为社会经济生活而建的古代建筑。灯塔在黑夜中发出耀眼的光芒,照耀整个亚历山大港,引导着海上的船只,另外,它还是当时世界上最高的建筑物。

灯塔总高 135 米,由上、中、下三部分组成,底部塔基呈方形,高 60 米,中部呈八角形,高 15 米,上部呈细圆柱形;上面用 8 米高的 8 根石柱围绕在圆顶灯楼周围,还有阶梯从塔底直通顶部。塔顶为圆形,上面有一尊高 8 米的海神波赛东的青铜立像。整座灯塔都是用花岗石和铜等材料建筑而成的,灯的燃料是橄榄油和木材。

亚历山大港灯塔是当时世界上最大的灯塔,也是现代灯塔的鼻祖。它以其宏伟、精美、光芒远照作为亚历山大港的标志而闻名于世,被誉为世界奇迹。遗憾的是,这座灯塔于公元 796 年毁于一场地震。

阿耳忒弥斯神庙建于何时?

阿尔忒弥斯神庙位于土耳其伊兹密尔(古称以弗所)附近,濒临爱琴海,是土耳其著名古代建筑遗迹,堪称世界古代七大奇迹之一。

神庙大约在公元前 652 年兴建,当时是木结构。第二次修建时,采用石料建筑。第三次重建于公元前 570 年,共花了 10 年时间。当时以弗所是个庞大的富有之邦,聘请了著名的古希腊建筑师,建成了古代亚洲的第一个爱奥尼亚式石柱庙宇。公元前550年,吕底亚国王克勒索斯再次进行修建,断断续续地进行了100多年才告完成。第三、第四次修建奠定了神庙的规模,使它从此闻名遐迩。

阿尔忒弥斯神庙是一座长方形白色大理石建筑,长125米,宽60米,高25米,占地面积6300多平方米。庙宇的回廊有137根圆柱,全用大理石雕成,每根圆柱高约20米,底部直径为1.59米,柱石千姿百态,整个建筑看上去俨然是一个廊柱之林,给人一种庄严、恬静、和谐的感觉。大理石圆柱的柱身下部均有形态各异的人物浮雕,造型优美,形态逼真,栩栩如生。柱顶盘由带有3个盘座面的框缘组成,盘座面上装饰着一排花边似的齿饰,框缘上面是刻有四轮战车的浮雕,细致精巧,精美异常。神庙于公元前356年被焚毁。后在马其顿的亚历山大大帝的帮助下,按原建筑式样重建,更加富丽堂皇。在漫长的岁月中,阿耳忒弥斯神庙屡遭洗劫,变得满目疮痍。然而,人们从现在残存的建筑物地基和石柱遗迹中,依然可以想见它当年的雄姿。

你知道"空中花园"的传说吗?

"空中花园"被称为世界七大奇迹之一,它位于新巴比伦王国(今伊拉克南部)首都巴比伦城王宫的宫城内。空中花园实际上并不是悬在半空中的花园,而是建筑在一系列塔庙的平台顶上。

在一些古典文学中留有对它的详细描述:在塔顶上铺上石板和台阶,形成平台。平台上再铺上芦苇、沥青和铅等材料,这主要是为了防止渗水。然后在上面种植各种花草树木,建造精巧的廊榭,远远望去,在高高的蓝天下一片姹紫嫣红,色彩绚丽的建筑物掩映其间,宛如一座空中花园。

空中花园的建立有两种传说:一说它是亚述国王阿达德尼拉利三世

之母建立的;另一说它是新巴比伦国王尼布甲尼撒二世(约前 630—前 562 年)修建的,用以安慰远离故乡的王妃对故国山河的怀念。

不论传说怎样,空中花园都是古代两河流域灿烂的文明之花。遗憾的是,经过岁月的磨难,除了留下一些残缺的基座外,人们已经无法寻觅空中花园当年的壮丽了。

是谁建造了巴比伦古城?

世界著名的巴比伦古城遗址位于伊拉克首都巴格达以南大约 90 千米处。传说早在公元前 2000 多年,巴比伦城就是拥有十几万人口的繁荣的手工业以及商业城市。大约公元前 18 世纪中期,古巴比伦第一王朝第 6 代国王汉穆拉比逐步统一了两河流域,并且建立起中央集权的奴隶制国家,从而制定了各种加强奴隶制的法典。

大约在公元前 6 世纪后半期时,尼布甲尼撒二世建造了新巴比伦城。这个城共有三道城墙环绕,它的主墙为黄色,长宽大约为 12.2 千米,而且每隔 40 多米就会有一座塔楼,一共有 300 多座,另外还有 56 座浮雕。古城的大门高 4 米多,宽大约 2 米,而且门的上部是拱形结构,两边和高且宽的城墙相互连接。门内外的墙上,分别用黄、棕两种颜色画有雄牛、神龙以及雄狮的各种图像,这些画像大小一致、对称地排列成十分美丽的图案,神态逼真。

古城内大约有神庙 53 座,另外还有南宫、北宫以及夏宫三座宫殿。城内街道宽敞笔直,而且纵横交错,用大块砖石以及天然沥青铺筑。莫卡卜大道是当时最重要的街道之一,并且著名的南宫就坐落在这条大道的西边。南宫由 5 所庭院组成,并且每个庭院的周围都有各种成群的厅堂。宫殿的墙面同城门一样,分别用彩色琉璃砖装饰,然后点缀成各种各样动物形象,显得五彩缤纷。

在许多的庙宇中,尤以被称为"崇高的住所"的"玛尔笃克神庙"最为著名。玛尔笃克是人们想象中的一条蛇尾龙,它是巴比伦人所崇奉的主神。庙中有大量玛尔笃克像,经过镏金,造型十分生动。

大约公元前4世纪后期,巴比伦城逐渐衰败,直到公元2世纪古城开始变为废墟,然后逐渐塌陷荒芜。

是谁建造了英国巨石阵?

巨石阵又称圆形石林、索尔兹伯里石环、环状列石、太阳神庙、史前石桌、斯托肯立石圈等,位于英国距离伦敦大约120千米处的一个叫作索尔兹伯里的地方。

一群粗糙切凿的巨大石块围成圆阵,在大外环内竖立着一个较小的石环,两组呈马蹄形排列的巨石阵又分布在小石环内。其中一些石块足有6米之高。据研究人员估计,建造圆形石林总共花了3000万个小时的人工,相当于1万人工作一年。多少个世纪以来,巨石阵一直与神秘和离奇的传说联系在一起,因为没有人真正知道巨石阵的用途。

科学家推测出建造巨石阵的石头来自威尔士。但是没有人知道古代的威尔士人如何把这些几十吨重的巨石运到300多千米之外的索尔兹伯里平原。很多专家认为,巨石阵建造的时间在公元前5000年到公元前3600年之间,但是到了大约公元前1500年,也就是离现在3500年以前,英格兰的早期居民就不在这个地方举行任何活动了。然而英国科学家发现,巨石阵可能到更晚一些的时期仍然在发挥某种功能。根据科学验证,在巨石阵内发现的一名男子的骨架,大约是2000多年前留在那里的。

1984年,英国公众曾在巨石阵内举行了一次纪念夏至的活动,巨石阵内的巨石正好同夏至那天太阳升起的位置排成一线。在巨石阵内纪念夏至的人,大都相信英国古代凯尔特人的巫师宗教,他们认为他们举行的活动,同当年在巨石阵内举行的宗教仪式相似。甚至有人认为,信奉多神灵的古代凯尔特人,是巨石阵的建筑者。最早的凯尔特巫师是法官、立法人员和神职人员。他们在那里举行宗教仪式,解决法律纠纷,并向老百姓发布指令和提供帮助。但是据认为,这种宗教在 1500 年前就销声匿迹了。

巨石阵所在的地区有许多坟墓和神庙,它们都已有好几百年的历史了。许多世纪以来,巨石阵本身就是一个圣地,但不知道该圣地在什么时候或为什么被废弃了。不幸的是,几个世纪以来有些石块已被搬走去造房子,而另一些已经倒下。英国政府从大约 80 年前开始修复巨石阵。从那时起,巨石阵已经成为英国最热的旅游点之一,每年都有 100 万人到那里游览。

罗得岛太阳神铜像始建于何时?

希腊的罗得岛是爱琴海通往地中海的门户之一。2000 多年前,岛上有一个繁华的港口——罗得港。这里的商业十分发达,穿梭往来的商船每天都挤满了航道,一派热闹兴隆的景象。独特的地理位置和巨大的商业利益使罗得岛成了兵家必争之地,著名的罗得岛保卫战就发生在这里。

公元前 305 年,马其顿出动 4 万大军(这已超过了当时岛上的人口总数)包围了罗得港。岛上居民联合起来共同抵抗侵略,经过艰苦战斗赶跑了入侵者,缴获了敌人大量的兵器。为庆祝胜利,岛上居民决定用缴获的青铜兵器为自己的守护神太阳神西里奥斯建一座雕像。

雕像大约于公元前 282 年完工,整体用大理石建成,表面用青铜包裹,内部用石头和铁柱加固,高约 33 米,与 10 层楼高的纽约自由女神像差不多。公元前 226 年,大地震使这座伟大的雕像从膝盖处折断,从此倒在了罗得港的岸边。公元 654 年,罗得岛受到阿拉伯人占领,残存的雕像被运到了叙利亚,从此便杳无音信。

世界上首个海底旅店的名称是什么?

体积最大、技术先进的海底实验室——"秘鲁渔船"于 20 世纪 70 年代出现。它由两个长 15 米、宽 6 米的钢质丙烯酸圆柱体组成,生活空间为 29 平方米,可容纳 5 个人共同生活。"秘鲁渔船"是研究海洋生命的前哨,在它的周围大气压生活舱内,曾停留过无数支科研考察队。

这个研究项目由波多黎各政府和海洋资源开发基金联合负责运作。1976 年,由于研究资金耗尽,"秘鲁渔船"回到陆地被拆毁。10 年后,几位投资商把它改造成世界上第一个海底旅店——儒勒海底旅店。旅店位于美国佛罗里达州,距海岸 10 米远,底部被牢牢固定,其生活场景十分接近《海底两万里》中的描述。

由于旅店是一个周围大气压生活舱,舱内的大气压与外面的水压相同,所以,进入旅店的唯一途径是潜水。旅客鱼一般进入旅店后,淡水淋浴首先会把旅客身上的海水冲洗干净。在一流的客房周围,到处都是绚烂的珊瑚礁。从房间里望出去,还可以看见西班牙大帆船残骸的复制品,五彩缤纷的海洋生物漫游在残骸间。

出于安全因素的考虑,旅店在入口处安装了监控摄像头和一个麦克风,以确保进入旅店的人全部经过登记。旅店的控制中枢在海岸上,控制室里安装着负责旅店内部安全和通信的整套系统。即使有旅客在半夜时分想订餐,也完全可以实现,控制室里的值班人员会尽快提供服务。

哪座教堂被誉为"石头的交响乐"？

巴黎圣母院是坐落于法国巴黎市中心西提岛上的教堂建筑，始建于1163 年，是巴黎大主教莫里斯·德·苏利决定兴建的，整座教堂在 1345年全部建成，历时 180 多年。巴黎圣母院是一座石头建筑，被法国作家雨果誉为"石头的交响乐"。

巴黎圣母院是一座典型的哥特式教堂，之所以闻名于世，主要因为它是欧洲建筑史上一个划时代的标志。圣母院平面呈横翼较短的十字形，坐东朝西，正面风格独特，结构严谨，看上去十分雄伟庄严。它被壁柱纵向分隔为三大块，三条装饰带又将它横向划分为三层，其中，底层有三个桃形门洞，门上于中世纪完成的塑像和雕刻品大多被修整过。拱门上方是众王廊，上有分别代表以色列和犹太国历代国王的 28 尊雕塑。1793 年，大革命中的巴黎人民将其误认作他们痛恨的法国国王的形象，而将它们捣毁。后来，雕像又重新被复原并放回原位。长廊上面第二层两侧为两个巨大的石质中棂窗子，中间的彩色玻璃窗俗称"玫瑰玻璃窗"，其直径约 10 米，建于1220—1225 年。教堂中央供奉着圣母圣婴，两边立着天使的塑像。

卢浮宫始建于何时？

卢浮宫又译罗浮宫，是世界四大历史博物馆之首，位于法国巴黎市中心的塞纳河北岸（右岸），始建于 1204 年，以收藏丰富的古典绘画和雕刻而闻名于世，是法国文艺复兴时期最珍贵的建筑物之一。卢浮宫占地面积（含草坪）约为 45 公顷，建筑物占地面积为 4.8 公顷。它的整体建筑呈"U"形，分为新、老两部分，老的部分建于路易十四时期，新的部分建于拿破仑时代。宫前的金字塔形玻璃入口,是华裔建筑大师贝聿铭设计的。同时,卢浮宫也是法国历史最悠久的王宫。

用来展示珍品的数百个宽敞的大厅富丽堂皇,大厅的四壁及顶部都有精美的壁画及精细的浮雕,处处都是呕心沥血的艺术结晶,让人叹为观止。

世界上最大的庙宇建在哪里?

12 世纪中叶,真腊国王苏耶跋摩二世定都吴哥。苏耶跋摩二世信奉毗湿奴,为国王加冕的婆罗门主祭司地婆诃罗为国王设计了一座国庙,供奉毗湿奴,名之为"毗湿奴神殿",中国古籍称为"桑香佛舍",今称"吴哥窟"。它是吴哥古迹中保存最完好的庙宇,以建筑宏伟与浮雕细致闻名于世,也是世界上最大的庙宇。

元成宗铁穆耳在元贞二年(1296 年)派遣周达观出使真腊。使团取道海路从温州开拔,经七洲洋(西沙群岛海面)、占城、真蒲、查南横渡淡洋(今洞里萨湖)至吴哥登岸。周达观和他的使团驻吴哥一年。回国后周达观写了关于真腊风土民情的报告《真腊风土记》。《真腊风土记》称吴哥窟为"鲁班墓",又说国王死后,有塔埋葬。

一些学者认为,吴哥窟是苏耶跋摩二世的王陵,根据有三:一是与大多数其他寺庙面对日出不同,吴哥窟正门朝西,面向日暮。根据荷兰考古学家博施的研究,印度和爪哇的殡葬风俗,墓地一律朝西,祭祀的寺庙则朝东;二是画廊浮雕按反时针方向排列,这是印度教葬礼上人们在墓地巡行的方向;三是吴哥窟画廊中苏耶跋摩二世与毗湿奴神相貌相似,暗含日后升天成毗湿奴,长驻毗湿奴神殿之意。

是谁设计了巴黎的埃菲尔铁塔？

埃菲尔铁塔是一座于 1889 年建成、位于法国巴黎战神广场上的镂空结构铁塔，高 300 米，天线高 24 米，总高 324 米。埃菲尔铁塔得名于设计它的桥梁工程师居斯塔夫·埃菲尔。铁塔设计新颖独特，是世界建筑史上的技术杰作，因而成为法国和巴黎的一个重要景点和突出标志。

自由女神像有什么来历？

自由女神像是法国在 1876 年赠送给美国纪念独立 100 周年的礼物。自由女神像位于美国纽约州纽约市哈得孙河河口附近，是纽约市重要观光景点。自由女神像重达 220 吨，高 46 米，加基座高 93 米，其全称为"自由女神铜像国家纪念碑"，正式名称是"照耀世界的自由女神"。整座铜像以 120 根钢铁为骨架，80 块铜片为外皮，用 30 万只铆钉装配固定在支架上。铜像是由法国雕刻家巴托尔迪设计的，内部的钢铁支架是由建筑师约维雷勃杜克和以建造巴黎埃菲尔铁塔闻名于世的法国工程师埃菲尔设计制作的。

自由女神像双唇紧闭，头戴光芒四射的冠冕，身着罗马古代长袍，右手高擎火炬，左手捧着一本封面刻有"1776 年 7 月 4 日"字样的法律典籍，象征着这一天签署的《独立宣言》，脚下是打碎的手铐、脚镣和锁链，象征着挣脱暴政的约束和自由，脚上残留着被挣断了的锁链，象征独裁统治已被推翻。花岗岩构筑的神像基座上，镌刻着犹太女诗人爱玛·拉扎露丝的十四行诗《新巨人》。

一个多世纪以来，耸立在自由岛上的自由女神铜像已成为美国的象征。

丛林大石球真是巨人的玩具吗？

20 世纪 30 年代末，美国人乔治·奇坦在哥斯达黎加人迹罕至的热带丛林以及山谷和山坡上，发现了约 200 个好似人工雕饰的石球。这些石球大小不等，大的直径有几十米，最小的直径也在两米以上，它们由精湛的技艺制作而成。加拉卡地区有一处石球群多达 45 枚，另外两处分别有 15 枚和 17 枚，排列无一定规则，有的成直线，有的略成弧线。

这些位于不同地区，大小不一的石球，引起了人们极大的兴趣。科学家们对这些石球进行了详细认真的测量，发现这些石球表面上的各点的曲率几乎完全一样，简直是一些非常理想的圆球。

考古学家们对大石球做过周密调查后确认，这些石球的直径误差小于百分之一，接近于球体的真圆度。从大石球精确的曲率可以知道，制作这些石球的人员必须具备相当丰富的几何学知识，还有高水平的雕琢加工技术、坚硬的加工工具以及精密的测量装置。

而且，这些石球差不多都是用坚固美观的花岗岩制作而成的。但这些石球所在地的附近并不能可以提供花岗岩石料，在其他地方也找不到任何原始制作者留下的踪迹。

这一切不得不让人们百般猜测：是什么人在什么时候制作了这些了不起的巨大石球？所必需的巨大石料如何运到这里？究竟用什么工具加以制作？这些石球又有什么用？

另外，从采石、切割到打磨，每一道工序都要求不断地转动石块，要知道这些石球最大的重达几十吨，当时的人是如何移动石块的呢？当时的人在缺乏任何测量仪器的情况下，又是如何雕琢如此硕大的石球的呢？

在哥斯达黎加的印第安人中间，长期流传着许多古老的神奇传说，其中就有宇宙人曾经乘坐球形宇宙飞船降临这里的故事。因此,不少人便猜想,天外来客降临这里后,制作了这些大石球,并将它们布置成模拟某种空间天象的"星球模型"。但是,今天的人都无法理解这个"星球模型"的真正含义。

还有很多考古学家也对这些大石球的用处做了种种猜测,但众说纷纭,在没有确实证据的情况下,大石球成了考古学界的一个谜团。

印度尼西亚最大佛塔为何与数字结缘?

人们都公认由释迦牟尼创立的佛教产生于印度,然而世界上最大的佛塔——婆罗浮屠却在印度尼西亚,而并非建于佛教起源地印度,这不能不说是一件令人奇怪的事情。

这座最大的佛塔基座上刻有 160 块浮雕,形象逼真。这座佛塔的名字融合了印尼文化,并不是印度佛教文化简单的移植。然而,时至今日,人们仍在努力探索,一直未能解开它的秘密。

秘密之处首先在于建筑。关于佛塔的建筑年代,在任何史料中都没有明确的记载。据考古学家们考证,从用跋罗婆文写的碑铭上看,佛塔的建筑年代应该十分久远,大约在公元 772—830 年间,但具体在什么时间却无法确定。另外,佛塔的设计者究竟是什么人也无从考察,而仅能从民间传说中寻找到一点蛛丝马迹——可能是萨玛拉罗国王。

其次,塔内众多的佛像、雕刻均有着深刻的含义。然而,它们却不是容易为今人所理解的。迄今为止,世人能够理解的仅占 20%。如《独醒图》表现富贵不能淫,《救世图》赞扬佛的慈悲宽宏,《身教图》则教育人们不要冤冤相报,而剩下的大部分佛像、雕刻今人都已经很难理解其含义了。

还有一个就是神奇的数字。在婆罗浮屠的整个建筑中,多次用到了

"8""10"等数字。三层圆台上的小舍利塔的数目分别为32、24、16,塔内佛像总共有504尊,全部都是8的倍数。佛塔建筑中所有舍利塔的数目是73。而"73"的个位数与十位数之和恰好是10,这是佛教中一种教义的体现。另据传说,原来塔内佛像的总数为505尊,后来由于塔顶原来的佛像修行圆满,实现涅槃,远走高飞了,所以现在只剩下504尊。原佛像数505这三位数之和也是10,这与舍利塔的总数目具有相同的道理,即从0出发,经过9个实数后,回复到0。佛像在数字方面时时都注意体现这种教义。

随着佛塔神秘面纱的揭开,也许会出现越来越多类似的话题。但相信随着时间的推移和科技的发展,这座佛塔的私密将完全展露在世人面前。

4000年前的地下城市因何而建?

土耳其卡帕多基亚的格尔里默谷地,看起来和月球表面很相似。这里的火山沉积物上矗立着奇形怪状的石堡。石堡是由火山熔岩硬化后,经风蚀雨浸而最终形成的。

早在公元8世纪和9世纪的时候,这里的居民就开始凿空石堡,将其改建成居室。人们甚至在凝灰岩体上凿出富丽堂皇的教堂,在其中供奉色彩绚丽的圣像。然而,卡帕多基亚真正引起轰动的发现埋藏在地下,那就是可居住成千上万人的巨大的地下城市。其中最著名的一座坐落在今天代林库尤村附近,通往地下城市的通道隐藏在村子里的各处房屋下面。人们在这里一而再、再而三地碰到通风洞口,这些通风洞从地下深处一直延伸到地面。

整个地带布满了地道和房间。地下城市是一种立体建筑,分成许多层。代林库尤村的地下城市仅最上层的面积就有4平方千米;上面的5

层空间加起来可容纳 1 万人。人们猜测，当时整个地区曾有 30 万人逃到地下躲藏起来，仅代林库尤的地下城市就有 52 口通气井和 1.5 万条小型地道。最深的通风井深达 85 米。地下城市的最下层建有蓄水池，用以储藏生活用水。

迄今为止，人们在这一地区发现的地下城市不下 36 座。其中并不是所有的都像代林库尤附近的地下城市那么大，但都称得上是城市。现在，人们已经绘制出了这些城市的俯视图。熟悉这一地带的人认为，地下城市的数量远不止这些。

城市确确实实存在着，可谁是建造者呢？它们是什么时候建成的？用途又是什么？对此人们有着不同的见解和推测。当然，也有人举出具体的史实加以考证。史实之一是基督教传播早期，这一新生宗教的信徒寻求避难所并最终选中了这里。最早的一批人大约在公元 2 世纪或 3 世纪来到这里，以后一直延续到拜占廷时期，也就是阿拉伯军队围困坚固的君士坦丁堡（今伊斯坦布尔）的时候。当时的基督教徒确曾在这里避过难，然而他们并不是真正的建造者。地下城市在他们到来之前就已存在。地下城市到底是谁在何时修建的呢？

有一点可以肯定，那就是这一带的地基是由凝灰岩构成的，因为附近就矗立着火山。黑曜岩，即火石，很容易凿空，而火石在这一地区并不鲜见。就这样，也许花了仅仅一代人的时间，地基就被掏空了。地下城市大多是超过 13 层的立体建筑，在最低的一层，人们甚至发现了闪米特人的器物。闪米特人是一支古老的神权民族，大约在公元前 1800—前 1000 年，他们曾在这一地区生活过，其都城哈图沙什离代林库尤大约有 300 千米。

这些人为什么要把自己隐藏起来？一个明显的原因是由于对敌人的恐惧。谁会是他们的敌人呢？

闪米特人在他们的圣书《科布拉·纳克斯特》中就描述过，所罗门大帝怎样利用一架飞行器把这一地区搞得鸡犬不宁。不仅他本人，他的儿子和所有恭顺于他的人，也都曾乘坐过飞行器。阿拉伯历史学家阿里·玛斯乌迪曾描述过所罗门的飞行经历，并大致介绍了他的部族。当时的人类对于飞行现象产生恐惧，这是完全可以理解的。也许他们曾被剥削和奴役过，所以每当报警的呼喊"他们来了"传来的时候，人们就逃进地下城市。这和我们今天挖地下掩体防护自己的情形是一样的。

真相究竟如何，我们还不得而知。也许只是时间能告诉我们这些逝去的故事。

"巴别"通天塔因何而建？

在伊拉克首都巴格达城以南约 100 千米幼发拉底河流岸边的巴比伦，5000 多年前曾经矗立着一座无比壮丽的"巴别"通天塔。它堪与古埃及著名的金字塔媲美，形状也有几分相似。塔基的边长约有 91 米，巨大的石头砌成 7 层台阶，一层垒叠一层，一阶高出一阶，高度近百米，足与当今的电视塔一争高下。在高耸入云的塔顶上，还建有宏伟的庙宇。据说，它是天上诸神前往凡间住所途中的踏脚处，称得上是天路的"驿站"或"旅店"。

5000 多年以前，世界上很多民族还处于茹毛饮血的蒙昧时代，在底格里斯河和幼发拉底河之间一隅，古希腊人称为"美索不达米亚"，意即两河之间的地方，竟然立起如此气势磅礴、巍峨雄伟的通天塔，不能不令人叹为观止。

通过有关的零星记载及神话传说，人们依稀知道，昔日的"巴别"通天塔，可与列为世界古代七大奇迹之一的"空中花园"齐名，它被视作 5000 年前美索不达米亚城邦鼎盛时代的标志。但是，同"空中花园"现已荡然无存的厄运一样，"巴别"通天塔经历过历次的洗劫，也只留下一片废墟。那巨大的方形地基上长满野草，巴比伦昔日的灿烂文明已"难认前朝"了。

"巴别"通天塔既是世界上著名的古代奇迹,也是一个长期不解的谜团。

称得上有价值的记载,是在通天塔旁边马都克神庙内发现的一块珍贵的石碑。它上面镌刻有古希腊历史和地理学家希罗多德在公元前 460 年游览巴比伦城时,对已经荒弃的"巴别"通天塔的赞词:"它有一座实的主塔,上面又有一层,再上是第三层。一共有 8 层。外缘有条螺旋形通道,绕塔而上,直达塔顶。约在半途设有座位,可供歇脚。"他说 8 层,想必是把塔基的土台或塔顶的圣所也计算在内了。他记下的塔基,每边长为 90 米,高度也约为 90 米。据考古学家查考,塔基边长的确为 90 多米,可见碑文所载相当准确。

希罗多德还描述,"巴别"通天塔顶上建有一座神庙,里面有张精致的大睡椅,铺陈华丽,旁边有一张金桌子。神殿内并无偶像,神亲自进入庙里,躺在睡椅上休息。

"巴别"通天塔和美索不达米亚其他庙塔一样,都用砖构筑,原因是当地缺乏良木和岩石。为使庙塔的巨墙外观不至于显得单调,工匠们聪明地建造了高大的斜桥和斜形阶梯,再用支墩作装饰,把巨大的平面墙体巧妙地分成了有变化的几段。从现代的建筑技术的角度来看,这种巨大立面的处理手法是十分高明的,很合乎建筑艺术的法度。

"巴别"通天塔在公元前 689 年亚述国王攻陷巴比伦城时遭到摧毁。后来的统治者几欲重建,终因其工程浩大而未能如愿。

古罗马斗兽场是如何建成的?

公元 72 年,由韦帕芗皇帝开始建造,在其儿子提图斯在位期间建成的斗兽场,是古罗马帝国标志性的建筑物之一。罗马斗兽场以其宏伟的建筑规模和美轮美奂的设计艺术成为古罗马帝国辉煌岁月的见证。德国建筑学家海因茨·于尔根·贝斯特向现代人揭开了古罗马人创造这一伟大而雄伟的建筑的秘密。

整个建筑呈椭圆形,高48米,用巨石和大理石建成。墙用砖块、混凝土和金属构架加固。在斗兽场下有坑道和地窖,那是演出前关押囚犯、奴隶和动物的地方。斗兽场是古罗马建筑的杰作,同时它也是许多现代露天体育场的典范。如今在斗兽场底部所见到的石头迷宫,当年被斗兽场的地板遮盖着。古罗马人用它作为斗士间进行格斗、人与动物搏斗或动物之间相互厮杀的场所。斗兽场气势雄伟,规模宏大,整个斗兽场最多可容纳9万人。

距今约2000年前的古罗马帝国的工程技术和建筑设备与现在自然不能同日而语。但是,古罗马的能工巧匠和充满智慧的劳动人民那时候就已发明了很多类似现在大型建筑机械的工具来完成大型工程。

根据海因茨·于尔根·贝斯特的研究,为了搭建古罗马斗兽场,当时的人们至少使用了移动平台和可升降的罩笼,以供工人在高空作业。另外,最让人感到不可思议的是,当时还发明了大型"起重机",以将沉重的砖瓦、石料等建筑材料运到高处。贝斯特推测,为了建造斗兽场,罗马人至少制造了30台以上的"起重机"。

不过,如此宏伟的建筑,在人类文明发展史上书写的却是一段血腥、野蛮的历史。在罗马斗兽场建成后的300年内,穷奢极欲的罗马贵族们在这里欣赏着兽与兽、人与兽、人与人之间的残酷搏杀。在斗兽场内参与决斗的人,大部分都是当时被看作动物的奴隶和战俘,他们被称为角斗士,生死完全由贵族们掌管,在一场异常激烈的搏斗之后,往往全场观众起立,拇指朝下,大喊"杀死他! 杀死他!"逼迫胜利者当众处死失败者,以这样的方式来满足贵族们嗜血的欲望。

复活节岛上的石像是如何建造的？

在距离南美大陆 3700 千米的南太平洋中，有一个美丽而神秘的孤岛，这就是著名的复活节岛，它被称为"世界的肚脐"。该岛面积只有 117 平方千米，人口不过 1400 人。然而，在全世界千千万万的岛屿中，没有一个像它那样充满了神秘色彩。

1686 年，英国探险家爱德华·大卫第一次登上了这个小岛，只见荒山秃岭、满目荒凉。但是荒岛上却耸立着一个个巨大的石像，其奇怪的姿态和阴沉的眼神使小岛笼罩着浓厚的神秘气氛，大卫称其为"悲惨而奇怪的土地"。

1722 年 4 月 5 日，荷兰海军上将雅各布·罗格文又一次登上了这块土地。后来，英国的凯瑟林·劳特利奇和法国、比利时联合考察队也曾先后到岛上考察，但石像之谜一直没有揭开。

复活节岛以石像闻名于世。据最新统计，这个小岛共耸立着 600 多座石像，每座石像都是由完整的巨石雕刻而成的，最大的一尊高 10 多米，有三四层楼那么高，石像头顶上还放着一块巨大的刻成假发形状的红色巨石。这些石像环立在岛的周围，眺望着波涛滚滚的太平洋。还有一尊石像尚未竖立起来，约 24.7 米高，据称有 50 吨重，是岛上的石像冠军。这些石像长耳、长鼻、浓眉、长脸，都有一双深邃的眼睛。

考古学家发现，岛上的石像有两种不同的形象：一类浓须绕颊，鼻子窄长，头上有假发似的顶髻，双眼凝视大海；另一类的形象与此不同，竖立的位置也不同，矗立于火山的斜坡上。这可能是因为岛上有两个不同种族的缘故。人们推测石像是一种建造者对祖先的崇拜物。他们建造石像是祈求祖先保佑部落昌盛，赐予他们力量，祈求丰收和胜利。但是，复活节岛上的艺术家们为什么丢下正在创作的艺术作品而不顾？复活节岛为什么衰落了呢？

美国加利福尼亚大学的考古学家吉尔认为，岛上资源缺乏，空间狭小，加上两个种族有很大的文化差异，必然会导致残酷的战争，使人口大减。采石场遗址上丢弃的工具、尚未完工的石像表明，战争爆发后，工匠们或者投入战斗，或者仓皇逃离，双方都遭受巨大的损失，同时战争也导致大部分技艺高超的工匠遇难。

有些考古学家认为，岛上居民处于极原始的状态，不能设想他们能够搬动这些几十吨重的石像，并将其平稳地竖立在海边，只有拥有先进技术的宇宙人才能完成这项艰巨的工作。可能在遥远的古代，一支宇宙考察队来到了地球，不幸飞船出了故障，不得不停泊在复活节岛上。为了向宇宙救援者提供自己的地理位置，他们制造了石像，让从天而降的同伴一眼就能看到。后来，天上的救援者终于来到了复活节岛，于是，正在制造石像的宇宙人欣喜若狂，纷纷登上宇宙飞船而去，这就致使许多尚未完工、未能立起的石像横躺在岛上。

然而，有些科学家则推测，南太平洋上曾经有一个高度发达的古大陆，居民们制造石像用来祭祀，从事宗教活动。但是，12000年前一次巨大的灾变暴发，古大陆沉入海底，只留下复活节岛和波利尼西亚群岛。这些石像留了下来，它们的制造者却在大灾变中葬身大海，石像成了一个没有记载的历史之谜。这种理论至今无法从考古材料中得到证实。

世界上有几处凯旋门？

一提起凯旋门，人们就会想到法国巴黎市中心星形广场那座气势恢宏的凯旋门。的确，它是全球诸多凯旋门中最为著名的一座。凯旋门作为巴黎的标志性建筑，凝聚着法兰西一段最辉煌的历史，使这个一向以浪漫多情而著称于世的民族,平添了阳刚之气,因而许多法国人总是对这座建筑倾注更多的偏爱。

法国巴黎凯旋门高 48.8 米,宽 44.5 米,这在近 200 年前该是座庞然大物了。它是拿破仑一世为纪念 1805 年 12 月打败奥地利而下令建造的,初名雄师凯旋门,由建筑师夏尔格兰设计,1806 年动工,1836 年 7 月 29 日建成。

其实在巴黎,除了星形广场这座凯旋门外,还有"卡鲁塞尔凯旋门"(俗称小凯旋门)和"拉德方斯大拱门"(俗称新凯旋门)。

小凯旋门也是拿破仑命令建造的,有三个圆拱门,高度有 20 余米,顶上有 4 匹战马和分立两侧的金色女神像。新凯旋门位于巴黎西北郊的一片新区——拉德方斯区,新凯旋门因此得名。这是一座极富现代色彩的建筑,方方正正的立方体硕大无比。据说大拱门的内框空间,足以容纳整个巴黎圣母院,其门距的宽度同香榭丽舍大街相当。其总高度达 105 米,比大凯旋门高出一倍多。在空阔的门洞里,高悬着名为"云"的巨大天幕,这是西方一种前卫的装饰艺术。最让人叫绝的是,这座新凯旋门与卡鲁塞尔凯旋门和大凯旋门刚好处于同一条中轴线上,三点成一线,依次递进,一步步从古代走到今朝。在新凯旋门的正中,竖立着一块钢铁碑铭,上面以人类最常用的几十种文字镌刻着一段内容相同的碑文,其中一行用汉字写道:"一个敞开的立方体,一个面向世界的窗口,它是希望的象征,未来人们将在此自由相会。"

虽然法国巴黎拥有世界最为著名、规模最大、数量最多的凯旋门,但开这一建筑之先河的却是意大利。世界最早的凯旋门,当属位于罗马帝国大道的凯旋门,它由三座独立的门组成,北门为纪念塞约罗皇帝远征波斯国而建,中门为纪念蒂都皇帝东征耶路撒冷而建,南门为纪念君士坦丁大帝战胜暴君而建,三座门中以南门为最大。在米兰市的古城堡旁,还有该国的第二座凯旋门,高 25 米,顶上矗立八骏马二武士青铜铸像,是

1807 年为纪念拿破仑征服意大利而建。

除法国、意大利之外，世界各地还有许多凯旋门。位于德国柏林菩提树下大街西端的凯旋门，是 1791 年为纪念普鲁士国王统一德意志而建的。此门高 11 米，宽 60 多米，顶部立女神战车铸像。西班牙的凯旋门坐落在巴塞罗那市老城区的和平大街上，高大雄伟、气势恢宏，门上端和拱门边缘镶有精美的浮雕，具有极高的艺术价值。它是为了纪念西班牙独立战争胜利，于 1888 年修建的。位于朝鲜平壤市牡丹峰下凯旋广场的凯旋门，是 1982 年为纪念金日成投身共产主义革命而建的，高 66 米，宽 52.5 米，全部采用白色花岗石砌成，门顶为三层，门侧有浮雕群像。

能产生"自然音乐"的神奇景观在何地？

在夏威夷群岛的哈那累伊沙滩上，有一片绵延 800 多米，高达 18 米的沙丘，由珊瑚、贝类及沙粒堆积起来，每当人们迈步在沙丘上时，就会听到脚下发出动听的音乐。这就是夏威夷的音乐沙。

如果用两手抓起一把沙子用力摩擦，手中的沙子也会发出奇妙的声音。据科学家分析，这是由于这里的沙子被海水和雨水打湿以后，随着水分的不断蒸发，产生振动，而沙子表面的空气薄层就在振动的情况下产生音响，于是就发出了节奏不同、音色各异的音乐。

在墨西哥有一座音乐山。此山位于墨西哥的索那拉州，是一座既没人烟，也不长树的山。上得此山，懂音乐的人先在山石上叩击，就能确定音阶，然后拉开架势打奏，就可奏出打击乐。不仅如此，音乐山所发出的乐声种类，简直比一个交响乐队的乐音还复杂。沿山叩击过去，一路抑扬顿挫，千变万化，如果多人叩击，就能演奏出雄壮的进行曲。更为奇妙的是，有时人们没有去叩击它，在自然风的作用下，它也能演奏出奇妙的音乐。

经地质学家考证，音乐山的奥妙，在于这是一座死火山，山上到处都是洞穴裂缝，当人们叩击它或是狂风吹进这些洞穴裂缝时，就会发出各种不同的声音。

而在委内瑞拉东部，则有一条优美动听、音律变化无穷的"音乐河"。经科学家考察，这条河流被许多岩洞中的奇岩阻隔，分成无数条涓涓细流，然后穿出将近 300 米的奇岩层，在细流穿出各种岩层时，由于洞缝宽窄不一、水速快慢不同，就发出了各种奇异的声响，宛如一曲曲交响乐。

在埃及的特本城有一根门柱，每当太阳初升时，它就会奏出像管风琴一样的乐声。科学家们经过研究后认为，这是一种热胀冷缩的物理现象。由于该门柱距今年代久远，中间有许多大小空洞，夜晚温度下降时，空洞中潜藏的空气收缩，等到早上太阳突然照晒时，空洞中的空气迅速受热膨胀，由柱子上的小缝隙拥挤向外，就发出了声响奇特、旋律各异的乐声。

非洲突尼斯的临犹莱山上，有一个"音乐泉"。在泉旁，人们可以听到一支支曲调丰富、不断变化的乐曲。有关专家考察发现，"音乐泉"的出水处，挡着一块千孔百洞的空心岩石，泉水流到那里后被分离成无数条细流，这些有着喷射力的细流冲击着空心岩壁，就汇成了一首首连绵不断的乐曲。

希巴姆土质大楼真的不会倒塌吗？

在面向阿拉伯海的也门东部，有一片干旱的哈达拉毛谷地，黄沙中隐伏着一簇白色的建筑物，就像沙漠中的海市蜃楼，由土垒成的摩天大楼高耸入云，气度非凡。这就是被称为"世界人类文化遗产"之一的希巴姆土城。

高大的城墙围护着这座中世纪的土城。城内 560 多幢大楼高低错落、鳞次栉比、坐北朝南，蔚为奇观。楼房高者十几层，低者六七层，其中

30座清真寺格外富丽堂皇。在这里,所有楼房除了清真寺外,屋顶全部都没有房檐,墙面直切,窗户朝里开,没有外部的阳台,也没有外部廊柱。这些土楼都是用生土坯建造的,外部涂以白灰浆。具体做法是:将泥土和草及谷壳拌好,打造成型,风干而成泥砖,层层垒高。几百年来,这些土楼无一倒塌,就像水泥建筑一样完好如初,真是令人难以置信。是什么原因使得希巴姆土质大楼能够经受住几百年的风风雨雨而没有损坏呢?科学家们也难得其解。

有人说,土质摩天大楼不塌有赖于希巴姆人超群的建筑技艺。

大多数人认为,只要注意一下当地的干旱气候和黏土的质量,就可以看出人为因素并不是主要因素。这里终年基本无雨,就算有雨也是那种湿不了屋墙的毛毛小雨,最重要是年降水量和每次的降水量都非常小。兼之泥土极黏,与草筋混合凝固后如同混凝土块,风雨难以侵蚀泥屋,所以可安然屹立。

珊瑚石城堡真的是一人所建吗?

美国佛罗里达州有一座奇特而又壮观的珊瑚石城堡。这座迷宫般的珊瑚石城堡,浩大空旷,怪石蠢立,厅堂、喷泉、石雕精巧玲珑,千姿百态,使人仿佛置于扑朔迷离的仙境。最让人惊奇的是,城堡内有一扇重达9吨的石门,但是这扇玄妙莫测的巨大石门,只要小孩轻轻一推,竟会缓缓开启。前去参观的物理学家、建筑学家至今不解其中奥秘。

城堡的主人李特斯奈克是个充满传奇色彩的人物。1887年他出生于拉脱维亚。他在失恋之后,远走家乡,定居佛罗里达州。他虽身在异国,心中仍痴情地怀念失去的恋人,决心利用他住所附近的珊瑚石建造一座城堡,献给他心爱的昔日恋人。

从 20 世纪 20 年代起,他开始在自己住所附近的岩床上凿下一块块巨大的珊瑚石来建造一座城堡,但由于他在城堡外用珊瑚石砌起了一道 8 米高的围墙,严严实实地构筑了一道外人根本无法窥视的屏障,因此,没有人看到过他的劳作。到了 40 年代末,这座珊瑚石露天城堡终于屹立起来了。然而,李特斯奈克却由于过度劳顿和营养不良,于 1951 年在迈阿密的医院里溘然长逝。

不少学者和工程技术专家认为珊瑚石城堡不可能由李特斯奈克一人所建。正如美国一部有关的电视记录片中提出的质疑那样:李特斯奈克个子矮小,体重只有 50 千克左右,只身一人进行如此浩大的建筑工程,实在是难以想象的。没有先进的现代化起重设备,他怎能单枪匹马、赤手空拳吊起一块重达 9 吨的巨石? 更令人生疑的是,从来没有人亲眼看见过李特斯奈克进行工作。据说他只在太阳落山后才开始他的建造工程,并拒绝任何人进入他的院子来看他如何工作。

城堡内的一座石碑腾空竖立,上面镌刻着火星、土星。一张硕大的石桌被凿成佛罗里达州的形状。城堡内有两件用珊瑚石制成的天象仪,其日晷仪可在一年之内的任何时候显示时间,其误差不会超过 5 分钟。还有一座用两块珊瑚石制成的北极望远镜,第一块上面被钻了一个直径为 2.5 厘米的小孔,其高度与人立地观测齐平。旁边是一根拔地而起的 25 米高的柱子,顶头钻了一个大孔,在晴朗的夜空,通过小孔就可观测到石柱上空的北极星。李特斯奈克绝不可能造出这么精密、高超的天文仪器,因此有人猜测这个奇迹其实并不是李特斯奈克的作品,而极有可能是天外高级智慧来客所为。他们认为李特斯奈克可通过石制仪器来观测天外来客的行踪,外星人很可能在城堡内着陆过,李特斯奈克得到了外星人的帮助,利用反重力设备来移动那些巨大的石块。

也有人以为,古人尚能完成许多不可思议的奇迹,那么李特斯奈克也可能一人建成珊瑚石城堡。可能他掌握了一些已湮灭于世的远古建筑技艺,故而能独立完成这座露天城堡。只是因为今人已无法知晓这些技术的具体操作过程,使得李特斯奈克建城堡的真相被掩盖起来了,产生了种种推测和猜想。如果我们不相信李特斯奈克能独自完成如此浩繁的工程,那么,是谁帮助了他呢?

李特斯奈克传奇般的身世和这座谜一般的城堡,引起了人们极大的兴趣,不少人想揭开神秘的城堡内幕,但均不能令人信服。

神秘的马耳他地窖是庙宇还是坟墓?

马耳他位于地中海中部,面积316平方千米,人口30多万,由5个小岛组成。1902年,马耳他岛繁荣兴旺的佩奥拉镇的一群建筑工人,在施工的时候,发现了一座人工开凿在坚硬岩洞里的地窖,一时间轰动世界,闻讯赶来的考古学家们对洞穴进行了挖掘和清理,一个规模宏大、设计独特的史前建筑逐渐清晰地呈现在世人面前。更令人惊奇的是,里面竟然存有7000具骨骸! 沉寂的马耳他一时名声大噪。

这座巨大的地窖共分三层,最深处距地面12米,构造错综复杂,仿佛一座地下迷宫。它由上下交错、多层重叠的多个房间组成。里面有一些供进出的洞口和奇妙的小房间,旁边还有一些大小不等的壁孔。中央大厅耸立着直接由巨大的石料凿成的大圆柱、小支柱,支撑着半圆形的屋顶。整个建筑线条清晰、棱角分明,甚至那些粗大的石架也不例外,没有发现用石头镶嵌补漏的地方。地窖的石柱、屋顶风格与马耳他许多其他的古墓、庙宇如出一辙。但别的庙宇都建在地上,这座建筑却深藏于地下的石灰岩中。

这座地窖是"庙宇"还是"坟墓"? 在生产力极其落后的石器时代,马耳他的岛民为何耗费如此巨大的精力来建造这座庞大的地下建筑? 它引发了人们无数的联想。

有人认为，它是一座地下庙宇。在这座地下建筑中，有一个奇妙的石室，人们称之为"神谕室"。由于设计独特，石室内产生了一种神奇的传声效果，因此石室又被称之为"回声室"。这个石室有一堵墙壁被削去一块，后面有一间状似壁龛、仅容一个人的石室。一个人在里面讲话，声音可以传遍整个石室，而且一点儿也不失真。在石室靠近屋顶处，沿四周墙壁凿了一道脊壁槽，人的声音就顺着这条脊壁槽向四处传播，设计人显然明白这样设计能产生特殊的传声效果。

正因为有这个回声室的存在，考古学家便推测这座地窖是有宗教用途的建筑，它可能是祭司的传谕所。当时的祭司一定是男性，但崇拜的对象大概是个女神，因为在地窖里考古学家发现了两尊女人卧像和几尊肥大的、可能是以孕妇为蓝本的侧卧像。这些证据表明，地窖可能是个崇拜地母的地方。

然而，这座建筑真的就是一座地下庙宇吗？事实并非如此简单。越往地下深层发掘，考古学家发现它越不像是一座庙宇。尤其是在一个宽度不足 12 米的小石室里，竟然发现埋藏有 7000 具骸骨，恐怕不能仅仅用宗教用途来解释。骸骨不是一具具完整的尸骨，因为那么狭小的地方根本容不下那么多尸体。室内骨骼散落，表明是从其他地方移葬过来的，这种埋葬方式，在原始民族中非常普遍。

根据挖掘出来的牛角、鹿角、凿子、楔子、两把石槌以及做精工细活用的燧石和黑曜石进行判断，再根据其建筑风格加以推测，此地下建筑约建于公元前 2400 年前后，当时岛上正处在石器时代。那么，这座地下庙宇到底是供人祭祀之地，还是供死者安息之地呢？岛上居民什么时候把骨殖放到这个地方来的？没有人知道。也许，这是一座仿照地上建筑而建的一座地下庙宇，也许它就是死者的安息之地。这些问题均无从回答。随着历史的车轮滚滚向前，神秘的马耳他地窖可能永远是一个未解之谜。

第三章

耐 人 寻 味

——窥探光环背后的名人逸事

丘吉尔和牛顿也曾沉迷于股市吗？

1929 年,刚刚卸去英国财政大臣之职的丘吉尔和几位同伴来到美国,受到了巴鲁克的盛情款待。巴鲁克是丘吉尔的好友,也是一位能干的金融家,并且还是一名善于把握先机的股票交易商,被人们誉为"投机大师""在股市大崩溃前抛出的人"等名号。此番接待丘吉尔,巴鲁克悉心备至,特意陪他参观了纽约股票交易所。在交易所,紧张热烈的气氛深深吸引了丘吉尔。虽然当时他已经年过五旬,但好斗之心让他也决心小试牛刀。

在丘吉尔看来,炒股就是小事一桩。然而不幸的是,1929 年改变世界经济乃至世界政治格局的美国股灾爆发了,丘吉尔来到纽约的时间和华尔街股票市场崩溃的开始时间恰巧重合。结果仅仅在 10 月 24 日一天之内,他几乎损失了投入股市所有的 10 万美元。那天晚上,巴鲁克邀请大约 50 名财界领袖一起吃晚饭,席间他向丘吉尔祝酒时就戏称他为"我们的朋友和前百万富翁"了。

这样的残酷事件让丘吉尔感到,炒股绝非儿戏。不过,返回英国时,丘吉尔似乎还比较乐观,他认为这场金融灾难,尽管对无数人是残忍的,但也仅仅是一个插曲,最终会过去。而且他还曾充满想象力地声称:"在这个年代,成为一个投机商人该是多么奇妙的一种生活啊!"

大名鼎鼎的牛顿也曾是一个疯狂的股民。1711 年,有着英国政府背景的英国南海公司成立,并发行了最早的一批股票。1720 年时,人人都看好南海公司,其股票价格从 1 月份的每股约 128 英镑迅速攀升,涨幅惊人。4 月份,看到如此利好的消息,牛顿就用自己大约 7000 英镑的资金,毫不犹豫地购买了南海公司的股票。很快他的股票就涨起来了,仅仅两个月左右,比较谨慎的牛顿把这些股票卖掉后,竟然赚了 7000 英镑。

但刚卖掉股票,牛顿就后悔了。因为到了 7 月,股票价格达到了 1000 英镑,几乎增值了 8 倍。于是,牛顿决定加大投入。然而此时的南海公司却陷入了经营困境,股票的真实价格与市场价格严重脱钩。并且在此前的 6 月,英国国会通过了《反泡沫公司法》,对南海公司等公司进行政策限制。结果没过多久,南海股票一落千丈,到了 12 月份最终跌为 124 英镑,南海公司总资产严重缩水。许多投资人血本无归,牛顿也未及脱身,亏了 2 万英镑。

这笔钱对于牛顿来说无疑是一笔巨款,牛顿曾做过英格兰皇家造币厂厂长,年薪也不过 2000 英镑。事后,牛顿概叹:"我能计算出天体运行的轨迹,却难以预料到人们的疯狂。"

拿破仑的秘书为何不好当?

拿破仑在欧洲军事、政治舞台上的杰出才能和辉煌业绩,使他成为法国人崇拜的偶像。因此,成为皇帝陛下的秘书,是当时许多人梦寐以求的一件事。但是,拿破仑的秘书可不是好当的。

一次,拿破仑的一名私人秘书因病离职,需临时招募一名秘书。消息传出,人们展开激烈的竞争。结果,陆军部长办公室的 S 先生被选中。突如其来的好运使他激动莫名,在同事们的一片欢呼声中,S 先生穿戴整齐,到杜伊勒里宫就职去了。

送走了 S 先生后,大家对他将来的飞黄腾达羡慕不已,尚在谈论之际,办公室的门突然被人撞开了,S 先生失魂落魄地回来了,不仅帽子丢了,手套也不见了,头发乱糟糟的,四肢直打哆嗦。在众人惊讶万分的目光中,他诉说了刚刚在杜伊勒里宫的遭遇。

原来,S 先生入宫后,拿破仑打量了他一番,便叫他坐在靠近窗口的椅子上,然后就在房里大步地走来走去,指手画脚,不时地从嘴里迸出一些含混不清的词语。初来乍到的 S 先生以为皇帝心绪不佳,嘴里嘟哝的东西与己无关,因此并不注意听,只是屏住呼吸偷偷地用目光注视拿破仑的一举一动。过了约半小时,突然,拿破仑大步流星地朝他走来,说:"给我重述一遍。"什么也没有记下的 S 先生张口结舌,一下子惊呆了。拿破仑见纸上一片空白,顿时像狮子般暴跳如雷、怒吼连声。年轻的 S 先生吓破了胆,连秘书的椅子还没坐热,就连滚带爬地逃离了杜伊勒里宫。S 先生一连 5 天卧床不起,此后,直到拿破仑逝世多年,S 先生每每从远处眺望宫殿时,仍心有余悸。

对付拿破仑的口述,跟随他多年的首席秘书凡男爵却有一套办法。拿破仑口述时,有时含混不清地自言自语,有时又前言不搭后语,断断续续、杂乱无章。对此,凡男爵的办法是不管三七二十一,先听多少记多少,恰当地留下空白,以跟上说话人的思路,等口述中途停止或结束,就赶紧整理残缺不全的草稿,绞尽脑汁地反复琢磨皇帝话语的含意,填补空白,组合句子,整理完毕,便交给拿破仑。

此时,拿破仑若抖抖纸张,签上名字,把文件往凡男爵的桌子上一扔,说一声:"发出去!"那么,口述记录工作便算是大功告成了。

更令秘书叫苦不迭的是拿破仑那非凡的精力,简直令人难以置信。有一次,拿破仑想在枫丹白露筹建一所学校,曾一口气口述了共计 517 项条款的详细计划。平时,拿破仑习惯于每天工作十五六个小时,而在每次战役期间,他白天忙个不停地处理军政大事,晚上稍稍休息一会儿,待到凌晨一两点钟,便起床阅读战报和情报,思考问题,并立即就当天的军事行动做出决定。据史载,1806 年秋对普鲁士作战期间,他曾一天连续口述了 102 项命令和指示。

拿破仑如此工作,当然忙坏了他身边的秘书们。作为秘书,无论何时何地、在何种情况下，他们都必须随时恭候等待命令，工作之辛苦是可想而知的。

有一天，拿破仑的情绪很好，高兴地捏捏秘书的耳朵，对他说："你也会永垂不朽的。"的确，拿破仑说得不错，那些和他一起生活工作过的人，后来很多都由于他的缘故而名垂青史。当拿破仑的秘书实在是一项可怕的差使，荣誉虽高，但是没有多少人愿意并且能够干到底。

为什么说毕加索是"世界上最年轻的画家"？

伟大的西班牙画家毕加索死的时候是 91 岁。也许你要奇怪，为什么我们要把他叫作"世界上最年轻的画家"呢？这是因为在 90 岁高龄时，他拿起颜料和画笔开始画一幅新的画时，对世界上的事物好像还是第一次看到一样。

年轻人总是在探索新鲜事物，探索解决新问题的方法。他们热心于试验，欢迎新鲜事物。他们不安于现状，朝气勃勃、从不满足。而大多数老年人则害怕变化，他们知道自己什么最拿手，宁愿按照过去的成功之道如法炮制，也不冒失败的风险。

大多数画家在创造了一种适合于自己的绘画风格后，就不再改变了，特别是当他们的作品受到人们的欣赏时更是这样。随着艺术家年岁的增长，他们的绘画虽然也在变，可是变化不会很大了。而毕加索却像一位终生没有找到他的特殊艺术风格的画家，千方百计寻找完美的手法来表达他那不平静的心灵。

他身上首先引人注意的地方就是那双睁大了的眼睛的眼神。美国著名女作家斯特安在毕加索年轻时就曾提到他那如饥似渴的眼神，而现在人们依旧可以从毕加索的画像中看到这种眼神。毕加索在 1906 年给斯特安画了一幅像,他通过自己的记忆画了她的脸。看过这张画的人对毕加索说:"这不像斯特安小姐本人。"毕加索总是回答说:"太遗憾了,斯特安小姐必须设法使自己长得跟这张画一样才行呢。"但是,30 年之后,斯特安说,在她的画像中,只有毕加索给她画的那张,才把她的真正神貌画出来了。毕加索作画,不仅仅用眼睛,而且用思想。

毕加索的画,有些色彩丰富、柔和、非常美丽,有些用黑色勾画出鲜明的轮廓,显得难看、凶狠、古怪,但是这些画启发我们的想象力,使我们对世界的看法更深刻。面对这些画,我们不禁要问:"毕加索看到了什么,使他画出这样的画来?"我们开始观察在这些画的背后究竟隐藏着什么。

毕加索一生创作了大量不同风格的画,有时他画事物的本来面貌,有时他似乎把所画的事物掰成一块块的,并把碎片朝你的脸上扔来。他要求着一种权力,不仅把眼睛所能看到的东西表现出来,而且把我们的思想所感受到的也表现出来。

他一生始终抱着对世界十分好奇的心情,就像年轻时一样。

埃及艳后为何被称为"旷世妖妇"?

克丽奥佩特拉生于公元前 69 年,是亚历山大大帝征服埃及后托勒密王朝的君主之一。她的父亲托勒密十二世指定长子托勒密和她共同执政,统治埃及。公元前 51 年克丽奥佩特拉登上王位。

克丽奥佩特拉在古埃及无疑是一位焦点人物,在后人的记述里,这位埃及绝世佳人凭借其倾国倾城的姿色,不但暂时保全了一个王朝,而且使强大的罗马的统帅纷纷拜倒在其石榴裙下,心甘情愿地为其效劳卖命。但丁的《地狱》、莎士比亚的《恺撒大帝》等,都将这位传奇女人描述为"旷世妖妇";而萧伯纳也称她为"一个任性而不专情的女性"。

在好莱坞巨片《埃及艳后》中，克丽奥佩特拉同样被描绘成用色相引诱凯撒，助其击溃胞弟而独占王位；凯撒遇刺后，她又迷倒了安东尼。可是安东尼的作为激起了罗马市民的愤怒，在与罗马人交战中彻底败北之后，克丽奥佩特拉眼见大势已去，不得已以毒蛇噬胸自杀，年仅38岁。

历史上真实的埃及艳后究竟是一个什么样的女人？虽说野史、传说和文学作品中总能见到她神秘的影子，但有关她本人的文献资料却是少之又少。历史上真实的克丽奥佩特拉究竟是一个什么样的女人？好在德国柏林博物馆尚有一尊据称是全世界保存最好最完整的埃及艳后的肖像。

这尊肖像所展示的埃及艳后并不美艳，看上去她就是一个平平常常的女人，鹰钩鼻、薄嘴唇，头发只是简简单单地打个髻，风格朴实，这样的装扮显然无法俘获罗马将领的雄心。

苏格拉底为何拒绝越狱？

公元前399年6月的一个傍晚，雅典监狱中一位年届七旬的老人就要被处决了。只见他衣衫褴褛、散发赤足，面容却镇定自若。他打发走妻子家人后，与几个朋友侃侃而谈，似乎忘记了就要到来的处决。直到狱卒端了一杯毒汁进来，他才收住话匣子，接过杯子，一饮而尽。之后，他躺下来，微笑着对前来告别的朋友说，他曾吃过邻人的一只鸡，还没给钱，请替他偿还。说完，老人安详地闭上双眼，睡去了。这位老人就是古希腊大哲学家苏格拉底。

苏格拉底（前469—前399年）是古希腊著名的思想家、哲学家、教育家、公民陪审员，他和他的学生柏拉图及柏拉图的学生亚里士多德并称为"希腊三贤"。

身为雅典的公民,据记载苏格拉底最后被雅典法庭以不信神和腐蚀雅典青年思想的罪名判处死刑。尽管他曾获得逃亡的机会,但苏格拉底仍选择饮下毒汁而死,他认为逃亡只会进一步破坏雅典法律的权威,同时,他也担心逃亡后雅典将再没有像他一样好的导师可以教育人们了。

"业余数学家之王"是谁?

皮埃尔·德·费马是法国数学家,1601 年 8 月 17 日生于法国南部博蒙德洛马涅,1665 年 1 月 12 日卒于卡斯特尔。他处理公务之余钻研数学,在数论、解析几何学、概率论等方面都有重大贡献,被誉为"业余数学家之王"。

费马最初学习法律,但后来却以图卢兹议会议员的身份终其一生。他博览群书,精通数国语言,掌握多门自然科学,虽然年近而立之年才认真学习数学,但硕果累累。其 1637 年提出的费马大定理是数学研究中最著名的难题之一,至今尚未得到解决。

费马性情淡泊,为人谦逊,对著作无意发表。他去世后,很多论述都遗留在旧纸堆里,或书页的空白处,或在给朋友的书信中。他的儿子将这些汇集成书,在图卢兹出版。

谁是世界史上个子最高的皇帝?

彼得一世,原名彼得·阿列克谢耶维奇·罗曼诺夫,是沙皇阿列克谢·米哈伊洛维奇·罗曼诺夫之子,俄国罗曼诺夫王朝第四代沙皇。彼得仪表非凡,高大魁梧,身高 2.05 米,是史上个子最高的皇帝。

彼得于 1672 年 6 月 9 日生于莫斯科。他是沙皇阿列克谢·米哈伊洛维奇·罗曼诺夫和他的第二个妻子维塔利娅·纳利什基娜的独生子。彼得不到 4 岁父亲就去世了。因为阿列克谢·米哈伊洛维奇·罗曼诺夫的第一个妻子还为他生了 13 个孩子，所以围绕皇位的继承问题发生了一场漫长的殊死斗争。有一次彼得为了保全性命不得不逃亡。

彼得登基后，他的姐姐索菲娅·阿列克谢耶夫娜做了几年摄政王，直到她 1689 年退位，彼得的地位才真正稳固下来。彼得精力充沛、潇洒欢快，但他时常发脾气，不太好侍候。彼得除了政治和军事才能外，还对射击、印刷、航海、造船等做过研究。他热心俄罗斯国家的福祉，为俄罗斯的发展付出了一生的心血。1725 年年初，彼得在圣彼得堡死去，终年 53 岁。

叶卡捷琳娜二世因何买下狄德罗的藏书？

俄国女皇叶卡捷琳娜二世早年曾读过许多西欧启蒙思想家的作品，在流行"开明专制"的时代，她也使自己成为这一时髦的追逐者。她赞助和支持俄国艺术的发展，反对愚昧和落后，比西欧任何一位君主都更慷慨地资助哲学家和艺术家。伏尔泰形容叶卡捷琳娜二世是"欧洲上空最耀眼的明星"。此外，叶卡捷琳娜二世还在哲学家狄德罗窘迫到不得不变卖自己的大量藏书来维持生计时，花几十万卢布买下狄德罗的所有藏书，并委托狄德罗保管。叶卡捷琳娜二世认为，在狄德罗去世之前，让他和他的书分开，是一件让人最痛苦不过的事。

华盛顿缘何说自己像囚犯？

1789 年 2 月，根据宪法的规定，美国举行了建国以来的第一次总统选举，华盛顿成为各派都能接受的人物，当选为第一任美国总统。4 月 30 日，在纽约市的联邦大厦，华盛顿宣誓就职。

当选总统后，华盛顿把自己的感觉描绘成"像是走向刑场的囚犯"。因为他当总统，一是没有前人的经验可以借鉴，一切要自己摸索，二是新诞生的美国面临重重困难。在内政外交头绪纷繁的情况下，华盛顿显示出了他对国家大事所具有的卓越的领导能力。首先，他周全地考虑网罗人才，任命不同政治倾向的著名人物来担任领导职务，以便在内阁中保持势力均衡。其次，在财政上，他采用财政部部长汉密尔顿的建议，建立国家银行以巩固国家信用，稳定货币，活跃国民经济。在外交上，他努力改善同英国的关系，与周边印第安人签订友好条约，以保证国家和平。他还创立了总统否决制。身为首任总统，华盛顿恰当地行使自己的权力，既维护了国家的民主制度，又在各方面完善了总统制。

当第一届任期将满时，为打消民众对君主制的疑虑，华盛顿意欲引退，但他的政绩和民意使他在 1793 年 2 月再一次以全票通过当选总统，这在美国以后历任总统中是绝无仅有的。

谁是"没有心肝和眼泪的人"？

从大革命时期到拿破仑时代一直活跃在法国政坛上的约瑟夫·富歇，本来只是一个名不见经传的议员，但在风云变幻的大革命年代，因掌握着自己所属的雅各宾派的机密，又窥探到其所欲投靠的保王派的隐秘，他左右逢源、呼风唤雨,像最狡黠的动物那样揣摩着政治舞台上的剧情转换以及各方的利益所在,随时准备在适当关口出卖盟友,换取最大的政治利益。几度沉浮之后,富歇的权势在督政府时期空前膨胀,任督政府警务部长。1799 年,拿破仑上台执政,富歇摇身一变,成为法兰西第一帝国的警务大臣。1809 年,富歇受封为公爵。波旁王朝复辟后,富歇仍续掌警务。1816 年《弑君者法》颁布后,富歇只好亡命奥地利。法国大革命的元老塔列朗称富歇是"一个没有心肝和眼泪的人"。

诺贝尔真的与管家谈恋爱吗?

瑞典化学家诺贝尔 43 岁时,登报招聘一名"女秘书兼管家",广告是这样写的:"一位上了年纪的绅士非常富有,很有涵养,他住在巴黎。……希望找一位同样成熟并懂外语的淑女充当自己的秘书兼管家。"据说,诺贝尔收到了大批应征复函,而且信中还都附有照片。

诺贝尔在真心诚意想找工作的复函中注意到一封来自维也纳的应征函,署名是贝尔塔,家庭教师,33 岁,未婚,懂数种语言,只是"管家"经验不足。

诺贝尔热情地回了一封信,从此,来往的书信沟通了两人的思想,他们用数种不同的语言通信,讨论彼此的哲学观。最后,贝尔塔决定前来巴黎与诺贝尔见面。

贝尔塔向诺贝尔坦述自己不幸的童年,诺贝尔也毫无保留地向她倾诉了一切——他的希望、理想以及目前的研究计划,等等。但是,诺贝尔百思不解,为什么像她这样出众的女子仍然未婚。

翌日,诺贝尔来到宾馆。他给贝尔塔带来一首长诗,这首诗道出了他的心声,也使她看到了这位绅士多愁善感的心灵。诗中说:"尔说我是个谜——也许吧。我们其实都是未解之谜,在痛苦中开始,在深沉的折磨中结束。琐屑卑贱的事物把我们拖向死亡,崇高的思想把我们带到诸天之上,而欺哄我们相信一个灵魂梦想永垂不朽。"

贝尔塔终于开始上班了。诺贝尔付给她一笔丰厚的薪水。可是,贝尔塔并不能长久干下去,因为,她一直快快不乐。她告诉诺贝尔,她正与奥地利一位男爵相爱,但男爵的母亲却嫌贝尔塔出身清寒贫贱而百般阻挠。现在,男爵对她依然念念不忘。诺贝尔对此惊诧不止,他甚至对贝尔塔说:"你终究会忘记他的,或许他早已把你忘掉了。"

实际上,贝尔塔和男爵都还怀念着对方。不久,诺贝尔外出洽谈生意,贝尔塔只身留在巴黎。她接到男爵的信,而且就连她从前的学生——男爵的妹妹也给她来信,叙述她哥哥的忧伤之情。经过前思后想,贝尔塔给诺贝尔留下了一封信,变卖了首饰,买了火车票赶回维也纳。她嫁给了男爵,但仍与诺贝尔保持着联系。此后,她开始献身于"和平运动"。在诺贝尔奖获得者名单中,人们不难查到:"1905 年,第 5 届诺贝尔和平奖获得者:'永久国际和平研究所'名誉主席、《放下武器》一书的作者贝尔塔。"

麦克阿瑟在日本投降仪式上用了多少支笔?

1945 年 8 月 15 日,日本宣布无条件投降,麦克阿瑟被杜鲁门总统任命为驻日盟军最高司令,负责对日军事占领和日本的重建工作。9 月 2 日,盟国在"密苏里"号军舰上举行受降仪式,日本外相重光葵和参谋总长梅津美治郎代表日方签署投降书。麦克阿瑟出场代表盟国签字受降,中、美、英、苏等盟国代表亦先后签字受降。麦克阿瑟在签字受降时,特意安排太平洋战争初期即被日军俘虏的美国将军温赖特和英国将军珀西瓦尔站在他身后的荣誉位置,很有意思的是,他准备了 5 支派克金笔用来签字。他用第一支笔签了"道格",送给站在身后的美军中将温赖特;第二支笔接着写了"拉斯",然后送给英军司令珀西瓦尔;第三支写了"麦克阿瑟"就收起来,后来送给了美国政府档案馆;第四支笔签了职务"盟军最高统帅",后来送给了美国西点军校;第五支笔签了年月日,后来送给了爱妻琼妮。

作家海明威为什么要站着写作?

欧内斯特·米勒尔·海明威是美国著名作家,素有"文坛硬汉"的美誉。第一次世界大战时,海明威的一条腿的膝盖被打得粉碎。佐好后他只有用单腿站立的姿势写作,以减轻伤腿的痛苦。渐渐地他养成了站着写作的习惯。

曾有记者采访他:"你那简洁风格的秘诀在哪里?""站着写作!"海明威脱口答道,"我站着写,而且是用一只脚站着,我采取这种姿势,使我处于一种紧张的状态,使我尽可能简洁地表达我的思想。"

哪家酒吧拒绝基辛格的预约?

在圣地耶路撒冷,有一个名叫"芬克斯"的西餐酒吧,只有 5 张桌子,虽然面积不大,却历史较久,颇具特色,是各国记者非常喜欢停留的地方。

20 世纪 70 年代,基辛格在中东进行穿梭外交的时候,他亲自给"芬克斯"的老板打电话预约,说出了自己的真实姓名,希望带 10 个随从光临"芬克斯",并要求届时谢绝其他客人。本来"芬克斯"的老板很高兴,非常欢迎自己的同胞光临小店,但基辛格的要求深深刺痛了他作为一个犹太商人那根职业道德的敏感神经。

他非常客气地说:"您能光临小店,我感到莫大的荣幸。但让我谢绝店里的老顾客,是我所不能做到的。因为他们是支撑这个店的人。"基辛格很尴尬,挂断了电话。

第二天,基辛格再次给他打电话,首先表示道歉,然后要求带三个随从并订一个桌子,而且不必谢绝其他客人。但是,结果反令基辛格大吃一惊,店主谢绝了基辛格的预约。

"为什么?"基辛格大惑不解。

"因为明天是安息日,也是本店的休息日,我不能为您破例。星期六是一个神圣的日子,如果在星期六营业,是对神的亵渎。"

基辛格什么也没说,默默无语地挂断了电话。

这则逸闻被美国记者知道后,写成了《基辛格与"芬克斯"》的新闻,在美国各大报纸大肆渲染,既提高了"芬克斯"的知名度,又宣扬了犹太商人的崇高职业道德。

是谁感叹"死也这么费劲"?

1975 年 11 月 20 日,83 岁的佛朗哥因冠心病复发而寿终正寝。他在弥留之际是痛苦的,他的私人医生不得不用手指塞进他的喉咙里抠出使他窒息的血块,他对医生说:"死也这么费劲。"佛朗哥死后,西班牙国内有些人开香槟酒庆祝,大街上却空空荡荡、悄然无声,人们长期的积怨倾泻在这种空荡和安谧之中。西班牙当代最著名的诗人之一阿尔维蒂说:"西班牙历史上最大的刽子手死了,地狱的烈火烧他,也不足解恨。"

希特勒临死前收听到的最后一条消息是什么？

　　1945 年，英美军队与苏联军队从东西两面攻入德国境内，希特勒成了瓮中之鳖，但困兽犹斗，他亲自部署和指挥固守柏林的战斗，调集近百万兵力，在柏林周围筑起了三层防卫圈，集中了 3300 架飞机、1500 多辆坦克和 1 万门火炮及迫击炮，准备死守柏林。

　　攻打柏林的任务由苏军执行，苏联投入兵力 250 万人，火炮和迫击炮 4.16 万门，坦克 6250 辆，飞机 7500 架，由苏联元帅朱可夫指挥。

　　1945 年 4 月 16 日清晨 5 时，苏军 140 部探照灯突然射向德军阵地，敌人被照得目眩眼花，数千门苏军大炮向敌军阵地猛烈炮击，德军阵地一片火海，苏军坦克、步兵大举推进，胜利地突破了柏林坚固的防线。

　　4 月 25 日，美国第 9 军团和苏联乌克兰第一方面军在易北河会师，把整个德军分割成南北两块。至此苏军可以尽全力集中攻打柏林市区。

　　4 月 30 日中午，希特勒一生中收听到的最后一条消息是："苏联人已突破波茨坦广场，距总理府仅一排楼房之隔了。"下午 2 点 30 分，希特勒携俏丽的新娘爱娃同戈培尔、鲍曼、克雷布斯将军以及他的秘书做最后的告别。进行完告别仪式后，希特勒对着自己的嘴开了枪，爱娃服毒自尽。希特勒灰飞烟灭之后，他所谓的"第三帝国"随之土崩瓦解。

　　5 月 2 日，柏林卫戍部队投降。5 月 4 日起，德国各战区陆续开始投降。5 月 7 日，德军总参谋长约德尔向英、美签署了投降书。5 月 8 日深夜，德军最高统帅部代表凯特尔等人在柏林城郊的苏军司令部，面向苏、美、英、法四国代表，恭恭敬敬地低头签署了正式的无条件投降书。

　　在整个柏林战役中，苏军共消灭德军 93 个师，俘房 48 万人，缴获火炮 8600 门，坦克和自行火炮 1500 辆，飞机 4500 架。苏军损失 30.4 万人，坦克和自行火炮 2156 辆，火炮 1220 门和飞机 527 架。

柏林战役的结束，标志着"第三帝国"的灭亡，欧洲的战争以德国法西斯的失败而告终。

爱迪生为什么拒领诺贝尔奖？

诺贝尔奖委员会于 1912 年评选出爱迪生和特斯拉为诺贝尔物理学奖得主。然而，由于两人成了死对头，他们都没有领奖。

爱迪生投入很多精力去改良自己发明的电灯，努力提高其使用寿命。由于当时没有高效的交流电动机，爱迪生在送变电方面使用的是 110 伏的直流电。

此时，特斯拉发明了适合交流送电的发电机，威斯汀豪斯公司随即将这项专利买下，在大城市中建立了交流电网，迅速推动着交流送电的普及。

特斯拉以前曾经在爱迪生研究所就职，他发明的发电机带来威胁以后，爱迪生展开了积极的宣传攻势，声称交流送电方式十分危险。由于每年都有几十人在高压电线旁触电致死，这种说法对人们很有影响力。

当时刚好纽约州在寻找能够替代绞刑的更为人道的死刑执行方法，爱迪生为了强调交流电的危险性，便诱导威斯汀豪斯公司制造执行电刑的机器。但这项实验反而对交流电的胜利起了决定性的作用，因为使用交流电的电椅根本无法使死刑犯人一次丧命。

由于上述原因，爱迪生和特斯拉几乎变成了仇人。特斯拉听说自己和爱迪生共同被选定为诺贝尔物理学奖获得者，更是公开表示拒绝共同领奖。最终，1912 年的诺贝尔物理学奖颁发给了发明家达伦。

那么，交流电是否比直流电更加危险呢？今天的实验证明，交流电引发心脏麻痹的概率比直流电要高 3 倍。爱迪生的观点是正确的，但这个结论却已经失去了应有的时效性。

"怪人"米开朗琪罗到底有什么怪癖?

意大利文艺复兴时期出现过一位多才多艺的巨人,他不仅是伟大的雕刻家、画家,而且是一位杰出的建筑家和诗人。他就是米开朗琪罗——文艺复兴时期雕塑艺术最高峰的代表,与拉斐尔和达·芬奇并称为文艺复兴后三杰。

1475 年 3 月 6 日,米开朗琪罗生于佛罗伦萨附近的卡普莱斯,父亲是当地的一名法官,脾气暴躁,但是惧怕上帝。母亲在米开朗琪罗 6 岁的时候就死了。他 13 岁进入佛罗伦萨画家基尔兰达约的工作室,之后又跟随多纳太罗的学生贝托多学习了一年雕塑。米开朗琪罗最初本无意做一位画家,他的志向是成为一位雕塑家,并且只在意"雕"而不在意"塑"。他创作的人物雕像气魄宏大、雄伟壮观,蕴含着无穷的力量。他的大量作品显示了在写实基础上非同寻常的理想加工,典型地象征了当时的整个时代。

虽然米开朗琪罗在艺术上取得了巨大的成就,但是生活中的米开朗琪罗却给人以"怪人"的感觉。年轻时代的米开朗琪罗因酷爱学习而陷入了绝对的孤独。别人都把他看成一个孤芳自赏、性格乖僻、疯疯癫癫的人。米开朗琪罗总是表现得举止粗俗,与社会格格不入,社交活动总使他感到腻烦。他只和几位严肃的人士来往,没有其他朋友。米开朗琪罗终身未娶,不少人据此推断他喜欢男人,因为他很少跟女人接触,甚至无法在有女人的屋里多停留。他的创作中也有女性形象,却从未涉足过娇媚的少女题材,绘制的都是丰腴、成熟的女体,呈现出接近男性的力度,据说米开朗琪罗即便在绘画女体时,用的也是男性模特。

也有人认为他之所以终生未婚，是由于其貌不扬，导致他有很强烈的自卑情结。米开朗琪罗生平只爱过著名的德·贝斯凯尔侯爵夫人维托利阿·柯罗娜，然而，这是一段柏拉图式的恋爱。那时，米开朗琪罗已经 67 岁，柯罗娜是 50 岁。但是柯罗娜认为自己仍然属于已经死去 17 年的丈夫，这就注定了他们之间的交往只是一种精神上的友谊。

米开朗琪罗在创作时也有一个怪异之处，就是需要绝对的孤独，只要旁边有一个人在场，他的情绪就会完全被扰乱。他必须获得一种与世隔绝之感，方能得心应手地工作，身边的琐事对他来说简直就是折磨。

米开朗琪罗的记性非常好，在他塑造的成千上万的人物形象之中，他没有遗忘过一个。在他笔下，从来没有重复的人物。在艺术上，他极端追求完美，甚至让人觉得不可思议。不管是什么细枝末节，他都不信任别人，连工作时所使用的锯子、雕刀他也要亲手制作。一旦他在一件雕像中发现有错，就会将整个作品放弃，转而另雕一块石头。这种追求完美的理想使他毁掉了不少成型的作品，甚至在他的才华达到炉火纯青的地步时，他所完成的雕像也并不多。

米开朗琪罗 24 岁之后开始从事雕塑创作，制作了著名的雕塑《大卫》和壁画《圣家族》，又为教皇在梵蒂冈的西斯廷小教堂画壁画，用了 4 年时间凭一人之力在 500 多平方米的天顶上画了 343 个人物。面对如此宏大的工程，他找来一些人作助手，最后中意的只有一个调制颜料干杂活的人。

米开朗琪罗的性格确实十分独特，那么，这位伟大艺术家的创作与其性格究竟是什么关系呢？是他的这种性格造就了他伟大的艺术成就吗？答案无从知晓。

安徒生是鞋匠的儿子还是落难的王子？

似乎全世界的人们都知道，安徒生是一个贫穷的鞋匠与洗衣女工生的儿子，他通过自己的不懈努力将自己从一个来自贫民窟的门外汉变成了一位伟大的文学家。但是，有很多人却不这么认为，而且言之凿凿。关于安徒生的神秘的身世故事也在丹麦流传了一个多世纪。据说，安徒生是伯爵夫人爱丽丝·诺尔维格和后来的丹麦国王克里斯蒂安·弗雷德里克王储的私生子。

1990 年，数百位丹麦人在欧登塞大学举行听证会，探讨这位童话大师的身世。一位名叫约根森的历史学家写了《安徒生——一个真正的童话》一书，声称安徒生出身王族，是丹麦国王克里斯蒂安八世和诺尔维格伯爵夫人的私生子。孩子出生后，王室把他"隐藏"在欧登塞的一位鞋匠的家中。该书推论的根据之一是安徒生尽管出身低微，后来却打入了王族的圈子，出入于皇家剧院，还曾在皇家宫殿阿马林堡宫住过一段时间。丹麦作家皮特·赫固也支持约根森的结论，他还提出了另一份资料加以旁证，一位海军上将的女儿亨丽艾特·吴尔芙 1848 年曾给安徒生写信，信中提到过安徒生也发现自己是一位"王子"。

然而，令人不解的是，为什么安徒生在自传《我一生的童话》中只字不提，或多少加点暗示呢？有的学者找到了 180 年前教堂户口登记册的复印件，登记册上记录了 1805 年 4 月 2 日凌晨 1 时，鞋匠汉斯·安徒生与其妻子安娜喜得贵子，并且记录了安徒生是在 4 月 16 日那天受洗礼的。丹麦著名历史学家塔格·卡尔斯泰德为了解开安徒生出生之谜，翻阅了大量有关那时的国王克里斯蒂安八世的档案，其中包括他的日记和信件。卡尔斯泰德称，档案表明贵族与平民妇女偷情的可能性是存在的，而且很有可能生下孩子。国王处理这种情况的方法就是给那个妇女写信，并寄去一笔钱用以抚养孩子。但在全部档案中，既没找到有关安徒生的材料，也没找到有关安徒生母亲的材料。

安徒生到底是什么出身，现在已难以弄清了。他是否是落难的王子呢？对读者来说，这个问题的答案也许并不重要，重要的是他创作的美妙的童话给全世界的孩子们增添了美好的回忆，这就足够了。

古罗马皇帝克劳狄真的是傻子吗？

克劳狄是罗马帝国历史上最富有争议的皇帝，因为他是一个以愚钝闻名的皇帝，有人说他是笨蛋、傻瓜，然而又有人说他是最伟大的皇帝。克劳狄因为一个偶然的事件登上王位，却又不明不白地死去，留给了人们很多谜团。

克劳狄的"傻子"称呼由来已久。他于公元前 10 年出生于罗马高卢行省的首府——鲁恩，他的父亲德鲁素斯就是这个省的总督。虽然出身高贵，但童年和少年时期的克劳狄是不幸的。无情的病魔不仅损害了他的健康，毁坏了他的容貌，而且影响了他的智力和思维的正常发育，导致他身体弱不禁风，行动迟缓笨重，也不善于和人交谈，为此他饱受痛苦、歧视和嘲笑，是奥古斯都家族有名的"丑小鸭"。

克劳狄是在 50 岁的时候登上皇帝的宝座的，可以说这纯粹是一次意外和好运的结果。公元 41 年 1 月 24 日，克劳狄亲眼目睹了可怕的一幕：在皇宫里，近卫军刺杀了罗马帝国皇帝，即克劳狄的侄子盖乌斯。克劳狄非常害怕，躲在窗帘后面面色发青、颤抖不已。当近卫军从窗帘后面把他拖出来时，克劳狄立即恐惧万分地跪在士兵的脚下，然而，近卫军见他貌似痴呆且胆小怕事，就恶作剧般地拥立他为皇帝。

当时，罗马元老院的议事厅里人声鼎沸、灯火通明，元老们正在因为不同的政见而激烈地争论着。突然，墙外传来一片混乱声，他们出去看到被近卫军簇拥着的"傻子"克劳狄，听到士兵们不断高呼其名，不禁面面相觑，好长时间才弄明白状况。近卫军拥有强大的武装，他们的意志不能违反，尽管内心有一万个不愿意，元老们还是把元首一切惯有的权力和头衔授给了克劳狄。于是，罗马历史上第一个由近卫军拥立的、也是唯一一个以"傻"著称的皇帝克劳狄，就这样在垂暮之年传奇般地登上了罗马权力的最高峰。更叫人百思不得其解的是，当时的罗马帝国经过长期的对外扩张，已经成了一个以地中海为内海、横跨亚非欧三大洲的大帝国，这个"傻子"皇帝统治这个庞大的帝国竟达 13 年之久。

人们不禁要问："他到底仅仅是貌似痴呆、大智若愚呢·还是真的低能，受人操纵、愚弄？"

"傻子"克劳狄登基后，在政治上取得了很大的建树。他以合作、宽容的态度同元老院尽量搞好关系，同心协力治理国家。他取消了对被控叛逆罪的人进行的审讯，并允许一些被放逐的元老回国，逐渐消除了同元老院之间的敌意和隔阂，创造了开明、宽松的政治氛围。在政治上，他还完善了罗马帝国初期的御前会议、元首办公厅、最高法院、元首财政部门等政治机构，使其运作日益制度化，奠定了罗马帝国官僚机构的基础。

在位期间，克劳狄大力推行扩张政策，曾发动多次对外战争，并占领了不列颠、德意志、叙利亚和非洲北部，建立了 5 个新的行省，他赠送给这些行省居民罗马公民权，提高其政治地位，以稳固罗马统治的基础。在元老院中，他又吸收了高卢行省的一些上层贵族。在基础工程建设上，他还亲自主持进行过一些造福当代并泽及后世的大型工程，如疏浚港口、兴修水道、排水治沼、铺设公路等。在克劳狄的统治时期，罗马人真正地享受到了安定和繁荣。

如果克劳狄真的是傻子，那么这些政绩他是很难做到的。所以人们认为，疾病留下了一些后遗症，但他并不总是呆头呆脑。在大多数情况下，他是"大智若愚"的。

克劳狄死于公元 54 年，死因不明，据说是被他的妻子用毒蘑菇害死的，经过 12 个小时的痛苦，一句话没说就死去了，死后被元老院奉为神明。这样，克劳狄从生到死，都留下了一个个难解之谜。

福尔摩斯的原型是谁？

19 世纪中后期，苏格兰爱丁堡大学医学部有位讲师兼外科医生，名叫约瑟夫·贝尔。平时，他在学校里认真教课，很少有人会想到，他还是一个私人侦探。

一次，贝尔正在上课，一个中年男子闯进来，要求贝尔给他看病。贝尔问："您是不是刚刚穿过教室西面的那片草地？"男子吃惊地承认了："您怎么知道？"贝尔回答："您脚下有红色的泥土。整个爱丁堡大学只有那片草地上有这种黏土。"接着，贝尔让学生们判断该男子得了什么病。学生们七嘴八舌，但没有一个人的回答让贝尔满意。最后，他告诉学生："这人的毛病在于酗酒。你们看，他有酒糟鼻、血红色的脸膛，这都是长期饮酒的症状。最重要的是——他的右口袋鼓鼓的，里面肯定是一瓶酒！"说着，贝尔从那人的右口袋里拿出一瓶威士忌来。学生们目瞪口呆。

一天，一个浑身都是刀伤的女子死在医院里。警方请贝尔对尸体进行解剖，贝尔在尸体检验报告中以严密的逻辑和充分的科学证据证明："该女子死于伤口感染。"警方为此启动了谋杀案调查程序。这在犯罪学上是一个创举——此后，法医的尸检报告能够使警方认定一桩谋杀案，并启动相应的调查程序。

贝尔的名声渐渐传开，警方经常邀请他协助查案。

1877 年，贝尔的班里来了一个学生，名叫柯南·道尔。贝尔把这个学生选为自己的书记员,让他跟随自己解剖尸体、侦察案件。年仅 17 岁的柯南·道尔开始仔细观察老师。

毕业后,柯南·道尔开了一家小诊所,但生意不佳,他只能靠给杂志社写小说来赚稿费。在创作过程中,他把贝尔变成了笔下的"福尔摩斯"。1887 年 11 月,以福尔摩斯为主角的第一部小说——《血字的研究》出版,受到读者的广泛好评。

希特勒真的有性取向问题吗?

臭名昭著的德国纳粹党对犹太民族进行惨无人道的灭绝性迫害,是人所共知的史实,而第三帝国在 1933 年至 1945 年间对同性恋者的迫害却不那么广为人知。1920 年以前的柏林可谓是同性恋者的伊甸园,希特勒上台后,援引 1871 年订立的一项德国法律,即禁止男性同性性交的条例,将超过 10 万名同性恋者关进了集中营,其中 6 万余人被迫害致死。

半个多世纪以来,一直流传着这样一种说法:"希特勒上台后之所以对同性恋者大规模迫害,极有可能是为了掩盖自己的性取向,抹除其早年同性恋生活的痕迹。"一位德国学者宣布找到了确凿证据,证明这位第三帝国元首本人即是一名不折不扣的同性恋者。

不莱梅大学现代史学教授马赫坦经过多年研究认为,有足够证据表明希特勒更钟情的是同性而非异性。马赫坦教授在调查中发现,青年时代的希特勒有好几个同性恋伙伴,甚至还同男妓发生过同性性行为。20多岁的希特勒当时住在欧洲最为前卫开放、光怪陆离的都市维也纳,他最亲近的密友名叫奥古斯特·古比采克,两人在维也纳一处知名的同性恋聚居区合租一套公寓,一起住了 4 个多月,每天穿着相同款式的衣服出双入对。马赫坦教授找到了古比采克当时写的两封信,其中一封写道:"人们都把我们当成了亲哥儿俩,我们听了美滋滋的!"在另一封信中他还提到,有一次两人久别重逢于一个火车站时,他吻了希特勒,信中写道:"然后他把我直接领回他的住处,我就在他那儿过的夜。"

连当年的奥地利警方都注意到了希特勒与其伙伴如此不加掩饰的同性恋生活。从警方的档案中,马赫坦教授查到了同希特勒混过的男妓的有关笔录。其中一个 18 岁的男孩对警方说,自己没有工作,又需要挣钱养家,于是同意希特勒把他领回住处,"第二天早上我才离开"。

"一战"时的德军下士希特勒与他的一个名叫恩斯特·施密特的战友过从甚密,从一份文件中马赫坦教授发现当时他们的战友提到此事时,用了"希特勒和他的那个男婊子施密特"等诸如此类的字眼。

马赫坦教授在他的专著《希特勒的秘密——独裁者的两面生活》一书中揭露,1934 年纳粹冲锋队首领恩斯特·罗姆被希特勒除掉一事也归因于为了掩盖他的性取向,抹除其早年同性恋生活的痕迹。罗姆曾是希特勒的亲密战友,与之共同创建了纳粹党,他的同性恋偏好在当时就是公开的。马赫坦教授认为,希特勒出于忌讳罗姆了解他的同性恋情结和经历而杀掉了他,实际上就是为了灭口。

希特勒成为第三帝国元首后的外事新闻秘书恩斯特·汉弗施坦因格尔晚年时曾告诉他的儿子,元首的副手鲁道夫·赫斯说他发现希特勒浑身散发着"难以名状的性吸引力"。马赫坦教授在他的书中总结道:"正是这种色情和性感的混合作用,使得希特勒喜怒无常的多重人格在许多人眼中竟成了领袖人物的'超凡魅力',多少高智商的人都中了他的蛊惑。令这些人为之倾倒的其实大概就是希特勒身上的色情光环。"

然而具有讽刺意味的是,从各种渠道得来的结论表明,这位有着同性性偏好的元首却极有可能是个性无能者,尽管他身边的男人或女人走马灯一般接连不断,而他与他们之间的关系却没有一桩能有个圆满的结局。

阿基米德镜子破敌是真的吗?

阿基米德是古希腊著名的数学家、物理学家,他还是静力学和流体静力学的奠基人,是一位具有传奇色彩的人物。

公元前 287 年,阿基米德出生于西西里岛的叙拉古城。他出身于贵族家庭,与叙拉古的赫农王有亲戚关系,家庭十分富有。阿基米德的父亲是天文学家兼数学家,学识渊博、为人谦逊。阿基米德 11 岁时,借助与王室的关系,被送到古希腊文化中心亚历山大里亚城,跟随欧几里得的学生埃拉托塞和卡农学习。他的贡献主要是在物理学方面,被人誉为"力学之父"。另外他在工程技术方面也颇有建树,是一个理论与实践相结合的天才科学家。公元前 240 年,阿基米德回到叙拉古,当了赫农王的顾问,帮助国王解决生产实践、军事技术和日常生活中的各种科学技术问题。

据传,公元前 213 年,罗马的执政官马塞拉斯率领军队攻打叙拉古城。阿基米德在保卫叙拉古的战役中充分发挥了他的聪明才智,利用杠杆原理制造了一批在城头上使用的投石器。在罗马人入侵时,许多又大又重的石块以飞快的速度投向从陆上侵入的敌人,罗马人被打得魂飞魄散,只得争相逃命。

最令人称奇的是,当罗马人的战船退到投石器够不着的地方时,阿基米德率领叙拉古人民手持镜子,将阳光聚焦在罗马军队的木制战舰上,使它们焚烧起来。罗马的许多船只都被烧毁了,但是他们却找不到失火的原因,被阿基米德的发明弄得焦头烂额。

罗马人对叙拉古城久攻不下,在万般无奈的情况下,他们的舰队远远离开了叙拉古附近的海面,然后采取了围而不攻的办法,切断了城内和外界的联系。公元前 212 年,罗马人趁叙拉古城防务稍有松懈,大举进攻闯入了城市。马塞拉斯十分敬佩使他屡次败北的阿基米德,进城后的第一件事就是派人去请他。谁知这时的阿基米德还不知道城门已经被攻破,他正在全神贯注地凝视着他画在地上的几何图形。前来请他的罗马士兵不小心用脚践踏了他所画的图形,阿基米德愤怒地与之争论,残暴无知的士兵举刀一挥,一位璀璨的科学巨星就此陨落了,享年 75 岁。

罗马统帅马塞拉斯对阿基米德的死十分痛心,他严惩了那个士兵,并为阿基米德修建了陵墓,在碑上刻着球内切于圆柱的图形,以资纪念,因阿基米德发现球的体积及表面积,都是外切圆柱体体积及表面积的 2/3,他生前曾流露过要刻此图形在墓碑上的愿望。也许这位伟大的科学家在另一个世界仍在进行他的研究。

很多个世纪以来,学者们对阿基米德利用太阳光摧毁罗马舰队的传说一直有所争议。不少学者怀疑这一传说的可靠性,他们认为当时的人不可能了解光学和镜子的知识。

特别值得一提的是英格兰的两位教授对这个传说进行了仔细的研究,再次否定了这个传说的可靠性。因为根据光学原理,太阳光在天空中大约有一个0.5度的旋角,所以光线不是真正平行的,会产生发散,不可能用一个平面镜子有效地集中太阳光线。教授们经过计算后还提出一个推论,如果上千人每人握住一个面积为 1 平方米的镜子,他们同时聚光到一点,仅仅能点燃 50 米开外的面积为 0.5 平方米的木头。

两位教授认为,用平面镜反射太阳光的效果是非常有限的,而且在那时的生产力条件下,镜子表面不可能达到完全光滑,因而这个战术的杀伤力实在是很有限的。所以他们认为关于阿基米德的大多数传说都有可能是虚构的,是后人出于对这位先贤的崇敬而编造出来的美好故事。当然也有一些学者认为,古代的某些文明已经达到了相当发达的程度,这种可能性应该是存在的。

由于记载阿基米德研究的大量文字材料在叙拉古破城后大都遗失

了，因此人们无法了解他科学研究的真实情况。而他用镜子退敌之事的真假也就成了一个千古之谜。

贝多芬"不朽的爱人"是谁？

贝多芬一生留下了许多经典的曲目，鲜为人知的是，他还有一位"不朽的爱人"，这位神秘的女子是谁呢？她又何以得到这位音乐大师的垂青？

德国作曲家贝多芬是维也纳古典乐派代表人物之一，他为世人奉献了巨大的音乐财富。1827年贝多芬死后，人们在他写字台的一个秘密抽屉里发现了三封情书以及他昔日的恋人特雷莎的肖像。三封情书写得像他的音乐一样激情澎湃、炽热如火。第一封信的日期是"7月6日，早晨"，其他两封信分别写着"7月6日星期一，晚"和"7月7日，早晨好"。信没有寄出，甚至连收信人的姓名和地址都没有。

7月6日早晨的信上写着"致'不朽的爱人'"。信开始内容就是："我的天使，我的一切，我的我。"整封信充满对"爱人"的眷恋："不论我身在何处，你都随我同在，尾随我的梦幻，我与你窃窃私语……没有你——一切都会变得索然无味的……你会理解的，因为你知道我对你如此忠诚：没有任何女人能永久占据在我的心上……我心已决，我要漂泊远方，直到能飞似的扑向你的胸怀，只有在你的身边才能心安神定，我的灵魂被你拥抱，然后才能飞向精神的王国……请你安静些——你要爱我——今天——昨天——我因思念你而不觉泪下如雨——你——是我的生命——是我的一切——祝你安好，啊，你要继续爱我——永远不要误解你的爱人最忠实的心。"

贝多芬一生作曲不断，也恋爱不断，对爱情的渴望、追求、幻想以至幻想破灭和痛苦,构成了他音乐创作的重要素材。这三封书信揭示了这位音乐巨匠内心深处隐秘的世界,给他的爱情经历蒙上了一层神秘色彩。人们不禁猜测:"这位无名的'不朽的爱人'究竟是谁呢?"

有人认为,贝多芬的情书是写给特蕾莎的,特蕾莎就是他"不朽的爱人"。贝多芬的这三封信是和特蕾莎的肖像藏在一起的,足见特蕾莎在贝多芬心目中的地位。特蕾莎出身于匈牙利贵族家庭,终身未嫁。两人虽早已相识,但相互亲近,双双坠入情网是 1809 年以后的事情,由于种种原因,两人最终并没有在一起。两人的感情十分真挚,特蕾莎把自己的肖像画赠给贝多芬,贝多芬则把他的《升 F 大调奏鸣曲》献给特蕾莎。贝多芬晚年时,有位朋友无意中见到他捧着特蕾莎送给他的肖像哭泣。也许在临死前,贝多芬把特蕾莎的肖像和他的三封情书一起放在了那个秘密的抽屉里。因此,特蕾莎很有可能就是那位"不朽的爱人"。

也有人认为贝多芬"不朽的爱人"是丹兰士·特·勃仑斯维克。勃仑斯维克是贝多芬的好友佛朗索瓦伯爵的妹妹,当她还是一个小姑娘跟着贝多芬学钢琴时,她就爱上了他。1806 年 5 月,贝多芬和勃仑斯维克订婚。不知道是什么神秘的原因阻挠着这一对相爱的人的幸福,总之,婚约废除了,然而,两个人始终都没有忘却这段感情,甚至直到 1861 年勃仑斯维克生命的最后一刻,她还是爱着贝多芬的。众所周知,贝多芬的第四交响曲是他与丹兰士爱的结晶。他是停下"命运"的创作,一气呵成完成第四交响曲的,这种创作方式在贝多芬的交响曲中并不多见。

有人根据贝多芬的生平经历分析,"不朽的爱人"也有可能是意大利歌唱家朱丽叶·吉采尔获。他们初次相识是在 1800 年,两人相爱后,贝多芬灵感勃发,在 1801 年写成了著名的《月光》钢琴奏鸣曲,献给朱丽叶。但是令人意外的是,1803 年朱丽叶嫁给了加伦堡伯爵,但朱丽叶似乎对贝多芬仍感眷恋,而贝多芬也对她仍有某种爱情和兴趣,他说:"我曾得到她真挚的爱,此事绝不能和她跟她丈夫之间的感情相提并论。"基于此言,有人认为把贝多芬信中所称呼的"不朽的爱人"视作朱丽叶也是合情合理的。

　　不知什么原因,贝多芬没有将信寄出,否则他的爱人一定会被他的热情和真诚所感动的。他的那位"不朽的爱人"究竟是谁呢? 是特蕾莎,是勃仑斯维克,还是朱丽叶? 或是另有其人? 问题的答案只能永远留在贝多芬的心中了。

谁才是真正的莎士比亚?

　　威廉·莎士比亚是英国文艺复兴时期伟大的剧作家、诗人,欧洲文艺复兴时期人文主义文学的集大成者。威廉·莎士比亚的一系列文学作品深刻而生动地反映了 16 世纪到 17 世纪英国的时代现实,集中地代表了整个欧洲文艺复兴时期的文学成就。举世闻名的《哈姆雷特》《奥赛罗》《李尔王》和《麦克白》更是奠定了莎士比亚在世界文学史上的巨人地位。

　　莎士比亚一生中创作了 37 部戏剧、154 首 14 行诗和两首长诗。除了两首长诗是在他生前发表的以外,其余的全部作品都是他死后由别人搜集整理后陆续问世的。最令人生疑的是,莎士比亚作为欧洲文艺复兴时期最伟大的戏剧家,他的身世却有许多不为世人所知的地方。他本人未曾留下片言只字,介绍莎士比亚生平事迹的材料奇缺。当时,也没有一个人能够明确说那些作品是演员莎士比亚创作的。于是,人们自然会提出:"莎士比亚真有其人吗?"

　　在文化史界,有人认为莎剧的真正作者是英国的伊丽莎白女王,"莎士比亚"只是伊丽莎白女王假借的名字。莎士比亚戏剧中的许多主角所处的环境与女王本人颇有相似之处,女王知识广博,词汇丰富多样,机智善辩,所以反映在莎剧作品中单词数量有 21000 多个,一般的人显然难以做到这一点。同时,在伊丽莎白女王去世的 1603 年以后,以"莎士比亚"为名发表的作品数量明显下降,在质量上也较前大为逊色,人们设想这些很可能是女王早期的不成熟之作,而在她死后由别人收集整理后出版的。凑巧的是,莎士比亚第一本戏剧集的出版者潘勃鲁克伯爵夫人,恰恰又是伊丽莎白女王的至友亲信和遗嘱执行者。专家们认为,通观莎士比亚作品的精彩语言与丰富剧情内容可以判断,只有伊丽莎白女王才具有那些杰作的作者所特有的广博的学识、凝练的语言和对于人们感情意志的高度洞察力。

另一些学者认为,莎剧的真正作者应当是英国著名哲学家弗朗西斯·培根。把哲学家培根的笔记内容和莎士比亚初版作品做比较分析,两者有难以想象的相似之处。莎剧上至天文地理,外及异邦他国,内涉王朝宫闱,通达古今,精深博大,出身卑微并且从未踏进大学门槛的普通演员是不可能写作完成的。作者艺术功底深,生活感觉广,剧本情节生动感人,语言准确优美,全景式描绘了当时英国封建制度解体和资本主义兴起时期各种社会力量的冲突,提倡个性解放,反对封建束缚和神权桎梏,作品人物栩栩如生,久演不衰。这种传世之作出于造诣精深的哲人培根之手更合乎情理。

莎士比亚作品的真正主人究竟是谁?是伊丽莎白女王,还是哲学家培根,或者有其他人选,众说不一。现在看来,要否定莎士比亚的著作权,就像要完全驳倒种种怀疑者一样困难无比。

第四章

遗 韵 悠 长

——解读文化艺术的魅力

世界上第一部完整的法典是什么?

《汉穆拉比法典》是目前所知的世界上第一部比较完整的成文法典。法典竭力维护不平等的社会等级制度和奴隶主贵族的利益,比较全面地反映了古巴比伦社会的情况。法典分为序言、正文和结语三部分。

古巴比伦国王汉穆拉比在位期间制定了一部反映奴隶主统治阶级利益的法典《汉穆拉比法典》,旨在维护财产私有制,全面调整自由民之间的关系,巩固现存秩序。法典大概完成于巴比伦尼亚统一之后。序言充满神化、美化汉穆拉比的言辞。正文包括 282 条法律,涉及现代意义上的诉讼法、民法、刑法、婚姻法等内容,意在调解自由民之间的财产占有、继承、转让、租赁、借贷、雇佣等多种经济关系和社会、婚姻关系。法典表明古巴比伦社会存在奴隶主、奴隶、小生产者三个基本阶级,此外还存在与阶级关系不尽一致的等级关系。自由民之间分为有权者阿维鲁和半有权者穆什根努两个等级。前者原意是"人",享有一些特权;后者原意可能是"礼拜",法律地位低下。法典对债务奴隶制和高利贷有所抑制,限制对小生产者的过分掠夺,以免动摇兵源和税源。法典对奴隶制予以严格保护,体现了法典的性质。结语部分除继续对汉穆拉比歌功颂德外,还强调法典原则的不可改变性。

《一千零一夜》产生的原因是什么?

《一千零一夜》是中古时期一部优秀的阿拉伯民间故事集,不仅在阿拉伯文学史上占有重要地位,而且在世界文学史上也是具有重大影响的杰作。《一千零一夜》的产生据书中的交代是这样的：

　　古时候，在印度和中国之间有一个萨桑国，国王山鲁亚尔喜欢打猎，当他每次出外打猎时，王后和宫女就背着他同奴仆们到花园中饮酒作乐。国王发现后非常气恼，下令杀了王后、宫女和奴仆。从此以后，他每天娶一个处女做王后，第二天早上就把她杀掉。国中女子被杀了很多，京城中一片惊慌。有一天宰相正为没有给国王找到处女发愁，他的女儿山鲁佐德对他说："把我嫁给国王好了！"她立志要拯救其他女子，所以自愿嫁给国王。进宫后，她每夜都给国王讲一个有趣的故事，等到天明时，故事总是讲到最紧要的关头，国王只好把她留到明天，等故事讲完后再杀。这样一直持续了一千零一夜，国王终于被她感动了，决定和她白头到老，不再去杀其他无辜的女子。

　　这个故事的实际意义当然不在于说明《一千零一夜》的产生，而在于借此能够把众多的故事在结构上联系起来，起到穿针引线的作用。

　　《一千零一夜》中的故事涉及的地域十分广大，时而在巴格达，时而在埃及，时而在法国，时而在印度，时而又在中国。故事的题材非常丰富，既有历史故事、冒险故事、恋爱故事，又有神话故事、幻想故事等。

阿拉伯数字最早起源于哪里？

　　阿拉伯数字并不是阿拉伯人发明创造的，而是起源于古印度，后来被阿拉伯人掌握、改进，并传到了西方，西方人便将这些数字称为阿拉伯数字。以后，以讹传讹，世界各地都认同了这个说法。

　　阿拉伯数字是古代印度人在生产和实践中逐步创造出来的。在古代印度，进行城市建设时需要设计和规划，进行祭祀时需要计算日月星辰的运行，于是，数学计算就产生了。大约在公元前3000年，印度河流域居民所使用的数字就比较先进,而且采用了十进位的计算方法。

到公元前 3 世纪,印度出现了整套的数字,但在各地区的写法并不完全一致,其中最有代表性的是婆罗门式,这一组数字在当时是比较常用的。它的特点是从"1"到"9"每个数都有专字。

现代数字就是由这一组数字演化而来的。在这一组数字中,还没有出现"0"的符号。"0"这个数字是到了笈多王朝(320—550 年)时期才出现的。公元 4 世纪完成的数学著作《太阳手册》中,已使用"0"的符号,当时只是一个小圆点"·"。后来,小圆点演化成为"0"。这样,一整套数字就趋于完善了。这是古代印度人民对世界文明的巨大贡献。

奥林匹克运动会是怎样起源的?

奥林匹克运动会来源于古希腊的奥林匹亚村。公元前 884 年,希腊的伊利斯城邦和斯巴达城邦发生了一场争夺奥林匹亚的战争。当时,频繁的战争使广大平民百姓厌弃诉诸武力,渴望和平的生活。后经协调,双方订立了《神圣条约》,规定奥林匹亚是神圣不可侵犯的地方,并将其作为和平的圣地和竞技的场所。按照竞技会的规定,赛会前后一段时间(初为一个月,后延长为三个月),整个希腊境内要实行"神圣休战"。

第一届古奥林匹克运动会是在公元前 776 年举行的,此后每隔 1417 天(约 4 年)举行一次。运动会的参加者仅限希腊的自由人,奴隶、外国人、妇女无权参与。开头几届只有短跑(192.27 米)一项比赛,后来逐渐增加了长跑、跳远、标枪、铁饼、角力、赛马、赛车、五项全能(赛跑、跳远、铁饼、标枪、角力)等。当然,比赛的方法是有别于今天的。例如跳远比赛时,运动员的双手要握哑铃,并有人用笛子伴奏。又如拳击,运动员手戴皮套,套外有钉刺,这比现代的拳击比赛更为残酷。参赛者起初仅限于成年男子，公元前 632 年第 37 届开始有少年参加。据统计，古奥运会先后曾举行过 24 个项目的比赛，其中成年人 18 项，少年 6 项。由于项目逐渐增多，运动会的比赛日也由原先的一天增加到三天，后来又延长至 17 天。参加比赛的运动员大都赤身露体，一丝不挂，全身涂满橄榄油。

古希腊奥运会从公元前 776 年起至公元 394 年止，共举行了 287 届。公元 2 世纪后，基督教统治了包括希腊在内的整个欧洲，奥运会也殖之没落乃至消亡。

为什么有一种长跑叫马拉松？

马拉松原为希腊的一个地名，在雅典东北部。其名源出腓尼基语 marathus，意为"多茴香的"，因古代此地生长众多茴香树而得名。体育运动中的马拉松赛跑就得名于此。

希腊波斯战争（前 492—前 449 年）中，波斯王大流士一世渡海西侵，进击阿提卡，在雅典城东北的马拉松海湾登陆。雅典军队奋勇迎战，在马拉松平原打败波斯军队，史称马拉松之战。为了把胜利消息迅速告诉雅典人，希腊方面派遣长跑优胜者菲迪皮茨从马拉松跑至雅典中央广场（全程约 40 千米）。在极速完成长跑并传达胜利的消息后，菲迪皮茨体力衰竭倒地而亡，他也因此成为希腊人民的英雄。

1896 年举行首届现代奥运会时，顾拜旦采纳了历史学家布莱尔的意见，以这一史事设立一个比赛项目，并定名为"马拉松"。

古希腊的悲剧之父是谁？

埃斯库罗斯是古希腊三大悲剧家之一，被称为"悲剧之父"，约于公元前 525 年出生于阿提卡西部埃琉西斯的一个贵族家庭。他少年时正是雅典贵族和平民激烈斗争的时期，是雅典由贵族统治向民主制过渡的时期，这对他的世界观的形成不无影响。公元前 492 年爆发了希波战争，埃斯库罗斯积极参加了抗击波斯的战争，参加过马拉松战役（前 490 年）和萨拉米海战（前 480 年）。

公元前 472 年，埃斯库罗斯上演悲剧《波斯人》，描写波斯海军在萨拉米海战中的覆没，充满了强烈的爱国主义精神，赞颂雅典的民主制度。公元前 470 年左右，埃斯库罗斯应邀前往西西里，创作悲剧《埃特纳女子》，纪念该城的创建。公元前 468 年，埃斯库罗斯在戏剧比赛中败给年轻的索福克勒斯，这使他愤愤不平，认为是寡头派首领客蒙和他作对。公元前 458 年，埃斯库罗斯重赴西西里，两年后在该岛南部的杰拉城去世。关于埃斯库罗斯晚年离开雅典的原因说法不一，有可能是政治性的，即那一时期民主势力的胜利和贵族权力的削弱使他难以接受。

埃斯库罗斯于公元前 499 年首次参加戏剧比赛，一生写过约 70 部剧本（一说约 90 部），生前得过 13 次奖，传世剧本 7 部，它们分别是：《乞援人》（约前 490 年，一说前 463 年）、《波斯人》（前 472 年，得头奖）、《七将攻忒拜》（前 467 年，得头奖）、《被缚的普罗米修斯》（约前 466 年，一说前 459 年）、"奥瑞斯忒斯"三部曲（前 458 年，得头奖）。

亚里士多德为什么创办吕克昂学园？

从公元前 343 年起，亚里士多德给当时的马其顿王子亚历山大当老师。亚历山大继承王位后，亚里士多德来到雅典办学。

他首先提出了对青年学生必须进行"智育、德育、体育"三方面的教育，并且提出了划分年级的学制。他主张，对于 7 岁到 14 岁的儿童，国家应该为他们办小学，让他们学习体操、语文、算术、图画和唱歌。对于 14 岁到 21 岁的青少年，国家应该为他们办中学，教他们历史、数学和哲学。体育是为培养强健的体魄，德育是为了培养自尊心和勇敢豪放的性格。他还主张，在青年们中学毕业之后，还要对其中的优秀分子继续培养。因此，他创办了吕克昂学园。这个学园是古希腊科学发展的中心之一。

亚历山大国王十分支持亚里士多德办学，据说先后提供了 800 金塔兰（每塔兰约合黄金 27 千克）的经费。亚里士多德在学园里建立了欧洲第一个图书馆，里面珍藏了许多自然科学和法律方面的书籍。

亚历山大还通令全国，凡是猎手和渔夫抓到稀奇古怪的动物，都要送到亚里士多德那里。学园里开展生物学的研究，时常解剖各种动物。经过无数次的解剖，师生们发现一条规律："动物进化越是高级，它的生理机构也就越复杂。"

公元前 323 年，亚历山大死后，雅典人激烈地反对马其顿的统治。有人告发了曾做过亚历山大老师的亚里士多德，准备将他逮捕。亚里士多德的学生及时得到消息，护送着他逃出雅典，来到亚里士多德的故乡优卑斯亚岛的卡尔喀斯城避难。次年夏天，这位伟大的思想家在凄凉的境遇中死去。

电影的发明竟然是从打赌开始的吗？

1872 年的一天，在美国加利福尼亚州的一家酒店里，两个人为"马在奔跑时蹄子是否都着地"发生了一场激烈的论战。

"马在奔跑跃起时始终有一只蹄子着地。"一个人说。

"马在跃起的瞬间，四只蹄子都是腾空的。"另一个人反驳道。两人争得面红耳赤，于是决定打赌。他们先到跑马场，想当场看个究竟，遗憾的是马奔跑的速度太快,根本无法看清马蹄是否着地。

英国摄影师麦布里治知道此事后,表示有办法解决。他在跑道的一边并列安置了 24 架照相机,镜头都对准跑道;在跑道的另一边,打了 24 个木桩,每根木桩上都系上一根细绳,这些细绳横穿跑道,分别系到对面每架相机的快门上。一切准备好了以后,麦布里治让马从跑道的一端奔跑过来。当马经过安置有照相机的路段时,依次把 24 根引线绊断,与此同时,24 架照相机也就依次拍下了 24 张照片。

从这条连贯的照片带上可以清楚地看出,马在奔跑时总有一只蹄子是着地的,于是持这一观点的人赢了这场打赌。与此同时,麦布里治偶然间快速地抽动了那一条照片带,结果照片中静止的马重叠成了一匹运动的马,马竟然"活"起来了。麦布里治又把这些照片做成透明的,按顺序均匀地贴在一块玻璃圆盘上,又做了一块同样尺寸的金属圆盘,并在贴照片的位置上开了一个和照片大小相同的洞,然后用幻灯向白幕上放映,并使两块圆盘相互反转起来,这样,就可以看到马奔跑的连续动作。麦布里治把自己设计的机器叫"显示器"。它利用了人眼的视觉暂留效应,即人的视觉映象能在脑中滞留很短的一段时间,因此,一张张静止的照片如果快速旋转,相邻的两张能在这一段很短时间内连贯起来,画面就"活"了。

1887 年,发明家爱迪生受到"显示器"的启发,制成了第一台"放映机"。它的形状像长方形柜子,上面装有一只突起的透视镜,里面装着蓄电池和带动胶卷的设备;胶片绕在一系列纵横交错的滑车上,以每秒 46 幅画面的速度移动;影片通过透视镜的地方,安置一面大倍数的放大镜。观众从透视镜的小孔里观看时,急速移动的影片便在放大镜下构成一幕幕活动的画面。

1894 年 4 月,第一家电影院在美国纽约市百老汇大街正式开业。这个电影院只有 10 架放映机,每场只能卖 10 张票。结果电影院前人山人海,人们以一睹电影为荣。然而,这种电影不能投影于幕上,图像也不清晰。因为它是让胶片不停地经过片门，而不是以"一动一停、一动一停"的方式经过片门（在胶片运动时遮住片门，而当胶片不动时打开片门）。爱迪生对自己发明的这台"放映机"很不满意，也想解决胶片传送方式的问题，但一时束手无策。

法国科学家奥古斯特·卢米埃尔和路易·卢米埃尔兄弟俩对电影的研制也很感兴趣，希望攻克这一难题，制作出真正的电影来。1894 年末的一天深夜，路易在设计胶片传送的模拟图时忽然想到："用缝纫机缝衣服时，衣料不正是做'一动一停'式的运动吗？当缝纫机针插进布里时，衣料不动；当缝纫机针缝好一针向上收起时，衣料就向前挪动一下，这不是跟胶片传送所要求的方式很相像吗？"

于是，他兴奋地告诉哥哥奥古斯特，可以用类似缝纫机压脚那样的机械所产生的运动来拉动片带。当这个牵引机件再次上升的时候，尖爪便在下端退出洞孔，而使胶片静止不动。经试验，路易的想法果然可行。后来奥古斯特在一篇文章中说："我的弟弟在一个夜晚就发明了活动电影机。"此外，他们兄弟俩还利用许多科学家的研制成果，对原始的电影做了多项改进。

1895 年 12 月 28 日，巴黎的一些社会名流应卢米埃尔兄弟的邀请，来到卡普辛大街 14 号大咖啡馆的地下室观看电影。观众在黑暗中，看到了白布上的逼真画面。一位记者这样报道："一辆马车被飞跑着的马拉着迎面跑来，我邻座的一位女客看到这一景象竟十分害怕，以致突然站了起来。"这就是世界上第一部真正的电影，它意味着电影技术开始走向成熟。

后来，人们把这一天——1895 年 12 月 28 日定为电影诞生日，卢米埃尔兄弟也被称为"现代电影之父"。

巴黎大学创办于何时？

巴黎大学是一所在国际上享有盛誉的综合大学，其前身是索邦神学院，成立于 12 世纪初期。1180 年，法国国王路易七世正式授予其"大学"称号。巴黎大学与意大利的博洛尼亚大学以及萨莱诺大学并称欧洲最早的三所大学，故被誉为"欧洲大学之母"。欧洲各主要大学的建立均受此三校影响。

在 13 世纪时，巴黎大学的学生已经上万，许多人来自欧洲其他国家。在很长时间里，巴黎大学同教皇和国王都有特殊关系。17 世纪时，宰相黎世留出任巴黎大学校长，使巴黎大学有了飞速的发展，奠定了它的国际威望。巴黎大学原址坐落在巴黎市第五区，是个知识密集的地区。因为 13 世纪的大学里以拉丁文传授知识和交谈，所以该区又称为"拉丁区"。作为文化象征，老巴黎大学周围的地区有五多：学校多、书店多、咖啡馆多、旧书摊多、旅馆多。文化名城巴黎正是因为有了巴黎大学才名扬世界。

世界最早的长篇写实小说是哪部？

《源氏物语》是日本的一部古典文学名著，对于日本文学的发展产生过巨大的影响，被誉为日本古典文学的高峰。作品的成书时间大约在 1001 年至 1008 年间，因此可以说，《源氏物语》是世界上最早的长篇写实小说，小说以日本平安王朝全盛时期为背景，通过主人公源氏的生活经历和爱情故事，描写了当时社会的腐败政治和上层贵族的淫乱生活，反映了当时妇女的无权地位和苦难生活，被称为日本的"国宝"。

"源氏"是小说前半部男主人公的姓，"物语"意为"讲述"，是日本古典文学中的一种体裁，类似于我国唐代的"传奇"。《源氏物语》在日本开启了"物哀"的时代，在这以后，日本的小说中明显带有一种淡淡的悲伤。而"物哀"也成为日本一种全国性的民族意识，随着一代又一代的诗人、散文家、"物语"作者的著作流传了下来。

谁被称为"法兰西绘画之父"？

尼古拉斯·普桑（1594—1665年），17世纪法国巴洛克时期重要画家和法国古典主义绘画的奠基人，他在法国17世纪画坛的地位无与伦比。

《阿卡迪亚的牧人》为其主要代表作。普桑的作品大多取材于神话、历史和宗教故事，画幅通常不大，但是精雕细琢，素描严谨构图完美，人物造型庄重典雅，富于雕塑感。这些作品构思严肃而富于哲理性，具有静穆和崇高的艺术特色。普桑的画冷峻中含有深情，观众可以从中窥视到画家冷静的思考。如果说法兰西民族绘画形成于17世纪，那么普桑可谓是"法兰西绘画之父"。

第一部法国《百科全书》的主编是谁？

狄德罗是18世纪法国唯物主义哲学家，百科全书派代表人物，第一部法国《百科全书》主编。狄德罗出身于法国东部小城朗格勒一个小资产者家庭，父亲开一家刀剪作坊，家境谈不上阔绰，却也不算贫寒。他中学毕业后，只身到巴黎闯天下。家里给他选择的职业是律师或医生，可他偏偏都不感兴趣，于是父亲不再支付生活费，他只好住进便宜的阁楼，吃了上顿没下顿。在 18 世纪的巴黎这个讲门第、讲等级、讲虚荣、讲排场的大城市里,狄德罗和那些出身显赫或者家道殷实的青年站在一起,怎么说也有点乡巴佬的味道。然而他并不自惭形秽,也不因贫困而退却。虽然他一度被部分青年放浪形骸的生活所迷惑,然而他很快振作起来,脚踏实地、顽强地开始了思想家的创业之路。

狄德罗精通意、英等几国文字,以译述沙夫茨伯里的《德性研究》而著称。他在主编《百科全书》的 25 年中,深受培根、霍布斯和洛克等人思想的影响,尤其是培根关于编辑百科全书的思想,促使他坚定地献身于这一事业。狄德罗除主编《百科全书》外,还撰写了大量著作,他在《哲学思想录》《对自然的解释》《怀疑者漫步》《论盲人书简》《生理学的基础》《拉摩的侄儿》《关于物质和运动的哲学原理》《达朗贝尔和狄德罗的谈话》《宿命论者让·雅克和他的主人》等著作中,表述了他的唯物主义哲学思想;在《美之根源及性质的哲学的研究》《论戏剧艺术》《谈演员》《绘画论》《天才》等著作中,表述了他的"美在关系"的美学思想。

谁被世人尊称为"乐圣"?

路德维希·凡·贝多芬(1770—1827 年),世界著名的音乐家,1770年 12 月 17 日出生于德国波恩,祖父和父亲都是宫廷音乐家。贝多芬一生创作了许多作品,对世界音乐从古典主义时期到浪漫主义时期的发展有着举足轻重的作用,被世人尊称为教"乐圣"。

贝多芬自幼跟从父亲学习音乐。很早就显露了音乐上的才华。贝多芬凭借自己刻苦的练习,5 岁开始学钢琴,8 岁就公开举行演奏会。17 岁那年波恩宫廷资助他去维也纳旁听哲学,也就是在这时他与莫扎特有了短暂接触。

他的第一位老师聂费对他的帮助极大,聂费拓展了贝多芬的艺术视野并教会了他许多音乐技能,这为他后来的创作打下了深厚的基础。

1792 年,贝多芬经海顿的指导,再次来到了"音乐之都"维也纳深造。为了获得更多的音乐知识与创作技能,他先后跟从海顿、阿尔布雷希茨贝格、萨利埃里等名师学习,他努力学习他们的音乐创作技艺与经验,不断丰富和提高自己的艺术修养。与此同时,他还广泛阅读各种文学和哲学书籍,从中汲取丰富的知识营养,终于使自己成为一个具有高度修养的艺术家。

1827 年 3 月 26 日,这位伟大的音乐巨人终因贫病交加而与世长辞。

《国际歌》的词作者是谁?

巴黎公社失败以后,公社领导人之一、无产阶级革命诗人欧仁·鲍狄埃转移到巴黎近郊的一个地方。在保卫公社的战斗中,他是街垒战中的一名英勇战士。在白色恐怖中,他没有屈服。伟大的马克思主义真理,把他的思想照亮,把他的视野拓宽。一个极其重大的主题在向他不停地召唤,触动他的心弦,于是,一行行充满激情的诗句,如同火山爆发、海涛咆哮一样,奔泻而来:

"起来,饥寒交迫的奴隶/起来,全世界受苦的人/满腔的热血已经沸腾/要为真理而斗争……"

鲍狄埃写完《国际歌》后不久,由于躲避敌人的追捕,逃到了英国和美国。但是,他一天也没有停止过战斗。在国外,他一方面和过去巴黎公社的社员联系,一方面参加工人运动。1880 年,也就是巴黎公社起义失败 9 年之后,鲍狄埃才回到法国。回国后,他立即参加了工人党。为了号召工人阶级团结一致,向资产阶级政权进行斗争,他以诗歌为武器,写了两本诗集,题目分别是《谁是疯子?》和《革命歌集》。1887 年,就在鲍狄埃的第二本诗集《革命歌集》出版不久,他就在贫困中病逝了。1888 年,皮埃尔·狄盖特为《国际歌》谱曲。

哪部小说引发了一场大战?

1851 年,美国作家斯托夫人在丈夫体弱多病、家境极其贫寒的情况下写成其生平最有影响的作品——《汤姆叔叔的小屋》。小说首先以连载的形式在《民族时代》报纸上发表,立即引起了强烈的反响,受到了人们无与伦比的欢迎,仅第一年就在国内印了 100 多版,销了 30 多万册,后来被译为 20 多种文字在世界各地出版。《汤姆叔叔的小屋》对美国社会的发展起到了积极作用,特别是对美国废奴运动和美国内战中以林肯为首的联邦政府获得胜利,产生了巨大的作用。林肯总统后来接见斯托夫人时戏称她是“写了一本书,酿成了一场大战的小妇人”,这一句玩笑话充分反映了《汤姆叔叔的小屋》这部长篇小说的巨大影响。作为一本文学作品,美国著名诗人亨利·朗费罗说它是“文学史上最伟大的胜利”。

《汤姆叔叔的小屋》,又译作《黑奴吁天录》或《汤姆大伯的小屋》,故事从一个奴隶主与一个奴隶贩子的讨价还价开始。美国肯塔基州的奴隶主谢尔比在股票市场上投机失败,为了还债,决定把两个奴隶卖掉。一个奴隶是汤姆,他是在谢尔比的种植场出生的,童年时就当伺候主人的小家奴,颇得主人欢心,成年后当上了家奴总管,忠心耿耿,全身心维护主人利益。另一个要卖掉的奴隶是黑白混血种女奴伊丽莎的儿子吉姆。伊丽莎不是一个俯首帖耳死心塌地听主人摆布的奴隶,当她偶然听到主人要卖掉汤姆和自己的儿子吉姆后,就连夜带着儿子在奴隶贩子的追捕下跳下浮冰密布的俄亥俄河,逃到自由州,再往加拿大逃奔。她丈夫乔治·哈里斯是附近种植场的奴隶,也伺机逃跑,与妻子会合,带着孩子,历经艰险,终于在废奴组织的帮助下,成功地抵达加拿大。

汤姆却是另一种遭遇。他从小就被奴隶主灌输敬畏上帝、逆来顺受、忠顺于主人这类的基督教说,甘愿被主人卖给奴隶贩子。之后,汤姆因为救了小女孩伊万杰琳·圣克莱尔,而被女孩的父亲圣克莱尔收买。而后,伊娃(伊万杰琳·圣克莱尔的爱称)和圣克莱尔相继去世,汤姆又被残忍的玛丽·圣克莱尔卖到一个凶残的奴隶主列格雷那里,被狠狠地打死。

第一位获得诺贝尔奖的女性是谁?

居里夫人是第一个荣获诺贝尔奖的女性科学家,也是第一位一生两次荣获诺贝尔奖的科学家。

1867 年 11 月 7 日,居里夫人出生在波兰华沙的一个教师家庭,她从小就很喜爱父亲实验室中的各种仪器。中学毕业后,她当了家庭教师。1892 年,在她父亲和姐姐的帮助下,她渴望到巴黎求学的愿望终于实现了。来到巴黎大学理学院,她决心学到真本领,因而学习非常勤奋用功。1893 年,她以第一名的成绩毕业于物理系,1894 年又在该校获得数学硕士学位。几乎与此同时,科学之缘将她和皮埃尔·居里牵引到一起。1895 年两人结了婚。1903 年,她和丈夫皮埃尔·居里及亨利·贝克勒尔共同获得了诺贝尔物理学奖。8 年之后的 1911 年,居里夫人又因为成功分离了镭元素而获得诺贝尔化学奖。令人意外的是,在获得诺贝尔奖之后,她并没有为提炼纯净镭的方法申请专利,而是将之公布于众,这种做法有效地推动了放射化学的发展。

在第一次世界大战时期,居里夫人倡导用放射学救护伤员,推动了放射学在医学领域里的运用。之后,她曾在 1921 年赴美国旅游并为放射学的研究筹款。居里夫人由于过度接触放射性物质于 1934 年 7 月 4 日在法国上萨瓦省逝世。

你知道"胜利之吻"的由来吗？

1945 年 8 月 14 日，纽约街头和广场上到处都是庆祝"二战"胜利的人群，人们情绪亢奋，素不相识的人也彼此拥抱和亲吻。在时报广场上，一名水兵和一名白衣护士萍水相逢，他们也相拥在一起，深情亲吻。两人拥吻的场景正好被摄影师阿尔弗雷德·艾森斯塔德及时捕捉了下来，这一美好瞬间成了美国《生活》杂志的封面照片。这张照片从此广为流传，被誉为"胜利之吻"。

和平鸽的形象是谁创造的？

把鸽子作为世界和平的象征，并为世公认，当属毕加索之功。1940年，德国法西斯军队攻占了法国首都巴黎。一天毕加索正心情沉闷地坐在他的画室里，这时有人敲门，来者是邻居米什老人，只见老人手捧一只鲜血淋漓的鸽子，向毕加索讲述了一个悲惨的故事。原来老人的孙子养了一群鸽子，平时他经常用竹竿拴上白布条作信号来招引鸽子。当他得知父亲在保卫巴黎的战斗中牺牲时，幼小的心灵里燃起了仇恨的怒火。他想，白布条表示向敌人投降，于是他改用红布条来招引鸽子。显眼的红布条被德军发现了，他们把他扔到了楼下摔死在街头，还用刺刀把鸽笼里的鸽子全部挑死。

老人讲到这里，对毕加索说道："先生，我请求您给我画一只鸽子，好纪念我那惨遭法西斯杀害的孙子。"随后毕加索怀着悲愤的心情，挥笔画出了一只飞翔的鸽子——这就是"和平鸽"的雏形。

1950年11月，为纪念在华沙召开的世界和平大会，毕加索又欣然挥笔画了一只衔着橄榄枝的飞鸽。当时智利的著名诗人聂鲁达把它叫作"和平鸽"，由此，鸽子才被正式公认为和平的象征。

谁被称为"世界杯之父"？

国际足球协会联合会（简称国际足联）于1904年5月21日在巴黎成立，成立之初，只有7个成员：法国、比利时、丹麦、荷兰、西班牙、瑞典、瑞士。1910年，南非作为第一个非欧洲成员加入国际足联，推动了国际足联的发展。1921年3月1日，48岁的雷米特当选为国际足联第三任主席，他在任期内主要做了两件事。其一，雷米特凭借出众的外交能力，壮大了国际足联的规模，1954年他卸任时，国际足联的成员协会已从20个发展为85个，特别是1946年，雷米特争取到了英伦三岛4个足协（英格兰、苏格兰、威尔士、北爱尔兰）的加入，英国是现代足球的发源地，这4个足协至今仍拥有独立参加世界杯的资格。其二，雷米特创立了世界杯大赛。为此，雷米特得到了"世界杯之父"的称号，最初的世界杯奖杯也以他的名字命名。1930年7月18日，首届世界杯在乌拉圭揭幕，最后东道主巴拉圭队赢得了世界杯足球赛史上的第一个冠军。1956年10月16日，雷米特在巴黎去世，享年83岁。

美国最高的电影荣誉奖是什么奖？

奥斯卡奖是由美国电影艺术与科学学院颁发的美国最高的电影荣誉

奖,也是当今全世界范围内影响最大、历史最长的电影奖之一。

1928 年,美国电影艺术与科学学院为了"促进电影艺术与科学以及发展人类文化",决定设立一个"学院奖"(奥斯卡奖的正式名称)。

奥斯卡金像奖的样子是裸体男子,双手交叉于胸前,握着一把长剑,屹立在一盘电影胶片上。金像奖开始没有名称,直到 1931 年,当一个新来的学院女秘书看到铜像,惊呼这使她想起了叔叔奥斯卡时,一位记者立即将她的话报道出去。从此,"奥斯卡金像"便成了这个人像的名称,奥斯卡金像奖由此正式得名。

奥斯卡金像奖从 1929 年开始每年评选颁发一次,从未间断。按规定,金像奖评委会对上一年度的影片和演职员在每年 3 月左右进行评奖。奥斯卡金像奖颁奖仪式是美国好莱坞的一个盛大活动。

你知道好莱坞的由来吗?

好莱坞本意上是一个地名的概念,又译"荷里活",位于美国加利福尼亚州洛杉矶市市区西北郊,是洛杉矶的邻近地区,也是世界闻名的电影城。

1853 年时好莱坞还不叫好莱坞,只有一栋孤零零的房子。到 1870 年,这里已成为一片兴旺的农田。1886 年,房地产商哈维·威尔考克斯在洛杉矶郊区买下了一块 0.6 平方千米的地块。威尔考克斯的夫人一次旅行时,听到她旁边的一个人自称来自俄亥俄州的一个叫作好莱坞的地方,她很喜欢这个名字,回到加州后,她将苏格兰运来的大批冬青树栽在这里,将她丈夫的农庄改称为"好莱坞"(Hollywood),在英语中,"好莱坞"就是冬青树林的意思。现"好莱坞"一词往往直接用来指美国加州南部的电影工业。不过电影制片厂分布的范围早已不局限在好莱坞一隅,好莱坞与其周边的伯班克等市共同构成了美国影视工业的中心地区。

好莱坞市内有不少数十年历史的老电影院,通常被用作电影首映式或举行奥斯卡奖颁奖礼的场所,如今也成为旅游热门地点。

"安徒生奖"是哪一年设立的?

国际"安徒生奖"由国际少年儿童读物联盟于 1956 年设立,由丹麦女王玛格丽特二世赞助,以童话大师安徒生的名字命名。安徒生奖每两年颁发一次,获奖者被授予一枚金质奖章和一张奖状。获奖者仅限于长期从事青少年读物创作并做出卓越贡献的作家或者插图画家。

世界上最早的图书馆在哪里?

图书馆是人们汲取知识、贮藏精神财富的宝地,根据考古学家的发掘成果,已知世界上最早的图书馆是美索不达米亚的亚述巴尼拔图书馆,这是现今已发掘的古文明遗址中,保存最完整、规模最宏大、书籍最齐全的图书馆。它在时间上要比埃及著名的亚历山大图书馆早 400 年,而且由于泥版图书的特殊性,没有像亚历山大图书馆一样毁于战火,大部分都保存了下来。

亚述巴尼拔图书馆因亚述国王亚述巴尼拔而得名。亚述巴尼拔是亚述末代国王(公元前 668 年—前 627 年在位),他自称为"伟大英明及世界之王",在位时不仅使亚述帝国的疆域达到了极限,而且也是一位尊崇文化、博学多才、爱书如命的国王。在图书馆遗址的一块泥版上,亚述巴尼拔自述道:"我,亚述巴尼拔,受到纳布智慧神的启发,觉得有博览群书的必要。我可以从它学到射、御，以及治国平天下的本领。""读书不但可以扩充知识和技艺，而且还可养成一种高贵的气度。"因此，他在统治期间在古都尼尼微修建了著名的亚述巴尼拔图书馆。

值得一提的是，亚述巴尼拔图书馆重现于世，应归功于英国业余考古学家莱尔德，可以说它是由莱尔德用铁锹公之于世的。1849 年，他在发掘尼尼微的亚述王宫遗址时，在亚述国王辛那赫里布（公元前 704 年—前 681 年在位）的宫殿里，发现了两个像是后来增建的、作为图书馆的房间。其面积之大、藏书之多，即使按现代标准来说，用"图书馆"这一名称命名也是毫不过分的。莱尔德在那儿发现了近 3 万"册"书，这是一个地道的泥版图书馆！

根据考古学家后来的考证和研究，人们基本了解了亚述巴尼拔图书馆的概貌。

图书馆的藏书大部分是从全国各地抄来的摹本，另一部分从私人处获得。在图书馆遗址中，曾发现了亚述巴尼拔给一些文官的训令，指示他们到各省去收集泥版图书。其中一封这样写道："接到此信之日，即带舒玛、其弟贝尔·埃梯尔、亚普拉，及你认识的波西巴的一些艺术家去，尽可能收集人们家中及埃齐达神庙里的泥版。"此外，亚述巴尼拔还雇用了不少学者和抄写员，专门抄写各地的泥版和有价值的铭文。

图书馆中的藏书门类齐全，包括哲学、数学、语言学、医学、文学以及占星学等各类著作，几乎囊括了当时的全部学识。其中的王朝世系表、史事札记、宫廷敕令以及神话故事、歌谣和颂诗，为后人了解亚述帝国乃至整个亚述—巴比伦文明提供了一把钥匙。尤其珍贵的是，在文学类泥版中，藏有世界上第一部伟大的英雄史诗《吉尔伽美什》，这是美索不达米亚文明所创造的最重要的作品之一。

从图书馆藏书来看，亚述人已懂得对各类图书进行分类和编目，各类书籍通常放在不同的位置加以区分。亚述书吏还在每块泥版上附上题签,标明该泥版所记载的内容。

由于这座图书馆是亚述巴尼拔的私人图书馆,这里的藏书多数刻有国王的名字,有的注明是国王本人亲自修订的,有的则注明是由他收集来的。泥版文书上往往还刻有"宇宙之王、亚述之王亚述巴尼拔"的字样。

贝多芬的《第十交响乐》是个骗局吗?

贝多芬在创作了 9 部交响曲后走到了生命的尽头,有人说他曾经创作过《第十交响乐》,但没有最终完成,这些遗稿在哪里呢? 还是说《第十交响乐》只是一个骗局?

贝多芬是音乐界最高级的"建筑师",他的天才在奏鸣曲—交响乐的思想结构形式中得到了表现。凡欣赏过贝多芬作品的人,无不为他那优雅的奏鸣曲所陶醉,为他那巨人般的交响乐所震撼。

贝多芬一生创作了大量作品,其中包括 9 部交响曲,32 部钢琴奏鸣曲,5 部钢琴协奏曲,10 部钢琴小提琴奏鸣曲,一系列弦乐四重奏曲、声乐曲、剧乐曲,以及许多其他乐曲。从 1818 年起,在贝多芬一生的最后 10 年里,他在耳朵全聋、健康情况恶化和生活贫困、精神上受到折磨的情况下,仍以巨人般的毅力创作了《第九合唱交响乐》,音乐史家公认这是贝多芬过去在音乐方面成就的一个综合。

然而,贝多芬是否写过《第十交响乐》,这一直是萦绕在音乐史家们心中的一个谜。早在 1844 年,曾经担任贝多芬的助手的安东·斯切德勒发表了一篇关于贝多芬未完成的《第十交响乐》的草稿的文章,这篇文章引起了广泛的关注和猜测。从那时起,有关这部交响乐的新发现的线索和推测就层出不穷,但是大多数都只是增添了其神秘色彩而已。

法国大作家罗曼·罗兰的《贝多芬传》一书曾经记述,贝多芬在 1824

年 9 月 17 日致苏脱兄弟信中这样写道:"艺术之神还不愿死亡把我带走,因为我还负欠甚多!在我出发去天国之前,必得把精灵启示我而要完成的东西留给后人,我觉得我才开始写了几个音符。"罗曼·罗兰由此推论,贝多芬的未来计划中有《第十交响乐》。晚年的贝多芬十分孤独且病魔缠身,英国皇家爱乐乐团从伦敦赠送给他 100 英镑作为医药费,贝多芬告诉爱乐乐团,为了感谢,他将把《第十交响乐》奉献给他们。自 1822 年以来,贝多芬由于要给维也纳宫廷写三重奏和四重奏而一直未能完成这一工作,但他一直没有间断过《第十交响乐》的构思。1827 年 3 月 18 日他在写给其秘书莫希尔斯的信中说:"初稿全部写成的一部交响乐和一支前奏曲放在我的书桌上。"但这部初稿一直未被发现,其下落也成了一个谜。

20 世纪 60 年代以后,对贝多芬手稿的研究更加系统了,所有他的手稿基本上都经过了考证并确定了创作时间,但有关神秘的《第十交响乐》的研究却始终没有进展。有人认为,在创作了《第九交响乐》之后,贝多芬的创作活动并没有停止,在他留下来的大量的手稿中很可能就有他的《第十交响乐》。那么,在贝多芬书信中提到的藏在书桌里的手稿是否真有其事,还是说所有这一切只是一个骗局?

1983 年,苏格兰音乐家巴里·库珀正准备写一本题为《贝多芬的创作过程》的著作,他在柏林的普鲁士文物国家图书馆里找到了一些贝多芬乱涂乱写的音符,其中有一页纸上标明是"交响乐",其他一些纸片是奏鸣曲和四重奏的初稿,某些主调就在那几张谱表上。库珀认为这是有目的、有步骤地写下的《第十交响乐》的谱表,于是他就对这些谱表做了调整和补充,使之成为一首曲目。1988 年 10 月 8 日在伦敦举行的音乐会上贝多芬的《第十交响乐》得以与世人见面,这首全曲只有 14 分钟的交响乐,轰动了世界。

然而,这真的是贝多芬的《第十交响乐》吗?谁也说不清楚。

为什么说蒙娜丽莎的微笑是神秘莫测的？

《蒙娜丽莎》是意大利文艺复兴时期著名画家达·芬奇的一幅名画，画中人物的面部表情，尤其是嘴角浮现出来的神秘莫测的微笑，显示出了一种不朽的艺术魅力。

达·芬奇笔下的蒙娜丽莎是真有其人的。她是佛罗伦萨一位富有的女市民。达·芬奇刚开始为她画像时，她年仅 24 岁。据说，在此之前不久，蒙娜丽莎的爱女刚刚夭折，因此她一直处于哀痛之中，闷闷不乐。达·芬奇在作画时请来了音乐家和喜剧演员，想尽办法让蒙娜丽莎高兴起来。达·芬奇正是抓住了蒙娜丽莎一刹那的微笑，最终创作出了这幅不朽的画作。蒙娜丽莎的微笑似乎是从脸上掠过似的，既显示了她内心的激动，又没有失去安详的表情，显露了人物内心深处微妙的心理活动，令人心驰神往。

自从《蒙娜丽莎》问世几百年来，她的微笑一直令人百思不得其解。不同的观者或在不同的时间去看，感受似乎都不同。有时觉得她笑得舒畅温柔，有时又显得严肃，有时像是略含哀伤。在一幅画中，光线的变化不可能像在雕塑身上产生那样大的差别。但在蒙娜丽莎的脸上·微暗的阴影时隐时现，为她的双眼与唇部披上了一层面纱。蒙娜丽莎的微笑为何如此神秘莫测呢？

有人认为，这是因为《蒙娜丽莎》显示了达·芬奇非凡的绘画技巧。当初达·芬奇为这个坐在阳台上的少妇设置了一幅透视不一的背影，当人们的视线集中在左边时，感到远景下降而人物上升；反之，当人们的视线集中到右边时，觉得远景上升而人物下降。画像中人物的五官其位置亦在游移不定之中。而人物的笑容主要表现在眼角和嘴角上，达·芬奇却偏偏把这些部位画得若隐若现，没有明确的界线，因此才会有这令人捉摸不定的"神秘的微笑"。

也有的人认为蒙娜丽莎的微笑时隐时现,是与人体视觉系统有关,而不是因为画中人物的表情神秘莫测。当人们看着一张脸时,眼睛多数集中注视对方的双眼。假如人们的中央视觉放在蒙娜丽莎的双眼上,较不准确的外围视觉便会落在她的嘴巴上。由于外围视觉并不注重细微之处,无形中突出了颧骨部位的阴影。如此一来,笑容的弧度便显得更加大了。蒙娜丽莎的笑容若隐若现,源于人们的目光不断转移。

几百年来,关于蒙娜丽莎的微笑的新解层出不穷。有人认为她之所以微笑不露皓齿是因为蒙娜丽莎虽典雅美丽却牙齿不齐,更有甚者认为蒙娜丽莎并不是所谓的贵妇而是一个妓女,故而微笑中带着讥嘲和揶揄,此论一出,学术界一片哗然。

需要指出的是,不仅达·芬奇笔下的蒙娜丽莎的微笑是神秘莫测的,而且有关画中主人公的身份、年龄及该画真品究竟藏在何处,也莫衷一是、众说纷纭,这就使得蒙娜丽莎的微笑越发显得扑朔迷离了。

《蒙娜丽莎》是一个永远探讨不完的话题。自问世至今,将近 500 年,后人不知做过多少品评和揣测,却留下越来越多的迷局。当今世界上研究《蒙娜丽莎》的专著有数百部,但是时间的推移不仅不会使疑团得到解决,反而会将更多的疑惑留给后人。

第五章

功 不 可 没

——探寻那些改变生活的科技发明

谁最早提出了计算工具设想?

欧洲文艺复兴时期的伟人达·芬奇,在科学方面的造诣丝毫不亚于其艺术成就,他很早就提出过计算工具的设想。后人在达·芬奇的手稿中,发现了关于机械式计算工具设计方案的记录,人们根据达·芬奇的手稿仿制出了机械式计算器。

1621 年,英国人冈特发明计算尺,这是世界上最早的模拟计算工具。17 世纪的文献详细记载了冈特发明这种计算工具的过程。不过在当时这只是一些刻有对数的表尺,远未具备近代的形式。

1642 年,法国数学家、物理学家和思想家帕斯卡发明加法机,这是人类历史上第一台机械式计算机,其原理对后来的计算机械产生了持久的影响。

德国科学家希克尔德被许多人认为是世界上真正的第一台计算机的发明人,后人在他的手稿中发现了他的计算机设计草图和详尽的文字描述,并在 1960 年根据其方案成功仿制了一台机械式计算机。

1673 年,德国数学家莱布尼兹发明乘法机,这是第一台可以运行完整的四则运算的计算机。莱布尼兹同时还提出了"可以用机械代替人进行烦琐重复的计算工作"的伟大思想,这一思想至今鼓舞着人们探求新的计算工具。

世界上的第一张天气图出现在何时?

早期的气象观测并没有统一的观测规定,获得的数据也不实时交换。

按照专门规定的数字和符号把收集到的同一时间不同地点的气象观测记录填在一张图上，在图上进行分析研究，这种图就叫天气图。

今天的电视天气预报中常常会给出一张地面天气示意图，通过这张简化了的天气图，观众可以了解冷空气前锋的位置、大风和降雨区的位置等。可以说，天气图的出现在气象学上意义重大，它把一个地点、一个地点的气象要素有机地联系到了一起，使我们的眼界由点扩展到面，预报人员可以在短时间内通过天气图了解大范围乃至全球的气象情况，也可以通过连续几张天气图，推测天气的未来变化。直到数值天气预报问世，天气图一直是气象人员预报天气的主要工具。在数值预报蓬勃发展的今天，天气图仍不失为常用的预报工具之一。

世界上的第一张天气图是因克里米亚战争而诞生的。

1854 年 11 月，历史上著名的克里米亚战争正在激烈进行，英法联军包围了塞瓦斯托波尔，陆战队准备在黑海的巴拉克拉瓦港登陆。这时候，黑海上突然狂风大作、巨浪滔天。登陆的英法联军不战自溃，几乎全军覆灭。

巴黎天文台台长勒弗里埃受军方之命研究这次风暴。他向各国气象学家发信，收集风暴发生前后的气象报告。报告收集到以后，他依次把同一时间各地的气象情况填在一张图上，一张张联系起来一分析，发现这次风暴是自西北向东南方向移动的，当其到达黑海前一两天，西班牙和法国已先受其影响。

勒弗里埃分析后认为，如果当时欧洲设有气象站，风暴情报就可以及时报告给英法舰队，就可能避免这次风暴的袭击。1855 年 3 月，他向法国科学院建议，组织观测网，迅速地将观测资料集中于一地，分析绘制天气图。

勒弗里埃的建议得到不少国家的响应。1856 年，法国组建了第一个正规的天气服务系统。欧洲的其他一些国家以及美国、日本也都相继组织观测网,开始拍发当日的气象观测结果,绘制天气图,开展天气预报服务。

天气图是现代天气预报的开端,它使天气预报由点扩展到面,使人们从"坐井观天"飞跃到"放眼世界"。

谁发明了第一台空调?

被称为"空调之父"的美国发明家威利斯·开利于 1902 年设计了第一部空调系统。开利由此不断改良他的装置,并在一次雾天等火车的时候受到启发,深刻理解了温度、湿度和露点的关系。开利所改良的空气调节装置使用盘管并可以降低湿度达 55%,1906 年,开利因此项发明得到了其人生中的第一个专利。

1915 年,开利和其他 6 位工程师合资在新泽西州成立了开利工程公司,即开利空调的前身,该公司致力于研发空调技术,并研究空调的商业价值。但空调发明后的 20 年,享受的一直都是机器,而不是人。直到 1924 年,有一家商场常因天气闷热而有不少人晕倒,首先安装了三台中央空调,此举获得了巨大成功,凉爽的环境使得人们的消费意愿大增。自此,空调成为商家吸引顾客的有力工具,空调为人们服务的时代正式来临了。

首架航天飞机是什么时候成功发射的?

1981 年 4 月 12 日,美国首架航天飞机"哥伦比亚"号在卡纳维拉尔角肯尼迪航天中心发射成功。"哥伦比亚"号首次试飞 54 小时,绕地球

36周,于4月14日下午1时28分顺利返回加利福尼亚州爱德华兹空军基地。"哥伦比亚"号试飞成功是航天史上的一次壮举。从此,航天飞机广泛地应用在商业、科学和太空试验领域,开始为人类造福。

克隆技术是什么时候被研究出来的?

1997年,从英国传出一件令世人震惊的科学发明,英国爱丁堡罗斯林研究所的动物胚胎学家伊恩·维尔穆特和他的科研小组,经过7个月的培养,成功地采用无性繁殖技术培育出一只"克隆"羊。这只羊与其基因母羊具有完全相同的内外特征,是一只纯粹的"复制品"。维尔穆特给这只羊取名为"多利"。这一新闻一经披露,立刻成为人们谈论的热点话题。人们对克隆技术的成功褒贬不一,还有人称这是打开"潘多拉"盒子的前兆。

克隆技术指无性繁殖,多利就是一只经过无性繁殖而来到世间的绵羊。

"复制"多利的过程采用了基因的分子克隆技术。分子克隆技术通常称为基因工程技术。利用它,人们可以根据需要,像工厂流水线制造产品一样,大量繁殖复制优质动物。比如,大熊猫、金丝猴这些稀有的濒危动物也可以进行人工复制。此外,根据这项技术,科学家还可以研究转基因动物乳房生物反应器,利用转基因动物,可以大量生产珍贵蛋白质以及含抗体和药用价值的动物乳供人饮用,比如牛奶,让人类达到益寿延年的目的。

多利的诞生,也引起了不少人的惧怕和担心。一些人对克隆技术的发展以及将来可能引发的负面影响提出了尖锐的批评。一位美国科学家警告说,维尔穆特的工作应该永远不要公布,因为一旦技术被滥用,社会将会陷入无穷的罪恶中。美国前总统克林顿专门委托一个 18 人的国家生物专家委员会审查美国的相关法律。德国还明确规定,禁止将基因工程应用于人类。

然而,克隆技术仍在进展。据报道,1999 年美国科学家用牛卵子克隆出珍稀动物盘羊的胚胎,我国科学家也用兔卵子克隆了大熊猫的早期胚胎,这些成果说明克隆技术有可能成为保护和拯救濒危动物的一条新途径。

第一架天文望远镜是谁创制的?

伽利略(1564—1642 年)是意大利物理学家、数学家和天文学家。他在天文学领域所做出的杰出贡献是创制了第一架天文望远镜,从而对许多天体得以做出详尽的观察。

1609 年,伽利略受荷兰光学家李帕希的启发,用凸凹两种透镜制成了放大三倍的望远镜。半年后,他又制成了可以放大 32 倍的人类第一架天文望远镜。伽利略将镜头首次对准了月球,这是人类首次对月面进行科学观测。1610 年,伽利略发现木星的旁边有 4 个运转着的卫星,为哥白尼学说找到了确凿的证据,标志着哥白尼学说开始走向胜利,这些发现进一步打开了宇宙的奥秘。借助于望远镜,伽利略还先后发现了土星光环、太阳黑子、太阳的自转、金星和水星的盈亏现象、月球的周日和周月天平动,以及银河是由无数恒星组成的,等等。这些发现开辟了天文学的新时代,近代天文学的大门被打开了。

谁成功研制了第一架直升机?

1919 年,世界上公认的第一架重型轰炸机"伊里亚·穆罗梅茨"号的发明者西科斯基移居美国。1928 年他加入了美国国籍,并于次年组建了西科斯基飞机公司,开始研制水上飞机,先后交付了 S—38、S—40、S—42 和 S—44 等型号,其中 S—44 曾创下了当时飞越大西洋的最快纪录——14 小时 17 分钟。

在创造了无数辉煌之后,西科斯基决定把精力投入到对直升机的研制中。不到三年时间,他解决了直升机最大的难题——直升机有在空中打转儿的毛病。他巧妙地在机尾装了一副垂直旋转的抗反作用力的小型旋翼——尾桨,终于使直升机飞上了天空。

1939 年 9 月 14 日,西科斯基身穿黑色西服,头戴鸭舌帽,爬进座舱,轻松地把一架型号为 VS—300 的直升机升到空中,高约二三米,平稳地悬停了 10 秒钟之久,然后轻巧地降落在地面上。这在航空史上是崭新的一章,意味着世界上第一架真正的直升机升上了天空。经反复试飞,西科斯基发现 VS—300 具有良好的操纵性能。1940 年年底,美国陆军决定大量购买 VS—300 的改进型 VS—316,军队编号为 R—4。

1972 年 10 月 26 日,西科斯基在美国康涅狄格州伊顿市逝世,终年 84 岁。他传奇般的一生正如他所说过的一句话:"人类征服天空发明飞行器是最令人引为自豪的伟大成就,而这成就起源于人类的一个梦想。这个梦想让人想象,最后通过人得以实现。"

锁最早是由谁发明的?

原始人过穴居的生活时,为了安全,有时要推动巨石来挡住洞口,所防备的并不是小偷而是野兽。私有制出现后,小偷出现了,于是锁也就诞生了。

远在 3000 多年前,中国就有了锁。不过,最早的锁没有机关,只是做成老虎等凶恶动物的形状,想借此把小偷吓走,只能说是一种象征性的锁。

据说鲁班是第一个给锁装上机关的人。从出土文物及文字记载所反映的情况看,古代的锁是靠两片板状弹簧的弹力工作的。直到现在,这种弹簧仍在应用。

古希腊人虽曾发现了一种极为可靠的锁,但因钥匙较大,要扛在肩上,很难在一般家庭中普及。古代印度人则制成了另一种鸟形的"迷锁",钥匙孔藏在可以抖动的翅膀里。现代锁的兴起首先是由 18 世纪的英国人发明的"焊钓锁"。我们目前广泛使用的弹子锁,是美国人耶尔于 1860 年发明的。

而钥匙的发明比锁要晚些,古埃及人是世界上最早使用钥匙的人。他们的锁是把一条木制门栓插入一个槽中,槽沟顶部有一个木制栓。门栓插入槽沟后,木制栓便会插入门栓的孔中。这样一来,门栓便很牢固,必须用钥匙才能打开。

由于古埃及人的锁只能用在有门栓的那一面,不利于灵活地开与关,于是,古希腊人在此基础上,又研究出一种可以从另一面打开的锁。古希腊人所制的钥匙,是一根弯曲的木棒,形状和大小很像农夫用的小镰刀。但是也有一些钥匙长达三尺,必须扛在肩上才能搬动,相当沉重。

古罗马人可以说是古代最精巧的锁匠,他们对制造钥匙的标准相当有研究，已经懂得把钥匙末端的钉子切割成各种不同的形状。

谁是"机器人之父"？

恩格尔伯格是世界上最著名的机器人专家之一，1925 年出生于纽约布鲁克林的一个德国移民家庭。作为一个技术与科幻的爱好者，这位曾经在 17 岁参军的青年人先是在哥伦比亚大学攻读物理学，然后又用了三年时间获得了该校的机械工程学硕士学位。

1956 年，恩格尔伯格买下了乔治·德沃尔的"程序化部件传送设备"专利，1957 年，天使投资的 300 万美元到位，他们创立了万能自动公司，这也是世界第一家机器人公司。1959 年，一个重达两吨但却有着万分之一英寸精确度的庞然大物诞生了，这就是世界上第一个工业机器人尤尼梅特。他们对创建机器人工业做出了杰出的贡献，恩格尔伯格也被称为"机器人之父"。

第一个提出色盲问题的人是谁？

约翰·道尔顿（1766—1844 年），英国化学家、物理学家，近代原子论的提出者，世界上第一个提出色盲问题的人。为了纪念他，色盲症又被称为道尔顿症。

道尔顿幼时家贫，无钱上学，但他以惊人的毅力自学成才。1778 年道尔顿在一所乡村小学任教，1781 年应表兄之邀到肯德尔镇任中学教师，在哲学家高夫的帮助下自修拉丁文、法文、数学和自然哲学等，并开始对自然进行观察，记录气象数据，从此学问大有长进。1794 年 10 月 31

日，道尔顿在曼彻斯特文学和哲学学会的大厅里宣读了《关于颜色视觉的特殊例子》一文。在这篇文章中，他给出了对色盲这一视觉缺陷的最早描述，总结了从他自己身上观察到的色盲症的特征，如他自己除了蓝、绿、黄三种颜色外，对别的颜色没有丝毫分辨力。

谁被认为是火车的发明人？

现代的火车最初是由马拉的运煤车演变而来。第一个想到用蒸汽机作动力拉车的人，是英国人特雷维希克。1801 年他制造出第一辆蒸汽机车，并在威尔士的佩尼德兰煤矿铺设了一条 16 千米长的铁路，由他的高压蒸汽机车牵引装满煤的车皮。这就是世界上的第一列货车。

1809 年，特雷维希克在伦敦广场又铺设了一条环形铁路，由他的机车牵引一连串的马车在轨道上行驶，游客坐一次付一便士。这就是世界上第一列客车。

特雷维希克的火车用煤多，速度慢。于是人们开始对他的火车进行改造，其中最成功的是英国工程师斯蒂芬森。1829 年，利物浦—曼彻斯特铁路公司组织机车竞赛，斯蒂芬森的"火箭"号一举夺魁后，他的机车迅速得到推广，以至于他就被认为是火车的发明人。

避雷针的发明跟风筝有关吗？

1752 年，美国科学家富兰克林用绸子做了一个风筝，并在风雨交加的天气里用麻线把风筝放上天空。他在系风筝的粗麻线靠近手的一端，加上了一条丝带（非导体），接头处系上一把金属钥匙，当雨水把麻线浇湿以后,纤维挺立起来。这时,他用手靠近钥匙,突然看到电火花在钥匙和手指之间跳过,同时,手指感到一阵刺痛。这个实验证明了天空中打雷实际上就是一种大规模的放电现象。

为了防止雷电的危害,富兰克林制成了一根实用的避雷针。他把几米长的铁杆,用绝缘材料固定在屋顶,杆上紧拴着一根粗导线,一直通到地下。当雷电袭击房子的时候,它就沿着金属杆通过导线直达大地,房屋建筑则完好无损。1754 年,避雷针开始应用。避雷针的发明,使人类生活的世界多了几分安全感。

肥皂是谁发明的?

5000 多年前的一天,在古埃及的王宫里,法老胡夫在宴请宾客。这时,厨房里忙得热火朝天。真是忙中出错,有位粗心的小厨师不慎将油盒碰落到炭灰里。他十分惊慌,担心被训斥,就趁人不注意时将混有油脂的炭灰捧到厨房外面的墙角泥坑里。

当他回到屋里洗手时,意外地发现手洗得特别光滑干净,就请其他几个伙伴也来试试。果然大家的手也洗得很光滑干净。这件事被法老知道了,就命令他手下的人按照小厨师的方法,制造沾有油脂的炭灰用来洗手。这算是最早的肥皂了。

公元 2 世纪,高卢人流传下来的肥皂制造工艺已经有了很大程度的发展。人们把山毛榉树烧成木灰,再与山羊的脂肪混在一起,熬制成一种膏状物。肥皂不仅仅是用来洗手的,也洗别的东西,如衣服、餐具、头发。随着肥皂的广泛应用,肥皂生产厂如雨后春笋般应运而生,法国的马赛、意大利的萨沃纳等地,大大小小建立了很多肥皂作坊,因为这些地方出产橄榄油和碱。他们生产的肥皂还向别的国家销售。

后来,罗马学者普林尼首次用羊油和草木灰制成块状肥皂。其后,这种制皂方法传到希腊、英国等地。俄国的彼得一世也学到了这门技术,不过造出的肥皂只供皇宫里的人和贵族使用。英格兰女王伊丽莎白一世下令在布里斯托尔建一座肥皂厂,用煮化的羊脂混以烧碱和白垩土来制造肥皂。虽然肥皂的质量比以前有了很大的提高,价格却十分昂贵,一般百姓是买不起的。

直到 1791 年,法国的化学家卢布兰用电解食盐的方法制成烧碱,才使肥皂的成本大为下降。这时,高质量的肥皂也就逐步进入了普通百姓家。

培根和眼镜有什么关系?

16 世纪时,英国学者培根看到许多人因视力不好,不能看清书上的文字,就想发明一种工具来帮助人们提高视力。为此,他想了很多办法,做了不少试验,但都没有成功。

一天雨后,培根来到花园散步,看到蜘蛛网上沾了不少雨珠。他发现透过雨珠看树叶,叶脉放大了不少,连树叶上细细的茸毛都能看得见。他看到这个现象,高兴极了。

培根立即跑回家中,翻箱倒柜,找到了一颗玻璃球。但透过玻璃球,看书上的文字,还是模糊不清。他又找来一块金刚石与锤子,将玻璃球割出一块,拿着这块玻璃片靠近书一看,文字果然放大了。试验成功了,培根欣喜若狂。后来他又找来一块木片,挖出一个圆洞,将玻璃片装上去,再安上一根柄,便于手拿,这样人们阅读和写字就方便多了。

这种镜片后来经过不断改进,成了现在人们戴的眼镜。眼镜的使用,使人们学习、工作更加方便,由此培根也为人类的文明进步做出了贡献。

牙刷真有千年的历史吗？

人类祖先早有漱口、刷牙的习惯，在公元前 3000 年苏美人乌尔城邦的国王墓穴中就曾发现过清理口腔用的最早工具——牙棒。在古希腊和罗马时代，人们用动物骨灰做牙粉清理口腔，现在还有些原始部落用木炭、盐水、细砂、树枝来清理牙齿。阿拉伯游牧人现在还从一种叫 Arak 的树上取下树枝，将一端捣碎，做成刷状，用来清理牙齿，称之为"米斯瓦克"，这是一种天然牙刷。科学家分析，这种树枝含氟及皂素，可预防蛀牙，并有止痛作用。

中国人在 2000 多年前就懂得保护牙齿的重要性。《史记·扁鹊仓公列传》中就指出引起龋齿的原因是"食而不漱"。《礼记》中记载："鸡初鸣，咸盥嗽。"说明人们已有了漱口的习惯。古人清理口腔和牙齿用手指和柳枝。敦煌壁画《劳度叉斗圣变》中，画有一和尚，蹲在地上，左手持漱口水瓶，用右手中指揩前齿。唐代，人们用柳枝做成刷，蘸药水揩齿。宋代，有人主张每日早晚用柳枝揩牙两次。元代正式有"牙刷"一词，郭玉诗中云："南洲牙刷寄头日，去垢涤烦一金值。"元代社会上层人物用牙刷，一般人还是用柳枝，和着中草药制成的揩齿粉末刷牙。另据考古发现，中国 1000 多年前辽代古墓中出土了两支骨制牙刷柄。可见，中国比欧洲要早 600 多年就有了类似现代牙刷的清洁器具。

在欧洲，牙刷是由英国皮匠艾利斯于 1780 年在伦敦首先发明的。在此之前，欧洲人用布擦洗牙齿，艾利斯认为用布擦牙效率太低，而且擦不干净。他把鬃毛缚在骨头上，发现刷牙效果很好，从此改进了欧洲人的刷牙工具。艾利斯创立的公司至今仍在生产牙刷。

自行车是谁发明的？

自行车的发明经历了一个漫长的过程。

德国男爵卡尔·杜莱斯是一般公认的自行车发明人,他在 1817 年制造出有把手的脚踏木马自行车。他在车子前轮上装了一个方向把手,这是人们第一次看到不需用马拉的奇怪车子。卡尔·杜莱斯的发明构想来自于溜冰鞋的原理。他想如果人们在两轮之上放个座垫,人坐在上面两脚下垂,交互踩踏前进,车子就能像溜冰鞋一样前行了。

后来,有个法国人发明了链条和脚踏板。由于众人的努力,自行车才有点像现在的模样了。但是,它还很不科学,两个木轮子踩起来非常吃力。

直到 1888 年,英国医生邓洛普发明了轮胎,现代自行车才基本定型。

关于邓洛普医生发明轮胎,还有一个有趣的故事。

邓洛普医生很疼爱自己的儿子,他弄了一辆自行车,给儿子骑着玩。可是由于自行车的轮子是木头做的,儿子骑着它非常吃力,而且还常常摔得鼻青脸肿。

邓洛普看到儿子那副模样,非常心疼。他想:"要是能把自行车改进一下,那多好啊!"

一天,他拿着橡胶管,在花园里浇花,由于水在管子里流动,震得他的手心痒痒的。橡胶管的弹性,使他一下子联想到了自行车,他想:"如果把橡胶管灌满水,能减轻车子的颠簸吗?"

想到这儿,他高兴极了,便慌忙收拾水管,恨不得马上把管子安到自行车上。

经反复试验,邓洛普终于在 1888 年用浇花的橡胶管制成了轮胎——全世界所有自行车车轮、汽车车轮等橡胶轮胎的老祖宗。

发明轮胎的邓洛普，为自行车的发展立下了汗马功劳。装上灌水轮胎后的自行车，颠簸得到了一定的缓冲，骑起来变得轻便多了。后来，人们发现每次给轮胎灌水十分麻烦。于是，又有人把灌水轮胎改为弹性更好的充气轮胎。从此，自行车就成了既轻便又灵活的交通工具，博得了人们的喜爱。

葡萄酒是怎么来的？

关于葡萄酒的历史，古籍记载各不相同，多数史学家认为，葡萄酒的酿造起源于古代波斯，即现今的伊朗。对于葡萄的最早栽培，大约是在7000年前始于南高加索、小亚细亚、叙利亚、伊拉克等地区，后来随着战争、移民传到其他地区，初至埃及，后到希腊。希腊是欧洲最早开始种植葡萄与酿制红酒的国家，一些航海家从尼罗河三角洲带回了葡萄和酿酒的技术。葡萄酒不仅是希腊人璀璨文化的重要代表，同时还是他们日常生活中不可或缺的一部分。公元前6世纪，希腊人通过马赛港将葡萄传入高卢（现在的法国），并将葡萄栽培和红酒酿造技术传给了高卢人。

在公元1世纪前后，葡萄树遍布整个罗讷河谷；2世纪时，葡萄树遍布整个勃艮第和波尔多；到3世纪时，葡萄树已出现在卢瓦尔河谷；最后在4世纪时，葡萄树出现在了香槟区和摩泽尔河谷。

就这样，原本喜爱大麦啤酒和蜂蜜酒的高卢人很快地爱上了红酒，并且成为杰出的葡萄果农。到了15、16世纪，欧洲最好的红酒被认为产自修道院中。16世纪的挂毯生动地描绘了红酒的酿制过程，而勃艮地区出产的红酒，则被认为是最上等的佳酿。此期间葡萄栽培和红酒酿造技术传入南非、澳大利亚、新西兰、日本、朝鲜和南北美洲等地。西班牙和葡萄牙的殖民者、传教士，在16世纪将欧洲的葡萄品种带到南美洲，在墨西哥、下加利福尼亚半岛等地栽种。

17、18 世纪前后，法国便开始称霸整个"红酒王国"，波尔多和勃艮第两大产区的红酒始终是世界上的两大支柱。20 世纪六七十年代，一些酒厂和酿酒师便开始在全世界寻找适合的土壤、相似的气候来种植优质的葡萄品种，研发及改进酿造技术，使整个世界红酒事业兴旺起来，尤以美国、澳大利亚和新西兰为主，他们采用现代科技与市场拓展技巧，开创了今天多彩多姿的红酒世界潮流。

吉列剃须刀是如何发明的？

美国一位推销员吉列偶遇发明家佩因特，想发明一种人人都需要而且一次性使用的东西。一天，吉列刮胡子，发现剃刀的刀片正适合这种构想。他设计出一种安全剃刀夹持柄，但找不到能制成薄刀片的厂家。到 1901 年，他遇见机械师卡森，才解决了技术问题，使锄形刀架与双刃可换刀片合成一体，并申请了专利。

美国卷入第一次世界大战后，吉列从报纸上看见大胡子士兵在前线的照片，灵机一动，认为这是一个把吉列剃须刀推向全世界的大好机会。因为战事激烈，士兵不可能像平时那样，把剃须刀和磨刀的皮条、磨石背进战壕去，他们一定十分需要吉列公司的新式保险剃刀。于是，吉列抓住时机向政府提议，以优惠折扣，把自己公司的新产品卖给政府。政府买了大批吉列剃须刀发给士兵。这种吉列剃须刀方便、安全，美军士兵的广泛应用又引起了盟军的兴趣，吉列剃须刀被大批送到各国盟军的战壕里。几年之后，战争结束了，美军士兵早已养成了使用吉列剃须刀的习惯。而大批盟军回到各自的祖国，也就把吉列剃须刀带到了世界各个角落，等于免费为吉列公司做了广告，从而使吉列走向了世界。

1960 年后,吉列推出创新产品——世界上第一种双层剃须刀。同时,他们采用了非常有说服力的广告语:"两个刀片比一个刀片好!两个刀片比一个刀片强!"因新产品品质突出,故销售状况越来越好。吉列公司由小到大,在市场竞争中所向披靡,到 1962 年时,吉列公司的产品已独霸美国市场。

"有错就改"的修正液是谁发明的?

修正液于 1951 年由美国人贝蒂·奈史密斯·葛兰姆发明。修正液不像胶条一样容易把纸撕破,也不像橡皮那样对钢笔、圆珠笔束手无策,它方便、快捷、干净、覆盖力强,被人们当作改正错误的好帮手。

修正液,又称涂改液、立可白,是一种白色不透明颜料,涂在纸上以遮盖错字,干涸后可于其上重新书写。修正液传统上用小瓶子来包装,瓶盖附带一支小扫帚或者三角形的发泡塑胶浸在涂改液里面。近年开始出现笔型的修正液,笔里面装有弹簧,将笔尖按在纸张上可涌出修正液,这比旧式的更能均匀地涂出修正液,也不会像瓶装的容易干涸。

虽然修正液在改错方便对我们有很大的帮助,然而有机溶剂是一种有毒物质,体接触或吸入过多,对健康都有不良的影响,应尽量减少使用。

干得快是涂改液的一个优点,因为它里面含有挥发性很强的有机烃类物质,也正因为如此,它对孩子会造成更加明显的损害,加强了它的毒性渗透。所以,学校、社会都在呼吁学生减少使用涂改液,改用环保型的产品,如改错带。

改错带,又名立可带,是一种办公室及学生文具用品。改错带的功能跟修正液相同,而且更加方便及先进,文字改错更快,不像修正液要等干了之后才可重写。

布莱叶点字法是如何发明的？

路易斯·布莱叶是世界通用的盲人及视觉障碍者使用的文字系统布莱叶点字法的发明者。布莱叶点字法是一种"阅读者通过用手指触摸由突起的点组成的文字进行阅读"的方法。这种系统已经适用于几乎所有的已知语言。

布莱叶出生在法国巴黎东部的一个小镇考普瓦利。他的父亲瑞恩·布莱叶是一位马鞍匠。三岁时，布莱叶在使用他父亲工铺中的一个缝纫锥时不慎将左眼戳伤。从此以后，他的左眼失明，不久，右眼感染，患上神经性眼炎，也失明了。4 岁时布莱叶成为一个盲人。布莱叶虽已残疾，但仍在父母的支持下坚持上学，直到他能够读和写。

10 岁时，布莱叶获得了去往巴黎皇家失明青年学院学习的奖学金。此学院是世界上第一所该种类型的学校。这笔奖学金使他的命运不同于其他在巴黎街道上乞讨的盲人。

在该学校里，学生们可学习到一些基础的工艺技能和简单的贸易知识。他们也学习了通过感觉突起字母（一种由该学校创建者用铜丝在纸上压出来的字母）来进行阅读的方法。但是，学生们从未学习如何写出这种文字。

1821 年，一名叫查尔斯·巴比尔的退伍海军军官访问了这所学校。巴比尔向大家展示了他发明的夜间书写文字代码。该系统通过 12 个凸点的不同排列表达不同内容，使士兵在战场上可以不说话而传达高级机密。这种代码对一般的士兵来说都很难掌握，布莱叶却迅速掌握了它。

后来布莱叶开始使用他父亲的缝纫锥来发明他自己的凸点代码系统。他在 15 岁时完成了发明工作。布莱叶的这种代码系统，即布莱叶点字法,仅用6个凸点来构成每一个字母,而巴比尔的系统则是用12个点来表示相应的字母。这种6点的系统使得人们通过手指的触摸就能识别字母并一次理解所有点代表的意思,并不需要经过移动或重置等12点法中必需的步骤。布莱叶的系统最显著的优点是它既可读又可写。

口香糖是谁发明的?

口香糖是很多青年口中的"宠儿"。口香糖也称胶姆糖、泡泡糖或橡皮糖,在世界上算是一种时髦的小食品。口香糖的问世,至少也有170年了。但谁会想到这种小东西的发明、改进竟与战争有缘呢。

说起来,口香糖可是世界上最古老的糖果之一。考古学家发现,早在有历史记载以前,人类的先辈就爱咀嚼天然树脂,从中取乐,这是最原始的"口香糖"。几千年来,来自不同地域和文化的人们都有嚼"胶"的习惯。如古希腊人会用树脂清理牙齿,以确保口腔清洁,印地安人爱咀嚼树干的液汁,中美洲的玛雅人爱嚼糖胶、树胶。美国和口香糖有很深的情结,不只因为口香糖是美国的重要外销品之一,它还是美国发明史上的一个骄傲。我们今天吃的口香糖,可追溯到1848年。

首先,口香糖的发明是与一个军人的名字联系在一起的。这个军人便是墨西哥的桑塔·安纳将军。1836年他在贾森托战役中被美军俘虏过。获释回国后不久,他就带了墨西哥一种"人心果树"的树胶去了纽约,想以它代替橡胶发一笔大财。谁知希望落空,他因欠债而逃之夭夭。曾与桑塔·安纳共同试验过这种树胶的美国冒险家亚当斯却另有见地。他发现桑塔·安纳不时地从口袋里掏出一小块这种树胶放进嘴里嚼,他的儿子也很喜欢这种东西。于是他灵机一动,便和儿子一起对"人心果树"的树胶进行加工。他们把树胶加热、溶水、搅拌、揉捏,最后搓成圆球状的口嚼物,送到药店出售,结果生意不错。这种口嚼物由于没有怪味又柔软耐嚼,被人称之为"亚当斯的纽约口香糖"。

亚当斯父子开始批量生产这种口香糖,却一度遇到阻力。不少教师、家长和嗜烟人士把嚼口香糖斥为"恶习",是"无聊女人所为"。但更多的青少年却非常喜欢,因而仍有市场。于是,亚当斯花样翻新,在口香糖中加入黄樟油、甘草,并把甘草味的口香糖称为"黑杰克",形状和包装也有很大改观。结果,口香糖更加风靡,购者剧增,一时间口香糖生产蓬勃发展,产商云集。

1875年,约翰·科尔甘制成芳香型胶姆糖,5年后又有人加入薄荷,使口香糖具有清凉爽口的特色。现在,口香糖的口味更加丰富了,人们可以嚼出更多的味道。

电梯是谁发明的?

早在公元前236年,古希腊学者阿基米德就创造了一种用绳索和滑轮操纵的省力机械。多少年过去了,人们运用这种机械来运货,出现了各式各样的升降机。但是,这些升降机完全需要依靠人力来操作,虽然省劲,但很费时,尤其是不够安全,往往一有故障,机械全部瘫痪,什么事也干不成。

1852年,在美国一家商业公司里,有一个名叫奥的斯的搬运工,他和他的伙伴们每天开动升降机,把货物运到楼上,又从楼上回到底层。当时的升降机已进步了一些,是用一根很粗的绳索吊着一个铁丝编成的笼子。有时为了运货快些,搬运工也随着货物一起升降。人们万万想不到的是,曾经发生了几次绳断、铁笼坠下的严重事故。奥的斯看着工友的尸体,感到十分伤心。

从此,奥的斯虽然操控升降机时也心里不安,但这也激发他开动脑筋:"我不能老是等待摔下那一天到来!"奥的斯重新拿起书本,如饥似渴地学了起来。空闲时间,他找来了泥巴、木片、硬纸、绳索、齿轮、弹簧、棘爪等一大堆零件和材料。后来他同几个好友一起制造出了一种安全性好、不依靠绳索而借助齿轮机构来提升的升降机。

1854年的一天,美国纽约市的水晶宫博览会大厅里热闹非凡。一次别开生面的表演即将开始,观众看到一位满脸络腮胡子的男人,正站在装满木箱、铁桶等物的升降机平台上,让升降机徐徐开动。当在场的人都能看见平台的时候,这个男人突然下令:"砍断绳子!"咔嚓一声,吊绳软软地跌落了下来,而平台稍微下滑了一点点,就被周围的弹簧和棘爪紧紧地锁住了。

在场的上千观众倒吸一口凉气,随即爆发出雷鸣般的掌声。站在平台上的男人挥动着帽子,向大家频频致意,并说道:"女士们、先生们,一切平安,一切平安!"这个男人就是勇气过人、虚心好学的奥的斯。

奥的斯在美国创立奥的斯电梯公司后,1857年,在纽约安装了世界上第一台乘客电梯;1903年,奥第斯公司发明了无齿轮牵引电梯,从而为建造高楼的运输工具打下了良好的基础;1931年,奥的斯公司推出全球第一台双层轿厢电梯。从此,电梯的型号越来越多,除老式的厢式电梯外,还有观光电梯、双层电梯、照明电梯等。如今,电梯已经成为高层建筑物中必须安装的设施。它帮助人们节省体力和时间,而且现在的电梯比过去更加安全、更加方便。

听诊器是由何人发明的?

世界上第一个听诊器的发明距今已有100多年的历史,它的发明过程是一段精彩的故事。

19 世纪的某一天，一辆急驶而来的马车在法国巴黎一所豪华府第门前停下，车上走下了著名医生雷内克，他被请来给这家的贵族小姐诊病。面容憔悴的小姐坐在长靠椅上，紧皱着双眉，手捂胸口，看起来病情很严重。等小姐捂着胸口诉说完病情后，雷内克医生揣测她可能患上了心脏病。

若要使诊断无误，最好是听听病人的心跳。早在古希腊的《希波克拉底文集》中，就已记载了医生用耳贴近病人胸廓诊察心肺声音的诊断方法。但是，当时的医生都是隔着一条毛巾用耳朵直接贴在病人身体的适当部位来进行诊断的，而这种方法显然不适用于年轻的贵族小姐。雷内克医生在客厅内一边踱步，一边想着能不能使用新的方法。

走着走着，雷内克医生的脑海内突然浮现出前几天见到的一件事。

那是在巴黎的一条街道旁边，几个孩子在木料堆上玩，其中有个孩子用一颗大钉敲击一根木料的一端，他叫其他孩子用耳朵贴在木料的另一端来听那有趣的声音。雷内克医生正好路过这里，兴致勃勃地走过去问："孩子们，让我也来听听这声音行吗？"孩子们愉快地答应了。他把耳朵贴着木料的一端，认真地听孩子们用铁钉敲击木料的声音。

"听到了吗，先生？""听到了，听到了！"

想起这件事，正在为贵族小姐诊病的雷内克医生灵机一动，马上找来一张厚纸，将纸紧紧地卷成一个圆筒，一头贴在小姐心脏的部位，另一头贴在自己的耳朵上。果然，小姐心脏跳动的声音连同其中轻微的杂音都被他听得一清二楚。他高兴极了，告诉小姐病情已经确诊，并且一会儿就可以开好药方。

雷内克医生回家后，马上找人专门制作了一根空心木管，长 30 厘米，口径 0.5 厘米，为了便于携带，他将木管从中剖分为两段，有螺纹可以旋转连接。这就是历史上第一个听诊器，它是一个中空的直管，与现在产科用来听胎儿心音的单耳式木制听诊器很相似。因为这种听诊器的样子像笛子，所以又被称为"医生的笛子"。

麻醉术是因为害怕拔牙痛而发明的吗？

相传，世界上最早使用麻醉术的是中国汉代的名医华佗。

据《后汉书》记载，华佗能够施行腹腔内手术，例如胃肠道手术。他在术前让病人服用一种称为"麻沸散"的麻醉药物，病人会暂时失去知觉，接受手术时丝毫不感到痛苦。

有一次，华佗给一个剧烈腹痛的人看病，病人两脚屈起，手按肚子，不断呻吟。华佗诊治后认为此人患了肠痈症，由于看病太晚，吃药、针灸都已无济于事，只能开刀把溃烂坏死的肠子除去。于是他给病人服了"麻沸散"，使病人失去知觉，立即进行剖腹手术，割去溃烂的肠子，用线缝好伤口，涂上药膏。不久后伤口愈合，不到两个月病人完全恢复了健康。

虽说"麻沸散"这种麻醉药失传已久，但是，从历代传下来的历史资料看，有关华佗使用"麻沸散"施行麻醉的事，并不像是讹传。现代麻醉药中有一种叫东莨菪碱的物质，正好是中药麻醉药物洋金花的主要成分。那么，洋金花是不是华佗使用的"麻沸散"呢？这还需要进一步考证。

英国的杰出化学家普利斯特列在1771年制造出氧气，1772年制造出了氧化亚氮，这在后来成为第一种麻醉药——笑气。

英国的贝道斯在牛津大学学习时，就对化学很感兴趣，特别是对当时发展很快的气体领域更感兴趣。贝道斯在1794年建立了"气体力学研究所"，他第一个录用的人叫戴维。戴维在贝道斯和其他医生的指导下，制备和使用各种气体，很快就掌握了由硝酸铵蒸馏制备各种不同纯度的氧化亚氮的技术。

有一次，一连几天戴维被牙痛折磨得难以忍受。一天，他来到一间化学实验室里，牙痛消失了。他感到惊讶，这是怎么回事呢？他走出实验室，阵阵牙痛又开始了。于是他重新走进这间实验室，牙痛又消失了。毫无疑问，这间实验室里的某种化学物品具有神奇的止痛作用。他开始审视这间屋子，屋子里的确弥散着一种化学气体。"氧化亚氮！"戴维高兴得叫出声来。

戴维又细心地反复进出了好几次，而且将氧化亚氮这种化学物品止牙痛的效果与过程详细地记录下来，并郑重其事地向医学界推荐这种药品，建议将它用在外科手术中来止痛麻醉。但是这个建议并没有受到重视，氧化亚氮这种麻醉剂失去了一次崭露头角的机会，仅仅是昙花一现便被人遗忘了。

1844 年 12 月 10 日，美国 29 岁的牙科医生韦尔斯和他的妻子一同到康涅狄格州的哈特福德去看一次舞台表演。那次表演主要是介绍笑气的制造，同时让参加者也享受一下这种娱乐。表演者吸入笑气后，很快就变得狂躁并跳下舞台在表演厅里追逐一名男子，却不慎摔倒在一张椅子上，胫部划了很深的一个口子。通常受这种伤是非常痛的，但韦尔斯注意到表演者若无其事，丝毫没有疼痛和不舒服的表情。韦尔斯上前去和他谈话，问他是否很疼，他却回答说一点也不疼。有心的韦尔斯就想到，笑气也许能应用于牙科。

正好韦尔斯自己有颗病牙要拔除，当晚，他就让他的助手去说服组织那次表演的人，让他将笑气用于拔牙。他的助手担任拔牙医师，韦尔斯连续吸进好几口笑气，进入了半睡眠状态，他的助手用拔牙钳干净利落地拔下了病牙。

韦尔斯苏醒过来后说，拔牙时并不疼，就像针扎了一下似的。于是他兴奋地说:"拔牙的新时代到来了。"这句话被记录在麻醉学历史中。

1845年,韦尔斯到波士顿去看望过去的合作者摩尔顿,并一起去请教摩尔顿的老师、著名的地质化学家杰克逊教授有关笑气的问题。之后韦尔斯满怀信心地向哈佛大学的学生做了一次"无痛拔牙"的表演。表演时教室里座无虚席,大家都对"无痛拔牙"很感兴趣。十分不幸的是因为笑气的用量不够,拔牙时病人大声叫痛,参观表演的学生们嘲笑韦尔斯是"骗子",并把他嘘出大门。

摩尔顿在亲眼看到韦尔斯将氧化亚氮应用于拔牙失败以后,拜访了韦尔斯并讨论了失败的原因。摩尔顿认为,氧化亚氮不是一种理想的麻醉药。然后他又去拜访了杰克逊教授,并说出了他的想法。杰克逊建议他用乙醚替代氧化亚氮。于是,他先用他太太的爱犬在僻静的河畔做试验。他把狗放在一个玻璃罩内,里面放有乙醚,不久狗就渐渐"入睡"了。他取走玻璃罩,约3分钟狗就"醒"了,并纵身跳入河水之中。他又用猫、鼠等动物做实验,结果都是一样。

1846年9月30日,摩尔顿用浸有乙醚的手帕捂住自己的口鼻,使自己麻醉,七八分钟后他苏醒过来,感到非常兴奋。当天晚上有一名病人因牙病找他治疗,摩尔顿让他吸了乙醚后,迅速拔除了病齿。病人毫无痛觉,感到非常满意。摩尔顿请病人在他的手术记录上签了名,作为"无痛拔牙"的凭证。第二天,《波士顿日报》上便刊登了这则"无痛拔牙"的消息。摩尔顿为了保守秘密,在乙醚中加入了颜色,并称之为"忘川之水"。他又去哈佛大学找那位允许韦尔斯做"无痛拔牙"示范的沃伦教授,要求用"忘川之水"做公开表演。沃伦对麻醉手术很感兴趣,就答应了他的请求。摩尔顿曾目睹了韦尔斯的失败,他知道麻醉剂的给入方法是十分关键的。于是,他去找仪器制造者为他设计了一个可调控的乙醚吸入器。

在约定的1846年10月16日上午,沃伦教授已等在马萨诸塞州总医院的手术演示教室里,病人也躺在了手术台上,参观演示的医生、学生都准时到达了,摩尔顿却迟迟未出现。沃伦不断地在嘴里叨念:"摩尔顿还不来,我猜他又被什么事缠住了,让我们还是用老办法手术吧!"就在这时,摩尔顿出现在演示教室门口。原来他去取订做的乙醚吸入器,迟到了15 分钟。他急忙给病人的口鼻罩上刚制好的乙醚吸入器开始给药。病人挣扎了一下,大约四五分钟就进入了麻醉状态。摩尔顿对沃伦教授轻声地说:"您的病人已经准备好了。"这次手术是为病人切除先天性下颌瘤。沃伦在病人肿瘤部位切了一个二三英寸的口子,凝视了一会儿,等待着随之而来的病人的尖叫声,可是病人却很安静。手术大约用 5 分钟就完成了。

沃伦转向在场众人说:"先生们,这可不是骗人的。"全场所有的人高兴地呼叫起来。成功了! 无痛手术的年代真的来临了。

从此以后,麻醉术进入了崭新的时代,许多出类拔萃的麻醉药物和许多引人入胜的麻醉技术不断涌现。

谁发明了电视?

电视的诞生是 20 世纪最伟大的事件之一,历史将记住它的发明者的名字——美国人费罗·法恩斯沃斯。

法恩斯沃斯 1906 年 8 月 19 日出生于美国犹他州的一户农家,幼年时就表现出早慧的迹象。他对见过的任何机械装置具有摄影般的记忆力和天生的理解力。

有一段时间,法恩斯沃斯的父母不断搬家以寻找较理想的居住环境。当他们在爱达荷州定居下来之后,11 岁的费罗得知他们的新家装有输电线后,欣喜若狂。他在家里的屋顶阁楼上发现了成捆的科技方面的旧杂志,开始了自学并决心当个发明家。

　　他几乎是本能地意识到用机械装置传送图像是不可行的。这名年轻人还有一个直觉,即令他感到新奇的一个物理学领域——电子学的研究——有可能掌握着解决这一问题的答案。无论如何,电子能够以机械装置不可比拟的速度移动,这就可使图像清晰得多,并且意味着不需要活动元件。他由此推理,如果一个画面能转换成电子流,那么就能像无线电波一样在空间传播,最后再由接收机重新聚合成图像。从本质上看这是个相当简单的主意,但如此简单的想法却似乎没有任何人想到。

　　在法恩斯沃斯之前,英国科学家约翰·洛吉·贝尔德一直致力于用机械扫描法传输电视图像。1925 年 10 月 2 日,他终于制造出了第一台能传输图像的机械式电视机,这就是电视的雏形。尽管画面上木偶的面部很模糊,噪声也很大,但能在一个不起眼的黑盒子中看到栩栩如生的图像,仍引起了人们极大的兴趣。刚问世的电视被称为"神奇魔盒"。

　　但是在此之后,在电视图像传输领域,不断取得新成就的荣誉就开始归于法恩斯沃斯了。1927 年,他用电子技术传送图像取得了成功;1928年,他发明了电子图像分解摄像机;1929 年,他成立法恩斯沃斯电视股份有限公司;1937 年,他的电子电视系统成功地击败贝尔德的产品,使贝尔德的机械扫描电视装置被淘汰,从而确定了电子电视系统的垄断地位。这时真正意义上的现代电视诞生了。

　　当美国专利局终于认定法恩斯沃斯应该是电视的所有主要专利的持有者时,已经到了 20 世纪 30 年代后期,这对法恩斯沃斯来说已太迟了,他的资金差不多耗尽了。随着第二次世界大战的逼近,联邦政府不久即宣布暂停发展电视产业。这样一来,不得不推迟到 1946 年,电视才有可能大规模制造,到那时法恩斯沃斯的专利已超过了保护期限。法恩斯沃斯历经艰辛发明了电视,自己在个人收益上却一无所获。

　　1969 年 7 月,63 岁的法恩斯沃斯与妻子埃尔玛在他们缅因州的家中看电视,屏幕上正播放着人类第一次踏上月球表面的实况。他平静地对妻子说道:"你知道,为了今天,这一切都是值得的。"

不久后,法恩斯沃斯患了肺炎,最终于 1971 年 6 月去世。《纽约时报》在新闻中称他为世界上最伟大、最具魅力的发明家之一。

雨衣是谁发明的?

雨衣诞生于 19 世纪 20 年代,是由英国的一位普通工人马辛托斯发明的。

马辛托斯出生于苏格兰的一个家庭。他小时候就很好学,并且很有志气。他希望自己长大后成为一名科学家,发明许多自己从来没有见过的东西。可是,由于家庭贫困,他在少年时代就辍学了,到家附近的小工厂里做童工。

马辛托斯虽然离开了眷恋的学校,但他并没有中断学习。在工作之余,他常常抱着书本,在煤油灯下孜孜不倦地学习。

1823 年,马辛托斯进了一家制造橡皮擦的工厂,这是当时橡胶的最大用处。马辛托斯进厂不久,就从老师傅那儿学到了制橡皮擦的工艺:把生橡胶放在大锅里,然后在大锅下面烧火;等到生橡胶熔化后,加入一些漂白剂,并加以搅拌;最后,将橡胶液倒在模型中。这样,经过冷却,就形成了一块块橡皮擦。

一天,马辛托斯由于前一天晚上看书看得太晚了,加上身体单薄,在上班时感到浑身没有力气。为了全家人能够糊口,他只好咬咬牙,拖着疲惫不堪的身体坚持工作。

可是,在他端起一盆熔化的橡胶液,往模型里浇灌时,突然,他脚下滑了一下,整个身体往前倾,双膝顺势跪在地上。好在他稳住了身体,盆里的橡胶液没有打翻,只有一些橡胶液泼到了衣服前襟上。

马辛托斯坚强地站起来,继续工作。

下班的铃声终于响了,马辛托斯顺手用袖口擦擦汗,便有气无力地往家里走去。

正当马辛托斯快走到家门口时,乌云密布,不一会儿就下起了倾盆大雨。马辛托斯加快了脚步,可还是被大雨淋成了落汤鸡。

到了家,马辛托斯连忙脱下外衣。这时,他发现其他地方都被淋透了,可沾满橡胶液的前襟竟没有被淋湿。

"这真是怪事,难道沾了橡胶液的衣服还能防雨吗?"马辛托斯喃喃自语道。

第二天,马辛托斯趁上班休息时,往衣服上抹了一层橡胶液。回到家后,他脱下衣服,将它放在地上,然后端起一盆水,往衣服上泼去。果然,抹有橡胶液的地方还是干燥如初。

马辛托斯高兴极了。不久,他制出了一件抹满橡胶液的衣服。这件衣服的防雨效果不错,可经过一段时间的使用,也暴露出了问题:橡胶很容易蹭掉。

如何克服这个弊端呢? 马辛托斯苦苦思索着。

终于,马辛托斯想出了一个绝妙的办法,即先在一层布上涂抹橡胶液,然后再覆盖上一层布。这样,橡胶不会蹭掉,而且也更美观。

马辛托斯用这种夹着橡胶的双层布料制成了一件大衣。世界上第一件雨衣就这样问世了。

在一个大雨滂沱的天气,马辛托斯穿着雨衣,舒心地在雨中踱着步。雨水顺着雨衣直往下流,滴在了地上。

马辛托斯认定生产雨衣是大有发展前途的。于是,他筹措资金,办起了世界上第一家雨衣制造厂。

雨衣出厂投放市场后,果然受到人们的欢迎。人们还把雨衣称作"马辛托斯",至今还保留着这种叫法。

　　当然,雨衣与当时的其他橡胶制品一样,存在着天气热时黏手、冷时变硬的缺陷。直到 1839 年,古特依发明了硫化橡胶后,才克服了雨衣的这一毛病,使它更为耐用,穿起来也更为舒适。

第六章

谍 海 迷 踪

——破译鲜为人知的军事秘闻

特洛伊战争是真是假?

在《荷马史诗》的影响下,当代艺术家通过电影再现的火爆的"特洛伊战争",令考古学家倍感压力,因为发生"木马屠城"的那次惨烈战事尚未在考古发掘中得到证实。

特洛伊战争到底是真是假? 多少年来人们争论不息。

在考古学界,传统的主流看法认为,已发现的一些遗迹与《荷马史诗》中提到的那个伟大城市毫无关系;作为考古对象的古城,在青铜时代晚期已没有任何战略意义,因而不可能是一场伟大战争的"主角"。

而参与特洛伊遗址挖掘的科夫曼说,根据考古遗迹推论,大致可断定特洛伊城大约是在公元前 1180 年被摧毁的,可能是因为这座城市输掉了一场战争。考古人员在遗址处发现了大量相关证据,如火灾残迹、骨骼以及大量散置的投石器弹丸。

科夫曼认为,尽管在荷马生活的那个时期,特洛伊城可能已成为废墟,但是留存到今天的这一伟大之城的废墟也足以给人深刻印象。生活在当时或稍后时期的《荷马史诗》的听众,如站在特洛伊城某一高处俯瞰,应当能一一辨认出史诗中所描写的建筑物或战场的遗迹。

尽管特洛伊位于安纳托利亚,但两位特洛伊考古活动的先驱(德国考古学家施里曼,1871 年发现了古代特洛伊城遗址;卡尔·布利根,主持了20 世纪 30 年代对特洛伊的考察)却带给人们这样一种观点:特洛伊是希腊人的特洛伊。这个观点是一种成见。科夫曼指出,这一观点并不正确,两位先驱的考古研究仅涉及在"西线"从希腊到特洛伊的考察,却忽视了在"东线"对安纳托利亚地区的整体考察。

科夫曼说,现在大多数学者已达成共识,在青铜时代后期的特洛伊曾发生过几次冲突。然而,我们还不能确定荷马颂吟的"特洛伊战争"是不是对这几次冲突的"记忆蒸馏",是不是的确发生了一场值得后人永远追忆的大战争。

西班牙"无敌舰队"如何覆灭?

1588 年 8 月,西班牙和英国为了争夺海上霸权,在英吉利海峡进行了一场举世瞩目、激烈壮观的大海战。这次海战,西班牙舰队实力强大,武器先进,战船威力无比,且兵力有 3 万余人,号称"最幸运的无敌舰队"。而当时英国舰队规模不大,整个舰队的作战人员也只有 9000 人。两军相比,众寡悬殊,西班牙明显占据绝对优势。但出人意料的是,这场海战以西班牙舰队惨遭毁灭性的失败而告终,"无敌舰队"几乎全军覆没。从此以后,西班牙急剧衰落,"海上霸主"的地位被英国取而代之。

坦克何时开始用于战场?

1916 年,英国把一种新式武器——坦克投入索姆河战役,这种由强有力马达推动的、外覆装甲的履带式车辆,既可抵抗机枪等轻武器的杀伤,又可在崎岖不平、弹坑累累的地方行走,还可冲压堑壕等障碍。战斗中有 9 辆坦克突破索姆河德军的前沿阵地,长驱直入。

但是,英国人对坦克所能发挥的作用思想准备不足,导致缺乏后援,未能利用它们组织大规模进攻;又由于初次试用,坦克工厂出产的 49 辆坦克中,17 辆在开赴前线途中抛锚,最终只有 9 辆能真正投入使用,甚至其中一辆被德军俘获。

对于在索姆河战役中显示威力的坦克,英国人喜忧参半:一方面,他们为坦克初露锋芒、所向披靡感到高兴;另一方面,他们认为这种秘密武器用的不是时候,应在有足够数量的坦克进行重大突破时再使用它们,而索姆河战役中坦克并没有真正起到决定性的作用。

斯巴达为什么会成为军事强国?

古希腊的斯巴达以其严酷纪律、独裁统治和军国主义而闻名。一个斯巴达的孩子出生的时候,首先会被抱到长老那里接受检查,要是长老认为他不够强壮,他就会被抛到荒山野外的弃婴场去。给婴儿洗澡用的是烈酒,如果他抽风或失去知觉,这就证明他身体不强壮,那就任由他死去,因为他不可能成长为一个勇敢的战士。男孩子 7 岁之前和父母生活在一起。父母从小教育他们,使他们养成不爱哭、不挑食、不吵闹、不怕黑暗、不怕孤独的习惯。等孩子到了 7 岁后,男孩被编入团队过集体的军事生活。他们必须绝对服从首领,锻炼自己勇气、体力和意志,他们每天练习的就是跑步、掷铁饼、拳击、击剑和搏斗。为了训练孩子的服从性和忍耐性,他们每年在节日敬神的时候,必须接受皮鞭的拷打。他们跪在神殿前,任那皮鞭落下,不准求饶,不准喊叫。

在军事训练的同时,斯巴达儿童还要被灌输"斯巴达人十分高贵"的观念。主管训练的人员经常在儿童面前任意侮辱和鞭打那些别的种族的人,甚至带他们参加屠杀其他种族的人的行动。男孩长到 12 岁,就编入少年队。这时候他们的生活条件更严酷了,必须剃光头、打赤脚,无论什么季节,只准穿一件外衣,平时食物很少,长官鼓励他们到外面偷东西吃。要是被人发现,回来要挨打,因为这说明他们偷窃的本领不高明。

满 20 岁以后,斯巴达男青年正式成为军人。他们 30 岁结婚,但每天还要参加军事训练,60 岁的时候退伍,但仍是预备军人。

斯巴达女孩 7 岁以后还是在家里,不过她们也要从事体育锻炼,学习跑步、竞走、掷铁饼、搏斗等。斯巴达人认为,只有身体强健的母亲,才能生下坚强的战士。斯巴达妇女也很坚强,她们并不担心儿子在战场上负伤或死亡。斯巴达的母亲送儿子上战场时,不是祝他平安归来,而是要求他们,要么光荣凯旋,要么就光荣地战死。斯巴达的妇女没有希腊其他地区的妇女那种温柔多情的性格。

斯巴达人很看不起文化教育,青少年只要求会写命令和便条就可以了。斯巴达人教他们的孩子说话要简明扼要,就像传达军事口令一样。

斯巴达的政体是寡头政治。在伯罗奔尼撒战争中,斯巴达及其同盟者战胜雅典军队并霸占整个希腊。但斯巴达在称霸希腊不久便被新兴的底比斯打败,在北方的马其顿崛起后,斯巴达失去了在希腊的影响力。

公元前 192 年,斯巴达被亚该亚同盟并吞,而该同盟不久亦为罗马共和国所灭,斯巴达成为罗马共和国的一部分,从此不再以独立城邦的姿态出现。

马奇诺防线因何成为军事史上的笑柄?

第一次世界大战总共造成法军近 500 万人的死伤。战后,惨痛的教训使法国民众陷入一种极端的情绪中,那就是必须不惜一切代价阻止敌人的再次侵略。

在这种背景下,一条长约 700 千米,耗资近 50 亿法郎的军事防线建成了。这就是以当时法国国防部长安德烈·马奇诺的名字命名的闻名于世的"马奇诺防线"。但就是这样一条号称"固若金汤"的钢铁防线却成了世界军事史上最大的笑柄。

这条被全体法国人民寄予最大希望的防线最终没有给他们带来所期盼的安全,却间接导致了法国在第二次世界大战中的迅速战败。就是因为这一条防线,法国眼睁睁看着自己的盟友一个个被德国消灭却始终不曾主动进攻德国空虚的西线,以致出现了"静坐战争"这样的咄咄怪事。

日本是怎样偷袭珍珠港的?

珍珠港位于日美之间太平洋东部的夏威夷群岛,距日本约 3500 海里(1 海里约合 1.8 千米),距美国本土约 2000 海里,是美国太平洋舰队最重要的基地。1941 年 1 月 7 日,日本联合舰队司令山本五十六写信给海军大臣及川古志郎,正式提出了偷袭珍珠港的设想。此后他就和几个参谋一起,秘密地制订"Z"作战方案。6 月,正式方案提出后,曾在日本上层引起争论,一些人不相信庞大的舰队能横渡 3500 海里而不被发现,对这一计划的可行性表示怀疑。山本五十六固执己见,甚至以辞职相要挟。日本为了"南进",于 10 月中旬批准了这个计划。于是,山本五十六指挥联合舰队选择了与珍珠港相似的鹿儿岛湾,开始了充分的准备和严格的模拟训练。1941 年 12 月 7 日凌晨,从 6 艘航空母舰上起飞的第一攻击波 183 架飞机,穿云破雾,扑向珍珠港,7 时 53 分,发回"虎、虎、虎"的信号,表示偷袭成功。此后,第二攻击波的 168 架飞机再次发动攻击。仓促应战的美军损失惨重,8 艘战舰中,4 艘被击沉,1 艘搁浅,其余受到重创。对珍珠港事件负有责任的美国太平洋陆军司令沃尔特·肖特中将和太平洋舰队总司令赫斯本德·金梅尔海军上将于 12 月 17 日被解除职务。次年 2 月和 3 月,肖特和金梅尔分别以少将和海军少将军衔退役。

就其战略目的而言,对珍珠港的袭击从短期和中期的角度来看是一次辉煌的胜利,它的结果远远超过了它的计划者最大胆的设想,在整个战争史上，这样的成果也是很罕见的。在此后的 6 个月中，美国海军在太平洋战场上无足轻重。没有美国太平洋舰队的威胁，日本对其他列强在东南亚的力量可以彻底忽略，此后它占领了整个东南亚和太平洋西南部，势力一直扩张到印度洋。

谁是 20 世纪最伟大的"红色间谍"？

1941 年，日本政府破获了苏联设在东京的一个间谍网，涉及近卫首相的顾问和秘书。近卫内阁因该案不得不引咎辞职。该案的首要人物为里查德·佐尔格，他被史学家公认为 20 世纪最伟大、最精明的间谍。

里查德·佐尔格的祖父老佐尔格是马克思的学生和战友，曾参加德国 1848 年革命，1852 年移居美国，经常与马克思和恩格斯通信联系。佐尔格的父亲生长于美国，没有参加革命，大学毕业后，成为石油工程师；母亲是高加索人。19 世纪末，佐尔格的父亲率全家移居俄国阿塞拜疆的巴库，在巴库油田工作、生活。

第一次世界大战时，佐尔格曾回德国，应征入伍。他在战场上受过伤，并得到了一枚二级十字勋章。在军队里，他结识了一位石匠出身的军士，受其影响，成为一名和平主义者。

"一战"结束后，佐尔格入柏林大学学习。在校期间，他接触了马克思主义。1919 年他加入德国共产党，同年获得经济学博士学位。大学毕业后，他秘密加入苏联国籍，为苏联红军四局和共产国际工作。

1933 年，佐尔格以德国记者身份前往东京。在那里，他利用参加过"一战"的经历和经济学博士的头衔，特别是与德国驻日大使馆武官奥特同在索姆河战役中作过战的经历，取得其信任。奥特升迁为驻日大使后，为佐尔格获取情报提供了便利条件。

在佐尔格截获的众多情报中,最重要的情报有两份:一份是德国人准备入侵苏联,不幸的是斯大林不相信这个情报的来源;但佐尔格发送的另一份关于日本不会与德国一起从东西两线夹击苏联的情报,确实扭转了局面,促使斯大林将苏军从东线调至西线,以抗击德军进犯,从而避免了莫斯科的沦陷,使苏联最终反守为攻。

1944 年,佐尔格身份暴露,被日本军方处以绞刑,终年 49 岁。在苏联"大清洗"时代,佐尔格的上级被"清洗",致使这段史实被湮没。直到 60 年代,这段史实才公之于众。在 1965 年纪念世界反法西斯战争胜利 20 周年之际,苏联发行了一枚佐尔格的纪念邮票,以纪念这位为世界人民反法西斯战争做出贡献的著名"红色间谍"。

哪次海战是航空母舰的首次交锋?

1942 年 5 月 7 日,珊瑚海海战爆发,这是人类史上航空母舰的首次交锋。当时日本舰队在实施其占领澳大利亚的第一个步骤,进攻莫尔兹比港,途中遭遇弗兰克·弗莱彻少将率领的由 7 艘巡洋舰护卫的两艘美国航空母舰"约克城"号和"列克星顿"号。美国舰队击沉了日本航空母舰"祥凤"号,严重损伤"翔鹤"号,但失去了"列克星顿"号。珊瑚海海战是日本海军在太平洋上的第一次受挫。日本海军由于损失的飞机和飞行员无法立即得到补充,被迫中止对莫尔兹比港的进攻。

"沙漠之狐"是谁的绰号?

隆美尔是"二战"中德国最著名的将领,稍对世界军事史有所了解的人都会知道他著名的绰号——"沙漠之狐"。由于他在北非沙漠战场的一系列惊人战绩和德国及其盟国媒体的疯狂宣传,他在世时就已成为一个具有传奇色彩的军人,是当时德国人崇拜的偶像。

隆美尔出身于德国南部海登姆市一个中学校长家庭。1910 年,中学毕业后从军,进入但泽皇家军官候补学校学习。第一次世界大战期间任连长,先后获得三枚十字勋章。"一战"后,历任德累斯顿步兵学校战术教员、戈斯拉尔市猎骑兵营营长、波茨坦军事学校教员、维也纳新城军事学校校长等职,因著有《步兵进攻》一书而引起希特勒的重视。1938 年调任希特勒大本营卫队长,曾陪同希待勒巡视捷克斯洛伐克。第二次世界大战爆发后,隆美尔作为德国最高统帅部的指挥官之一,受到希特勒的器重。

1940 年 2 月,希特勒任命他为第 7 装甲师师长,并赠予《我的奋斗》一书。5—6 月间,在德军闪击西欧的侵略战争中,隆美尔指挥装甲第 7 师冲在最前面,先克比利时,接着是阿拉斯、索姆,最后直捣法国西海岸,法国人称之为"魔鬼之师"。1941 年 2 月,希特勒又任命隆美尔为"德国非洲军"军长,前往北非援救一败涂地的意大利军队。他到达北非的黎波里前线后,立即做了一次侦察飞行,得出了"最好的防御就是进攻"的结论。于是他便改变"固守防线"的命令,指挥他的装甲部队冒着沙漠风暴勇猛穿插,全速前进。

英军猝不及防,节节败退。德军直逼亚历山大和苏伊士。隆美尔因此声名大振,赢得了"沙漠之狐"的美名,并被晋升为元帅。后来,德军主力被牵制在苏德战场,希特勒不肯抽兵援助北非前线,致使隆美尔不得不停止进攻而在阿拉曼进行防守。

1942 年 11 月,隆美尔以其仅有的 5 万军队和 550 辆坦克在阿拉曼地区抗击蒙哥马利的 19.5 万军队和 1029 辆坦克,终因寡不敌众而惨遭失败。1943 年 3 月,隆美尔被召回德国大本营。同年 7 月,调任驻意大利北部的陆军"B"集团军群司令。1943 年 12 月至 1944 年 7 月,他率陆军"B"集团军群在法国组织防御,指挥抵抗诺曼底登陆战役。随后,德国发生了行刺希特勒未遂事件,隆美尔受到株连。

1944 年 10 月 14 日,由于希特勒派人逼迫,他在一辆小轿车中服毒自尽,而德国对外宣布的消息则是"隆美尔陆军元帅在途中突发脑溢血去世"。

你知道三八线的由来吗?

1945 年 7 月波茨坦会议期间,美、苏军事首脑就苏联对日宣战后双方海、空军活动范围达成协议,但双方陆军间并未划出明确界线。因此,1945 年 8 月 8 日,苏联对日宣战后,苏军立即在朝鲜北部登陆并向南推进,大有占领整个半岛之势,而美军这时仍在太平洋上与日军激战,远离半岛。在这种情况下,美国国务院提出美军应立即在半岛南部登陆北上,以免朝鲜全境被苏占领,而美国陆军则认为无法办到。为寻求解决办法,他们在 8 月 10 日夜召开紧急会议。于是,当时任作战参谋的腊斯克(后来曾任美国国务卿)和他的一个同事便提出了以朝鲜中部北纬 38°线(简称三八线)为界作为美苏地面部队作战和受降分界线的方案。13 日,此主张被杜鲁门批准,15 日送交苏、英政府。苏联表示同意,因为斯大林打算以在朝鲜的让步换取美国同意苏军占领日本北海道(实际上美国坚持独占日本,未做让步)。8 月 15 日日本投降,9 月 2 日太平洋盟军总司令麦克阿瑟在一项命令中将美苏间关于北纬 38°线的决定公之于世,已进入 38°线以南的苏军即后撤到此线以北。9 月 7 日美军才在半岛南端登陆。

自 8 月下旬起,三八线两侧便已禁止人员物资交流,铁路被切断。9 月上旬通信联系也被中止,朝鲜南北之间已处于分裂状态。

9·11事件是怎么回事？

美国东部时间 2001 年 9 月 11 日早晨 8 点 40 分，4 架美国国内民航班机几乎被同时劫持，其中两架撞击位于纽约曼哈顿的世界贸易中心，一架袭击了首都华盛顿美国国防部所在地五角大楼。而第四架被劫持飞机在宾夕法尼亚州坠毁。据事后调查，失事前机上乘客试图从劫机者手中重夺飞机控制权。这架被劫持飞机目标不明，但相信劫机者的撞击目标是美国国会山或白宫。事后对参与策划袭击的恐怖分子进行审问的结果表明，恐怖袭击的第四个目标是国会大厦。

纽约世界贸易中心的两幢 110 层摩天大楼在遭到攻击后相继倒塌。除此之外，世贸中心附近 5 幢建筑物也受震而坍塌损毁；五角大楼遭到局部破坏，部分结构坍塌，袭击事件令曼哈顿岛上空布满尘烟。

在 9·11 事件中共有 2998 人罹难（不包括 19 名劫机者），其中 2974 人被官方证实死亡，另外还有 24 人下落不明。罹难人员名单中包括 4 架飞机上的全部乘客共 246 人，世贸中心 2603 人，五角大楼 125 人。共有 411 名救援人员在此事件中殉职。

"美国将军的摇篮"是哪所学校？

西点军校是一所著名的美国国立军事院校，该校因校址设在纽约城北 80 千米处的西点而得名。这座闻名遐迩的军校为美国培养了一代又一代卓越的军事指挥家。

在美国独立战争中，华盛顿将军鉴于西点的战略位置极为重要，曾把它定为军事设施区,并曾于 1779 年将司令部设立于此。以后,他在总统任期内又力主在该地建立一所陆军大学。1802 年 3 月,美国国会批准了设立西点陆军大学的议案。同年 7 月 4 日,该校正式成立,招收的第一期学员,总共 10 人。军校学员来自美国各州和各正规部队,经过了非常严格的筛选,最后还必须由总统和国会议员等推荐。学员须经考试,要求未婚且年龄在 17~22 岁之间。学习期间,学员要接受各种特别训练,不下苦功不准毕业。

西点军校为美国军界输送了一批又一批的优秀军事人才,被誉为"美国将军的摇篮"。

敦刻尔克大撤退是一次有计划的撤退吗?

第二次世界大战爆发后,英法等国对德实行绥靖政策,宣而不战,这样,在德国强大的闪电战攻势下,很多欧洲国家遭受失败。

1940 年 5 月,德国占领卢森堡、荷兰、比利时,5 月 14 日,德军主力在空军和摩托化部队的掩护下突破法军防线向西挺进,26 日夺取加来,直逼英吉利海峡,把法国北部和比利时境内的英国、法国、比利时军队同法军其他部队拦腰切断,把北部的 40 万英、法联军压缩包围在敦刻尔克沿海很小的三角地带。

5 月 27 日起,英、法联军开始了敦刻尔克大撤退。英国动员了 850 多艘各类舰船,法国的海军和商船也参加进来,经过 9 昼夜的努力,把英、法和其他盟国的 33.8 万军队运过海峡,撤入英国。担任掩护任务的法军 4 万人没来得及撤走,当了德军的俘房。英、法在海边共丢下 700 辆坦克、2400 门大炮和 13 万辆汽车等各种辎重。

敦刻尔克大撤退是英、法等国政府执行绥靖政策、对战争准备不足的结果，这以后，法国已无险可守，6 月 22 日，法军无条件投降。但是敦刻尔克大撤退毕竟是一次有计划的撤退，为英、法两国保存了有生力量。

拿破仑如何以泄密手段达到保密目的？

1799 年法国"雾月政变"后，奥军重新占领了意大利北部，这不仅使拿破仑在意大利之战中所取得的胜利前功尽弃，而且对法国本土也构成了极大威胁。拿破仑认为，法国必须及早投入新的强大军团，才能打败奥军。由于其他军团无力向意大利战场机动，拿破仑决心秘密组训一个 6 万人的预备军团。

尽管已经采取了许多严格的保密措施，但英、奥等国的间谍还是发现了这支预备军团的蛛丝马迹。对此，拿破仑意识到："要对预备军团的组训绝对保密已无法办到。如果辟谣，反而欲盖弥彰，倒不如顺水推舟，设法造成敌人的错觉。"于是，拿破仑断然决定，不仅由军政大臣亲自把组训预备军团的消息公之于众，而且把预备军团的编制、实力经加工后泄露出去。

1800 年 4 月，拿破仑再一次在巴黎正式宣布，预备军团正在第戎地区集结，他将亲往检阅这支新的生力军。与此同时，拿破仑将预备军团的主力秘密转移到新的便于隐蔽的集结地，第戎只保留少量供间谍"刺探"的部队。

为了达到预期目的，拿破仑不断地采取欺骗措施，以至在报刊上编发消息，引得大批间谍从欧洲各地赶到了第戎。虽然他们"证实"了预备军团的存在，却没有发现值得一提的正规军：除了刚刚招募来的、连军事常识都不懂的新兵，剩下的全是不堪一击的老弱残兵。至于那些所谓的军、师司令部，更是编制不满、装备不齐、未经训练、军纪松懈。总之，这支预备军团毫无战斗力可言,根本不值得重视。

拿破仑倒是言行一致,如期赶到第戎检阅了他的预备军团。检阅刚一结束,拿破仑的预备军团就成了国内外绅士们的谈资笑料。拿破仑又下令法军谍报人员对此推波助澜:有的贴出讽刺画,上有 12 个童子军和一个装有木腿的残疾人,下标"拿破仑的预备军团";有的则散发传单,披露拿破仑组训预备军团时的一些可笑故事。这样,许多人认为,预备军团只不过是拿破仑为了牵制奥军而别有用心编造出来的圈套。就连奥军统帅梅拉斯也一再强调:"用来威胁我们的预备军团只不过是一群乌合之众。","法国人把我们看得太简单了"。

然而,真正的预备军团,已在法国南部做好了进攻意大利的准备,1800 年 5 月底,当拿破仑亲率法国预备军团冒险翻过阿尔卑斯山的第一个险道——圣伯纳德山口,突然出现在皮埃蒙特平原上奥军的后方时,奥军统帅梅拉斯才如梦初醒,他又一次被拿破仑欺骗了。

1800 年 6 月,拿破仑击败了梅拉斯,将奥军逐出了意大利北部。最后,奥军被迫求和,从而结束了第二次反法联盟中的法奥战争,并使此次反法联盟彻底瓦解。

原来,梅拉斯和他的情报机构一直都认为,拿破仑的预备军团不过是一支只有几千人的杂牌部队。那么,"几千人的杂牌部队"何以变成了越过天险、攻势如潮的数万人大军呢?这当然要归功于拿破仑"以高明的泄密手段达到了保密的目的"。

"二战"缘何被推迟 6 天爆发?

根据希特勒的"白色方案",德国将在 1939 年 8 月 26 日凌晨 4 时 30 分发动对波兰的进攻。但在 8 月 24 日时,希特勒收到英国首相张伯伦的信,信中说,不论出现什么情况,都绝不能改变大不列颠对波兰所承担的义务,一旦发生对波兰的入侵,英国政府决心并且准备毫不迟疑地使用所拥有的一切力量。

面对英国政府的恫吓,希特勒嗤之以鼻,根本没有放在眼里。孰料,就在希特勒准备进攻波兰的前夜,他收到了"钢铁盟友"墨索里尼的信。信中说,一旦德国进攻波兰,波兰的盟国英国和法国就会向德国宣战,但意大利目前还没有做好同英、法作战的准备。墨索里尼在最后一刻变卦,希特勒气得破口大骂,但他无可奈何,只好推迟进攻日期。

当时的确切时间是 8 月 25 日下午 6 时 30 分,距预定的发动战争的时间只有 10 小时。要在这么短时间内命令德国的 16 个集团军全部停下来,是一件颇费周折的事,因为许多部队已经开始行动了。在东普鲁士,取消进攻的命令直到晚上 9 时 37 分才送达贝茨尔将军的第 1 军。南面的克莱施特将军属下的摩托化纵队,在黄昏时分已经逼近波兰边境,一名参谋军官驾驶着小型侦察机在国境线上快速着陆后,才把他们拦在边界上。但有一支部队始终没有接到撤退的命令。8 月 26 日中午 12 时 1 分,由艾尔伯特·赫兹纳中尉率领的部队夺取了波兰的一处战略要地——简伦科夫城要塞,接着又占领了莫斯梯火车站,俘虏了一批波兰人。当艾尔伯特·赫兹纳给总指挥部打电话汇报战果时,才知道他提前发动了进攻。根据上级命令,他释放了俘虏,把部队撤了回来。

这件事本应引起波兰人的高度警惕,但令人难以置信的是,他们竟没有认真思考一下这到底是怎么回事。结果,9 月 1 日希特勒又一次命令纳粹军队闪击波兰,第二次世界大战终于爆发了。

柏林墙下的窃听隧道真的存在吗?

1961 年 8 月建成的柏林墙是冷战的见证。1989 年柏林墙被推倒后,美国媒体披露,柏林墙下有中央情报局专门用来对付苏联的一条窃听隧道。

这可能是世界历史上最秘密而艰巨的窃听工程,它从 1949 年开始策划设计,用了 5 年才开凿完成。当时,德国分裂为东德和西德两个国家,柏林也被一分为二,苏联和美国的间谍部门就此在柏林摆开战场。美国间谍专家发现,苏联军事设施有地下通信电缆通往东欧各国,中央情报局完全可以在苏军通信电缆附近秘密挖掘隧道,沿线窃听。当时的美国中央情报局局长希伦科特草拟了一份计划大纲,并把这项窃听工程命名为"黄金"计划。希伦科特还要求英国人参加这项窃听行动。

英国间谍以惊人的速度查出,苏联与东德及东欧驻军的通信以东柏林为中心。美国人便开始实施窃听隧道计划,这条秘密隧道以西柏林南面一处美军设施为起点,在地下 5 米处开挖,伸延至东柏林,主段长 500 多米,直指苏联的地下通信电缆,里面布满了电子窃听器,能清楚地截听到苏军的电话和密码信息。

1953 年 2 月,艾伦·杜勒斯接任中情局局长,他全力支持这项计划的加速实施。窃听隧道于 1955 年 2 月竣工,隧道之内设有数百个监听器和数百台录音机,其中一段直通到索恩法尔德公路下面,竟然接通了苏军总部的电话通信电缆。

为了迷惑苏联人,也为了不让自己人胡乱猜测,中央情报局还在西柏林隧道起点处,兴建了伪装的仓库和雷达站。当时苏联间谍也曾对此产生过怀疑,当得知是在建设仓库和雷达站后也就不再在这里浪费精力了。

1954 年 8 月,柏林窃听隧道开始试验截听苏军的电话,第一个重要信息于 1954 年年底截获："苏联军方传达克里姆林宫指示,要求驻东德苏军保持良好纪律,配合政府同联邦德国(西德)改善关系。"分析人员根据这份情报做出判断："柏林结束战争状态有望。"果然,1955 年 1 月,苏联宣布与西德结束战争状态,9 月 13 日双方建交。

窃听隧道正式运作后,重要情报源源不断地流向中央情报局,他们凭借这条隧道,掌握到苏联夸大了在东德的驻军实力。同时中情局还获知,苏军在东德建造了特殊的武器库,从而有效地掌握了苏联的欧洲战略和意向。

这条隧道使用了一年多后,于 1956 年 4 月被苏联驻东德的通信兵发现。当时一条由东柏林通往莫斯科的电话线失灵,通信兵进行检修时,忽然发现地下电缆有一段被人搭线破坏。经过进一步检查,通信兵终于找到了这条窃听隧道。苏军突击队员火速赶到,用烈性炸药炸开隧道攻入里面。几名美国情报人员还在里面秘密作业,惊闻爆炸声后仓皇逃入密室,返回西柏林。其入口迅速自动堵塞,使苏军难以进入。

窃听事件让苏联高层极为恼怒。美、苏对此进行了高层接触,同意低调处理此事。此后,莫斯科称美国人搞地下活动他们早就知道,因此发出了很多假情报以愚弄美国。也不知这些解释是为了挽回面子,还是果真如此。

1961 年 8 月柏林墙建成后,苏方重新检查了通信电缆。但西方情报人员透露,建成的柏林墙倒成了间谍活动的掩体,苏联人发现的仅是隧道的其中一段,尚有隐秘的地下隧道一直未被发现,它们继续运作,直至柏林墙被推倒。

谁打响了莱克星顿的第一枪？

1775—1783 年，英属的北美 13 个殖民地人民为反抗英国殖民统治，争取民族独立而与英国发生战争，称为美国独立战争。

1775 年 4 月 19 日凌晨，英军少校指挥官史密斯率领 800 名士兵从波士顿出发，乘着薄雾，偷偷地来到莱克星顿村边。他们正要摸进村子，忽然发现村前的草坪上列队站着几十个村民。这些人个个手握着枪，怒视着英国人，双方僵持了一段时间，随着一声枪响，北美独立战争就此拉开帷幕。

但这第一枪究竟是谁打的呢？

马萨诸塞的新闻报道认为是英军首先开的第一枪，但英国官方和媒体的观点与之相反。伦敦报刊宣称是"叛乱者"的进攻引起了冲突。一位英国少尉在日记中写道，英军无意攻击他们，但他们开了一两枪。

美国高校的历史教材《美国的历程》没有指明究竟是谁开的第一枪，而另一些历史著作则指出，在那种高度紧张的情况下，谁都有可能"走火"。

拿破仑为何兵败滑铁卢？

1815 年 2 月 26 日，拿破仑从流放地厄尔巴岛逃回法国，在法国人民的支持下，奇迹般地重登皇位。欧洲封建君主和英国统治阶级得到这一消息后，立即组织了第 7 次反法同盟向拿破仑宣战。

反法联盟由英、俄、普、奥等国组成，可用于战场的兵力达 82 万以上。他们制订了详细的作战方案，英、普军队首先逼近法国，俄、奥军队同时向法国开拔。面对迫在眉睫的战争，拿破仑决定要在俄、奥大军到达之前将英、普联军各个歼灭。因此，6 月 12 日，拿破仑主动出击，他率领 12.5 万大军进入比利时。16 日，拿破仑指挥法军打败了布吕歇尔率领的普鲁士军队。随后，他命令骑兵将领格鲁希追击普军，自己则集中 7 万多兵力奔赴英军据守的圣让山。

从此时开始，拿破仑兵败的厄运之轮开始运转了。首先是 17 日，拿破仑错误地让军队休息一天，决定 18 日同英、荷联军在滑铁卢展开大决战。而此时的英军早已修好了坚固的工事，等待拿破仑来攻。

就在决战当日，老天也不作美，清晨大雨滂沱，导致战场泥泞不堪，战斗一直到中午才打响。而在战斗中，立功心切佯攻英军右翼的法军却没有按战前部署行动，他们把佯攻变成真正的攻击。这一举动不仅消耗了大量兵力，更让法军主力的进攻受到了限制。

正当英军难以支持之时，3 万普军前来支援，而拿破仑一直相信在敌人援军到来之前会前来救援的格鲁希元帅的部队却始终未到。形势急转，英军发起了总攻，而拿破仑指挥的法军全线崩溃。这场战争最终导致了拿破仑的被迫逊位和再次流放。

有人认为，是格鲁希元帅的迟迟不到毁灭了整个法国军队。也有很多人认为，拿破仑用兵失误是导致他溃败的重要原因，虽然拿破仑的军事谋略举世无双，但他身边缺少能攻善战、配合默契的协助者。后来拿破仑总结滑铁卢战役失败的原因时，则认为失败是命中注定的。

也许，拿破仑的失败正是众多因素综合作用的结果，而这一次的失败却成为了他整个人生的重大转折。

谁击落了里希特霍芬的飞机？

1918 年 4 月 22 日，在第一次世界大战激战不已的法国战场上，一架英国飞机飞到德国防线上空，投下一个铁筒，筒里装的是一张照片和一封信。照片拍的是一个摆满鲜花的坟墓。信上写道："致德国飞行团：贵军上尉冯·里希特霍芬男爵在空战中阵亡，已按军礼安葬。"署名为英国皇家空军。

这一消息很快传遍德国，举国为之震惊。德国军人纷纷传告着这个可怕的消息，并且士气低沉，因为里希特霍芬是第一次世界大战中最著名的空军飞行员。他曾在空战中击落了 80 架敌机，击毙了 87 名飞行员，这是这次大战中飞行员击落敌机的最高纪录。

1892 年 5 月 2 日，里希特霍芬出生于普鲁士西里西亚的一个贵族家庭，从长辈那里继承了男爵爵位。1915 年他进入了航空队，但由于天资并不太高，学完飞行后，被分到东线充当后坐侦察员。经过他的一再要求，里希特霍芬终于成为战斗机驾驶员，被调往战事正酣的西线。凡尔登战役开始后，里希特霍芬被选入了一位名叫奥斯瓦尔多·波尔克的天才飞行员领导的第二狩猎小队。1916 年 9 月，里希特霍芬投入了第一次空战，旗开得胜，击落了一架英国飞机。仅 1917 年 4 月一个月中他就击落了 21 架敌机，因而声名大噪，英国的王牌飞行员霍克就是丧命在他手中。印有他头像的明信片在全德国出售，因为他的飞机被漆成血红色，所以他被称之为"红色男爵"。

1918 年 4 月 21 日，这是一个难忘的日子，作为曾击落协约国飞机 80 架的王牌飞行员，他的纪录终止了。然而对他的死却存在争议，英国皇家空军和澳大利亚军队都认为是他们击落了里希特霍芬的飞机。

按照英国方面的说法，这一天在皇家空军服役的加拿大人罗伊·布朗上尉率领第 209 飞行队驾驶一队骆驼飞机飞往前线。途中,他们遭遇了里希特霍芬率领的 9 架福克飞机,一场血战不可避免地展开。战争后期协约国的飞机性能和飞行员素质都有了较大的提高,混战中德军飞机一架一架被击落。杀红了眼的里希特霍芬紧紧咬住一架敌机不放。布朗看到危险,立即赶来对准这架红色三翼战斗机的尾部进行了干扰性攻击。激动的里希特霍芬转过头来就撞向布朗,布朗急忙向右避开。二人翻翻滚滚地缠斗在一起,旗鼓相当,不一会双方的飞机都负了伤,但未丧失战斗力。聪明的布朗且战且退,将空战引入己方上空,里希特霍芬紧追不舍。在 100 米的高度上,协约国地面士兵用步枪和机枪对他猛烈射击,这突如其来的攻击命中了里希特霍芬,他头部中弹,飞机坠毁在战壕里。

而澳大利亚方面对此持有异议,认为飞机是被布置在协约国防线上的澳大利亚炮兵击落的。当时正巧里希特霍芬的飞机飞到了澳大利亚第 4 师第 24 机关炮连的阵地上空。里希特霍芬的飞机被布朗击中后只是受了点轻伤,他驾机下滑返航。澳大利亚炮兵的猛烈炮火击中里希特霍芬飞机的前部。飞机摇摇晃晃,旋转而下,重重地摔在炮兵阵地附近,起落架摔坏。澳大利亚炮兵连忙爬上飞机,发现里希特霍芬已经断气。澳大利亚方面坚持认为,这架飞机是被地面炮火击落的,是被炮手波普金和韦斯顿击落的。

尽管英国和澳大利亚为是谁击落的里希特霍芬而争吵不休,但他们还是共同为这位带来深重灾难的敌人举行了隆重的葬礼,以示对他的尊敬。然而直到今天,也没有人知道,到底是谁杀死了这位第一次世界大战中战绩最好的王牌飞行员。

谁摧毁了希特勒的原子弹美梦?

1940 年 4 月,国际科学家之间流传着小道消息,说德国的凯瑟·威廉研究所正在进行一项广泛的企图分裂原子的试验。接着,正当美国的名为"曼哈顿计划"的研制原子弹的计划在 1942 年开始之时,从英国负责经济战的情报机构传出了一个惊人的情报:德国人已经命令挪威的电力化工厂诺斯克氢化工厂,每年把原子弹核反应不可或缺的原材料之一——重水的年产量从 1360 千克增加到 4500 多千克。

于是,如何摧毁诺斯克氢化工厂和破坏它的重水储备,成了英国战时内阁首要考虑的问题。鉴于这个工厂周围的环境,英国决定让特种作战部队来完成这一任务。

很快,艾因纳尔·史吉纳兰德被英国特种部队总部派到伦敦。他的主要任务是前期的调查工作和组织信任的人成立一个提供有关工厂各种信息的"联络网"。

因为有了史吉纳兰德准确的报告,"燕子"计划开始实施了。然而就在载着破坏小组成员的飞机从英国起飞几小时之后,飞机坠毁,机上所有人员不是死亡就是被俘了。

于是,伦敦方面重新部署,"炮手行动"计划准备付诸实施。一天晚上,6 名挪威特种部队成员跳伞降落在冰雪覆盖的斯克莱根湖面上。12 月 27 日上午,他们终于到达了山顶,并迅速找到了安装电缆线的隧道,它一直通向毗邻浓缩铀部门的一个房间。特种部队队员马上制服了正在房间里值班的德国兵。乔基姆检视了储藏罐、管道和机器,并在会造成最大损坏的地方,用颤抖的手把炸药安装完毕。然后,他点燃了 30 秒钟引爆的导火线。

1944 年 12 月 27 日上午 10 时 45 分,一声闷雷似的爆炸声忽然响起。

当酣睡的德国兵纷纷从房子里蹿出来时，乔基姆和他的小组成员已经消失得无影无踪。德国兵只能眼看着极其珍贵的450多千克重水从炸碎了的储存罐里涌流而出。

希特勒的原子弹美梦就这么破灭了，甚至连是谁坏了他的好事都不知道，这个故事谱写了英军特种作战史上最辉煌、最动人的篇章。

第三颗原子弹哪去了？

"二战"中，美国在日本的广岛、长崎投掷了两颗原子弹，正是这两颗原子弹在日本的爆炸，给"二战"以及日后的日本带来了不可磨灭的影响。可事后有人发现，其实美国向日本投了三颗原子弹，光长崎就两颗，一颗没有爆炸，最后神秘失踪。

"二战"结束以来，人们一直试图弄明白事情的真相：失踪了的第三颗原子弹去了哪里？它的结局如何？对此，人们也有很多猜测。

但美国原子弹研制和生产的组织者、美国退役陆军中将格罗夫斯在其回忆录中所透露的细节，让人们对第三颗原子弹的去向有了更为准确的推断。

格罗夫斯在他的回忆录中明确写道："广岛是第一目标，小仓兵工厂和小仓是第二目标，长崎是第三目标。"为此美国从一开始就准备了三颗原子弹。当时日本长崎的防空报告准确记录显示，美国在长崎投下的是两颗原子弹。

当原子弹投向日本以后，美国战略轰炸统计局估计长崎约有 3.5 万人死亡，6 万人受伤。格罗夫斯在事后听到伤亡人数时说："这个数字比我们原来估计的要少得多。"许多人由此判断，投向长崎的两颗原子弹中只爆炸了一颗。

由于未爆炸的原子弹没有受到损害,原子弹落地后,日军大本营立即派人将这颗原子弹严密看管起来。由于日本考虑到自己注定将成为战败国,而且已经无法研制原子弹。所以,他们从民族利益的角度考虑,决定将原子弹交给苏联。有人据此推测,日本将原子弹交给了苏联,苏联当时可能对日本做出了某些承诺,但这至今仍没有答案。

有人猜测,由于苏联已经从参加过美国原子弹试验的英国科学家法拉奇那里得到了美国原子弹试验过程中重要的科技情报,又从日本人手里得到了这颗没有爆炸的原子弹的实物,所以才能在 1949 年 8 月 29 日 4 时,成功爆炸了苏联第一颗原子弹。而美国认为苏联至少需要 20 年才能造出原子弹预言也因此成为一个笑话。

也许,第三颗原子弹的去向正如格罗夫斯回忆录中透露的那样,去了苏联。但是,至今仍没有任何官方人士出来认可此事,人们的猜想也仅仅停留在推测阶段。

"金唇"真的是谍战中无法破解的绝密武器吗?

从 1933 年 11 月 16 日苏联与美国正式建立外交关系那天起,克格勃特工就盯上了美国驻苏使馆。1943 年,德黑兰会议结束后,斯大林向克格勃领导人贝利亚下达了死命令,要对美国大使阿维列拉·卡里曼的办公室进行窃听,可以不惜一切代价、一切手段。

1943 年 12 月 17 日,贝利亚向斯大林报告他们已经完全准备好了针对美国使馆专门设计的窃听设备——"金唇"。因为"金唇"既不需要电池,也不需要外来电流,当时的反窃听设备无法捕捉到任何信号。而从表面上看,"金唇"就像一个带尾巴的蝌蚪。

为了把"金唇"顺利地放入大使馆办公室,苏联特工机关想了种种办法,但始终未能找到进入卡里曼办公室的机会。

1945年2月9日,苏联宣布在黑海之滨举行"阿尔台克全苏少先队健身营"开营典礼。克格勃决定利用这一机会。首先,苏联特工以苏联少先队员的名义向罗斯福总统及丘吉尔首相发出敬请光临的邀请。诚挚的言语打动了客人,百忙之中的美国总统和英国首相委托两国驻苏大使代为出席。于是,美国大使卡里曼从莫斯科赶到克里米亚出席开营典礼。

开营典礼上,苏联少先队员的美国国歌合唱让卡里曼完全丧失了警惕,就在这时,一枚精美绝伦的巨大木质美国国徽由4名苏联少先队员抬到了卡里曼面前。紧接着,瓦西里·勃烈日科夫对这枚国徽进行了最热切的夸耀。果然,卡里曼很是满意。于是,勃烈日科夫不失时机地向卡里曼低声说:"挂在您的办公室里最合适不过,英国人肯定会嫉妒得发疯。"

随着这枚内藏苏联克格勃"金唇"窃听器的美国国徽被悬挂在卡里曼办公室里,代号为"自白"的克格勃窃听美国大使的行动开始启动。自1945年2月起,这一行动持续了8年。直到1960年5月,华盛顿才公开了"金唇"的秘密。

但是,这个苏联特工引以为傲的窃听武器——"金唇"的秘密技术却始终无法破译,美国和英国特工曾多次试图制作同样的窃听器,都以失败而告终。

是英国出卖了荷兰间谍吗?

"二战"期间,纳粹德国轻而易举地逮捕了56名为英国效力的荷兰间谍,他们中大多数人难逃一死。对此,当时的英国却无动于衷。那么,纳粹情报部门当年究竟是如何得知这些荷兰间谍身份的呢?英国方面又为何对此无动于衷呢?

1942 年 3 月,纳粹逮捕了一名为英国效力的荷兰间谍胡伯·劳沃斯。纳粹逼迫胡伯假借"英国特别行动处"的名义"唤醒"那些秘密潜伏着的荷兰间谍。根据胡伯提供的线索,并综合了其他各方情报之后,纳粹一举将 56 名为英国效力的荷兰间谍擒获。他们中大多数人后来被送入纳粹集中营中折磨而死或者被秘密处决。就这样,英国在荷兰苦心建立起来的间谍网络一夜之间几乎被摧毁殆尽。

在胡伯被捕之后,纳粹情报机构指示他必须若无其事、一如既往地往伦敦发送有关德国的情报。出于无奈他向纳粹提供了一些情报。但他在给伦敦方面发送的电报中暗中掺杂着一些密码,以期暗示伦敦"英国特别行动处"总部引起注意,自己已经处在德国人的掌控之中。可是,他的这番苦心似乎全被英国方面当成了耳边风。

胡伯认为,他和他的同伴是被英国政府出卖了。"早在我们当初在英国南部地区接受间谍培训之时,就被告知我们当中 95％的人将来总有一天会被捕。教官当时告诉我们,被捕之后可以向德国人提供情报,可是在任何情况下都必须坚守一个保密底线——任何时候都不可以泄露用于与组织联络的秘密信号。"他认为英国情报机关当年是将计就计,以牺牲荷兰间谍为代价,蒙骗纳粹德国,让后者误以为荷兰便是盟军大举反攻的对象。胡伯认为:"秘密终究还是秘密。英国政府永远不会解开这个谜底。"

不过,荷兰间谍当年是否被英国刻意"出卖"给纳粹德国,"二战"史专家也为此一直争论不休。有人认为这只是"英国特别行动处"的一个不应有的疏忽。更多的荷兰历史学家却认为,"英国特别行动处"明知自己培训的荷兰间谍已经落网,可是假装视而不见,以便使德国相信荷兰正是盟军大举反攻的焦点所在。

研究"英国特别行动处"战时行动多年的英国历史学家福特则坚持认为,英国培训的荷兰间谍"素质低下",所以才导致接连落网。

然而究竟孰是孰非,事情的真相如何,恐怕只能永远是个谜了。因为

"英国特别行动处"保存在其伦敦贝克街总部的大量战时档案已经于1946年毁于一场莫名的大火之中。当年那些"英国特别行动处"的关键人物在收山之后,从未有人出版回忆录,披露"二战"期间的那段秘闻。

"一战"期间为何存在"圣诞停火"事件?

第一次世界大战爆发后的第一个圣诞节期间,1000多千米的西部战线突然神秘停火,而双方指挥官都未曾下达过停火命令。停火的原因是"一战"中最大的历史谜团。

圣诞节期间神秘停火发生在1914年12月,第一次世界大战爆发后的第5个月。整个西部战线发生了一件令德国最高统帅部和英军最高参谋部惊恐万状的事:圣诞节期间,西部战线的交战双方突然间停火了,先是一两个连队不放一枪,最后是整个西线数百万一线部队全部停火!交战的一线部队指挥官们谁也没有下过停火的命令,而且也没人知道哪支部队率先停火。有人说,是士兵厌战导致全面停火;有人说,是某个反战的高级军官下达了停火密令;还有人说,是思念亲人的士兵自行停火。

当时德国国防军中校团长策默米奇在他的秘密日记中写道:"我部某连士兵默克尔战前曾在英国生活过许多年,会说一口流利的伦敦腔英语,于是他立即用英语向对面阵地的英军喊话。你来我往几句话下来,默克尔所在的连队很快就跟对面的英国佬隔着阵地谈起天来,气氛热情得赛过平时的枪炮声!"没过多久,双方觉得隔着大老远谈话不过瘾,于是,便有几个胆大的官兵从战壕里探出头,甚至走出阵地,双方直奔阵地间的"无人地带",先是互祝"圣诞快乐",然后拉手指头发誓在第二天绝不相互开枪。

策默米奇知道,这一战争奇观只会在他指挥的团和"巴伐利亚团"率先发生,因为这两个团的士兵战前多半在英国打工,都会说一口流利的英语。直到战争爆发后,他们才被迫回国扛枪打仗,有些人甚至不得不把家丢在英国。

这一段防线的停战气氛立即感染了周边其他的防线,并且迅速扩散到 1000 多千米长的西部战线,数百万大军立即停止了射击。在比利时小镇伊珀尔,5 个月来打得你死我活的英军和德军士兵干脆办起了足球赛。没有真正的足球也没有关系,他们将稻草团成圆球,或者用空的纸盒子当足球来踢。

如此奇事在第一次世界大战之后的近 90 年里之所以不为外人所知,是因为德军的"萨克森"和"巴伐利亚"两支部队几乎全军覆没,唯一的知情人便是团长策默米奇。不过,这位德国军人心里清楚,如果最高统帅部知道这一擅自停火的事件源于他指挥的团,那么不只是他本人,就连他的弟兄们都得接受军法处置。

策默米奇奇迹般地活过了第一次世界大战,但他却没能逃过"二战"的厄运。希特勒将他派到东线作战,结果他成了苏军的战俘。1946 年 11 月,策默米奇在战俘营里不知所终。

谁是诺曼底登陆的幕后功臣?

1944 年 6 月,正当德军以最精锐部队和庞大的坦克群向法国北部加来地区集结,准备与盟军决一死战时,盟军却出其不意地在法国诺曼底登陆,并向巴黎推进,彻底摧毁了德军的部署。让人意想不到的是,把百万德军拖在加来的幕后功臣竟然是一名普通的波兰特工——布律蒂斯。

布律蒂斯原是一名歼击机驾驶员,后调到波军司令部工作。"二战"爆发后,他被派到法国,并在那里组织了情报网,搜集德军情报。但不久情报网被德军发现,布律蒂斯被逮捕。身陷囹圄的布律蒂斯万万没有想到,自己亲手绘制的一幅地图竟然改变了整个西欧战场的形势。驻法国的德军情报机构头目莱勒少校从布律蒂斯身上发现了这幅地图,上面标明了德军在法国的 22 个师和所有兵力分布的位置。莱勒少校对地图的精确程度感到非常惊讶,对布律蒂斯的才干十分欣赏。他亲自来到监狱,说服布律蒂斯为德军情报部效劳。布律蒂斯考虑到自己的处境,觉得不如将计就计。于是他向莱勒提出,出去后和原来的谍报网恢复联系,并保证他的行动不受监视。他的这些要求都得到了满足。

因此,布律蒂斯在被押送的途中,就神秘地消失在人潮涌动的巴黎街头。经过长途跋涉,他来到了马德里的英国大使馆,并在大使馆的安排下乘飞机到达伦敦。他首先向波兰最高司令部在伦敦的负责人做了汇报,并将实情报告了英国情报机构。

1943 年 1 月,在英国人的支持下,布律蒂斯以波兰最高司令部军官的公开身份,出现在各种公开场合。他为德军搜集所谓的盟军情报,得到了德国人的信任。为了在欧洲开辟对德作战新战场,1944 年初,盟军最高司令部拟订了在法国诺曼底登陆的"霸王行动"。当时,驻扎在法国的德军兵力,远远超过了英美两国登陆部队的总兵力。如果德军集中在诺曼底,盟军就要遭到惨败。因此"霸王行动"的关键在于阻止德军的主要兵力向诺曼底转移。为了迷惑德军,英国人准备在"霸王行动"中起用布律蒂斯,利用他的情报打乱德军的行动。

布律蒂斯在这一计划中起了关键性的作用。德军按照他的情报绘制了盟军"百万大军"的详细部署图,其"美军第一集团军"先头部队集结在加来地区的对面。布律蒂斯还向德军报告,他已被任命为盟军司令部的波兰联络官。为了执行这一庞大的冒险计划,盟军也做了大量的准备工作,例如派出装有电台的汽车在这个地区迂回,发出几千封电报供德军监听,派出飞机轰炸加来地区的德军兵营,制造出要在加来同德军决一死战的架势。这一切假象做得滴水不漏,致使德国人完全中了圈套。

1946 年 6 月 6 日,盟军突然出现在与加来相距 1000 多千米的诺曼底。也就在这天晚上,布律蒂斯向德军发出电报:"今天我亲眼见到了艾森豪威尔将军,他正陪同英王和丘吉尔,去多佛尔见美军第一集团军指挥官巴顿将军。"可笑的是,直到 6 月 10 日,希特勒还固执地认为,巴顿将军将在加来登陆,他们在诺曼底的登陆,只是为了掩护在加来的行动。

第七章

迷 雾 重 重

——探索那些悬而未解的历史谜案

你知道古希腊的超级"电脑"吗？

1946 年,世界上第一台电子计算机"埃尼阿克"诞生,也许"埃尼阿克"想不到的是,它古老的祖先竟然出现在希腊,并且是 2000 年以前。

长期以来,计算机一直被认为是现代文明的产物。其实早在 2000 多年前的古希腊,人类就拥有了"计算机"。这也是目前已知的计算机的老祖宗。

公元前 1 世纪,一艘罗马货船在希腊安提凯希拉岛海岸沉没。1900 年,在安提凯希拉岛附近采海绵的工人发现了这艘满载青铜器、双耳陶瓶、玻璃制品和其他陶器的沉船。除了上述物品外,考古学家还发现了一个神秘的已经腐蚀钙化的块状物体,尺寸大约与一本大字典差不多。就当时的情况来说,它无疑是 20 世纪最伟大的考古发现之一。

科学家通过扫描发现,这个装置最初被放置在一个矩形木框中,木框上有两扇门,上面注有使用说明。位于装置前端的是一个单独的刻度盘,上面是古希腊人绘制的黄道十二宫图和一个古埃及日历。后面则是两个刻度盘,显示的是有关月球运动周期和月食的信息。整个装置靠一个手动曲柄驱动。由于刻度盘面板十分复杂而且机械齿轮也十分精密,以至于人们不敢认为它是古希腊的制造品,但是再仔细从装置上的刻字和装置中发现的两耳细颈式酒罐推断,它的制造时间约为公元前 65 年,比世界其他地区出现类似装置的时间都早得多,然而研究人员一直不清楚它是如何工作的。令人们真正感到惊讶的是,它居然还记录了古希腊运动会的 4 年周期,其中就包括奥运会。作为一种古代计算器,它的精确度令人赞叹不已,比之后 1000 年发明的任何一种计算器都精确、先进。鉴于古希腊人在科学推测方面成绩斐然,因而没有人怀疑他们在制造技术方面也达到了如此精湛的地步。因此这一发现无疑具有划时代的变革性意义，这台装置也被人们称为希腊的"超级计算机"。

迄今为止，考古学家已发现 81 个碎片，它们构成了这台"超级计算机"所有的 30 个青铜齿轮。研究人员成功破译了木盒盖子上同行星活动有关的文字，据说这台装置能够跟踪水星、金星、火星、木星和土星等当时已知的所有行星的运动、太阳的方位以及月球的方位和盈亏，甚至还能将月球的椭圆形轨道考虑进去。在装置后面一个跨度 19 年的日历上，研究人员设法读取了所有月份的名字。

月份名字均是科林斯式的，说明这个装置可能是在位于希腊西北部或西西里的锡拉库扎的科林斯殖民地制造的。巧合的是，锡拉库扎是大名鼎鼎的阿基米德的家乡，于是很多人将这个装置与伟大的科学家阿基米德联系在一起，他生活在安提凯希拉，公元前 212 年去世。但这个装置最有可能是在他去世后很多年制造的，它可能与阿基米德发明的一系列科学仪器有关，或者说可能是在它们的基础上制造的。

这台"超级计算机"记录了古巴比伦人发现的一些重要天文周期，以帮助预测日食和月食，其中就包括沙罗周期。沙罗周期的长度大约为 18 年，此时的月球、地球和太阳处于同一相对位置，这为人们研究当时的自然状况提供了重要的线索。

直到今天，这台"超级计算机"仍珍藏在希腊雅典的国家古迹博物馆里。这台古计算机不仅设计精美，而且有着惊人的运算精度，它的发现将促使人们重新考虑古希腊的科技水平，以及它在人类文明进程中的重要价值。它表明在古代很可能存在过一种非凡的科学，只是现代人还没有发现。人们期待科学家能够解开这些古文明之谜。

庞贝古城是一座"化石城"吗？

在意大利那不勒斯附近的维苏威火山脚下，有座著名的古罗马城市庞贝。它始建于公元前 8 世纪,曾拥有 2.5 万人口,后来成为古罗马帝国的重要行政中心。庞贝城之所以闻名于世,是因为它曾被突然喷发的维苏威火山的火山灰埋在地下十几个世纪,从而成为一座真正的死城。

经历了尘封土埋的漫长岁月以后,庞贝城已经变成一座地地道道的"化石城"。城内有 4 条交叉成"井"字形的主要街道,将全城分成 9 个区。街道用石板铺筑,石板上面留下两道深深的车辙印,显示了庞贝城当年的繁华。城内有政府机构、法庭、太阳神庙、女神庙及公共浴室、角斗场。商店、酒店、客栈遍布于大街小巷,在一家小酒店的遗址上,火山喷发那天老板记账的营业额和一些顾客赊欠的钱款数还依稀可辨;在一个药店的柜台上,一盒药丸早已变成了碎末,旁边还有一根药剂师搓药丸时来不及收起来的小圆药条;一个面包房的烤炉中,还有一块印有面包商名字的烤熟的面包……这些场景成了庞贝城末日瞬间凝固于历史长河中的实证。

所罗门的财宝究竟在哪儿?

所罗门是古以色列国的第三任国王,在位约 30 年。统治期间,所罗门统一了以色列 12 个支派,使得国家和平,国力强盛,农业发展迅速,商业兴旺发达。

据《圣经》讲,所罗门国王用长达 7 年的时间在首都耶路撒冷建造了一座富丽堂皇的宫殿。这一宫殿造型美观、工艺精湛,成了远近闻名的受到人们顶礼膜拜的神殿。在神殿的祭坛上,摆放着藏有《摩西十诫》和《西奈法典》的圣箱。这圣箱被人们习惯地称之为"神圣约柜"。在古犹太人心中,这"神圣约柜"就是维系民族命运和国家兴衰的"镇国之宝"。

据说,就在这个国宝的下面,有一条暗道通向一个很大的地下室,那里存有大量的金银珠宝。这就是传说中的"所罗门财宝"。

　　从公元前 6 世纪起，耶路撒冷经历了数百年的战乱，先后有巴比伦、马其顿、托勒密等势力侵入此地。入侵者中的一些人冲着所罗门财宝而来，但这些来客无一人有幸见到财宝。

　　那么，这些财宝究竟藏在哪儿呢？

　　有人说，早在公元前 6 世纪，巴比伦军队开进耶路撒冷之前，这些财宝就被转移到不被人知的一个暗道里。1876 年，一名英军上尉在耶路撒冷郊游时，曾发现一条通往城里的暗道，他以为这里会有所罗门财宝，可他搜遍暗道，最终一无所得。

　　一些历史学家研究发现，所罗门在位期间，经常有船队远航，而每次回来都是金银满仓。后来，西班牙的一支考察队曾登上了被称为所罗门群岛的一片岛屿，岛上的居民全身都佩有金银饰物。这一消息不胫而走，那些朝思暮想的寻宝者蜂拥而至，可结果都是乘兴而来，败兴而归。所罗门财宝究竟在哪儿，至今还是一个谜，等待着我们去揭开。

古印第安人的天文知识有多丰富？

　　15 世纪末以前，美洲的历史是独立发展的。远在西欧殖民主义者侵入美洲之前，印第安人就已创造出了十分灿烂的文明——堪与世界优秀文化媲美的玛雅文化、阿兹特克文化和印加文化。尤为突出的是他们惊人的天文成就。

　　居住在南美安第斯山区的印第安土著居民——基多人，在远古年代，就通过观察认定基多城北的卡史贝一带是太阳每年两次跨越南北半球的"太阳之路"，并且设立了标记。后来，经过法国和厄瓜多尔两国的科学家的测定，证明赤道的方位就在"太阳之路"的附近。

　　印加人还给许多星体和星座起了名字，并从观察天体中总结出自然界的规律。他们有太阳年和太阴年的概念。他们的太阳年每年分为 12 个月，每月 30 天，每年另加 5 天；而他们的太阴年则为每年 354 天。

前印加时期的蒂亚瓦纳科文化，有一座以石造建筑而闻名的"太阳门"。整个建筑是用一块重达百吨的巨石雕成的，高 2.5 米，宽 4.5 米，中央凿一门洞。门楣上有一些精美而神秘的人形浮雕，其中有传说中安第斯世界造物主比拉科查的雕像，还有其他各种图案和符号。据说每年的 9 月 21 日，黎明时的第一道太阳光总是准确地从太阳门中央射入。

此外，在纳斯卡地区，有被人称为"世界第八奇迹"的纳斯卡地画。它们的用途是什么至今仍是一个谜。许多科学家认为，地画是古代印第安人描绘的一幅巨型天文历法图，地画中的动物图像可能是各种不同星群形状的复制图，而那些长短不一、形状各异的线条则代表星辰运行的轨迹。

总之，古代印第安人的天文学充满着无穷的奥秘。虽然有些人将他们的天文成就与外星人的启示联系在一起，但他们神奇的天文成就究竟是如何取得的，至今仍是一个难解之谜。

6000 年前的中东城市是如何出现的？

如果说，在人类历史上的史前时期，人类已经有了颇具规模的城市，甚至有了政府机关，对此你作何感想？但是，这是真的！

在 2000 年上半年，美国芝加哥大学东方学院的考古学家在叙利亚发现了一座距今 6000 年的城市遗址。这一惊人发现意味着城市和文明的起源远远早于当今人们所做的估计。

美国考古学家们在叙利亚东北部特勒·哈姆卡尔镇的一大片丘陵地下面挖掘出这座古城的城墙，城墙和其他出土的文物显示，这座城市在至少 6000 年前已经有了政府。考古学家们说，在此以前，考古学家们发现的最早城市是坐落在两河流域（在今伊拉克）的苏玛莱，距今有 4000 年的历史。新发现的这座古城的构思可能比苏玛莱人的建城思想要早得多。因此，对人类文明起源的历史应重新估计。

一位名叫基尔·赛汀的著名考古学家说，通常，考古学家们认为两河流域是人类文明起源的地区，文明从这里向不发达地区传播。2000 年夏季，考古学家们继续在特勒·哈姆卡尔镇挖掘，发现了宫殿和庙宇等，这些建筑的存在将会证实人们尚不了解的古老文明。

叙利亚是一个文明古国，全国各地都有古代文明的遗迹。乌加里特古城是叙利亚最古老的城市之一。这座公元前 1400 年由腓尼基人建立的古都，坐落在叙北部拉塔基亚港附近的沙姆拉角村。1929 年考古家开始挖掘这座古城，挖掘工作至今尚未完成。许多出土文物陈列在大马士革博物馆和黎巴嫩贝鲁特博物馆中，其中有一个几厘米长、刻有 30 个字母的陶片最为珍贵，这些字母是公元前 14 世纪世界上最早的楔形文字。乌加里特遗址分为 5 层，每层为一座城市，代表一个时代。乌加里特古城在最上层，城区划分为几个区域，街道纵横交错。民居用石块修筑，每一座民居有几个房间和一个庭院，并有水井和浴池。

新世纪之交，德国、法国、美国和日本等国的考古学家源源不断地来到叙利亚，在这片蕴藏着古老文明的土地上，挖掘和考察人类文明的起源。在特勒·哈姆卡尔镇地下发现的这座古城，将更新人类文明起源的年代，重塑世界历史。

阿丽亚娜火箭为何多次爆炸？

阿丽亚娜火箭是欧洲航天界的骄傲，它的性能完全可与当时美、苏的航天运载工具匹敌。可是它为什么会多次突然爆炸呢？仅仅是因为技术问题吗？

阿丽亚娜火箭是 1973 年 7 月由欧洲空间研究组织着手实施的火箭计划的产物。阿丽亚娜系列火箭在国际航天市场的角逐中占有重要地位，世界商业卫星的发射业务一度有 50% 由阿丽亚娜火箭承担。阿丽亚娜火箭的诞生，是欧洲联合自强的一个象征。

阿丽亚娜在传说中是古希腊一位美丽公主的名字，她帮助热恋中的雅典王子塞休斯逃出魔鬼把守的迷宫，一起奔向自由。现在，阿丽亚娜则成为火箭的名字。

阿丽亚娜 I 型火箭共发射 11 次，其中一次失败。这唯一的一次失败发生在 1980 年 5 月 23 日。当时火箭发射地法属圭亚那城市库鲁天气晴好，阿丽亚娜 I 型火箭将在这里的一个火箭发射基地进行第二次试射。基地上一片紧张气氛，因为这次试射成功与否对阿丽亚娜火箭的质量和所能达到的商业化程度具有决定性的意义。专家们事先做了充分准备，火箭的发动机经过 200 次的试验都未发生故障。可是事与愿违，尽管专家们丝毫未曾懈怠，火箭升空才几秒钟就突然爆炸。

据调查者报告，遥测仪记录显示第一级火箭 4 台发动机中有 1 台失灵，可能是导致火箭爆炸的原因。发动机制造者、欧洲火箭发动机推进协会的设计师们耗费了几个月的时间对他们制造的 37 台发动机做了检查、试验，均未能找到令人满意的答案。于是，有人便认为是发射平台有问题，也有人认为是发动机里被放入异物导致爆炸。

两年之后，法国国防部负责安全事务的官员让·克洛欧就阿丽亚娜火箭的这次事故拟就一份调查分析报告。克洛欧在报告中指出了蓄意破坏的可能性。据说，有个参与试射的工作人员将一个重仅 2.4 克的微型雷管放入了火箭燃料舱，之前他曾与一个美国记者接触过。火箭发射前夕，这个美国记者离开了法国。然而，后来负责全面调查这次事故的法国国家航空研究中心一直没有公布他们的调查结果，人们对于此次事故的真正原因也一直议论纷纷。

1986 年 5 月 31 日,法属圭亚那库鲁基地进行了阿丽亚娜火箭的第 18 次发射,也是阿丽亚娜Ⅱ型火箭的第一次试射。这枚火箭只要运载一颗重 2175 千克重的通信卫星,而以往发射的阿丽亚娜火箭一般要司时运载两颗卫星。

火箭原定于格林尼治时间 0 点 3 分升空,但在点火之前出现故障,因而发射被迫推迟了 50 分钟。点火指令下达后,计时倒数至零,火箭脱离发射平台直插天空,一切似乎都很顺利。谁知升空 4 分 36 秒之后,第三级火箭发动机骤然熄火,火箭很快离开预定轨道。这时,地面控制中心只好通过遥控设施将火箭携带的卫星炸毁。阿丽亚娜火箭一再出事故,无疑损害了其信誉。此后,发射工作停止了 16 个月,阿丽亚娜火箭公司因此损失了 7 亿法郎。至此,阿丽亚娜火箭在 18 次发射中已遭到 4 次失败,多数是因为第三级火箭的问题造成的。

在火箭发射前期,火箭制造厂实行了非常严格的安保措施,在火箭周围设置了电视监视系统,严密监控安装工作的全过程。同时,公司还成立了专门的调查组,防止有人进行蓄意破坏。但是,调查人员发现,进入发射基地的人员和可以接近火箭发射系统的人员难以统计。由于缺乏证据,无法确定可疑分子,调查结果只能将火箭爆炸归因于技术上的疏忽。

后来,虽然采取了一系列旨在避免遭到人为破坏或出现技术疏忽的措施,但是阿丽亚娜Ⅳ型火箭于 1990 年 2 月 22 日发射时发生空中爆炸,火箭运载的两颗日本卫星也一起被毁。几个星期后,据有关人士透露,事故系一块布片堵塞供水管道的一个阀门,造成一个涡轮机完全停止运转所致。

人们自然要问:“布片是怎样进入火箭的?”“是谁放进去的?”为此,调查人员审查了负责安装水管的工人,但一直未有结果。

玛雅文明为什么会衰落？

玛雅文明是古老而充满智慧一种古代文明，它是古代美洲人民的骄傲，足以和亚非几大古代文明相提并论。

玛雅人于公元前 1000 年左右定居于今墨西哥南部、危地马拉和洪都拉斯一带，过着原始公社制的生活，他们以智慧和双手创造了灿烂的玛雅文明。

高超的建筑艺术是玛雅人的出色成就之一。公元前后，玛雅人在中美洲兴建了 100 多座城市，城里建有金碧辉煌的庙宇和雄伟壮观的宫殿，各城间有道路相连。

由于农业生产的需要，玛雅人在各城建造了许多不同形状的天文台。他们成功计算出日食和月食的时间，推算出的太阳历，把一年分为 18 个月，每月 20 天，外加 5 天作为禁忌日，共 365 天，闰年再加 1 天。他们的计数法是根据手和脚的 20 个指头而产生的 20 进位制。他们用"点"表示"1"，用"横"表示"5"，画一个"贝壳"则表示"0"。玛雅人使用 0 的符号要早于欧洲整整 800 年。

按照精确的天象观测和历法原则而建造的神殿，也是玛雅人的杰作。其中最著名的是奇伊图亚神殿。神殿建在金字塔的上面，顶端设有祭坛，金字塔的 4 个侧面的台阶各 91 级，加上一层环形平台，合计 365，是一年的天数；每侧除中间台阶外，共有 18 层台阶，与太阳历的月份相等。令人惊奇的是，每年春分、秋分两日午后，由于斜阳的照射，北侧台阶上便映出翻腾起伏的羽蛇神幻影。

玛雅人还是天才的美术家，他们留下了各种颜色的图画和美丽生动的雕刻。

玛雅人还创造了自己的象形文字，已识别的有 800 多个书写符号，3 万个词汇，一般是刻在祭坛、陶器和石柱上的铭文。

在玛雅城市里,每隔 20 年就要建立一些石柱,石柱上刻有题词,记载重要事件的内容和日期,因此,玛雅文明是有确切纪年可考的。

玛雅人还把他们的文化、历史记录下来,编订成书。这些书由专职祭司用不同的颜色写成,色彩绚丽、图文并茂。

大约在公元 9 世纪,古典期玛雅文明到达了它的顶峰。然而,随之而来的是一场崩溃。在随后的几百年时间里,南部低地的玛雅人放弃了他们繁华的城市,神庙变成了野兽出没的废墟。北部高地的玛雅文明继续延续下去,但是再也没有重现辉煌。直到 15 世纪末、16 世纪初,西班牙的殖民者在发现新大陆的同时也发现了玛雅文明。在殖民者的杀戮和掠夺中,玛雅文明终于完全衰落了。

《摩诃婆罗多》描绘了高科技战争吗?

印度是一个著名的文明古国,其灿烂的古典文化早以为世人所熟知。印度古代史诗《摩诃婆罗多》内容广博、包罗万象,被称为一部诗体的古印度百科全书。这部史诗的主要内容,描写了古印度婆罗多族的两个分支——俱卢族与班度族之间的战争。

近年来,有些学者重新研读这部史诗,发现其中竟然描述了多种高科技武器和飞行器。这些武器和飞行器远远超越了史诗产生的时代,而且在今天看来也相当先进。其中最令人惊异的是一种神所禁止使用的特别可怕的武器。这种武器名叫"厄尼亚",是一种"无烟飞弹"。在战场上无人能逃避这种武器的伤害。

如果古人没有见过这样的武器,没有坐过这样的飞行器,又怎能写出如此逼真的细节? 更令人称奇是,在这部史诗中还写到了太空城市的毁灭。

由于科学技术水平和理解力的低下,在《摩诃婆罗多》中,古人对高科技事物的描述，往往是对事物曲折的反映并带有了神话色彩，但其中某些细节的真实性却难以泯灭。透过史诗中的这些描写，人们不禁会发出这样的疑问："在史前时代的印度，究竟曾发生过一些什么样的事件呢？"这至今还是个谜。

挪亚方舟究竟停靠在何处？

在《圣经》的传说中，挪亚方舟拯救了人类，最后停靠在亚拉腊山（又称阿勒山）。一些近现代探险家经过不懈的跋涉，在亚拉腊山找到了船形的岩石，那么它是挪亚方舟吗？

挪亚方舟是出自《圣经·创世纪》中的一个引人入胜的传说。远古时期，神创造了天地，最后创造了人。由于偷吃禁果，亚当和夏娃被逐出伊甸园。此后，该隐诛弟，揭开了人类互相残杀的序幕。上帝诅咒了土地，人们不得不付出艰辛的劳动才能饱腹，因此怨恨与恶念日增。人们无休止地相互厮杀、争斗、掠夺，犯下了许多不能容忍的罪孽。

在罪孽深重的人群中，只有挪亚受到神的恩宠。神认为挪亚是一个好人，守本分，他的三个儿子在挪亚的严格教育下也没有误入歧途。挪亚也常告诫周围的人们，应该赶快停止作恶，从充满罪恶的生活中摆脱出来。但人们对他的话都不以为然，继续我行我素。为了惩罚堕落的人类，神决定制造一次史无前例的大洪灾，使地上的人类灭绝，重新创造一个新的世界。因为挪亚心地善良，神决定只救出他和他的家属，于是命令挪亚用歌斐木制作一条方舟，一间一间地造，里外抹上松香。这只方舟要长 300 肘、宽 50 肘、高 30 肘，共三层。方舟上边要留有透光的窗户，旁边要开一道门。除了他的家属外，另可搭乘雌雄各两只的鸟、野兽等一切活的动物。

方舟制成后，挪亚及其家属还有一些动物上了船。不久，天上下起雨来，连续下了40天，地上的一切都被洪水冲走了。洪水一直漫到高山的山顶，除了乘在挪亚方舟上的生命之外，其余的全都死亡了。雨停后，挪亚方舟在汪洋中漂浮了整整7天，最后停泊在亚拉腊山脉。

挪亚方舟是真的存在，还是纯属虚构？在土耳其东部有一座海拔5000多米的高山，名叫亚拉腊山。据《圣经》记载，方舟是一只排水量4.3万吨的巨大木箱，大洪水后挪亚方舟即停于亚拉腊山。挪亚方舟是不是停在亚拉腊山？过去虽有不少方舟被发现的传言出现，但都仅止于传言。挪亚方舟真的是一个不解之谜。

为了解开挪亚方舟之谜，许多人对亚拉腊山展开了探索研究。近现代第一个有据可查的登上亚拉腊山的探险者是德国人帕罗特。他于1829年登上了那座山，但并未找到挪亚方舟留下的明显遗迹。不过，他欣赏到了埃奇米阿津修道院（它在亚拉腊火山1840年的一次爆发中被毁）中东正教神甫们顶礼膜拜的一个十字架。这个十字架很像是用《圣经》里记载的那艘船上的木材制成的。

挪亚方舟是不是停在亚拉腊山？1949年，苏联飞行员罗斯科维斯基拍下了第一张挪亚方舟的照片。照片中显示，一个模糊的暗色斑点出现在山顶厚厚的冰层下，因而不少专家怀疑那就是《圣经》中记载的挪亚方舟。然而，由于亚拉腊山地势险峻，当地居民长期处于封闭状态，所以一直以来，关于挪亚方舟的猜想仍然是一个谜。

20世纪80年代末90年代初，人们又重新开始寻找挪亚方舟。美国政府曾经公布了由埃罗斯卫星和Ｕ－2间谍飞机拍摄的一组照片，这些照片显示在3000米高空可隐约看到亚拉腊山东侧山坡终年冰层下的"异物"。有人认为这就是挪亚方舟。可是在地质学家和美国中央情报局看来，这可能是在公元1000年左右爆发过的一个火山口，或者是终年冰川中一块巨大的冰下滑导致的不正常的积雪堆积。

事实上，自从这些神秘的物体被发现之后，有许多探险家都曾经来到亚拉腊山,试图揭开挪亚方舟的秘密。但是,亚拉腊山恶劣的地理环境为考察工作带来了许多困难。山里的土著居民们更是视这些神秘的山峰为神灵。他们深信挪亚方舟的存在,因而世代以来,从不愿意向外来的人们透露有关这些山峰的秘密。

尽管《圣经》上所记载的挪亚方舟可能就位于土耳其的这些群山之间,但是,这些方舟状的神秘物体究竟是不是挪亚方舟曾经存在过的证明,人们还有很多的猜测。有人说这是挪亚方舟的化石,有人说这是挪亚方舟留下的印痕。当然,也有人不以为然,认为这些外形奇特的物体不过是大自然的杰作。不管《圣经》记载的挪亚方舟是真是假,它都为我们留下一些谜团,至少现在的人们无法解释。

示巴古国确实存在过吗?

示巴女王究竟是女神还是恶魔?示巴古国真的存在过吗?

示巴女王,是《圣经·旧约》中约略提及的一个人物。在传说中,她是一位阿拉伯半岛上的女王,在与所罗门王见面后,慕其英明及刚毅,于是与之发生了一场甜蜜的恋情,并育有一子。传说中的示巴女王有两种形象,一是惊艳绝伦,一是丑陋无比。

在非基督教信仰的世界里,示巴女王的形象基本上是被丑化了的。犹太教的传奇故事把示巴女王描绘成有着毛茸茸双脚的恶魔形象,并把她比喻为古代亚述和巴比伦神话中诱人堕落的淫妇。

不过,在许多国家较为流行的民间传说中,示巴女王还是更多地被描绘成天生丽质、聪颖不凡的动人形象。传说所罗门在耶路撒冷见到她的时候,就为其美丽的外貌和端庄的仪表所倾倒,两位互相爱慕的君主结成了金玉良缘。

示巴女王在《圣经》中偶然闪烁的神秘色彩,引起了历代史学家、文学家、诗人和民间艺人的极大兴趣,由此而生的种种臆想、传说更显得浪漫离奇甚至荒诞不经。在中世纪流传很广的一个传说里,示巴女王被说成是晓谕耶稣将受难于十字架上的女先知。除了这种神乎其神的传闻外,示巴女王在中世纪和文艺复兴时期的宗教艺术中,时而作为美丽的女王形象,时而又作为丑陋的女巫形象交替出现。有关示巴女王的种种传说尽管充满了传奇色彩,但显而易见的是,它们都缺乏考古或史料所提供的可靠依据。

示巴女王是否确有其人,至今还是一个谜。但根据长期的考察和新的考古发现,人们已经初步判定,《圣经》中提到的示巴王国位于濒临红海的阿拉伯半岛西面,在现今阿拉伯也门共和国境内。据考证,示巴王国的首都就是现今阿拉伯也门共和国的中部城市马里卜,现在这个城市还沿用着古代名称。

据说,示巴商人当时已经会利用红海的季风之便远洋航行了。他们在每年2—8月海风吹向印度洋和远东时,便加大对这个地区的贸易运输量。等到8月以后海风回吹时,他们又溯红海而上与埃及和以色列进行贸易。这个季风的秘密长期未被泄露,直至公元1世纪时才被希腊人发现。示巴的陆路贸易也很发达,骆驼商队活跃在阿拉伯半岛和西亚的广阔地带上。

过去传说马里卜建有一个规模巨大的蓄水坝,水坝都用大石块铺砌,石块之间密接无缝,显示了示巴人民高超的建筑和工艺水平。这座水坝维持供水达12个世纪之久,公元543年,因年久失修而塌陷。人们还在马里卜郊外的沙丘上发现了一处设计奇巧的建筑物废墟,考古学家们证实它是公元前4世纪所建的"月神庙"。当地人把它称为"比基尔斯后宫",而比基尔斯是他们对示巴女王的称呼。

示巴古迹的发掘,已透射出这个文明古国的奇光异彩。但失落的示巴文化这个历史之谜,还远未全部揭开。

岩石中的汽车火花塞从何而来？

远古时代的人们是不是也有汽车拉力赛，是不是也有 F1 赛场运动？这不是痴人说梦，因为有人在远古的化石中发现了一个汽车火花塞。

众所周知，汽车是现代文明的产物。1763 年，38 岁的法国人居里奥开始研制汽车。经过 6 年的时间，1769 年，他制成了世界上第一辆具有实用价值的蒸汽汽车，这是人类最早的汽车。真正的现代汽车 19 世纪下半叶才问世。汽车的发明，使人类进入了快速交通的时代。然而，美国的一个偶然发现，似乎说明汽车的历史要追溯到 50 万年前。

1961 年，美国加利福尼亚州奥兰治市的洛亨斯宝石礼品店为了搜寻珍奇宝石，就派工作人员兰尼、米克谢尔和麦西三人前往奥兰治市东北方 9 千米处的哥苏山勘察。哥苏山是一个产奇石怪岩的地方，很多藏石爱好者都来这里寻找石头，一些人在此有意外的发现。

兰尼、米克谢尔和麦西三人开始时在山脚下寻找，一直没有收获。于是，三人一直沿着山路攀登，终于在接近峰顶的海拔 1400 米高处找到了一处包在岩石中的晶洞。

三个人发现这处晶洞从外表看来不同寻常，知道可能是值钱之物，里面可能有美丽的晶体。于是，米克谢尔用锯子小心翼翼地把它锯开，然而，令他们意想不到的是，晶洞内部似乎包藏着特别坚硬的金属物品，锯条也被弄坏了。晶洞被锯开后，三人定睛细看，里面居然有个汽车火花塞！这个火花塞似的东西位于晶洞中间，是一个金属的圆芯，直径 2.4 厘米，圆芯外面包着一个陶瓷轴环，轴环外面又有一个已成了化石的木制六角型套筒。除了火花塞，这个晶洞内还有两个小型金属物，一个像铁钉，一个像垫圈。两者用铜片隔开，这些铜片已经锈碎。

　　根据人们已知的历史,现代汽车 19 世纪下半叶才问世,汽车火花塞的出现也不会更早,那么这个火花塞又怎么解释呢?况且,这个火花塞要被包在晶洞中,肯定制成于晶洞形成之前,即 50 万年以前。然而据科学家考证,那时的人类刚刚从动物界中分化出来,还处于极端原始的阶段,他们怎么能制造出作为现代工业产物的火花塞呢?一切都无法解释。

　　1963 年,这个奇怪的晶洞曾在东加州博物馆展出三个月。后来,晶洞发现者之一的兰尼取得了这个晶洞的所有权,并以 2.5 万美元的高价将它卖给了一个不知姓名的人。但是,这个火花塞是怎样跑到晶洞里去的,仍然没人能弄明白。

古城摩亨佐·达罗为何消失在历史中?

　　摩亨佐·达罗位于巴基斯坦信德省境内,拉尔卡纳县城南 20 千米处,距卡拉奇约 500 千米,是巴基斯坦著名的旅游胜地。摩亨佐·达罗的原意是"死亡之地"。它靠近印度河右岸,处在一望无际的信德沙漠中,气候干旱、环境荒凉,在很长的历史时期里人迹罕至,没有人知道在黄沙漫舞下竟然埋藏着几千年的繁华都市。

　　1921 年至 1922 年间,印度考古学家班纳吉在印度河干流的沙丘上,发现了一些"奇怪的史前遗物"——许多古物和两枚印章,印章上刻着一些奇怪的符号,有的像牛头,有的像鱼纹,还有的刻画着大象、羊等形象,这引起了考古学家的注意。几年以后,印度考古学者又在信德地区的一个佛塔下面发现了更多的印章,上面同样刻画着许多象形符号。考古学家以这些印章为线索追本溯源,经过进一步发掘,一个大约建于 4500 年前的古城遗址终于露出了端倪。这座"被埋没的城市",是一个青铜时代的古城遗址。这一发现堪称古印度考古史上最伟大的发现,因为它直接把印度的历史向前推进了 2000 年。

摩亨佐·达罗的突然消失标志着哈拉帕文化的灭绝,这一过程迅速而干净,没有给后人留下任何可供调查的凭证,甚至连神话传说都没有留下。当年繁华的城市,现在仅剩下一片片砖瓦残迹。一些发掘出来的珍贵文物表明了摩亨佐·达罗的文化已到了相当发达的程度。但是,摩亨佐·达罗城是怎样衰落直至葬身黄沙之下的?摩亨佐·达罗人是在什么时候遗弃这座城市的呢?他们后来又到哪里去了呢?摩亨佐·达罗以其惊人的古代文明、神奇的难解之谜,吸引着无数的学者和游客。

世界各国的许多考古学家、历史学家、人类学家和古文字学家一直试图通过发掘出来的古城遗址和大批石制印章、陶器、青铜器皿等文物,揭开古城的秘密。经一些科学家考证,摩亨佐·达罗在公元前 15 世纪突然消失是由于猛烈的爆炸和大火导致的。

古印度诗史《摩诃婆罗多》中这样描绘:"突然空中响起巨大的轰鸣,接着是一道闪电撕裂天空,南边天空一股火柱冲天而起,耀眼的火光胜过太阳,天空被割成两半,房屋街道及一切生物都被这突如其来的大火烧毁了……"

另外,印度历史上曾经流传过远古时发生过一次奇特大爆炸的传说,并有许多"耀眼的光芒""无烟的大火""紫白色的极光""银色的云""奇异的夕阳""黑夜中的白昼"等描述。

那么,大爆炸是由什么引起的呢?有人说是自然灾害,有人说是外星人的飞船大爆炸,然而,这些说法过于荒诞且没有旁证。

后来,考古学者曾经在摩亨佐·达罗下城南部的一座房屋内发现了十几具尸体遗骸。遗骸上留有刀痕,而且横躺侧卧,杂乱无序。有的尸体上还带着手镯、戒指、串环等。他们身体扭曲、四肢挣扎,一副痛苦的样子,应该是遭到了突然的杀害。于是,多数人重新认为摩亨佐·达罗的毁灭是由于外敌入侵,并开始寻找新的证据。然而十几具尸骨遗骸并不能说明出现了大规模的外族入侵,因而探索摩亨佐·达罗消失的原因仍然前路漫漫。

法国王冠钻石为何频繁失踪？

混乱的国家，混乱的政局，在这样一个混乱的时期，珍贵的宝物能不丢失吗？可是法国王冠钻石真的是被小偷所窃吗？

1789 年法国爆发资产阶级革命，法王路易十六表面接受立宪政体，实则力图绞杀革命。1791 年 6 月 20 日路易十六偕同王室逃至边境附近的瓦伦，两天后被群众押回巴黎，历时 1500 多年的法国封建王朝从此崩溃。

几天之后，法国制宪议会的一位议员向公众提出了警告，提醒人们内外敌人正在试图夺取王冠上的钻石。法国王冠上有世界上最美丽的钻石与珠宝，每逢圣马丁复活节的星期二，在保安警察的监护下，巴黎人民才可在陈列柜前匆匆走过，观赏珍宝。历代法国工匠都以为王冠添上新的珠宝而感到荣幸，这些稀世珍宝，历来都是保存在珍宝贮藏室里。自从路易十六执政以来，这些珍宝就交给忠诚可靠的克雷西看管。

在议员的警告下，制宪议会组成了由三位议员和 11 位专家参加的专门委员会，负责清点保存的法国王室的稀世珍宝。经过三个月的紧张工作，委员会共清点出钻石 9547 颗，总值达 3000 万法郎之巨。此后，每星期一人们都可参观这些珍宝。负责看管的克雷西对此却十分担心，他怕给不法之徒们以可乘之机。可是不知为什么，克雷西的职务很快被吉伦特派领袖罗兰的心腹雷斯图所代替。

1792 年 9 月，路易十六因阴谋复辟而被废黜。此时，法国处在危机之中，外部面临反法联盟的入侵，国内各派争斗激烈，到处是失业与饥荒、恐怖与暗杀。在这严峻的时刻，为了安全起见，珍宝贮藏室被贴上了封条。但令人惊奇的是，这么多奇珍异宝竟然无人看守。9 月 17 日，内务大臣罗兰在国民议会突然宣布："珍宝贮藏室大门被撬，钻石全部丢失！"

这个消息震惊了法国人民。

据称,自 9 月 11 日深夜至 14 日深夜,盗匪三次光顾珍宝贮藏室,无人觉察。16 日盗匪第四次盗窃时才被国民自卫军巡逻队抓获。至此,罗兰才于 17 日宣布钻石失盗。

这起骇人听闻的盗窃案,确实令人深思。

为什么议员会事先提出珍宝被盗的警告?为什么忠实可靠的克雷西被撤职?为什么不多派人看守珍宝贮藏室?为什么会连续发生 4 次盗窃案?谁是幕后策划者?

盗窃案发生后,内务大臣罗兰指控他的政敌、国防大臣丹东及丹东的朋友应该负责,丹东又反过来指责罗兰和罗兰的朋友应完全负责,各派唇枪舌剑,矛头均指向对方。

9 月 21 日,刑事法庭审判了抓获的两名盗匪,并判处他们死刑。次日死刑即将执行的时候,一名盗匪向庭长供出了藏在他家厕所的一袋共有 100 多颗的钻石。不久,警察又抓住了一个叫勒图的窃贼,在他的供认下,警察又抓住了一个 17 岁的盗匪。这个年轻人的父亲得知儿子入狱时,声称要揭发一桩耸人听闻的案子。但是第二天早上,他就被人毒死了,他的儿子也死在监狱里。这一连串的事情,使人莫名其妙。

在珍宝失窃的 1792 年 9 月,法国正处于内忧外患、形势危难之际。当时法国正在进行瓦尔密战役,很快就因敌方撤军而取得了胜利。从战略上讲,敌方指挥官不应发布撤退命令。这使人怀疑在战线后是不是进行了某种交易。事实上,在双方军队交战时,举行了一次秘密会议,法国得花一大笔钱,以换取敌方撤军。8 月 11 日,法国特使就已答应付给从杜伊勒利宫掠夺来的 3000 万法郎,然而,贪得无厌的敌人想要更多的钱。法国议员帕尼斯知道这笔交易后,就建议从珍宝贮藏室中获取差额部分。他的建议被采纳了。9 月 17 日罗兰宣布珍宝贮藏室失盗一周后,交战双方举行了"瓦尔密会议",于是,出现了瓦尔密战役神秘的胜利。

人们只知道瓦尔密战役的胜利,拯救了巴黎和法兰西民族,然而,瓦尔密战役胜利的奥秘,过去、现在以至将来也许永远不会被揭开。法国王冠钻石失踪的秘密究竟是否与瓦尔密战役的胜利有关呢? 这也是一个未解之谜。

"多金的"迈锡尼是真实的吗?

迈锡尼文明是希腊青铜时代晚期的文明,它因伯罗奔尼撒半岛的迈锡尼城而得名。公元前 2000 年左右,希腊人开始在巴尔干半岛南端定居。从公元前 16 世纪上半叶起这里逐渐形成一些奴隶制国家,出现了迈锡尼文明。迈锡尼文明是希腊本土第一个较为发达的文明,公元前 16 世纪中期至公元前 12 世纪盛极一时。

在史诗《伊利亚特》和《奥德赛》中,荷马多次提到"人间王"阿伽门农的首都迈锡尼,而且每次提及这一城市,都要加上"多金的"这一词来形容它。在荷马的笔下,迈锡尼似乎是一座黄金遍地的城市。迈锡尼曾向外扩张,其君王阿伽门农曾率领希腊联军渡海远征特洛伊,侵入小亚细亚西南沿海一带。特洛伊战争正是迈锡尼人与特洛伊人争夺海上霸权的一场交锋。迈锡尼人虽然取得了特洛伊战争的胜利,但不久便被南下的强悍民族多利亚人所征服,从此迈锡尼文明急剧衰亡,希腊倒退到没有文字记载的史前社会时期,迈锡尼文明也逐渐被人们淡忘。

19 世纪末,德国考古学者海因里希·施里曼在迈锡尼遗址发掘出众多王族墓葬及丰富的金银饰物之后,他相信自己找到了荷马史诗《伊利亚特》和《奥德赛》中所描写的世界。在一个迈锡尼的墓穴中,他将所发现的一个金箔面具命名为"阿伽门农面具",迈锡尼文明及其历史地位开始得到肯定。

迈锡尼的遗址建筑在一个高丘上,城堡的堡墙以巨石环山建成,大门上有双狮拱卫一柱石刻,被称为"狮子门"。据考古证明,它建于公元前

1300 年左右。门两侧的城墙向外突出,形成一条过道,加强了城门的防御性。"狮子门"宽 3.5 米,高 4 米,门柱用整块石头制成。柱子上有一块横梁,重 20 吨,中间厚两边薄,形成一个弧形,巧妙地减轻了横梁的承重量。横梁上面装饰有三角形的石板,石板上雕着两只狮子,狮子的前爪搭在祭台上,形成双狮拱卫之状,威风凛凛地向下俯视着。门口的阶梯也用整块的岩石铺成,上面还残留有战争的痕迹。虽然迈锡尼城已成废墟,但这个庄严肃穆的城门,历经 3000 年的风吹雨打依然巍然屹立,威风不减当年。

迈锡尼的圆顶墓是相当宏伟的石构建筑,最大的圆顶墓称为"阿特柔斯王的宝藏"(或称"阿伽门农墓"),高 13.2 米,用巨石垒叠砌成,墓门的一块楣石竟重达 120 吨。迈锡尼的陶器和工艺品也有自己的风格,除吸收米诺斯文明的因素外,还具有强劲粗放的特色。竖穴墓中的随葬品,如金质的面具、角杯、指环、金银镶嵌的刀剑等,都是古代工艺的杰作。圆顶墓已全部遭盗掘而极少遗存,但瓦孚墓中残存的两只金杯极为生动精美,以浮雕表现捕捉林中野牛的情景。迈锡尼的线形文字"B"的发现,给传奇性的迈锡尼考古又增添了新的魅力。线形文字"B"如今已释读成功,使我们对迈锡尼社会的奴隶制度和高度发达的社会经济有了进一步的了解。人们从各地发现的泥板文书上了解到,该文明的社会经济情况与古代东方的奴隶制王国相接近。泥板中还有日后希腊神话中常可见到的天神如宙斯、赫拉、雅典娜、阿波罗的名字,表明该文明与其后的希腊文明存在一定的继承关系。

谁放火烧了莫斯科?

1812 年,当法俄之间的和平关系破裂时,拿破仑毅然选择了对他昔日的盟友开炮,并迅速攻占了俄国首都莫斯科。然而,拿破仑刚开始享受沙皇宫殿里的生活,一场莫斯科大火吓得他落荒而逃。到底是谁放的这场大火呢?

1807年法国皇帝拿破仑与沙皇亚历山大一世签订了《提尔西特和约》,宣告法兰西帝国和俄罗斯帝国结成了反对英国的同盟。但没过多久,年轻的亚历山大一世就发现他上了拿破仑的当,在法俄同盟中他并未获得多大利益,他赢得的只是时间,而非和平。因此,他很快改变了对拿破仑的忍让策略,开始强硬起来,并与英国重新建立起盟友关系,想联合抗法。

对于俄国的"背叛",拿破仑十分愤怒。同时,也为了真正实现他对欧洲大陆的统一,拿破仑在对英国的战略进攻失败后,意识到只有打败俄国才能打败英国,因此他于1812年6月24日对俄国不宣而战。

不久,法军攻占了莫斯科,拿破仑也住进了沙皇的皇宫之中。但是法军几乎没有过上一天太平日子。9月17日早晨,拿破仑从睡梦中惊醒,他透过克里姆林宫的窗户向外眺望,只见莫斯科全城烈焰腾空,一片火海。这位法国皇帝顿时惊得面如土色。

实际上,从9月16日深夜起,莫斯科就已经起火。16日晚到17日,由于狂风大作,火势更加猛烈。克里姆林宫附近、莫斯科河南岸一带和索良卡等地,火逐风飞,烟焰满天。最后,连克里姆林宫的特洛伊茨塔也燃起了呼呼的火苗,拿破仑和他的随从人员只得狼狈逃出。这场来势凶猛的大火整整烧了一个多星期,当大火熄灭后,昔日风光绮丽的莫斯科变成了一片令人心悸的废墟,拿破仑被迫从莫斯科撤军。

得知法军撤退的消息后,俄军在沿途不断予以狙击,迫使拿破仑不得不随时改变撤退路线。到12月,法军才终于撤出了俄境,但损失惨重,军力折损超过50万人。

对于拿破仑这次军事冒险的失败,人们不足为奇,可对于莫斯科当时那场罕见大火的起因,多少年来,却一直争论不休。

有人认为这场大火是莫斯科人自己放的。当年由于敌强我弱,俄军统帅库图佐夫决定放弃莫斯科,莫斯科人民也决定随俄军一起撤退。为了不给入侵者留下任何有用的东西,莫斯科居民忍痛放火烧了莫斯科城。拿破仑就一直认为"放火烧城"是莫斯科军政总督罗斯托普金蓄意谋划与部署的。因为法军企图救火时发现,偌大的莫斯科城内居然没有一件消防水龙头和灭火工具,显然是事先有人把它们都运走了。另外,城里城外同时起火,显然也是有计划、有预谋的部署。而当时法军逮捕的一些纵火嫌疑人也交代是罗斯托普金指使他们这样干的。据说,罗斯托普金后来也曾说过,是他命令放火烧城的。

从战略的角度看,放火烧城的决定虽然代价惨重,但十分正确。这是一次十分勇敢的"焦土政策"的实践,它表明了俄国人民不惜一切代价抗击法军的决心。若真正追究放火的元凶,应该是法国人,正是由于他们的入侵,才迫使莫斯科人民不得不烧毁自己美丽的家园。

也有人认为,这场大火是俄国人和法国人共同所为,更为激进的说法则是法国人蓄意纵火。苏联的一位历史学家就在他的论著中这样写道:"看到莫斯科大火的俄国人证明,拿破仑是事先有计划地来焚毁和破坏莫斯科的。"

然而,无论是谁放的火,都让莫斯科城遭受了一场空前浩劫,战争带给了莫斯科人民沉重的伤痛。

古罗马独裁者苏拉为何会隐退?

苏拉全名为卢奇乌斯·科尔涅利乌斯·苏拉,是著名的古罗马统帅、政治家、独裁者。

苏拉独裁是在罗马奴隶制国家发生严重危机的情况下,元老贵族企图挽救其衰败命运而采取的个人军事专政。苏拉独裁在共和体制范围内的实施，目的在于恢复和巩固元老贵族的统治地位，所以，其政策带有保守甚至反动的性质。苏拉依靠军队实行独裁统治，给予共和制沉重打击，为日后恺撒等人的独裁开了先河。

然而，苏拉在担任终身独裁官的第三年，突然宣布隐退，放弃了一切权力，最后竟以一个普通公民的身份回到他的一座海滨别墅中隐居，从此与世无争，成为一个谜一样的人。他曾经为争夺最高权力赴汤蹈火，甚至不惜以道德的堕落、国家的灾难和人民的生命为代价，而正当他的权势如日中天的时候，他却自愿放弃了这种最高权力，这是为什么呢？

关于引退的原因，苏拉本人没有说，他只是静静地隐居在海滨。据说，他在决定放弃最高权力的时候，曾在广场上发表过一次演说。他在演说中提出，如果有人质问他的话，他愿意说明辞职的原因。可是，在那种情况下，绝不会有人敢冒着生命的危险去质问他。

由于苏拉本人并没有说明引退的原因，人们纷纷猜测。

有人说他在三年独裁统治后突然良心发现，还政于民是明智之举。有人说他是由于改革遇到阻力，成功无望而急流勇退。有人说是他在满足权力欲望后厌倦战争、厌倦权力、厌倦罗马而向往田园生活，才归隐海滨的。更有人认为他患了严重的皮肤病，无法亲理政事而无可奈何地放弃了政权。以上种种只是人们的猜测，真正的答案只有苏拉自己清楚。他既然放弃了权力，就不想再做任何解释了。

苏拉从一个权倾一时的最高权力者变成默默无闻的平民，从勾心斗角的宫廷回到与世无争的海滨，这究竟是一种什么样的人生转变呢？这其中的滋味只有他自己才能体会了。公元前 78 年，苏拉因肠出血而死去，永远地带走了事情的真相，给后人留下了一个说不完的话题。

尼采的著作是否被人篡改过?

尼采,西方现代哲学的开创者,同时也是卓越的诗人和散文家。然而,他的思想也被怀疑是"二战"中德国法西斯主义的思想根源,解开这一谜团的关键点在于他晚年的力作《权利意志》一书是否被篡改。然而,这本书是否被篡改,至今没有定论。

第二次世界大战中,半个世界遭受到了以希特勒为首的德国法西斯铁蹄的践踏,饱受战乱之苦。战后,人们不仅对昔日的法西斯战犯给予严惩,许多学者更致力于分析法西斯主义产生的基础。于是,德国著名哲学家尼采进入了人们的视野,同时也引发尼采著作《权利意志》是否被篡改的争论。

为什么尼采的思想会被怀疑是残暴的法西斯主义的根源呢? 这是因为尼采学说确曾被法西斯利用,希特勒当年多次去魏玛参观尼采博物馆,并把尼采全集当作礼物送给墨索里尼。而且,纳粹思想家罗森堡也自称信奉尼采的学说。鉴于这样的历史事实,德国学者桑德福斯认为,尼采的思想应当被认为是"二战"德国法西斯思想的根源,他专门写的一本书就叫《尼采与希特勒》,详细列举两人思想上的相似之处。"西方马克思主义者"卢卡奇也持同样观点,他写过三篇有关尼采的论著,分别题为《作为法西斯美学先驱者的尼采》《法西斯主义和尼采》和《理性的毁灭》,最后的结论把尼采说成是一个极端的纳粹分子。

也有许多人不同意这一观点,他们认为尼采根本就不是法西斯主义的思想先驱,这是因为尼采对法西斯主义理论的两大基石——种族主义和反犹主义始终持反对态度。之所以有人会错将尼采与法西斯主义相联系,是因为尼采的著作被人篡改了。而篡改者应该是尼采的妹妹伊丽莎白·福斯特·尼采,这是因为伊丽莎白本身有着浓厚的种族主义思想。而且,伊丽莎白嫁给了德国的反犹主义者伯恩哈特·福斯特,与其一起去巴拉圭建立条顿移民村。移民村计划失败,福斯特自杀,她回国照顾已成疯子的尼采。伊丽莎白通过整理尼采的遗稿,垄断了尼采的全部手稿、书信以及尼采著作的出版权。她依靠手中掌握尼采的全部手稿,开始充当解释尼采思想的权威。她常常用福斯特和自己的反犹主义和种族主义思想来曲解尼采的思想。她一面扣压尼采的某些手稿,一面从中断章取义地引证一些话加以随心所欲的解释。由于别人见不到手稿,便无从对她的解释提出异议。正是她篡改了尼采的著作,使之趋向法西斯化。

最早提出尼采著作被篡改说法的学者是德国的尼采研究专家卡尔·施莱希塔。他在 1958 年出版了《尼采事件》一书,揭露尼采妹妹的作伪行为,认为她还伪造了尼采的书信。

那本被篡改的尼采著作被认为是尼采晚年的力作《权力意志》。这是因为尼采在 1885 年完成《查拉图斯特拉如是说》的写作后,确曾有过写一本叫《重估一切价值》的书的计划,但他没有完成写作,只留下一些散篇。伊丽莎白和尼采的朋友彼得·加斯特将这些散篇整理成书,取名为《权力意志——重估一切价值》。伊丽莎白称这是尼采的主要著作,是尼采思想的代表作。施莱希塔怀疑伊丽莎白整理这部分手稿时有作伪行为,遂根据手稿原来的顺序重新出版了这部分手稿,取名为《80 年代遗稿选编》。

1961 年意大利学者蒙梯纳里和科利为将尼采著作译成意大利文而前往民主德国的魏玛,在歌德、席勒档案馆查阅了尼采的全部手稿。经过 40 天的艰苦工作,他们发现伊丽莎白编的书严重歪曲了尼采遗稿的真实面目。尼采手稿中一些重要的论文和短笺被舍弃了。尼采为写《权力意志》一书准备了 374 条格言体的短笺,并作了分类,但伊丽莎白在编《权力意志》一书时删去了 104 条,并将别的手稿任意编入。采用的 270 条中,有 137 条被不负责任地改变,其中包括脱落标题乃至句子,拆散完整的段落。为恢复尼采著作的本来面目,蒙梯纳里和科利编辑了名为《新的批判版尼采全集》的尼采著作汇编,共 33 卷。他们认为把尼采和法西斯主义等同起来是恶劣的做法。

　　然而，也有人认为，《权力意志》并没有被篡改，伊丽莎白只是将尼采的手稿顺序做了一些调整。中国学者张念东、凌素心在翻译《权力意志》一书时，将伊丽莎白编的文本与施莱希塔按手稿原件编的文本对照，发现各条短笺顺序虽然不同，但内容完全一致。尼采独创了豆腐干式的格言体，各条独自成篇，没有一般文章起承转合那一套格式。因此各条的顺序就不具有什么重要性。就好比一副扑克牌，无论怎样洗，洗来洗去还是那54 张。施莱希塔的《选编》好比一副按顺序排列的扑克牌，而伊丽莎白的《权力意志》不过是重新洗了一下牌。

　　尼采的著作究竟有没有被篡改，至今众说纷纭，难下定论。

是谁发现的澳大利亚？

　　澳大利亚一词意为"南方大陆"。欧洲人在 17 世纪初叶发现这块大陆时，误以为是一块直通南极的陆地，故取名"澳大利亚"。大约 5000 万年以前，它从南极洲大陆分离出来，慢慢向北漂移。但在历史上，是谁首先发现了澳大利亚呢？

　　普遍的说法认为是英国航海家詹姆斯·库克。他于 1770 年在澳大利亚登陆，随后，他为这里起了一个名字，叫"新威尔士"，并宣称该地为英国所有。

　　在库克之前，另有两位航海家到过澳大利亚，但由于没有登陆和没有深入考察，所以未被认为是最早发现澳大利亚的人。

　　一个是荷兰航海家约翰逊，他于 1605 年从印尼爪哇岛出发，到达澳大利亚的卡奔塔利亚湾，并发现了一种面包树。他认为自己是第一个发现澳大利亚的人。但由于他并未上岸，所以不算发现了澳大利亚。

另一个是荷兰航海家塔斯马,他于 1644 年到达了澳大利亚的威廉斯河口,但他觉得那里太荒芜了,就没有深入考察下去。所以,他也未被认为是澳大利亚的最早发现者。

但近期另有学者提出,早在元末明初,即公元 14 世纪的时候,中国人就已经登陆澳洲了,证据是在澳洲出土了一件中国寿星的玉雕像。

究竟是谁最早发现了澳大利亚,至今仍有争论。

意大利比萨斜塔为何斜而不倒?

意大利比萨斜塔始建于 1173 年,由著名建筑师那诺·皮萨诺主持修建。比萨斜塔位于罗马式大教堂后面右侧,是比萨城的标志。开始时,塔高设计为 100 米左右,但动工五六年后,塔身从三层开始倾斜,直到完工还在持续倾斜,在其关闭之前,塔顶已南倾(偏离塔身垂直线)3.5 米。

在实际工作中,许多专家对比萨斜塔的全部历史以及塔的建筑材料、结构、地质、水源等方面进行了充分的研究,并采用各种先进的仪器设备进行检测。比萨中古史学家皮洛迪教授研究后认为,建造塔身的每一块石砖都是一块石雕佳品,石砖与石砖间的黏合极为巧妙,有效地防止了塔身倾斜引起的断裂,成为斜塔斜而不倒的一个因素。但他仍强调指出,现在当务之急是弄清比萨斜塔斜而不倒的根本奥妙。

从事该塔观测的专家盖里教授根据比萨斜塔近几年来倾斜的速度推测出,斜塔将于 250 年后因塔身的重心超出塔基外缘而倾倒。但是当地公共事务部比萨斜塔服务局的有关人员,针对盖里教授的看法提出了反驳,认为只按数学方式推算是不可靠的,比萨斜塔是"一个由多种事实交织成的综合性问题"。另一些研究者调查发现比萨斜塔塔身曾一度向东倾斜,而后又向南倾斜,他们认为该塔在过去几百年间斜而不倒,250 年后倒与不倒恐怕不能局限于简单的假设和预测。

当然，最关心斜塔命运的自然是比萨人，尽管他们也对斜塔的倾斜感到担忧，但更多的是骄傲和自豪，他们坚信斜塔不会倒下。他们有这样一句俗语："比萨塔像比萨人一样健壮结实，永远不会倒下去。"

神奇的古巴格达电池来自 2000 年前吗？

古人也会用电？这听起来似乎是天方夜谭，可是在古巴格达的遗址中，人们真的发现了几千年前的电池。

众所周知，最先发现移动电荷（或电流）的是意大利生物学家伽尔瓦尼。公元 786 年的一天，伽尔瓦尼在实验室解剖青蛙，用刀尖碰剥了皮的蛙腿上外露的神经时，蛙腿剧烈地痉挛，同时出现电火花。经过反复实验，他认为痉挛起因于动物体上本来就存在的电，他还把这种电叫作"动物电"。

世界上第一组电池是意大利科学家伏打在 1800 年发明的。当时，他用铜片、锌片以及用盐水浸湿的厚纸片，依照铜片—纸片—锌片的次序层层叠接，制成了世界上第一组电池。电池是人们发明的第一种电源，电池的发明为人类利用电能打开了大门。

可是，古巴格达电池的发现却使一些科学家相信，早在伏打电池发明以前很多个世纪，人们就已经制成了电池，并利用这种电池进行电镀作业。这个发现把电池的发明提早了 2000 多年。这个电池目前保存在巴格达伊拉克博物馆中，它是一只简陋的小陶罐，外观虽不起眼，但以陶罐内装的所有物质及其制作意图来判断，这只陶罐像是一个电池的外壳，被誉为考古学领域最令人吃惊的发现之一。

1936 年 6 月的一天，在伊拉克首都巴格达附近，一群筑路工人正在修筑铁路，忽然发现了一块巨大的石板，上面刻有许多古代波斯文字。工人们感到非常惊奇。他们继续深挖，结果发现是一个巨大石板砌成的石棺。伊位克博物馆的考古工作人员闻讯赶来。经过发掘，发现里面的东西是公元前 3 世纪的波斯王朝时代的遗物。在许多文物中，引起人们最大兴趣的是一些陶器、铜制圆筒和铁棒组成的器件。陶器长 15 厘米，像一个小花瓶。铜制圆筒用沥青固定在陶器的底部，并且还敷有一层沥青。圆筒高 9 厘米，直径 2.6 厘米。在铜制圆筒中有一根铁棒，铁棒的一端高出绝缘层约 1 厘米，另一端不连接圆筒的底座，而是竖在 3 毫米厚的沥青上，这看上去像一组化学仪器。

经过当时担任伊拉克博物馆馆长的德国考古学家威廉·卡维尼格的鉴定，陶制器皿是一个古代化学电池，只要加上电解液，电池就能放电。卡维尼格的论断震惊了考古学界。如果承认这是一个古代电池，那就意味着，早在公元前 3 世纪居住在这一地区的波斯人就已经开始使用电池了。

后来，另一位德国考古学家艾杰巴得希特通过实验进一步证实了卡维尼格的论断。他精心制作了这些陶、铜制圆筒和铁棒的模拟品，并按原来形式组装起来。他在铜制圆筒里倒进了刚榨出的葡萄汁，然后测量铜和铁两端的电压，结果测出每个电池能产生 0.15 伏特的电压。

可是，在 2000 多年前，古代人发明这种电池有什么用途呢？

有的学者认为这些电池的使用者是巴比伦的医生，在没有电疗仪时，他们把它作为替代品使用，从而能起到局部麻醉的作用。然而，艾杰巴得希特通过试验给出了另一种回答。他把一座小的银质塑像浸入金盐溶液中，一头悬挂起来，做电镀的准备，然后再把几组古老电池复制品串联起来作为电镀的电源。两小时后，银质塑像上镀上了一层闪闪发光的金层。艾杰巴得希特认为，给银像镀金是这种古老电池的一种用途，至于其他的可能用途，目前还弄不清楚。

事实上，为了给铜首饰包银，伊拉克的工匠们仍然在使用一种原始的电镀方法。这种技术可能是从古波斯时期或者更早的时候起一代代传下来的。

古老电池的发现引起了世界各国科学家的兴趣。美国的科学家也仿制了这种古老电池,并以古代已经被发现的电解质(5％浓度的醋、葡萄酒、硫酸铜等)作为电解质进行试验,结果均得到能持续十几天的电池电压。这说明古代电池作为一个电池工作得相当出色。

由于时间的流逝,古代的电学实验究竟做到了何种程度,我们可能永远也无法弄清楚。而且,作为当时的一种先进技术,古代伊拉克的工匠们也会将其妥善保管,电镀的秘诀肯定是秘不外传的宝贵财富,或许从未以简洁易懂的文体见诸文字。好在伊拉克还有许多古代坟冢未曾发掘,博物馆中也有数千块泥板,泥板上涉及科学的文字有待人们翻译。或许通过进一步的发掘研究,会找到更多古代人的用电记录,让我们了解古人所掌握的电学知识及其涵盖范围。

印第安人的水晶头骨传说是天方夜谭吗?

在美洲印第安人中流传着一个古老传说:祖先有 13 个水晶头骨,它们能说话、会唱歌。这些水晶头骨里隐藏了有关人类起源和死亡的资料,能帮助人类解开宇宙生命之谜。这个传说在美洲流传了上千年。一直以来,人们都认为它只是一个美丽的神话或是天方夜谭。

19 世纪欧洲的探险家们却对这个传说深信不疑,尽管一直没人找到过那些传说中的水晶头骨。

1927 年,探险家米切尔·海吉斯在中美洲的鲁班埃顿古城发现了一个水晶头骨。这个水晶头骨长 18 厘米,宽和高各 12 厘米,重量为 5 千克,它是用一大块完整的水晶根据一个成年女人头颅的形状雕制而成的。它的做工非常细致,鼻骨是用三块水晶拼成的,两个眼孔处是两块圆形的水晶,它的下颌部分可以跟头盖骨部分相连,也可以拆开,整个构造异常精巧。

尽管头骨本身没有什么色泽，但是它能放射出一种明亮无色的光，仿佛夜晚明月的光辉一样。如果把它放在房间里，将会有某种声音不时地从屋子的四周发出来。那声音不像是乐器发出的声音，而更像是从人的嗓子里发出的柔和的歌唱声，在它发出的声音中还有一阵阵响亮悦耳的银铃声伴随其中。

水晶头骨还能刺激人的大脑中枢神经，使人产生 5 种感觉：味觉、触觉、嗅觉、视觉和听觉。当人们看着头骨时，它的颜色和透明度会出现明显的变化，同时还会有一种香味散发出来；它能使观者听到声音，让人浮想联翩，并使人感到口渴。凡是站在水晶头骨前静静深思的人都有这些感受，同时身体以及脸部也会感受到某种压力。如果一个感觉灵敏的人把手放在头骨附近，他就会感到一种特别的震颤和推力，而且手的冷热感觉随手在头骨上下左右的位置不同而发生变化。

一位玛雅老人告诉米切尔，这颗水晶头骨至少有 10 万年的历史，是为了纪念一位伟大的玛雅祭司而制作的。然而，没有多少人相信他这一说法。科学家们试图弄清楚它确切的制作时间，但是石英水晶的物理属性决定了这永远不会被知晓。

要知道，水晶是世界上硬度最高的材料之一，用铜、铁或石制工具都无法加工它，而古代的玛雅人又是使用什么工具加工的呢？另外，这种纯净、透明的水晶虽然硬度很高，但质地脆而易碎。科学家们推断，要想在遥远的古代把它制作出来的话，只可能是用极细的沙子和水慢慢地从一块大水晶石上打磨下来，而且制作者要一天 24 小时不停地连续打磨 300 年，才能完成这样一件旷世杰作。

根据传说的内容，水晶头骨里隐藏了人类起源和死亡的秘密资料，能帮助人类解开宇宙生命之谜。如果这是真的，那么它会以什么方式来告诉人们这些秘密呢？难道有一天它真的会开口说话吗？科学家们认为，如果传说是真的，那么，水晶头骨就有可能是一个储存秘密资料的信息存储器。

科学家们做过这样的实验，他们把水晶当作信息的存储介质，用激光把一些信息写进去，一段时间后又用指令加以恢复，里面的数据完好无损。实验证明，如果在数千年、数万年前有人把数据写进水晶头骨的话，它依然可以保存到今天。

如果水晶头骨真的是一个信息存储器，那么，数千年前的古代玛雅人是怎样将信息储存进去的呢？他们是不是已经掌握了现代人还没有掌握的科学技术呢？人们又该如何将信息提取出来呢？科学家们对此尚且束手无策。

同时，如果玛雅人掌握的科学技术真的比我们所想象的还要高超得多，那么他们又是怎样获得这些科学技术的呢？这就更是难解之谜了。

复活节岛上的最早居民是谁？

复活节岛的神秘不仅仅在于它有许多来源不明的巨大石像，它更神秘的地方在于，岛上最早的居民是谁？他们又是如何发现复活节岛的？

复活节岛位于南太平洋上的智利西海岸，长久以来它只是一个鲜为人知的荒凉小岛。1722 年 4 月，由荷兰探险家雅各布·罗格文率领的三艘战舰来到了这个小岛，由于这一天是复活节，所以他们把这个小岛命名为复活节岛。以后陆陆续续有不少考古学家、历史学家、地理学家、探险家登上小岛。

复活节岛以神秘的巨像闻名遐迩。面积仅 117 平方千米的小岛四周却密布着 600 多尊巨石雕像。这些巨大石像最重的可达 82 吨，高 9.8 米，就连最普通的也有二三十吨重。更加令人惊异的是，这些巨大石像还大都顶着巨大的红石帽子。一顶红石帽，小的也有 20 吨，大的重达四五十吨。此外，在岛上还发现了一种奇特的文字。这种文字实际是用石器或鱼齿刻凿在木板上的一些奇形怪状的符号，类似古代的象形文字。这些文字至今没能被人破译。神秘的巨像、古怪的文字引起人们探索岛上居民渊源的强烈欲望。岛上最早的居民究竟是从哪里来的呢？

第一个到达岛上的罗格文在回忆录中写道："当时的岛民有的皮肤为褐色，就颜色的深浅而言与西班牙人相似，但也有皮肤较深的人，而另一些完全是白皮肤，也有皮肤带红色的人。只有数百口人，却分为多种肤色，这更加让人不可思议。"至今，这些不同肤色的人还生活在岛上。

最早登陆复活节岛的一些探险家、航海家当时见到岛上的居民有不少是头戴红帽的白皮肤人，因此就推断岛上居民为来自西方的白人，甚至设想是古代埃及人和腓尼基人把西方文明带到了岛上。依据是岛上遗留下的高大石像和将尸体埋在巨石建筑物中的做法，以及发现的那些象形文字，与古埃及文化有类同之处。可是众所周知，古埃及人和腓尼基人的主要航海活动范围是在地中海，即使有人驶出直布罗陀海峡，也从没有进入太平洋水域，所以，他们不可能登上复活节岛。

有的学者将复活节岛上居民的生活习俗、宗教信仰与西南太平洋上美拉尼西亚群岛居民的习俗、信仰相比较，发现二者极为相似。于是认为岛上最早的居民是从西南太平洋美拉尼西亚群岛上迁徙过来的。

有人认为岛上最初的居民是现在岛上生活的波利尼西亚人的祖先。大约公元 8 至 9 世纪时，太平洋上的马克萨斯群岛的波利尼西亚人历经艰辛，漂洋过海来到此荒岛。他们带来了石刻文化和波利尼西亚语言。至今岛上居民仍以该语言作为通用的语言。也有一部分人认为，波利尼西亚人本来就是岛上的土著居民，不是外来的，而且星散在太平洋上的波利尼西亚群岛原是整块大陆，后来由于地壳变动，大陆沉入洋底，剩下零星一些岛屿，而复活节岛上的波利尼西亚人就是劫后幸存者。波利尼西亚人到达复活节岛后，也将雕琢石像的风俗带到复活节岛上，并由于多种原因雕琢石像之风愈演愈烈。

也有人认为复活节岛上的原始居民来自南美大陆,因为它离南美大陆最近,大陆上的居民乘坐原始的简易木筏完全可以漂渡到复活节岛上。此外,考古学家还在岛上发现了许多与印加蒂亚瓦纳科文化相关的古文物,如具有印加文化特色的石砌墙垣建筑,双膝跪地、双手抚膝的虔诚石像,双手安放在腹部、围着腰带的石像,悬崖峭壁上刻有月牙形船的壁画等。这些巨石建筑物几乎与印加时代的巨石文化没有两样。因此,岛上最早的居民很可能是南美印加时代的印第安人。

有的人更加离奇地说,复活节岛人的祖先是来自大西洋上沉没了的古国大西国的后裔或天外来客。各种意见,莫衷一是,使这个本来就很复杂的问题变得更加扑朔迷离了。

谁也不会怀疑,现代复活节岛人是波利尼西亚人。但是,最早来到复活节岛的人是谁呢?是波利尼西亚人还是别的民族呢?复活节岛上居住着一个民族还是好几个民族呢?他们又是怎样漂洋过海来到这个大洋孤岛上的呢?

是谁绘制了远古地图?

遥远的南极大陆,终年风雪狂暴,气候条件十分恶劣,是目前地球上唯一无人定居的一个大洲。可是,一幅被发现的古地图却令人不可思议地说明早在几千年前人类就对南极进行过探险,并绘制了地图。这是真的吗?

在土耳其伊斯坦布尔的塞拉伊图书馆里,人们发现了一张用羊皮纸绘制的航海用的地图。这张地图上有土耳其海军上将皮里·赖斯的签名,日期是公元 1513 年。赖斯出生在希腊,是著名海盗马尔·赖斯的侄儿,一生都在大海上活动,拥有一张航海地图是非常正常的事。但是,令人吃惊的是,这幅地图上不仅准确地标画着大西洋两岸大陆的轮廓、南美洲和北美洲的地理位置,还清楚地标画出南极洲的轮廓。

大多数人都知道,南极大陆是在 1818 年才被近代航海家发现的,但是这张地图为什么会标出南极洲的轮廓呢?

更让人不解的是,南极大陆被冰层覆盖也是 15000 多年以前的事情了。这幅地图的存在说明,在南极大陆还没有被冰雪覆盖以前,曾经有人画出过当时的地理面貌。但是,人类在 15000 多年以前还处于原始石器时代,当时的人类既到不了四周环海的南极地区,也不可能有绘制地图的先进文化,那么这幅地图的原作者又是谁呢?

1531 年,一个名为奥隆丘斯·弗纳尤斯的人拥有一张地图,上面也标出了南极洲的大小,而且与现代人绘制的地图几乎完全一致。所不同的是,这张地图只标出南极的西部被冰层覆盖着,冰层尚未覆盖住整个南极大陆,这与现在的南极洲的情况是不相同的。而根据地球物理科学的研究,大约 6000 年前,南极大陆上的某些地区气候还比较温和,特别是罗斯海周边地区。这个事实表明上述地图是根据 6000 年前南极的地形绘制的,难道那时候已经有现代文明了?

另外,1559 年发现的另一张土耳其古地图上也精确地标画着南极洲和北美洲的太平洋海岸线。更加令人惊讶的是,地图上还有一条狭窄地带将亚洲的西伯利亚和北美的阿拉斯加连在了一起。但是据科学家考证,这条连接西伯利亚和阿拉斯加的地带至少在 3 万年前就已经消失了,这个地区现在是白令海峡。而这张地图的绘制者对此却了解得如此清楚,竟把它绘制在自己的地图上,难道它真的绘制于 3 万年前?

这些古代地图标画的陆地是地球上几千年前,甚至几万年前的大地图形,地图绘制得很精确。要绘制出这样的地图,必然要掌握地球的形状、大地的构造、球体三角学等方面的科学知识。另外,绘制这样的地图还必须有先进的交通工具和制图手段。

虽然中世纪许多航海家都拥有航海地图,但他们中绝大多数人对地球的有关知识知之甚微,甚至不知道地球究竟是扁的还是圆的,更没有到过南极洲。特别是对那些已经消失的大陆,中世纪的人更是一无所知。所以,他们根本不可能绘制上述的那些古地图。有些古图上标画的地中海上的罗得岛与现在岛屿的大小相差很大,这说明在地图绘制时这个岛屿是很大的,后来经过长时间的地质变迁,才变成现今这般大小。据此推算,这些地图绘制的年代是在几万年以前。有的地图上还标明了现在的英国、爱尔兰等地上面都有冰川,但实际上这些冰川的存在都是 1 万年以前的事。总之,这一切都在说明,这些古地图不是中世纪的人们所绘制的。

那么,是谁绘制了这些古地图呢?当时地球上的古人不可能具备绘制这样精确地图的手段和技术。有一些人推测,这些地图很有可能是外星人绘制的,然而,这种看法并没有确凿的证据。因此,古地图的制作者至今仍是个谜。

俄国沙皇亚历山大一世是弑父篡位者吗?

俄国沙皇亚历山大一世统治俄国 24 年,给后世留下了许多未解之谜。他究竟是不是弑父篡位者,便是其中一个未解之谜。

亚历山大一世是俄国罗曼诺夫王朝的一位沙皇,后人称他为"神秘沙皇""北方的斯芬克斯",普希金则认为他是"一位懦弱而狡猾的君主"。他之所以有名,不仅因为他曾经三次打败野心勃勃的拿破仑,而且还因为在他的人生经历中充满了神秘和离奇。

亚历山大一世的父亲保罗据传是女皇叶卡捷琳娜二世与情夫奥尔洛夫的孩子,自保罗出生后,叶卡捷琳娜二世就对他极其冷淡。保罗成人后,母子关系更加紧张。保罗怨恨母亲给了他一个"不光彩"的出身,也怨恨母亲久占皇位,使他不能成为显赫的沙皇,因此终日颓废消沉,不事政务，热衷于操练军队。

亚历山大一世出生于 1777 年 12 月，叶卡捷林娜二世很疼爱亚历山大，她认定这个新生儿将取代保罗成为真正的皇位继承人，因此她亲自为孙子取名亚历山大，希望他将来有俄国古代英王亚历山大的风采。为了培养亚历山大，叶卡捷林娜二世对他的要求很严格，每天早晨都要求他在低于 15 摄氏度的房间里开着窗户洗冷水澡，以磨炼他的意志。在亚历山大 6 岁时，叶卡捷林娜二世将家里的女保姆赶走，找了 12 名家庭男教师教育他，以造就他威猛、坚定的性格。

叶卡捷琳娜二世在统治末期，更将皇位继承人的选择看成是头件大事。由于对儿子保罗的厌恶和失望，她决定另立孙子亚历山大为自己的皇位继承人。她私下秘密起草了一份诏书，宣布废除保罗的皇位继承权，立亚历山大为未来的新沙皇。她准备在 1796 年 11 月 24 日，即俄历圣叶卡捷琳娜日正式公布这份诏书，晓谕天下。在宫中她公开表示只有亚历山大继位才能执掌朝纲。亚历山大知道此事后，立即给祖母写信，表示心领神会。同时，他也给父亲保罗写信，在信中提前称他为"皇帝陛下"，表示宫中所传，实为谣言，发誓说承认父亲是合法的帝国皇帝继承人。

然而，1796 年 11 月 6 日，显赫一时的叶卡捷琳娜女皇因中风去世，保罗趁机夺取了皇位，称为保罗一世。保罗一世即位之初，便大反其母叶卡捷琳娜二世的政策而行之，削弱军人地位及其作用，加强书报检查，实行恐怖统治，致使全国上下怨声载道。

保罗一世虽然将亚历山大立为皇储，但对他管教很严，随时会召见他，让他汇报一些琐事的细枝末节，而且经常训斥他。渐渐地，亚历山大结交了一些有实权的朋友，他们都对沙皇保罗的统治不满，常常在一起商量如何废除妨碍自由的桎梏，实现全体公民的平等，建立公正博爱的社会。随着保罗自负、狂躁性格的升级，越来越多的人开始反对他，并着手策划推翻他的统治，扶植亚历山大即位。

1801 年 3 月 23 日夜里，密谋集团主要成员朱波夫、本尼格森、帕伦带领亲信冲进皇帝卧室，逼迫保罗一世退位。保罗一世死命拒绝，在众人推搡之间，烛光熄灭。黑暗中，有人将保罗杀死。当夜，亚历山大对百官宣布保罗一世不幸中风身死，自己即位称帝，俄国开始了亚历山大一世统治时期。

保罗一世死于非命确定无疑，但亚历山大是否参与此活动，众说纷纭。

很多人怀疑亚历山大一世与此事有关，但无从证明。有人认为他直接参与密谋策划活动，甚至其弟君士坦丁还亲自参加 3 月 11 日晚的暗杀活动。也有人表示亚历山大事先了解反对保罗的密谋活动，副首相潘宁曾隐晦地将计划向他透露，他虽然拒绝参与，但未加制止，而是置身其外，静观事态发展。

当然，也有人认为无论出于人伦纲常，还是出于父子亲情，亚历山大都不可能参与密谋活动，因为亚历山大与保罗的父子关系一直不错，而且保罗即位之初就确定了亚历山大的皇储地位。作为唯一的皇储，亚历山大似乎没有必要做这样违背天理的事情。亚历山大一世究竟是不是一个弑父篡位者，至今尚无定论。

肯尼迪家族为何悲剧不断？

肯尼迪家族是美国政界的常青树，然而，这个家族也充满了悲剧色彩，许多家族成员莫名地遭遇了灾难，这是为什么呢？

在美国人的理念里，极为推崇成功人物和政治人物之类的明星，而在这些明星人物中，肯尼迪家族无疑是一个精英家族，或者可以说是一个童话般的家族。肯尼迪家族的成员都是杰出的政治人才，影响美国社会近半个世纪。约翰·肯尼迪当选美国第 35 任总统，罗伯特·肯尼迪当选纽约州参议员,爱德华·肯尼迪当选马萨诸塞州参议员等,他们积极投身于服务国家和人民的活动,为弱势群体争取权益,变成了忠诚、魅力、希望和理想的象征,被人们誉称为"美国的皇室"。

肯尼迪家族来自爱尔兰,信奉天主教,曾长期被排除于新英格兰富有的新教徒俱乐部之外。在新大陆,肯尼迪家族的地位与王室家庭相当,但命运将肯尼迪家族的传奇变成了悲剧。

1963年11月22日,美国第35任总统约翰·菲茨杰拉德·肯尼迪在夫人杰奎琳·肯尼迪和副总统约翰逊的陪同下到得克萨斯州达拉斯市访问,乘坐敞篷轿车驶过达拉斯的迪利广场时,遭到枪击身亡。约翰·肯尼迪是美国历史上第四位遇刺身亡的总统,也是第八位在任期内去世的总统。负责总统遇刺案调查工作的沃伦委员会在经过了长达10个月的调查之后,于1964年9月发表了一份官方报告。此份报告指出,刺杀肯尼迪的凶手是得克萨斯州教科书仓库大楼的雇员李·奥斯瓦尔德,正是他从教科书大楼6层的窗口向乘坐敞篷车正从楼下经过的总统开枪将其刺杀的。按照官方的说法,肯尼迪之死没有什么秘密,只有一个神经有点不正常的杀手李·奥斯瓦尔德躲在一个书库的6楼上开了枪。

然而,就在肯尼迪遭刺杀的当天,达拉斯出版的《达拉斯晨报》曾刊出过一个整版的广告。这则广告四周被围上了黑框,就像是一张讣告,而广告的标题是"欢迎光临达拉斯,总统先生!",内容是向肯尼迪提出的12个问题。据说,在肯尼迪遇害的那天早上,他和他的夫人杰奎琳都曾阅读过这张报纸。第二天早晨,全美国的报纸都围了黑框。对于亿万美国人来说,约翰·肯尼迪总统遇刺身亡代表着"未来的一种难以估量的损失"。难道肯尼迪的死发生在《达拉斯晨报》刊登广告当天,这只是一个巧合?

肯尼迪家族虽然有着"美国皇室"之称,但是这个家族也充满了悲剧,许多家族成员因为这样或是那样的原因死去。

1944年肯尼迪总统的哥哥——29岁的小约瑟夫·肯尼迪在第二次

世界大战中以海军飞行员的身份参加空袭时,他驾驶的飞机因故障在英国上空爆炸,他和副驾驶被炸得粉身碎骨,死后连尸首也没有找到。这是以后多灾多难的肯尼迪家族所遇到的第一个灾难。两个星期后又传来噩耗,肯尼迪的妹妹凯瑟琳新婚不久的英国丈夫哈廷顿勋爵,在法国作战时遭德国枪手狙击中弹身亡。1948 年,肯尼迪的妹妹凯瑟琳在一起飞机坠毁事件中结束了 28 岁的短暂人生。

1941 年,他的姐姐罗斯玛丽因为失败的脑叶切除手术成为残疾人,被收进了收容所;1968 年 6 月,他的弟弟伯罗特·肯尼迪被提名为民主党总统候选人,可是在参加总统竞选时在洛杉矶遭枪杀身亡。

1969 年 7 月 18 日,爱德华·肯尼迪在查帕奎迪克岛参加酒宴之后,驾车坠桥,自己九死一生活了过来,但同车的年轻女助理却溺死车中。

肯尼迪总统 9 名兄妹中有两人被暗杀,两人因飞机事故而死,一人没能过上正常的生活。

肯尼迪家族的悲剧也持续传给后代。肯尼迪总统的两个儿子都死于非命。他的次子在父亲被暗杀的三个月前因早产夭折。罗伯特·肯尼迪的儿子于 1984 年在佛罗里达州疗养院被家人赶走后,在附近宾馆里被发现因服海洛因过多而死亡;1997 年 12 月,他的弟弟迈克尔在科罗拉多滑雪时受伤,第二天,在医院不治身亡。

还有爱德华·肯尼迪的长子——爱德华·肯尼迪二世在 1973 年因癌症截去右腿;次子帕特里克·肯尼迪,现任众议员,1986 年曾因使用可卡因成瘾接受治疗。

1999 年 7 月,小约翰·肯尼迪驾驶飞机一头栽进海中,一个谈之不尽的话题再次被炒得沸沸扬扬:"这个著名家族为何如此多灾多难?"

2009 年 8 月 25 日,在与恶性脑瘤顽强搏斗逾一年后,美国政治世家肯尼迪家族族长、马萨诸塞州联邦参议员爱德华·肯尼迪去世,享年 77 岁。他也是肯尼迪四兄弟中唯一自然死亡的人。

第八章

追 本 溯 源

——感受千姿百态的别样文化

你知道红十字会的由来吗?

1859年6月,瑞士商人亨利·杜南目睹了英意法联军与奥地利军队在意大利一处小镇进行的一场大战,双方伤亡惨重,尸横遍野。更使亨利·杜南难过的是,战后这个小镇上还有上千名伤员,缺胳膊断腿,躺在干柴堆里呻吟,很多人因没人照料而死去。他当即跑到教堂,说服教士,并自己出钱出力,组织了一支救护队,为伤病员喂水喂饭,进行力所能及的各种护理和治疗。

回到日内瓦后,杜南写了一篇回忆录,描述了伤病员在战场上悲惨的遭遇,向世界发出呼吁,要求成立一个国际性的志愿救护伤兵组织,建议给予军事医务人员和各国志愿救护伤兵组织以中立地位。他给各国元首写信,四处奔波宣传。1863年10月,16个国家的36名代表在日内瓦召开筹备会议,第二年8月8日,正式签订了国际红十字会公约。红十字会也将创办人杜南的生日5月8日订为"世界红十字日",而红十字这个标志,也是由他的祖国瑞士的国旗颜色翻转而成的。

由于十字是基督教的宗教符号,伊斯兰国家不愿接受,1876年奥斯曼帝国采用"红新月"标志,国际红十字会承认了这两个符号。1991年,红十字会联合会改名为"红十字会与红新月会国际联合会"。

你知道哪些缤纷多彩的异域婚俗?

(1)面团不发酵,新郎可退婚

在巴基斯坦的一些地区,至今仍保留着一个古老的传统。即将过门的新娘,要亲手为未来婆家发酵一个大面团,这个面团要做成 20 千克重的大面包。如果这个面团发酵不起来,男方可以理直气壮地提出退婚。

（2）女人娶男人

米南加保人是印度尼西亚苏门答腊岛上最大的一个民族,他们传统的居住地是中央高地的西部,人数在 200 万至 500 万之间。米南加保人的婚姻风俗是女人娶男人。

男女青年到了一定年龄时,女方派媒人主动登门向男方求亲,如果男方同意了,女方就送给男方一枚定亲戒指。女方在招夫婿的时候,要筹集一笔礼金送给男方,而男方回赠的礼物只需一把缝纫尺。女方接到尺子后,要裁制几套新衣和鞋子送给男方,以示对夫婿的体贴。

举行婚礼这一天是这里的女人一生中最得意的一天。结婚时,新郎被接到女方家,双方亲戚朋友欢聚宴饮。他们喝喜酒有一个怪风俗,就是男方来宾,必须在太阳落下以前离开女家。而女方的家人则必须到半夜才准入席,一直狂欢到天亮。他们也闹新房,但闹的对象却是新郎,唱歌跳舞,尽情戏耍。婚后,丈夫必须 10 天"归宁"(回家看父母)一次,妻子同行。

（3）与大树结婚

在泰国南部的宋卡府,每年 6 至 8 月间,在特定的那些日子,凡年满21 岁的男子都要举行一次与大树结婚的仪式,即使是远离家乡的人也必须赶回来参加。婚礼仪式完毕后,他们随即剃发为僧,直到期满还俗后,才能与女子恋爱结婚,成家立业。

与大树结婚的仪式要和真正的男女结婚仪式一样。结婚所用的彩礼,盛放在银制的大碗里,叫作毳玛。仪式开始时,30 名身穿当地服装的少女用头顶着毳玛,由长鼓队引导,列队从新郎家向举行婚礼仪式的场所进发。新郎外穿丝绒礼服,内穿洁白衬衣,右侧腰间挎一把双锋剑,显得威武神气。接着,少女把彩礼放在新娘树跟前。婚礼开始时,新郎点燃蜡烛,分别插在大树前每个龛玛的边上,然后由一位长者诵经。

新郎一方的户主将花、槟榔果等分成三份,每份放一枚银圆,置于枕上,由一位象征着新娘树户主的老太太出来受礼。等到蜡烛熄灭,婚礼仪式的主持者就把送来的食品摊放在新郎旁边的香蕉叶上,表示婚礼结束。然后,宾客们兴高采烈地围坐进餐。

(4)倒霉挨打的未婚夫

谈恋爱、交朋友,人们总是真诚相待,和蔼可亲地表示情谊。然而,非洲尼日利亚东北部的伊博族却不一样,未婚夫首先要领教的是一顿毒打,这是这个部族至今盛行的一种特殊的婚姻习俗。

当一个小伙子看中了一个姑娘,走到她面前去求爱的时候,她的亲属就会手执棍棒等待着他。一旦小伙子临近,亲属们便一齐动手,毫不客气地将他痛打一顿。按这个部族的习俗,只有经得起棒打的小伙子,才能经受婚后家庭事务的严峻考验,并能应付未来各种可能的不幸遭遇。因此,小伙子们心甘情愿地接受这种考验。

(5)婚前"葬礼"

结婚前先举行一次"葬礼",这好像是不吉利的,一般人都很忌讳。而在法国萨瓦省卢阿里山区,新郎却要在婚前做一个象征性的"棺材",举行一次"葬礼",表示向单身汉身份告别。为此,新郎要像办丧事一样,摆设酒宴,郑重其事地招待前来"吊丧"的亲朋好友。还要奏起哀乐,点上蜡烛,举行安魂祈祷仪式。然后新郎在前,众人抬着"棺材"在后,熙熙攘攘地进行"送葬"仪式,把"棺材"埋在花园或田里,也可扔在河里水葬。

新娘也要为自己的女友们举行告别晚会,叫作"辞行宴会"。她们唱起情深意长的送别歌曲,新娘最后一次同女友们一起跳舞,以表示姐妹间令人留恋的情意。

婚礼的当天清晨,新郎在亲友们的簇拥下去女方家迎亲。然后在鼓乐队的引导下,父亲陪着新娘,母亲陪着新郎,同来宾一起到教堂举行结婚仪式。

（6）被扔进海里的新郎新娘

在太平洋中的一些小岛上，流行着这样的风俗：举行婚礼的那天，要把新郎新娘一起扔进海中。

大喜之日的清晨，新人双方的家属及亲朋好友，一起到达海滨。大家先是尽情歌舞一番，然后，男方选出几个强壮的小伙子，把新娘抬起来，吆喝着投入海里。同时，女方家人也不甘落后，他们也选出几位漂亮的姑娘，把新郎用力举起，投入大海。在一片祝福声中，新婚夫妇从水里冒出头，并肩向事先安置在一座礁石旁的小船游去。新郎新娘同时爬上小船，并向亲友们躬身道别，然后荡开双桨，划向另一座岛屿，到那里去欢度新婚蜜月，开始他们的新生活。

谁提出了 8 小时工作制？

1817 年 8 月，英国空想社会主义者罗伯特·欧文提出 8 小时工作制。他还发明了一个口号："8 小时劳动，8 小时休闲，8 个小时休息。"

1833 年，在欧文的支持下，具有同情心的工厂主约翰·多赫尔蒂等人发动了一场争取 8 小时工作制的运动。1866 年，第一国际日内瓦代表大会提出了"8 小时工作，8 小时自己支配，8 小时休息"的口号，要求各国制定法律予以确认。

五一劳动节有何来历？

19 世纪 80 年代，随着资本主义进入垄断阶段，美国无产阶级的队伍迅速壮大,出现了声势浩大的工人运动。当时美国资产阶级为了进行资本积累,对工人阶级进行残酷的剥削压榨,他们用各种手段迫使工人每天从事长达 12—16 小时的劳动。美国广大工人逐渐认识到,为了保障自己的权利,必须起来进行斗争。

从 1884 年开始,美国先进的工人组织通过决议,要为实现"每天工作 8 小时"而战斗,并且决定展开广泛的斗争,争取在 1886 年 5 月 1 日实行 8 小时工作制。8 小时工作制的口号提出后,立即得到全国工人的热烈支持和响应,许多城市的数以千计的工人投入了这场斗争。罢工工人遭到美国当局的血腥镇压,很多工人被杀害或逮捕。

1886 年 5 月 1 日,美国芝加哥等城市的 35 万工人举行大罢工,要求改善劳动条件。这场斗争震撼了整个美国。工人阶级团结战斗的强大力量,迫使资本家接受了工人的要求。美国工人的这次大罢工取得了胜利。

1889 年 7 月,由恩格斯倡议的各国社会主义政党代表大会在巴黎举行。为了纪念美国工人的这次五一大罢工,显示"全世界无产者,联合起来!"的伟大力量,推进各国工人争取 8 小时工作制的斗争,代表大会通过决议,倡议 1890 年 5 月 1 日国际劳动者举行游行,并决定把 5 月 1 日这一天定为国际劳动节。

情人节是怎么来的?

每年的 2 月 14 日是西方的情人节,情人节的来历与一个叫瓦伦丁的修士有关。

公元 3 世纪时,古罗马有一位暴君叫克劳狄乌斯二世。离暴君的宫殿不远处,有一座非常漂亮的神庙,修士瓦伦丁就住在那里。罗马人非常崇敬他,不论男女老幼、贫富贵贱,总会群集在他的周围,在祭坛的熊熊圣火前,聆听瓦伦丁的祈祷。

那个时候战事连绵不断,暴君克劳狄乌斯二世征召了大批公民前往战场,人们怨声载道。男人们不愿意离开家庭,小伙子们不忍与情人分开。克劳狄乌斯二世暴跳如雷,他传令不许举行婚礼,甚至连所有已订了婚的人也要马上解除婚约。许多年轻人就这样告别爱人,悲愤地走上战场。年轻的姑娘们也由于失去爱侣而抑郁神伤。

瓦伦丁对暴君的暴行感到非常难过。当一对情侣来到神庙请求他的帮助时,瓦伦丁在神圣的祭坛前为他们悄悄地举行了婚礼。人们一传十,十传百,很多人来到这里,在瓦伦丁的帮助下结成伴侣。

消息终于传进了宫殿,传到了暴君的耳朵里。克劳狄乌斯二世又一次暴跳如雷,他命令士兵们冲进神庙,将瓦伦丁从一对正在举行婚礼的新人身旁拖走,投入地牢。人们苦苦哀求暴君赦免瓦伦丁,但都徒劳而返。

瓦伦丁终于在地牢里受尽折磨而死。悲伤的朋友们将他安葬于圣普拉教堂。那一天是2月14日,那一年是公元270年。此后,人们为了纪念瓦伦丁,便把这一天定为情人节。

世间还流传另一种说法。传说中瓦伦丁是最早的基督徒之一,那个时代做一名基督徒意味着危险和死亡。为掩护其他殉教者,瓦伦丁被抓住投入了监牢。在那里他治愈了狱长女儿失明的双眼。当暴君听到这一奇迹时,他感到非常害怕,于是将瓦伦丁斩首示众。据传说,在行刑的那一天早晨,瓦伦丁给狱长的女儿写了一封情意绵绵的告别信,落款是"寄自你的瓦伦丁"。

但是,历史学家们更愿意追根溯源,他们关于情人节的演绎似乎更令人信服。在远远早于公元270年的时候,当罗马城刚刚奠基时,周围还是一片荒野,成群的狼四处游荡。在罗马人崇拜的众神中,畜牧神卢波库斯负责保护牧羊人和羊群。每年2月中旬,罗马人会举行盛大的典礼来庆祝牧神节。那时的日历与现在相比,要稍微晚一些,所以牧神节实际上是对即将来临的春天的庆祝。也有人说这个节日是为了致敬法乌努斯神,它类似于古希腊人身羊足、头上有角的潘神,主管畜牧和农业。

牧神节的起源实在是过于久远了,连公元前 1 世纪的学者们都无法确认,但是这一节日的重要性是不容置疑的。史料记载,安东尼就是在公元前 44 年的牧神节上将王冠授予恺撒的。每年的 2 月 15 日,修士们会聚集在罗马城中巴伦丁山上的一个洞穴旁,据说在这里,古罗马城的奠基者被一头母狼抚育长大。在节日的各项庆典中,有一项是年轻的贵族们手持羊皮鞭在街道上奔跑。年轻妇女们会聚集在街道两旁,祈望羊皮鞭抽打到她们头上。人们相信这样会使她们更容易生儿育女。

在拉丁语中,羊皮鞭叫作 februa,鞭打叫作 fabruatio,实际上都含有"纯洁"的意思。2 月的名字 February 就是由此而来的。

随着罗马势力在欧洲的扩张,牧神节的习俗被带到了现在的法国和英国等地。人们最乐此不疲的一项节日活动类似于摸彩,年轻女子们的名字被放置于盒子内,然后年轻男子上前抽取。抽中的一对男女成为情人,时间是一年或更长。

基督教的兴起使人们纪念众神的习俗逐渐淡漠。教士们不希望人们放弃节日的欢乐,于是将牧神节改成瓦伦丁节,并移至 2 月 14 日。这样,关于瓦伦丁修士的传说和古老的节日就被自然地结合在一起。这一节日在中世纪的英国最为流行。有史可查的现代意义上的瓦伦丁情人节是在 15 世纪早期。用鲜花做瓦伦丁节的信物在大约 200 年后出现。法王亨利四世的一个女儿在瓦伦丁节举行了一个盛大的晚会,所有女士从选中她的男士那里获得一束鲜花。

就这样,延续着意大利、法国和英国的古老习俗,我们得以在每年的 2 月 14 日向自己的朋友传递爱的信息。鲜花、心形糖果、用花边和折穗掩盖了送物人名字的信物,不仅仅是代表着一份份真挚的爱,更是对敢于反抗暴政的瓦伦丁修士的最好缅怀。

观音信仰为何在中国长盛不衰？

在中国，几乎在每一座寺院或佛教信徒自家的佛龛中，都可以看到观世音菩萨的身影。对大多数老百姓来说，不一定知道释迦牟尼佛，但不知道观世音菩萨的人就实在太少了。自佛教传入中国以来，观世音菩萨就与老百姓结下了很深的因缘，以至曾出现家家供观音、人人念观音的情形。尽管如此，若要问观世音菩萨身世如何？是男是女？观音信仰在中国何以长盛不衰？其影响如何？似乎谁也说不清。

据学者们考证，观世音菩萨原型是古印度婆罗门教中的一对孪生小马驹，它们神通广大，能使盲人复明、不孕者生子、公牛产奶、朽木可雕，象征着慈悲与善，被尊奉为双马童神。佛教创立后，尤其是大乘佛教兴起后，神马驹逐渐变成一位慈眉善目的菩萨，称为"马头观世音"，密宗至今仍供奉马头观音，又叫马头明王。其造型威猛无比，头有三面，分别为菩萨面、大嗔怒黑色面、大笑颜面，顶上是碧马头。

不过在汉语系大乘经典中却有着完全不同的说法。第一种是见于《大悲咒经》的说法，观世音菩萨"已于过去无量劫中，已做佛竟，号正法明如来。大悲愿力，为欲发起一切菩萨，安乐成熟诸众生故，现作菩萨"。也就是说，观世音菩萨原本是一尊古佛，只是为了更方便地度化众生，化为菩萨，来此娑婆世界，辅佐释迦牟尼佛弘扬佛法。第二种是见于《悲华经》的说法，观世音菩萨是西方极乐世界一生补处法身大士，是即将继承阿弥陀佛之位的大菩萨。他在阿弥陀佛因地之时，做转轮圣王之际，是佛千子中第一太子，名叫不眴，出家后号观世音。他将在阿弥陀佛入灭后成佛，名为"一切光明功德山王如来"，他的国土叫作"一切珍宝所成就世界"。此外，密宗也有说法称观世音菩萨是阿弥陀佛的化身。

值得一提的是,佛教初传入中国时,观世音菩萨形象纯粹是位丈夫相,以后随着观音信仰的深入发展,从南北朝开始逐渐被塑造为女性形象,使他完全中国化,这实在是中国佛教的一大创造。

这种创造绝非偶然。其原因主要是:经典介绍和民间传说中观世音菩萨经常化身妇女广度众生;与中国传统的女神信仰相结合,用以弥补佛像中缺乏女性形象的不足;与人类伟大的母爱相结合,充分地体现观世音菩萨大慈大悲的精神,以增强其感召力;与度化现实中超过信徒半数的女性信徒的需要相结合,并对封建社会中女性备受歧视、苦难深重的境况予以同情;艺术家的不懈追求,以实现艺术上真善美的高度统一。应该说观世音菩萨的女性形象充分展示了东方女性的神韵,难怪艺术界有"西方有维纳斯,东方有观世音"之说。

在南传佛教国家,如斯里兰卡、泰国、尼泊尔等地,人们对观世音菩萨少有所闻。而在北传佛教国家中,尤其是在中国,近 2000 年来,观音信仰可说是长盛不衰,至今老百姓家中供奉最多的依然是观世音菩萨,寺庙中观世音菩萨诞辰、成道、出家纪念日依然是香火最盛的日子之一。

究其原因,可归纳为以下几个方面。

首先,观世音菩萨以内在的慈悲和外在的神力教化著称,较能体现大乘佛教的精神特色,而中华民族受儒家仁义存心的教化影响,济世利人的大乘根性较多,而且彼岸观念稍淡,习惯于进行理性思维,因而从心理上比较容易形成观音崇拜。

其次,介绍观世音菩萨及其经典事迹的著述不仅数量多,而且十分流行,例如,《法华经》(观世音菩萨普门品)、《华严经》(善财童子参礼观世音菩萨)、《般若经》、《楞严经》(卷六观音耳根圆通法门)、《维摩诘经》、《大宝积经》、《成具光明定意经》、《悲华经》、《地藏经》、《阿弥陀经》、《无量寿经》、《观无量寿经》等,表明观音信仰理论系统完备,对于信众修行观音法门和一心念诵观世音菩萨名号具有重要的指导意义。

再次,浙江普陀山观音道场的形成,遍布各地的观音寺、观音洞、观音殿的兴建,以及每年定期在农历二月十九、六月十九、九月十九观世音菩萨的诞辰、成道、出家纪念日举行的各种纪念活动,使观音信仰深入民间,进一步中国化、世俗化。

最后,大量关于观世音菩萨的变文、宝卷、小说一类的文学作品以及雕塑、绘画等艺术作品的问世,在繁荣了我国观音文化的同时,也推动了观音信仰的发展。

哪一天被称为"黑色星期四"?

1929 年 10 月 24 日,在美国历史上被称为"黑色星期四"。

在 1929 年 10 月以前,华尔街股市出现了持续 7 年左右的繁荣,所有股票价格都节节上升。直至 9 月,美国财政部部长还信誓旦旦地向公众保证:"这一繁荣的景象还将继续下去。"

10 月 24 日这一天,美国金融界崩溃了,各种股票一夜之间从顶巅跌入深渊,价格下跌之快,连股票行情自动显示器都跟不上趟。股票市场的大崩溃导致了持续 4 年的经济大萧条。从此,美国陷入了经济危机的泥淖,以往蒸蒸日上的繁荣景象逐步被存货山积、工人失业、商店关门的凄凉景象所代替。这一轮危机一直持续到 1932 年下半年,历经 34 个月,道·琼斯工业指数下跌了 87.4%,跌幅最大的是冶金、机械、汽车、电力、化工等行业的股票,跌幅均在 90% 以上。纽约的股市暴跌还波及英国、德国、法国、比利时、奥地利、瑞典、挪威和荷兰,引发了一场大规模的、持久的股市下跌风潮。从那时起,世界金融和经济发展陷入了长期的萧条之中。

你知道国际儿童节的由来吗？

1942 年 6 月，德国法西斯枪杀了捷克利迪策村 16 岁以上的男性公民 140 余人和全部婴儿，并把妇女和 90 名儿童押往集中营。村里的建筑物均被烧毁，好端端的一个村庄就这样被德国法西斯给毁了。

为了悼念利迪策村和全世界所有在法西斯侵略战争中死难的儿童，反对帝国主义战争贩子虐杀和毒害儿童，保障儿童权利，1949 年 11 月国际民主妇女联合会在莫斯科召开执委会，正式决定每年 6 月 1 日为全世界少年儿童的节日，即国际儿童节。

为什么人们把美国称为"山姆大叔"？

"山姆大叔"是美国的绰号。

这一绰号产生于 1812 年美英战争时期。当时纽约州的特洛伊城有一位肉类供应商，名叫山姆·威尔逊。他诚实能干，富于创业精神，在当地很有威信，人们亲切地叫他"山姆大叔"。战争期间，他担任纽约州和新泽西州的军需检验员，负责在供应军队的牛肉桶和酒桶上打戳。1812 年 1 月，纽约州州长带领一些人前往其加工厂参观，看到牛肉桶上都盖有 U. S. 的标记，便问是何意思。工人回答 U. S. 是美国（United States of America）的缩写。凑巧的是，"山姆大叔"的缩写也是 U. S.，所以一个工人开玩笑地说，U. S. 就是"山姆大叔"（Uncle Sam）。这件趣事传开后，"山姆大叔"声名大振。人们把那些军需食品都称为"山姆大叔"送来的食物。

战争结束后，政治漫画里开始出现了一个名叫"山姆大叔"的人物。

他的原型是一个早期漫画人物,名叫"乔纳森大哥",此人在美国独立战争时期非常出名。渐渐地,"山姆大叔"取代了"乔纳森大哥",成了最受美国人欢迎的象征。美国人还把"山姆大叔"诚实可靠、吃苦耐劳以及爱国主义的精神视为自己民族的骄傲和共有的品质。从此这个绰号便不胫而走。第一次世界大战中曾出现过"山姆大叔"号召美国青年当兵的宣传画,流传很广。

1961年,美国国会正式承认"山姆大叔"为美国的象征。

玛雅人信奉的羽蛇神是否为中国龙?

玛雅人奉为重要神明的羽蛇神,在形象及艺术表现手法(如云纹、弯须)上,与中国龙有相似之处。许多到过玛雅遗址的中国人,都惊异于这种相似性。在墨西哥、危地马拉,甚至于在欧美国家的一些学者中间,也广泛流传着类似的猜测。那么,羽蛇神到底是不是中国龙呢?

羽蛇神的名字叫库库尔坎,是玛雅人心目中能带来雨季,与播种、收获、五谷丰登有关的神。事实上,它是一个舶来品,是托尔特克人带来的北方神。中美洲各民族普遍信奉羽蛇神。羽蛇神在玛雅文化中的地位可以从许多方面观察到。古典时期,玛雅高级贵族所持的权杖,一端为精致小人形,中间为小人的一条腿化作蛇身,另一端为一蛇头。到了后古典时期,出现了多种变形,但基本形态完全变了,成为上部羽扇形、中间蛇身、下部蛇头的羽蛇神形象。

羽蛇神与雨季同来,而雨季又与玛雅人种玉米的时间相重合,因而羽蛇神又成为玛雅农人最为崇敬的神。在现今留存的最大的玛雅古域中有一座以羽蛇神库库尔坎命名的金字塔,在金字塔的北面两底角雕有两个蛇头。每年春分、秋分两天,太阳落山时,可以看到蛇头投射在地上的影子与许多个三角形连在一起，成为一条动感很强的飞蛇，象征着在这两天羽蛇神降临和飞升。据说，只有这两天里才能看到这一奇景。所以，现在这座金字塔已经成为墨西哥的一个著名旅游景点。而在当年，玛雅人可以借助这种将天文学与建筑工艺精湛地融合在一起的直观景致，准确地把握农时。

羽蛇神的形象还可以在玛雅遗址中著名的博南帕克画厅等处看到。要说它的形象，与中国人发明的牛头鹿角、蛇身鱼鳞、虎爪长须、能腾云驾雾的龙，还着实有几分相像。起码在蛇身主体加腾飞之势（羽蛇的羽毛）的基本组合上，是一致的。此外，画厅屋顶上画的羽蛇头、玛雅祭司所持双头棍上的蛇头雕刻，与龙头也很类似。而且，羽蛇神崇拜和中国龙崇拜都与祈雨有关。

有人说玛雅人的羽蛇神是殷商时期的中国人带过去的中国龙演化而来的。如果这种说法成立，那么其中所说的玛雅人，首先应该改成中美洲人。因为，中美洲的许多民族都有羽蛇神崇拜。而且，与中国龙有关的雨水纹图案也可以在中美洲许多国家和地区的古迹中找到。

然而，要证明中国龙与中美洲羽蛇神之间的关系，有很多牵强之处。中国在五六千年前就有了"龙"这种想象出来的动物形象（这一点已为考古发现所证实）。确实，有人猜测，中国人早在哥伦布到达美洲前数百年就"发现了新大陆"。但是，玛雅或者说中美洲地区的羽蛇神崇拜早于这个所谓的"发现"时间便已发展起来了。

有些西方学者非常希望在美洲、东南亚甚至欧洲各文明之间找出一种一脉相承的一统关系，甚至任想象力随意驰骋，不惜将大陆板块漂移、跨洋航海交流等不是一个层次的问题扯到一起，欲证明一些文明间的相似有着深层而精致的根源。这种一览寰宇小的普遍联系倾向，也许发端于人们喜欢将知识片断罗织成网、联成体系的自然愿望。但是，如果着眼于古代中美洲各文化之间的相互影响、相互关联，如果将神秘而遥远的古代玛雅文明放到它实实在在的地理、历史、文化环境中去,同时,也把中国龙观念自身的形成、发展、演变过程放到中国历史文化的真实背景中去,那么,这种纯粹由一种表面相似和猜想推测所组成的观点,恐怕很难站得住脚。

羽蛇神不等于中国龙,但是这两者又确实都从最初就在各自所处的文明中扮演了极其重要的文化角色,单这一点就发人深思。

印度为何崇拜神牛?

印度对神牛的崇拜历史可谓绵长悠久。

神话传说中,三大主神之一的破坏神"湿婆",其坐骑就是一头公牛。遍及印度各地的湿婆庙前,必定有头公牛雕像。雕像大多是卧姿,位于石台之上,有的上面建有小亭,成为一个单独的小庙。雕像有石头的,有铜的,有一般本色的,有绘成彩色的,一律精神健朗、栩栩如生。雕像也挂满花环,分享到主神般的尊荣。

在印度最古老的宗教典籍《吠陀经》中,就有赞美奶牛和如何对待奶牛的记载。如奶牛是神圣的,奶牛是宇宙之母,是过去与未来之母,是众神之母,是最为重要的事物。古典史诗《罗摩衍那》中,有着关于无敌神牛的章节。大意是,某国王有一头无敌神牛,它无所不能,国王希望得到什么东西,它都会送来。由此引起另一国王的妒嫉,来抢这头神牛,并引发一场惨烈的战争。史诗中还有一些关于母牛的诗句,把杀母牛与弑父、叛逆等重罪等同,一律是死罪。《摩诃婆罗多》中则说,杀死母牛或公牛的人罪大恶极。正是宗教信仰和悠久的传统,使神牛在印度获得了崇高的地位。

武士道为何称为"战士之道"？

武士道是日本神道教的重要内容。它原是日本封建武士的道德规范。日本武士是一个特殊的阶层，在日本历史上扮演了很重要的角色。最早的武士是在大化革新之后，作为封建贵族的扈从而出现的。后来，武士阶层不断壮大，开始介入政治。它本身分化出将军、大名、家臣、足轻、乡士等 20 多个等级，成为日本政治舞台上举足轻重的势力。

武士道作为一种思想已达到了宗教的高度，它起源于日本中世纪时武士对领主、藩主的绝对忠诚，注重信、义、勇三条准则，崇尚武力和冒险。武士道在日本流传了 1000 多年，其代表作是《地陶闻书》。该书教导说，一名武士经常思索怎样去死才能无憾。在危险的境遇中，一名武士不会去考虑怎样保全性命，而会勇往直前，投入敌人阵中，迎接死亡。因此，武士道也被称为"战士之道"。

为什么印加人信奉太阳神？

13 世纪，克丘亚语族的印加人部落在南美洲西部安第斯山脉中部地区兴起。随后，他们征服了这个地区的其他部落，形成一个强大的部落联盟。到 15 世纪中叶，终于发展成为一个以库斯科为中心的奴隶制国家——印加帝国。

在印加帝国，最受崇拜的是太阳神。这是为什么呢？原来印加人非常崇拜祖先，他们认为自己的祖先曼科·卡帕克出自太阳神。当印加人还处于愚昧和野蛮状态时，太阳神怜悯他们，就从的的喀喀湖的一个岛上（太阳岛）带着他的儿子和女儿——曼科·卡帕克和玛玛·奥克略来到人间,把分散的人们组织在一起,并教给人们各种技艺。曼科·卡咱克教给男人们农业技艺,而玛玛·奥克略传给妇女们纺织技术。此后,曼科的子孙连续征战,征服了其他许多部落,占据了整个安第斯山脉中部地区。

印加人崇拜太阳神与他们崇拜自然也有密切的关系。对他们来说,太阳带来光和热,使万物得以生长。

另外,太阳神是大众之神,这使印加人一直十分虔诚地崇拜太阳神。他们竭尽全力颂扬太阳神的权威,为太阳神举行豪华的宗教仪式,供奉大量的祭品和牲畜,还在全国各地建造了许多宏伟壮观的太阳神庙,用来供奉他们的主神。

在印加帝国的帕查库蒂帝王统治时期(1438—1471 年),还确立了庆贺太阳神的宗教节日。印加帝国的最大宗教中心是库斯科的太阳神庙。

《圣经》中的传说故事来源于哪里?

1956 年,苏美尔学家克莱默通过对苏美尔人的天堂神话与《圣经》里的天堂故事进行比较,得出了一个惊人的结论:"《圣经》中的天堂故事源于苏美尔。"他提出了几点有说服力的理由:第一,天堂的位置可能相同;第二,情节十分类似;第三,也是他认为最有说服力的理由,即认为夏娃取自亚当肋骨之说,实际上源于苏美尔神话。在苏美尔神话中,水神和智慧之神身体最薄弱的部位就是肋骨,而在苏美尔语中,肋骨音"提",又有"创造生命""给予生命"的意思。

其实,美索不达米亚的神话传说,和这里众多的神一样,数不胜数。神话的内容涉及宇宙的起源和人的创造,众神的喜怒哀乐以及人神之间的爱情等。这些神话流传甚广,影响深远。根据苏美尔学家和亚述学家的研究,美索不达米亚的神话传说对希伯来人、希腊人产生了深刻影响,

《圣经》中的传说以及希腊神话有很多就取材于两河流域流传的神话。其中最主要的有苏美尔人的天堂神话、大洪水神话和巴比伦人的创世神话等。总之,美索不达米亚文明和埃及文明一样,深深影响了犹太文明以及希腊、罗马文明。

由于古代美索不达米亚人无法科学认识生死现象,因此生死总是被神秘化。有关生与死的神话传说很多,一则名为《渔夫阿达帕》的故事很有代表性:有一天,渔夫阿达帕正在水上泛舟,南风女神忽然掀翻他的船只。阿达帕一怒之下,折断了女神的翅膀。他被叫到天神的御座前,接受训斥。后来,天神气消后,赐给他面包和水。当时,如果他接受了这些圣餐,就会长生不老,但阿达帕心存疑虑,担心这是毒药,不敢吃。结果,不光他本人,连整个人类都因此丧失了获得永生的机会。

最早的飞人神话也出现在美索不达米亚。在一则名为《牧羊人伊塔那历险》的神话中有这样的描述:伊塔那的羊群患了不育症,没有羊能够生下小羊羔了。为了寻找生命之源的草药,伊塔那骑在一只老鹰的背上,升上天空。但是,就在要接近目标时,他却被一种神力摔回了地面。

创世神话中以巴比伦的创世神话最著名。巴比伦人有关创世的神话特别多,所描述的创世过程不尽相同,流传较广的是《埃努玛·埃里什》。这则神话描述道:世界之初是一片混沌,没有天地,只有一对男女存在。男的叫阿普苏,女的叫提亚玛特。他们产生了万物,但把世界搞得一片混乱。这时,马都克神诞生了。他威武、勇敢、力大无穷,将一颗能变成风暴的药丸投入提亚玛特口中,使她的肚子立即膨胀起来。马都克一枪投去,将提亚玛特杀死。于是,马都克将提亚玛特庞大的尸体一分为二,一半为天,一半为地。之后,他设置了日月星辰,为众神建立了居所。为了侍奉神灵,他把自己的血混着泥土塑造成人。在神话中,提亚玛特又被称为混沌,因此,马都克便成了征服混沌和开创天地的英雄。

值得注意的是,巴比伦的创世神话记载在7块泥板上,每一块代表一天。有的学者认为，基督教以 7 天为一星期就是源于这一神话。这些泥板 1854 年在尼尼微的亚述巴尼拔图书馆遗址出土，现存于大英博物馆。

最早的慈善机构是谁创立的？

在欧洲，为人所知的最早的慈善机构是前 387 年由柏拉图在古希腊首都雅典所建的柏拉图学院。柏拉图建立这一学院的目的主要是致力于对概念、理论、宇宙及认知等相关问题的研究。后来他将学院连同一片肥沃的土地作为遗赠留给其侄子，并规定所有这一切都要用于其门徒的利益。这实际上就是一笔用于资助他人的基金。因而，有学者认为柏拉图学院是最早的慈善基金会。

圣诞节是怎么来的？

圣诞节，又称耶诞节，译名为"基督弥撒"，西方传统节日，在每年 12 月 25 日。弥撒是教会的一种礼拜仪式。圣诞节是一个宗教节，因为把它当作耶稣的诞辰来庆祝，故名"耶诞节"。

据说，就在耶稣呱呱落地之时，伯利恒的牧羊人看见天使对他们说："救世主已经在伯利恒诞生。"于是，他们就去伯利恒朝拜耶稣。这就是今天许多基督教徒在圣诞节期间去伯利恒朝圣的由来。同时，还有"东方三博士"按照一颗星星的指引，不远万里，来到伯利恒朝圣，并向耶稣献上了黄金、乳香、药品等礼物。这就是今天基督教徒在圣诞节互赠礼物的由来。每到圣诞节，家人都要团聚在一起，亲友也要互赠礼物，家庭里每一个有生命的东西都可以得到一份圣诞礼物。收到礼物后，大家就围着圣诞树尽情歌唱,享受着圣诞日的快乐。

将 12 月 25 日作为圣诞节,是罗马教皇莱伯里乌斯在公元 354 年做出的规定。之所以要选择这天,据说是为了同世俗的神农节和太阳节一致。因为公历 12 月 24 日是"冬至日",是一年中日照最短的一天,从 12 月 25 日开始便白昼变长,人们为了感谢太阳赐给人间的温暖和光明,经常举行各种活动向太阳顶礼膜拜。罗马教会把耶稣的降生比作太阳的再生,他就像给黑暗世界带来光明一样。

你知道法国国庆日是哪一天吗?

法国国庆日是每年的 7 月 14 日,以纪念在 1789 年 7 月 14 日,巴黎群众攻克了象征封建统治的巴士底狱,从而揭开法国大革命的序幕。在法国,每年国庆节的阅兵式是庆典活动的重头戏。

这一天的夜晚成为欢乐的海洋,法国的标志埃菲尔铁塔为火树银花所映衬。1789 年 7 月 14 日巴黎人民攻占了象征封建统治的巴士底狱,推翻了君主政权。1880 年,7 月 14 日被正式确立为法国的国庆日,法国人每年都要隆重纪念这个象征自由和革命的日子。

人们通常认为,法国国庆日的正式确定是 1789 年,其实不然。虽然为纪念巴黎人民攻克巴士底狱这一光辉的日子,法国曾一度将 1789 年的 7 月 14 日作为国庆日。但 1814 年封建王朝复辟后,宣布 7 月 14 日为"国耻日"和"杀人犯的节日"。1870 年,共和国恢复,1879 年,共和党人成立了政府,议会由凡尔赛迁到了巴黎。翌年 6 月,法国议会正式通过法令,将 1880 年 7 月 14 日定为法国的国庆节,直至今日。

理发店的"三色柱"指的是什么？

在中世纪,由于人们对疾病缺乏认识,错误地认为疾病主要是体内各种元素不平衡而造成的,如果要把多余的"元素"放出,就会恢复健康。而血液是最容易被"放出"的,所以,因而欧洲人认为"放血是康复之始"。但医师认为这是下等人做的事,自己不肯自动手放血,而托理发师来做,于是,理发师就成了业余外科医师。

1540 年,在英格兰国王的批准下,成立了理发师和外科医师联合会,理发师正式打出了外科医师的招牌,"三色柱"也成为他们的标志,其中,白色代表纱布,红色代表动脉,蓝色代表静脉。

1745 年,英王乔治二世敕令成立皇家外科医学会,理发师虽然与外科医师从此分家,但理发店门前的三色柱却一直在全世界沿用至今。

日本女人的名字为何很多都有"子"字？

"子"在日本一开始并不是和女子的名字联系在一起的,最早是在男性中使用的。日本奈良时代以前,男性中用"子"的人还不少,一般兼作官称。在中世纪的日本,妇女地位极低,有姓名者寥寥无几,即使有取"子"为名的也只是限于地位很高的妇女。

明治维新之后,政府鼓励贵族女性用"子"作为名字的尾语。到 20 世纪初的大正年间,天皇遴选九条节子为皇后。自此开始,"子"才成为日本女性名字中的常用字,并在一般庶民间开始流行起来。进入昭和时代以后,过半数的女子都是某某"子"。

你知道世界各地的哪些年俗趣闻?

(1)跳"祝火"与团圆饭

伊朗新年又叫波斯新年,在旧年最后一个星期三的晚上,要举行跳"祝火"活动,迎接新年的来临。当夜幕刚刚降落,便见大街小巷燃起一堆堆篝火。一家老小围着火堆,在朗朗笑声中跳火开始了。小伙子一马当先,奔腾跨过;少年体态轻盈、翩翩起舞、飘然渡越;老人在袅袅余烟中缓步穿行;人人口中念念有词:"黄色(指面黄肌瘦,身体萎弱)予你;红色(指红光满面,体格健壮)给我。"祈求在新的一年无病无灾,永保健康。

跳"祝火"结束后,少女们披着面纱,三三两两,结伴而行,边击银勺,边哼小曲,走邻访舍,索取糖果,名曰"讨吉利"。她们还站在阴影下或街巷拐角处,偷听过往行人的谈话,并用听到的第一句话来卜算自己明年的吉凶。

除夕日,伊朗人全家欢聚,一定要吃顿丰盛的团圆饭。这时桌上摆着7样东西,其波斯文名称的第一个字母都是"S",以示吉祥。这7种物品分别是沙枣、大蒜、醋、苹果、漆树、青麦苗和用麦芽、面粉制成的甜食。苹果是天堂果,象征诞生;大蒜代表健康;金银币代表财富;麦苗象征生命力和新鲜;醋代表忍耐;调味香料和麦芽糖代表甜美的生活;而沙枣因为花很香,是爱情的象征。除了上述这七种东西外,桌上也会放彩蛋、镜子、蜡烛和金鱼。彩蛋代表种族,镜子和蜡烛有光明之意。

初一到初三,人们走亲访友,互祝新春快乐。郊游是"诺鲁兹"的最后一项活动。伊朗人认为,"13"是个不吉祥的数字,所以正月十三日人们合家出游踏青,以避邪恶。这一天,大小公园和绿野,游客如云,人们尽情地享受大自然的乐趣,流连忘返。

(2)新年"第一只脚"

英国人爱在新年之际预卜来年的吉凶,除夕午夜过后,朝屋里迈进第一只脚的人,预示着新一年的运气。如果迈进第一只脚的人是个快乐、幸福、有钱的人,主人将全年吉利。如果迈进第一只脚的人是个忧伤、不幸、贫穷的人,主人在新的一年将困难、倒霉。他们还根据来访者名字的第一个字母,来预测自己在新的一年里的命运。

有些英国人有守岁的习惯,除夕之夜举家围坐,直至教堂鸣钟时才集体前往祈祷。随后人们欢唱辞岁歌,狂跳土风舞,庆祝新年。

(3)祝石成金

在希腊的提诺斯岛上,人们除夕前要搬进家里一块长满苔藓的大圆石头,象征财源茂盛、五谷丰登。在希腊的克里特岛上,人们拜年也要带上一块大石头,进屋后把它放在地板上,然后向主人祝愿说:"但愿你家有一块像这石头一样大的金子。"

(4)爬高过新年

在德国的农村流传着一种过新年的风俗——"爬树比赛",新年时比赛爬高,以示步步登高。每村选一棵又直又高的树,砍去树枝。元旦的清晨,小伙子们顺着光溜溜的树干比赛爬高。比赛的第一名被誉为"新年英雄"。小伙子们奋勇争先,谁都想第一个爬上去获得"新年英雄"称号。

(5)花水浴

阿根廷人过新年时,有一种十分美妙的活动。他们认为水是最圣洁的,可以冲刷掉一切污秽的东西。所以,每年元旦这天,地处南半球的这一年盛夏季节,各家老小成群结队地去江河中行"新年浴",以洗去身上的一切污秽。下水之前,先将一篮鲜花瓣撒在水面上,然后跳进落英缤纷的"花水"中沐浴,并用鲜艳的花瓣揉搓全身。在他们的心目中,新年花水浴可以洗掉污垢和晦气,换来新一年里的吉祥如意。

(6)埋掉破烂

墨西哥许多地方有个奇特的习俗,新年到来之前,农村人首先在村边挖一个深坑。除夕前,各家各户进行大扫除,清除垃圾破烂,并把它丢进坑内。等到除夕的午夜,人们聚集在村边,一起用土将坑填平,以表示除旧迎新。

(7)一天看一年

在葡萄牙,人们从元旦第一天的天气看一年的年景:"刮南风,新的一年将风调雨顺;刮西风,将有个捕鱼和挤奶的好年景;刮东风,水果将获丰收。"人们还从新年的头12天的天气看12个月的气候,1月1日的天气决定1月份的气候,1月2日的天气决定2月份的气候,依次类推。

(8)松柏枝与吉祥的喷嚏

保加利亚人在新年前夕,各家都要采回许多柏树枝,并用五颜六色的绒线和彩带加以装饰,然后把这些经过装饰的树枝扎成一束一束的,让孩子们拿去给亲友拜年。他们认为用这种树枝轻轻地拍打别人,会在新的一年中给他带来幸福、健康,使被拍打的人万事如意。

保加利亚人在除夕的午夜,当时钟敲过12点整时,都要把灯熄灭三分钟,然后再重放光明。元旦用餐时,家长将把第一只羊羔、第一头牛犊或第一匹马驹许给打喷嚏的人。他们相信,打喷嚏的人会给全家人带来幸福。他们还盛行吃特制的新年蛋糕,蛋糕里放进了各种各样的小礼物,比如谁吃到小钱币,就表示在新的一年里,将成为一个富裕的人,谁吃到玫瑰花则将成为一个幸福的人。

古罗马人的休闲生活是澡堂沐浴吗?

在几千年以前,庞贝城便有人经营澡堂。澡堂占地广大,男女澡堂分列左右两面,中间是一片广阔的平地,给进澡堂的人运动、锻炼身体之用。澡场入口处的大门墙壁上有着猛男洗澡的浮雕,内里设有蒸汽浴、热水浴。蒸汽浴的发明，一直被以为来自芬兰，其实应自古罗马时代开始。

罗马建立共和国初期（约公元前 400 年），有钱人家往往有私人浴室，大多像小型室内游泳池而不同于现代浴室。共和国拓展成为强大的帝国后，各城镇也相继扩大，公民生活更富足，沐浴的风气盛行于社会各阶层，公共澡堂广受欢迎。

最够气派的是热澡堂，其内有热气室、热水浴池、凉气室和冷水浴池。如果一个人跑去沐浴，通常先在特设娱乐室打球或者做些别的运动，古罗马人喜欢竞技、锻炼身体，所以，澡堂内有一块大空地供澡客运动。待活动筋骨后，脱光衣服在热气室内弄至浑身冒汗，再用油净肤，然后洗热水澡，凉了之后便跃进冷水浴池以增强体质。这么看来，热澡堂就像一间附设土耳其浴或芬兰蒸汽浴及公共游泳池的现代健身室。但这并非罗马热澡堂的全貌。

罗马热澡堂因得到国家或私人资助，通常入场费很低廉，有些甚至免费。所以不分贫富，只要是公民便拥往热澡堂去饱眼福，或者炫耀一番。所以，澡堂附近经常充斥着玩耍和运动者发出的喧哗、食物和饮料小贩的叫嚷、沐浴者发出此起彼伏的溅水声和招呼声。

从旧电影及流行的传说中，可以知道罗马人祭酒神的秘密宗教仪式通常在私人地方偷偷举行。但在澡堂里有更多足以诱人的事物，想染指的人不愁找不着门路。在很长的一个时期，许多澡堂允许男女共浴，因此经常引来大群娼妓大肆勾搭男浴客。其他公共澡堂里，许多男男女女一丝不挂，在热气室和浴池里亲热，也引致不少今日称为"换妻"的放荡行为。澡堂终于丑事百出、声名狼藉，所以公元 2 世纪哈德良皇帝下令禁止男女共浴，从此男女两性只能在不同时间使用澡堂了。

在澡堂里酗酒也带来诸多麻烦。不管在热气室里还是运动时，总会感到口渴，那就借解渴喝上几大杯酒。酒能乱性，结果口角和打架之类事情层出不穷，喝得烂醉的人较引人注目，也会惹来小偷扒手觊觎，流氓又趁火打劫,在澡堂里追逐和逮捕窃贼也是常有的事情。

然而,大多数罗马人都坦率地表明他们喜爱澡堂。一位罗马人曾这样说:"浴池、醇酒和美人腐化了我们的躯体,但这些又何尝不是生命的一部分呢?"

古代美索不达米亚人是怎样敬鬼神的?

美索不达米亚人对宗教的虔诚,与世界上其他古代民族并无区别。祭祀神灵是美索不达米亚人生活中一项非常重要的内容。

祭祀神灵的程序可以分为献祭和进贡。献祭是侍奉神灵的一个重要的祭祀活动,一般在神庙顶上特定的祭坛上进行。美索不达米亚的神庙都是梯形塔式建筑,最顶上一层往往是举行祭祀仪式的地方,因为美索不达米亚人认为,塔顶可以通天,只有在塔顶的最高处,才可以和神灵沟通。祭品常见的是被屠宰的羊羔。他们认为,羊羔是人的替代品,奉献羊的生命就是奉献人的生命。献祭的同时要进行奠酒和焚香。因为神喜欢树木的芳香,而且芳香的气味可以熏掉人们的罪孽。

美索不达米亚人认为,人们的一切都是仰仗神灵,要得到神灵的赐予,就必须虔诚地供奉他们以讨其欢心。进贡是表达忠心的重要一步。在美索不达米亚人的宗教观念里,神和普通人一样,需要吃穿住行,高兴了可能也要结婚生孩子。所以,人们日常生活的需要就是神的需要。进献的供品也是人们平时生活的必需品,主要是食物、饮料、牲畜和油等。供品的多少表示人们对神灵的态度,自然是多多益善。基本上每天都有进贡活动,重大节庆日更是隆重。阿卡德王朝时期的一则铭文向我们提供了进贡的有关资料:"每天向太阳神沙玛什进贡的供品包括 20 头羊、4 头牛、6 古耳谷物、3 古耳面粉,以及等量的椰枣、猪油、牛奶、蜂蜜等。"如果是在重大节日,供品的数量更多。例如,在尼普尔的恩利尔神庙发现的一块写有供品单的泥版上,光牲畜就有 3500 多头!国王代表国家进贡的供品最丰盛。这其中除国家供品外,还包括国王的个人供品。

下面是新巴比伦国王尼布甲尼撒在阿基图节给神进贡礼品时的自述:

"我带来金、银、贵重石料、多彩的服饰、山中和海里的宝藏、成熟的肥公羊、干净的小羊羔、小山羊、清洁水里的鱼、天空中的鸟、家禽、公鸡、玛拉图鸟、鸽子、洋葱、麝香、丰饶的植物、黄金装饰物、黄金战利品、枣、来自第尔蒙的梨、白色的无花果、啤酒、蜂蜜、奶油、牛奶、精制油、专用于宗教仪式的油,所有这一切都是丰富的。"

进贡和献祭仪式都由祭司主持。高级祭司主持重大的祭祀活动,普通祭司负责日常的祭祀活动,在仪式中都要唱圣歌。

除了神庙里的进贡和献祭仪式,古代美索不达米亚人还通过宗教节日来祭祀鬼神。美索不达米亚各族的宗教节日繁多,一般是按农业生产的周期性季节来规定的。比如,有庆祝拴上犁头的仪式、解开犁头的仪式、收获仪式等。其中最重要的节日是在春季举行的新年盛大庆典。祭祀活动要持续好多天,意义在于敬奉神灵,祈求来年风调雨顺。节日期间犹如今天的狂欢节,几乎举国上下,全民参加通宵达旦的狂欢。最有意思的活动是有国王参加的"神圣婚礼",国王扮演传说中的杜木兹神,一名女祭司扮演爱神伊什塔尔,两人在公众面前重演传说中杜木兹与伊什塔尔的婚礼,寓意丰产丰收,永垂福祉。

印度为何流行"兄妹节"?

"兄妹节"作为印度四大节日之一,是印度历法每年"Shraavana"月历的最后一天,印度男女会用隆重的庆祝方式表达相互间的浓厚亲情。

对于"兄妹节"的起源有一种神话传说最为普遍,说的是众神之王因陀罗和恶魔进行了12年苦战,仍未获胜。这时其妻站出来,在丈夫手腕上系了一条彩线当作护身符。因陀罗再上战场,结果一举击溃恶魔。后来人们就把这胜利的一天叫作"拉克沙·班丹",以纪念这条彩线所显示出的神威。

"系手绳"是"兄妹节"仪式中最重要的环节。这种手绳被印度人称作"拉凯",象征力量和关爱,还可以让兄弟免除罪孽及疾病的缠绕。"拉凯"在历史上也书写了很多感人的传奇。话说有一年印度古代一个小国梅瓦尔被重兵围困,危在旦夕。该国王妃遂将一条"拉凯"送往当时统治印度大陆的莫卧儿帝国皇帝胡玛雍处。一般情况下,这位皇帝不会出手援助一个小国,但他为了履行义兄保护义妹的神圣职责,宁可与同盟的古吉拉特邦苏丹兵戈相向,帮助小国梅瓦尔脱离危险。可见在古代印度,一条细小轻薄的丝线就已经拥有非同一般的意义。而在人类感情日益商业化的今天,"兄妹节"更为印度社会增添了一股温馨暖意。

在"兄妹节"仪式之前,有些准备工作要做。除了"净屋""净身"外,还要净口,即不吃不喝,等待仪式开始。按照风俗,参加仪式的女子要打扮得很漂亮,身着鲜艳纱丽,眉心点一粒朱砂,手掌和手臂上还绘有复杂的吉祥图案。

仪式正式开始后,首先是"摇灯礼"。女子在准备好的青铜盘子上用火柴引燃几块叫作"卡普尔"的燃料。之后,她神情专注地端起盘子,在男子面前逆时针转上三圈,这表示神的祝福会像火光一样洒落在兄弟身上。接着,女子再用右手无名指蘸一滴朱砂,点在兄弟额头上。据说这种"吉祥痣"会给人带来健康和好运。

简单的"拉凯"是一条红线,讲究一些的人家会在上面搭配各种花样。女子从盘中拿起一条红色丝线,郑重地系在男子右手腕上,对方则在心中默念："为了保护姐妹的荣誉,即使赴汤蹈火也在所不惜。"仪式至此告一段落。

据说,最初在印度只是一家人中有血缘关系的兄妹庆祝这一节日,但随着时代的发展,"兄妹节"走出家庭,受到更广泛的人群的喜爱。现在,几乎所有异性都可以用系"拉凯"的形式表达友爱和关怀。女儿可以给父亲系"拉凯",男女同学、朋友之间更是以此传递友谊,陌生妇女也会为战士或者囚犯系"拉凯"。热情的印度民众还会在节日当天为总理系"拉凯",以此表达敬爱之情。